HISTOIRE CRITIQUE

DE L'ÉCOLE

D'ALEXANDRIE

PAR

E. VACHEROT,

Directeur des études à l'École normale.

OUVRAGE COURONNÉ PAR L'INSTITUT

(ACADÉMIE DES SCIENCES MORALES ET POLITIQUES).

TOME DEUXIÈME.

PARIS.

LIBRAIRIE PHILOSOPHIQUE DE LADRANGE,

19, QUAI DES AUGUSTINS.

1846.

HISTOIRE CRITIQUE

DE L'ÉCOLE

D'ALEXANDRIE

—

TOME DEUXIÈME.

Imprimerie de BOURGOGNE ET MARTINET, rue Jacob, 30

HISTOIRE CRITIQUE
DE
L'ÉCOLE D'ALEXANDRIE.

DEUXIÈME PARTIE.

ANALYSE.

LIVRE II.

CHAPITRE PREMIER.

Successeurs de Plotin.

Amélius, Porphyre, Jamblique.

Cette analyse un peu longue était nécessaire pour donner une juste idée de la pensée de Plotin, pensée puissante et originale qui ne peut être conservée ni dans un résumé, ni dans un développement, et qu'il faut simplement traduire, si on veut en reproduire fidèlement toutes les formules et toutes les images. Tout ce que l'analyse peut se permettre, c'est d'en recueillir et d'en coordonner les fragments disséminés çà et là dans toute l'étendue des Ennéades, *disjecti membra poetæ*. Et encore combien faut-il prendre garde d'ajouter à la pensée du philosophe, et de lui prêter un arrangement artificiel! Ce génie plein d'enthousiasme et de fougue n'a jamais connu ni mesure ni plan ; jamais il ne s'est astreint à développer régulièrement une théorie, ni à exposer avec suite un ensemble de théories, de manière à en former un système. Fort incertain dans sa marche; il prend, quitte et reprend le même sujet, sans jamais paraître avoir dit son dernier mot ; toujours il répand de vives et abondantes clartés sur les questions qu'il traite, mais rarement il les conduit à leur dernière et définitive solution : sa rapide pensée n'effleure pas seulement le sujet sur lequel elle passe, elle le pénètre et le creuse toujours, sans toutefois l'épuiser. Fort inégal dans ses allures, tantôt ce génie s'échappe en inspirations rapides et tumultueuses, tantôt il semble se traîner péniblement, et se perdre dans un dédale de subtiles abstractions. Sur tous les problèmes dont s'occupera désormais l'école d'Alexandrie, Plotin a laissé une pensée profonde, germe puissant de solution ; mais il est rare qu'il ait poussé cette pensée jusqu'à une véritable théorie. Très précise et très systématique au fond, sa doctrine paraît au premier abord vague et incohérente. Les arguments isolés ne forment point entre eux un corps de démonstration ; aucun lien apparent ne rattache entre elles les diverses conceptions de cette grande philosophie. Toute la substance d'une doctrine capitale se résume le plus souvent dans une courte formule ; ou se cache sous une simple image ; et c'est en vain qu'on la poursuit dans les longues digressions auxquelles se livre Plotin. Pour saisir l'unité et l'enchaînement systématique des parties de cette doctrine, il faut remonter au principe même de la pensée de Plotin. Telle est l'admirable vertu de cette pensée qu'elle suffit à tout comprendre et à tout expliquer. Elle seule est le lien puissant, mais invisible et tout intérieur qui unit et vivifie en même temps toutes les parties de ce grand corps. Mais cette profonde harmonie n'est visible que des hauteurs de la doctrine. La philosophie de Plotin n'avait donc aucune des qualités qui rendent une doctrine populaire. Parfaitement intelligible pour des disciples comme Amélius et Porphyre, elle restait un tissu d'énigmes pour la foule des philosophes qui fréquentaient les autres écoles. La tâche d'Amélius et de Porphyre fut surtout de populariser la doctrine du maître en la développant et en la reproduisant sous une forme plus simple et plus méthodique. Tous deux convenaient à cette tâche par les qualités, comme par les défauts de leur esprit : Amélius, fécond et abondant jusqu'à la prolixité, dénouait les nœuds de cette dialectique serrée, dont les Ennéades offrent l'exemple ; Porphyre, plus sobre de développements, prêtait aux idées de Plotin le charme d'un style toujours clair, facile et élégant.

Au témoignage de Porphyre, Amélius quitta l'école de Lysimaque, où l'on enseignait les doctrines de Numénius, et vint à Plotin, la troisième année du séjour de celui-ci à Rome. Il demeura vingt-quatre ans avec ce nouveau et dernier maître [1] ; il surpassait par son ardeur au travail tous les autres disciples de Plotin. Il avait copié, rassemblé et appris presque de mémoire tous les ouvrages de Numénius. Il composa cent livres des notes qu'il avait recueillies dans les conférences de l'école de Plotin, et en fit présent à un certain Hostilianus Hésychius d'Apamée

[1] Porph., *Vie de Plotin*, 3.

qu'il avait adopté [1]. Parmi ses nombreux traités on cite un ouvrage en quarante livres contre les prétendus livres mystiques de Zostrianus, et contre les Gnostiques qui puisaient à cette source plus que suspecte [2]; on cite aussi un commentaire du Timée. Il avait fait un livre dédié à Porphyre, dans lequel il montrait la différence des doctrines de Numénius et de Plotin, et réfutait l'accusation de plagiat à laquelle celui-ci avait été en butte [3]. On peut voir par la fière réponse que lui fit Plotin qu'il était fidèle observateur des pratiques religieuses [4]. Au témoignage de Longin, Amélius était avec Plotin le philosophe qui avait montré le plus d'ardeur philosophique par le nombre des problèmes soulevés et par le choix d'une méthode. Amélius cherchait à marcher sur les traces de Plotin, et partageait plusieurs de ses doctrines; mais la surabondance de ses développements et l'extrême prolixité de ses explications annonçaient une manière d'écrire contraire à celle de Plotin [5]. Porphyre confirme ce témoignage après l'avoir cité [6]. Le jugement de critiques aussi considérables que Longin et Porphyre doit nous faire vivement regretter qu'aucun des ouvrages échappés de la plume si féconde et si facile de ce grand esprit ne nous ait été conservé. Nous sommes réduits à juger de sa doctrine sur un petit nombre de passages transmis par les philosophes postérieurs.

[1] Ibid., 3.
[2] Ibid., 16.
[3] Ibid., 17.
[4] Ibid., 10.
[5] Ibid., 20.
[6] Ibid., 20.

On a déjà vu, à propos de la doctrine de Longin, que la question du Démiurge avait soulevé de longues discussions au sein de l'école d'Ammonius. Il paraît que ces discussions avaient passé dans l'école de Plotin; car voici un de ses plus célèbres disciples, Amélius, qui professe sur ce point une opinion différente de celle du maître. Plotin n'avait jamais admis qu'un seul Démiurge, lequel était le troisième principe de sa Trinité, l'Ame (ὑπερκόσμιος) supérieure à l'Ame du monde [1]. Amélius en reconnaît trois, au témoignage de Proclus : « Amélius admet trois Démiurges, dont l'un aura pour fonction de créer; l'autre, d'ordonner; et le troisième, de vouloir. Le premier (dans l'ordre inverse de la dignité) est l'ouvrier, le second est l'architecte, le troisième est le roi [2]. » Proclus remarque, à propos de cette citation, que ce n'est point là le sens de la doctrine du Timée. Platon distingue, mais ne sépare pas, les trois moments de l'acte démiurgique : donc Amélius les séparait, du moins dans l'opinion de Proclus. Ailleurs Proclus dit encore : « Amélius admet trois intelligences démiurgiques : la première est (ὄντα); la seconde contient (ἔχοντα); la troisième contemple (ὁρῶντα) [3]. » Il résulte clairement de ces passages qu'Amélius distinguait non seulement trois points de vue dans le principe démiurgique, comme avait pu le faire Plotin, mais trois Démiurges

---

[1] Enn. IV, IV, 40.

[2] Procl., *Com. Tim.*, 110. Ὁ μὲν γὰρ ἐστί, φησι, μεταχειρήσει ποιῶν, ὁ δὲ, ἐπιτάξει μόνον, ὁ δὲ βουλήσει μόνον. Ὁ μὲν κατὰ τὸν αὐτουργὸν τεχνίτην τεταγμένος, ὁ δὲ κατὰ τὸν ἀρχιτέκτονα προϋπάρχων, ὁ δὲ, κατὰ τὸν βασιλέα πρὸ ἀμφοῖν ἱδρυμένος.

[3] Ibid., 93.

véritables. Amélius est obscur sur le caractère propre de chacun de ces Démiurges : l'un a pour nature propre l'être, l'essence; l'autre, la puissance; le troisième, l'intelligence. Il est plus clair sur la fonction de chacun : l'un crée, l'autre ordonne, le troisième veut, c'est-à-dire accomplit. Maintenant a-t-il ou n'a-t-il pas reconnu d'autres triades, c'est ce qu'il est moins facile d'établir. « Amélius, dit Proclus, admet trois Démiurges, trois Intelligences, trois Rois, celui qui est, celui qui contient, celui qui contemple. Ils diffèrent en ce que la première intelligence est essentiellement ce qu'elle est. La seconde est l'intelligible en soi, et participe entièrement de la première; c'est pour cela qu'elle n'est que la seconde. La troisième est aussi l'intelligible en soi; car toute intelligence est identique à l'intelligible, et appartient au même ordre d'essence [1]. Amélius admet donc ces trois Démiurges, ces trois intelligences et ces trois rois, selon Platon, et les trois Dieux, selon Orphée, à savoir Phanès, Uranus et Cronus. Et le Démiurge par excellence, selon Amélius, c'est Phanès [2]. » Ce passage de Proclus est le seul qui se prête un peu à l'hypothèse des trois triades correspondantes à chacun des principes de la

---

[1] Procl., *Com. Tim.* Ἀμέλιος δὲ τριττὸν ποιεῖ τὸν δημιουργὸν, καὶ νοῦς τρεῖς, βασιλέας τρεῖς, τὸν ὄντα, τὸν ἔχοντα, τὸν ὁρῶντα. Διαφέρουσι τέ οὗτοι, διότι ὁ μὲν πρῶτος νοῦς ὄντως ἐστιν ὅ ἐστιν. Ὁ δὲ δεύτερος, ἔστιν μὲν τὸ ἐν αὐτῷ νοητὸν, ἔχει δὲ τὸ πρὸ αὐτοῦ, καὶ μετέχει πάντως ἐκείνου, καὶ διὰ τοῦτο δεύτερος. Ὁ δὲ τρίτος ἔστι μὲν τὸ ἐν αὐτῷ καὶ οὗτος νοητόν. Πᾶς γὰρ νοῦς, τῷ συζυγοῦντι νοητῷ, ὁ αὐτός ἐστιν.

[2] Ibid., 93. Τούτους οὖν τοὺς τρεῖς νόας καὶ δημιουργοὺς ὑποτίθεται, καὶ τοὺς παρὰ τῷ Πλάτωνι τρεῖς βασιλέας, καὶ τοὺς παρ' Ὀρφεῖ τρεῖς, Φάνεντα καὶ Οὐρανὸν καὶ Κρόνον.

trinité alexandrine. Mais quand on y regarde de près, on reconnaît qu'elle ne soutient pas l'examen. Proclus emploie évidemment comme synonymes les trois mots δημιουργοὺς, νόας, βασιλέας. S'ils signifiaient réellement dans la phrase les trois principes de Plotin, l'Un, l'Intelligence et l'Ame, Proclus n'eût point ajouté le singulier τὸν ὄντα, τὸν ἔχοντα, τὸν ὁρῶντα. D'ailleurs il explique clairement sa pensée, quand, après avoir parlé des Démiurges, des Intelligences et des Rois, il décompose sa trinité en première, seconde et troisième intelligence. Cette division serait inexplicable, s'il était question de trois triades correspondantes aux trois principes des choses, l'Un, l'Intelligence et l'Ame. Il ne faut donc voir dans l'opinion qui attribue à Amélius trois Triades distinctes formant l'Ennéade suprême, et, comme diraient les Gnostiques, le plérome divin, qu'une conjecture non justifiée par les textes de Proclus. Non seulement rien ne prouve dans les divers passages de Proclus relatifs à Amélius que ce disciple de Plotin ait imaginé la célèbre doctrine des trois triades de la trinité; mais il y aurait même à rechercher sérieusement s'il a reconnu formellement des principes supérieurs à sa triade démiurgique. Ainsi, quand il distingue dans cette triade trois principes qui ont pour caractère propre, l'un l'*essence*, l'autre la *puissance*, et le troisième l'*intelligence*, et qu'il fait correspondre ces trois principes aux trois grands Dieux de la théologie orphique, Phanès, Uranus et Cronus, ne semble-t-il pas les considérer comme les premiers principes des choses? D'un autre côté, Proclus nous apprend qu'il identifiait le Démiurge et le Paradigme ou monde intelligible. Ne pourrait-on pas induire de ces citations qu'Amélius n'a rien reconnu au-delà de sa trinité démiurgique? Cette conjecture serait d'autant plus raisonnable que, sauf l'Un, tous les principes de la théologie alexandrine y trouvent leur place, l'Intelligence et le Paradigme, aussi bien que l'αὐτόζωον et l'Ame elle-même. Il ne faut pas oublier d'ailleurs qu'Amélius n'a jamais renié, au sein de l'école de Plotin, les traditions de son premier maître, Numénius : or Numénius avait toujours confondu dans un même principe le Bien, l'Être et l'Intelligence. Toutefois, malgré ces raisons qui ne sont pas sans force, il reste encore douteux qu'Amélius, pour conserver la doctrine de son premier maître, se soit écarté à ce point de la théologie de Plotin. Proclus n'exposant dans son commentaire sur le Timée que les doctrines de la philosophie antérieure sur le Démiurge, il est permis de penser qu'il ne touche pas à la partie supérieure de la théologie d'Amélius. Quoi qu'il en soit, les passages cités de Proclus révèlent une différence grave dans la doctrine théologique des deux philosophes. Amélius, dans sa distinction hiérarchique des trois Démiurges, subordonne l'intelligence à la puissance, et celle-ci à l'essence. On comprend comment il a pu le faire logiquement; car, pour penser, il faut pouvoir, et pour pouvoir il faut être. Mais Amélius s'écarte en cela de la doctrine de son maître. Plotin avait identifié l'être et l'intelligence, et subordonné la puissance à la pensée qu'il considérait comme un acte : c'était la doctrine d'Aristote. Amélius est resté fidèle aux principes de Numénius et de la philosophie platonicienne.

La théologie d'Amélius, fondée sur une trinité d'intelligences, devait s'accommoder facilement des idées chrétiennes sur le Verbe. C'est ce que nous révèle un fragment conservé par Eusèbe. « Ce principe était le Verbe, selon lequel toutes choses ont été faites de toute éternité, comme le pensait Héraclite; et c'était en ce sens que le Barbare (saint Jean) a pu dire que le Verbe occupe auprès de Dieu le rang et la dignité d'un principe et qu'il est Dieu même, ajoutant que c'est par lui que tout se fait et que c'est en lui que subsiste et vit toute créature ; qu'il tombe dans les corps et qu'y revêtant une chair, il prend la forme humaine de manière pourtant à laisser entrevoir la majesté de sa nature ; puis, qu'après s'être délivré de cette enveloppe corporelle, il reprend sa nature divine dans toute sa pureté et redevient Dieu, comme il était avant d'être descendu dans le corps, dans la chair et dans l'homme [1]. » Ce fragment est curieux à plusieurs égards. D'abord il démontre, si on pouvait en douter, qu'Amélius n'était pas chrétien. Ensuite il fait voir comment la philosophie néoplatonicienne transformait la doctrine du Verbe chrétien pour se l'assimiler. Au temps d'Amélius, elle n'avait point encore confondu sa cause avec le polythéisme grec et aimait à reconnaître la vérité dans la religion nouvelle aussi bien que dans la

---

[1] Eusèb., 11, 19. « Καὶ οὗτος ἄρα ἦν ὁ Λόγος, καθ' ὃν ἀεὶ ὄντα τὰ γινόμενα ἐγίνετο, ὡς ἂν καὶ ὁ Ἡράκλειτος ἀξιώσειε, καὶ νὴ Δί' ὃν ὁ βάρβαρος ἀξιοῖ ἐν τῇ τῆς ἀρχῆς τάξει τε καὶ ἀξίᾳ καθεστηκότα πρὸς θεὸν εἶναι, καὶ θεὸν εἶναι δι' οὗ πάντ' ἁπλῶς γενῆσθαι... καὶ εἰς τὰ σώματα πίπτειν καὶ σάρκα ἐνδυσάμενον, φαντάζεσθαι ἄνθρωπον, μετὰ καὶ τοῦ τηνικαῦτα δεικνύειν τῆς φύσεως τὸ μεγαλεῖον... ἀναλυθέντα πάλιν ἀποθεοῦσθαι, καὶ θεὸν εἶναι, οἷος ἦν πρὸ τοῦ εἰς τὸ σῶμα καὶ τὴν σάρκα καὶ τὸν ἄνθρωπον καταχθῆναι. »

mythologie antique, sauf à la convertir en doctrine purement philosophique par ses interprétations. Ainsi, dans ce passage, Amélius réduit l'incarnation individuelle et personnelle du Verbe des Chrétiens à cette incarnation incessante et universelle de la Raison divine qui pénètre, éclaire, vivifie toute créature. Nous avons vu les premiers Pères de l'Église, saint Justin, Athénagore se rapprocher beaucoup de cette interprétation.

Après la question du Démiurge, un problème qui paraît avoir fort occupé l'école de Plotin et particulièrement Amélius, si on en juge par les citations de Syrien et de Proclus, c'est la théorie de la participation (μέτεξις). Syrien, exposant diverses opinions sur ce sujet, attribue à Amélius, en deux endroits de son commentaire sur la métaphysique [1], l'opinion que non seulement les choses sensibles, mais encore certains intelligibles participent des idées. Amélius admettait donc des intelligibles qui n'étaient point des idées. C'est ce que démontre le passage suivant de Proclus. « Si Amélius écrit et avant lui Numénius que les intelligibles aussi participent des idées, il s'ensuit qu'il y aurait des copies même parmi les intelligibles [2]. » Quels sont donc ces intelligibles qui participent des idées ? Syrien nous l'apprend, « puisque les raisons naturelles aussi sont dites entrer en participation, d'après l'opinion du très savant Amélius [3]. » Il paraît qu'outre ces raisons naturelles, Amélius admettait à la participation certaines idées. C'est même sur ce dernier point que por-

---

[1] Syrien., *Com. métaph. Bagolim.*, 64, 69.
[2] Procl, *Com. Tim.*, 149.
[3] Syr., *Com. mét. Bagol.*, 69. Cum et rationes naturæ proprie quidem participare dicantur ex sententia disertissimi Amelii.

tait toute la discussion qui s'était établie dans l'école de Plotin. Porphyre et son maître, fidèles en cela à l'esprit de la doctrine de Platon, restreignaient la participation aux choses sensibles, tout en reconnaissant la subordination logique des idées entre elles. Amélius étendait la participation aux idées inférieures. Il est encore un autre point sur lequel l'opinion d'Amélius nous a été transmise. Nous avons vu quels efforts Plotin avait faits pour conserver l'individualité des âmes dans le sein de l'Ame universelle. Il avait constamment soutenu l'identité d'essence, tout en admettant la distinction numérique des âmes. Amélius rejette toute différence de nombre aussi bien que d'essence et confond toutes les âmes dans une seule [1]. Il serait téméraire de juger d'après ces rares et courts fragments d'une doctrine qu'Amélius avait développée en une multitude de traités. Tout ce qu'il est possible d'y apercevoir, c'est la trace sensible des idées de Numénius. On voit qu'Amélius a eu deux maîtres, et que le nouveau n'a pas entièrement fait oublier l'ancien. Tout en embrassant la plupart des doctrines de Plotin, Amélius conserve et maintient la tradition de Numénius à travers le mouvement néoplatonicien, jusqu'au moment où cette tradition va se perdre dans la philosophie alexandrine.

Eunape, après avoir dit que Plotin était peu accessible au vulgaire, ajoute que Porphyre au contraire était comme la chaîne de Mercure jetée entre les Dieux et les mortels. C'est en effet là toute la mission philosophique de

---

[1] Iambl. Stob., 888. Οἱ μὲν γὰρ μίαν καὶ τὴν αὐτὴν πανταχοῦ ψυχὴν διατείνοντες, ἤτοι γένει ἢ εἴδει, ὡς δοκεῖ Πλωτίνῳ, ἢ καὶ ἀριθμῷ, ὡς νεανιεύται οὐκ ὀλιγάκις Ἀμέλιος, αὐτὴν ἐροῦσιν εἶναι ἅπερ ἐνεργεῖ.

Porphyre[1]. Esprit élevé, mais surtout net et facile, il sut répandre sur les matières les plus abstraites le charme d'un style toujours limpide, élégant et pur, et par là propager et populariser la philosophie. La science de Porphyre embrassait tout, traditions religieuses, doctrines philosophiques, histoire politique des peuples, littérature, grammaire et logique [2]. Et cette science universelle était en même temps précise et sûre; Porphyre portait dans les matières philosophiques un esprit excellent, et dans les questions de littérature et d'érudition un goût exquis et une critique aussi solide qu'élevée. Si on ajoute à cela une activité prodigieuse de travail, une ardeur infatigable pour la polémique, un rare génie d'organisation et de direction, on comprendra comment il devint le grand athlète de son parti, dans la lutte de la philosophie et du Christianisme. Nous ne considérerons pour le moment dans Porphyre que le philosophe qui continue et propage le Néoplatonisme fondé par Ammonius et par Plotin. Il n'est pas inutile de rappeler l'origine et l'éducation de Porphyre. On sait qu'il était Syrien de naissance, mais qu'il fut élevé de très bonne heure dans les écoles grecques, en Grèce même, au centre du polythéisme. On ne retrouve dans ses doctrines aucune trace des traditions orientales dont la Syrie était le foyer. Quoi

---

[1] Eunap., *Vie du philos. Porph.* Ὁ μὲν γὰρ Πλωτῖνος τῷ τε τῆς ψυχῆς οὐρανίῳ καὶ τῷ λοξῷ καὶ αἰνιγματώδει τῶν λόγων βαρὺς ἐδόκει καὶ δυσήκοος· ὁ δὲ Πορφύριος ὥσπερ ἑρμαϊκή τις σειρά, καὶ πρὸς ἀνθρώπους ἐπινεύουσα διὰ ποικίλης παιδείας, πάντα εἰς τὸ εὔγνωστον καὶ καθαρὸν ἐξήγγελλεν.

[2] Voyez, pour le catalogue des nombreux traités de Porphyre, la thèse de M. Parisot.

qu'en dise Proclus [1], l'influence des idées de Numénius s'y laisse à peine apercevoir. Le signe unique auquel on pourrait reconnaître l'origine syrienne de Porphyre, c'est la science profonde des traditions religieuses de toute cette partie de l'Orient et particulièrement des livres hébreux. Du reste il n'a ni goût ni estime pour cette sagesse de l'Orient; il lui oppose sans cesse la science grecque, et ne la cite guère que pour la réfuter. On sent partout dans le Syrien Porphyre un élève des Muses grecques, et jamais enfant de la Grèce n'a voué un culte aussi tendre à sa noble patrie. Porphyre ne s'attache point à la philosophie grecque, comme beaucoup d'Orientaux, uniquement par goût pour le Platonisme; il l'aime pour elle-même, et l'embrasse avec ferveur dans toutes ses parties. Platon est sans doute de tous les philosophes celui qui lui convient le mieux; mais il cultive avec ardeur la science d'Aristote, et commente sa logique. Enfin, sauf l'enthousiasme mystique qu'il tient de l'Orient, comme tous les philosophes de cette école, tous les caractères de l'esprit grec, la rigueur, la méthode et la subtilité de la pensée, la clarté et l'élégance de la forme, se révèlent dans les œuvres philosophiques de Porphyre.

Bien que Porphyre n'ait guère fait que reproduire les idées de son maître, sa doctrine emprunte un certain mérite philosophique à ce langage net et précis qui lui est familier. D'ailleurs, sur un grand nombre de points difficiles, il développe très heureusement la pensée de Plotin, souvent obscure et

---

[1] Procl., *Com. Tim.*, 24.

péniblement exprimée. Enfin nous aurons à voir si sur quelques problèmes importants, il n'a pas une doctrine qui lui soit propre. De cette multitude de traités qu'avait publiés Porphyre sur toutes sortes de sujets, il ne nous est resté qu'un petit nombre d'ouvrages intacts, à savoir, les ἀφορμαὶ, le traité sur l'abstinence des viandes, une vie de Pythagore, une lettre à Marcella, deux petits traités mythologiques sur le *Styx* et la *Grotte des Nymphes*, et enfin une introduction aux catégories d'Aristote. On peut recueillir en outre dans Eusèbe, et surtout dans Stobée, un certain nombre de fragments d'une grande valeur sur l'âme et ses facultés. Enfin Proclus nous fournit, dans son commentaire du Timée, un bon nombre de passages très importants sur les doctrines théologiques et cosmologiques de Porphyre. C'est dans les ἀφορμαι que nous retrouverons la substance de toute sa doctrine.

Porphyre débute dans sa philosophie par une théorie profonde et complète de l'être et de l'incorporel, dont voici l'analyse [1]. Voulant exprimer le mieux possible la nature propre de l'être incorporel, les anciens l'appellent *Un*, en y joignant le mot *Tout* pour le distinguer de ces unités perçues par la sensation. Ils ont ajouté l'*Un en tant qu'Un*, pour exprimer la simplicité absolue de l'être vraiment incorporel. C'est dans le même sens qu'ils affirment à la fois que l'incorporel est partout et nulle part, que toute chose le reçoit et que rien ne le comprend, qu'il est tout entier dans tout. C'est ainsi encore qu'en réunissant les qualités les plus contraires dans l'incorporel, ils s'efforcent de dissiper

---

[1] Stob., éd. Gesner, 172, 174.

par là les fausses imaginations qui obscurcissent la véritable notion de l'incorporel [1]. Lorsque vous avez conçu l'être en soi, infini en puissance, et que vous commencez à en entrevoir le fond même, c'est-à-dire cette énergie incessante, infatigable, inépuisable, qui se suffit pleinement à elle-même, qui ne cherche ni ne désire rien en dehors d'elle, gardez-vous de lui attribuer une détermination quelconque appartenant aux catégories de temps, de lieu ou de relation ; car cette notion étrangère et impure vous cacherait la vraie nature de Dieu, en étendant sur votre pensée le voile de l'imagination [2]. La notion pure de l'incorporel exclut toute représentation et toute détermination précise ; si vous cherchez à la saisir, à la fixer par l'imagination, elle vous échappe et disparaît. Plus vous la poursuivez dans cette voie sensible, plus vous vous en éloignez. Veut-on surprendre et saisir l'être dans son sanctuaire, en quelque sorte, il faut que l'âme se renferme en elle-même et se retire dans sa propre essence [3]. Mais si elle sort d'elle-même pour se répandre dans les choses extérieures, elle s'éloigne de l'être [4].

---

[1] Porph., ἀφορμ., XLI.

[2] Ibid., XLII. Ὅταν λάβῃς ἀέναον οὐσίαν ἐν ἑαυτῇ κατὰ δύναμιν ἄπειρον· καὶ νοεῖν ἄρξῃ ὑπόστασιν ἀκάματον, ἄτρυτον, οὐδαμῇ μὲν ἐκλείπουσαν, ὑπερεξαίρουσαν δὲ τῇ ζωῇ τῇ ἀκραιφνεστάτῃ καὶ πλήρει ἀφ' ἑαυτῆς· ἐν αὐτῇ τε ἱδρυμένην, καὶ κεκορεσμένην ἐξ ἑαυτῆς, καὶ οὐδ' ἑαυτὴν ζητοῦσαν· ταύτῃ ἐάν περ τὸ ποῦ ἐπιβάλῃς; ἢ τὸ πρός τι· ἅμα τῷ ἠλαττῶσθαι ἐξ εὐθείας τόπου ἢ πρός τι· εὐθὺς ἐκείνην μὲν οὐκ ἠλάττωσας· ἑαυτὸν δὲ ἀπέστρεψας, κάλυμμα λαβὼν τὴν ὑποδραμοῦσαν τῆς ὑπονοίας φαντασίαν.

[3] Ibid., XLII. Εἶδ' οὐδὲν ἐπιζητήσεις, ςὰς ἐπὶ ταυτοῦ καὶ τῆς σαυτοῦ οὐσίας τῷ παντὶ ὁμοιώθης.

[4] Ibid., XLII.

Se posséder soi-même, c'est posséder l'Être universel. Entre l'intérieur et l'extérieur de l'âme, il y a toute la distance de l'incorporel au corporel, de l'être au non-être. Quand l'âme est sortie d'elle-même, elle se trouve séparée de l'être et du divin par un abîme. L'âme qui habite en elle-même habite en Dieu[1]. La connaissance de l'être, de l'incorporel, du divin, n'est que la conscience de soi-même. Il faut bien qu'il en soit ainsi ; car autrement comment l'âme percevrait-elle ce qui lui serait extérieur et étranger? Toute perception vraie repose sur l'identité du sujet et de l'objet; toute connaissance qui n'est pas intime est vaine et chimérique [2]. L'âme ne saurait donc trop s'établir au sein de sa propre nature, comme au centre de l'essence. Là est la source de toute richesse et de toute vertu; hors de là, il n'y a pour l'âme que misère et pauvreté [3]. Ce n'est ni le lieu, ni un obstacle extérieur quelconque qui nous sépare du bien et du divin, c'est l'émigration toute spontanée et toute volontaire de l'âme hors d'elle-même. Donc l'ignorance de l'être et l'éloignement du divin n'est qu'une juste punition de notre entraînement hors de nous-mêmes vers le non-être. Nous retirer en nous-

---

[1] Ibid., xvIII. Καὶ ἔστι τίς ἐν αὐτῷ παρὼν παρόντι, τότε πάρει καὶ τῷ ὄντι πανταχοῦ ὄντι.

[2] Ibid., xLII. Τοῖς μὲν γὰρ δυναμένοις χωρεῖν εἰς τὴν αὐτῶν οὐσίαν νοερῶς, καὶ τὴν αὐτῶν γινώσκειν οὐσίαν, ἐν αὐτῇ τῇ γνώσει καὶ τῇ εἰδήσει τῆς γνώσεως αὐτοὺς ἀπολαμβάνειν καθ' ἑνότητα τὴν τοῦ γνώσκοντος καὶ γινωσκομένου.

[3] Ibid., xLII. Εἰ δ' ἡμεῖς ἐπεφύκειμεν ἱδρῦσθαι ἐν τῇ αὐτῇ οὐσίᾳ, καὶ πλουτεῖν ἀφ' ἑαυτῶν καὶ μὴ ἀπέρχεσθαι πρὸς ὃ μὴ ἦμεν, καὶ πένεσθαι ἑαυτῶν, καὶ διὰ τούτων πάλιν τῇ πενίᾳ συνεῖναι, καίπερ παρόντος αὐτοῦ.

mêmes, c'est nous retirer en Dieu; l'amour de l'âme pour elle-même l'initie à l'amour divin [1]. C'est donc avec raison qu'on a dit que l'âme est enfermée dans le corps comme dans une prison. Qu'elle s'efforce de rompre ses liens; qu'au lieu de s'abandonner elle-même, et de se tourner vers les choses de la terre, en véritable fugitive qui déserte la patrie divine, elle se recueille et se contemple : elle verra en elle-même le type de la vraie justice [2]. Pourquoi en est-il ainsi? Pourquoi l'âme n'a-t-elle qu'à se posséder elle-même pour posséder l'être et le divin? C'est qu'un être ne vit et ne pense qu'en vertu du principe supérieur dont il tient l'essence [3]. Tout être dont le principe est en dehors de lui-même a besoin de se tourner vers lui, et par conséquent de sortir de soi-même pour en recevoir la vie et la lumière. Tout être qui a son principe en soi-même n'a point à se produire au dehors pour en sentir l'heureuse influence; il faut au contraire qu'il se retire et regarde en soi-même. Voilà ce qui fait que les facultés sensibles ne passent à l'acte que par le secours du corps, tandis que l'intelligence arrive par elle-même et tout naturellement à l'acte et à l'être [4].

Cette méthode n'est pas nouvelle dans l'école d'Alexandrie. Déjà Plotin l'avait exprimée avec force et précision. Mais Porphyre en expose la théorie avec plus de développement et de clarté. Il aborde ensuite

---

[1] Ibid., xlii. Καὶ τῇ πάλιν ἐν τῇ αὑτῶν φιλίαν ἑαυτοὺς τε ἀπολαμβάνοντες, καὶ τῷ Θεῷ συναπτόμενοι.

[2] Ibid., xlii.

[3] Ibid., xlii.

[4] Ibid., xliii. Ὁ δὲ νοῦς οὐκ ἐν σώματι, ἐν ἑαυτῷ δὲ κέκτηται τὸ ἐνεργεῖν τε καὶ εἶναι.

le principe même de toute sa philosophie, à savoir, la distinction du corporel et de l'incorporel. Toute chose, si elle est quelque part, y est d'une manière conforme à sa nature. Pour le corps qui se compose de matière et possède un volume, être quelque part, c'est être dans le lieu [1]. L'intelligible pur, et tout ce qui est sans matière, n'ayant ni parties ni volume, n'occupe point de lieu; en sorte que la *présence universelle*, comme on dit de l'incorporel, n'est pas une présence locale [2]. En effet, puisqu'il est simple et indivisible, il ne correspond pas à tel ou tel point de l'espace par telle ou telle de ses parties; et comme il ne peut être contenu dans tel lieu ni exclu de tel autre, on ne peut dire qu'il soit présent ici et là absent : il est tout entier là où il est [3]. Il n'est pas non plus voisin d'un lieu ni éloigné d'un autre, puisqu'il ne comporte point de rapports de distance. Quand on parle de lieu, de divisions et de parties à propos de l'intelligible et de l'incorporel, voici en quel sens cela peut être vrai. L'incorporel ne tombe point dans l'espace; donc, absolument parlant, il est faux de dire qu'il se divise et que ses parties correspondent à certains points d'un lieu déterminé [4]. C'est le corps seul qui se divise et qui est contenu dans un lieu. Le propre de l'incorporel est de contenir et non d'être contenu. Ainsi, par exemple, ce n'est pas le corps qui contient l'âme, mais bien l'âme qui contient le corps. Quand on dit que l'incorporel contient,

---

[1] Ibid., xxxv.
[2] Ibid., xxxv. Ὥστε τὸ εἶναι πανταχοῦ τῷ ἀσωμάτῳ οὐκ ἦν τοπικόν.
[3] Ibid., xxxv.
[4] Ibid., xxxv.

il ne faut rien entendre par là d'analogue à la capacité de l'espace, lequel est susceptible de mesure et de division[1]. L'incorporel ne contient point par une extension de volume, mais par l'action de sa puissance[2]. Si on dit que l'incorporel se répand et se divise dans le corps, cela se rapporte seulement à son action ; c'est par là qu'en effet, qu'absolument simple et indivisible dans son essence, l'incorporel se prête à la mesure et à la division. Porphyre ne fait ici que développer la doctrine de Plotin sur les rapports de l'âme et du corps[3].

Il faut donc bien se garder d'attribuer, par imagination, aux êtres incorporels certaines qualités des corps. Personne n'est tenté de prêter aux corps les attributs de l'incorporel, parce que chacun vit dans le commerce des corps ; mais, comme l'imagination ne peut saisir les essences incorporelles, on court toujours risque de les déterminer par des représentations sensibles ; ce qui répugne absolument à leur nature[4]. On ne saurait donc trop insister sur les caractères opposés des deux substances. Le corporel est étendu, mesurable, divisible, extérieur, correspondant à un lieu déterminé ; l'incorporel est infini, inétendu, indivisible, intérieur, et n'occupe aucun lieu[5]. L'un est une copie, l'autre est un archétype[6] ; l'un tient l'être d'autrui, l'autre le trouve en soi-même. Quand on

---

[1] Ibid., xxxv,
[2] Ibid., xxxv.
[3] Ibid., xxxv.
[4] Ibid., xxxv.
[5] Ibid., xxxv.
[6] Ibid., xxxv. Εἰ τὸ μὲν εἰκών, τὸ δὲ ἀρχέτυπον.

parle d'union à propos du rapport du corporel et de l'incorporel, il faut penser à tout autre chose que l'union des substances corporelles. La communication des deux substances contraires ne se fait ni par mélange, ni par union véritable, ni par juxtaposition ; elle s'opère par un moyen dont aucune opération corporelle ne peut donner une idée [1]. Tout ce qu'on peut dire, c'est qu'elle est réelle. L'être incorporel est tout entier dans chaque partie de l'espace, la division fût-elle infinie ; il ne remplit pas successivement chacune des parties de l'espace, de manière que chacune de ses parties corresponde à un point de l'espace divisé ; il ne s'unit pas au corps partie à partie, mais il se répand tout entier dans tout [2]. La substance corporelle n'empêche en rien l'incorporel en soi d'être où il veut et comme il veut ; car le poids du corps ne pèse point sur une essence incorporelle. Tout ce qui a un poids et un volume est compressible et mobile ; l'incorporel, n'ayant ni l'un ni l'autre, n'est susceptible ni de compression ni de changement. La présence de l'incorporel, partout où il se trouve, ne se fait sentir que par une inclination et une influence qui ne supposent aucune occupation d'un lieu [3]. C'est en ce sens seulement qu'on peut dire que l'incorporel s'élance au-dessus du ciel ou descend dans un coin du monde [4]. Ce séjour ne le rend point visible aux yeux ; c'est seulement par ses œuvres qu'il manifeste sa présence. On se trompe

---

[1] Ibid., xxxv. Οὔτε οὖν κράσις, ἢ μίξις, ἢ σύνοδος, ἢ παράθεσις · ἀλλ' ἕτερος τρόπος.

[2] Ibid., xxxv.

[3] Ibid., xxix.

[4] Ibid., xxix.

quand on se représente l'incorporel renfermé dans le corps comme une bête féroce dans une ménagerie, ou comme le vent dans une outre. C'est en lui-même qu'il est renfermé ; c'est du fond de son essence que s'échappent, comme d'un foyer intérieur, toutes ces puissances qui se répandent dans le corps et y font pénétrer les vertus de l'incorporel. Voilà comment l'incorporel devient présent au corporel. C'est par une extension de lui-même qu'il vient à se renfermer dans le corps ; rien ne l'y attache, si ce n'est lui-même [1].

L'incorporel est l'être réel. Le corps n'en a que l'apparence. Or l'être réel n'est ni grand ni petit ; il n'est pas susceptible de mesure. Il remplit la vaste étendue du monde, selon sa nature propre, c'est-à-dire sans être étendu ni divisé [2]. Il dépasse la masse de l'univers et en embrasse toutes les parties dans son indivisible essence.[3]. La grandeur du volume pour un corps est un signe de supériorité, si on le compare aux choses de même espèce ; mais c'est un signe d'infériorité relativement aux substances incorporelles : car le volume est comme une émigration de l'être hors de lui-même et un morcellement de sa puissance [4]. Ce n'est pas lorsqu'elle se produit et s'étend au dehors que la puissance possède toute sa plénitude ; c'est quand elle se replie sur elle-même et se retranche

---

[1] Ibid., xxxix. Τὸ ἀσώματον ὂν ἐν σώματι κατάσχεθῇ, οὐ συγκλησθῆναι δέει, ὡς ἐν ζωγρείῳ θηρία... Διὸ οὐδ' ἄλλο αὐτὸ καταδεῖ, ἀλλ' αὐτὸ ἑαυτὸ.

[2] Ibid., xxxvii.

[3] Ibid., xxxviii.

[4] Ibid., xxxviii.

dans son essence [1] : tout développement de l'être est une chute et un affaiblissement. Cet univers dont on admire tant la grandeur ne nous présente point le vrai spectacle de la force et de la puissance ; pour trouver le type de l'une et de l'autre, il faut contempler l'indivisible unité de l'incorporel [2]. La grandeur de la masse corporelle du monde est loin d'embrasser l'infinie puissance de l'incorporel qui la pénètre et l'anime.

Quant à l'union du corporel et de l'incorporel, on ne peut en contester la réalité : seulement il n'est pas facile de la concevoir. Ce qui est certain, c'est que cette union n'est pas soumise aux conditions de l'espace ; elle ne peut avoir lieu que par *assimilation*, autant du moins que le corporel peut être assimilé à l'incorporel [3]. Entre le matériel pur et l'immatériel, toute assimilation, même indirecte, est impossible. Mais le corporel n'est déjà plus une pure matière ; c'est un composé de matière et de forme : or la forme est partout un signe de la présence de l'immatériel. C'est ce qui rend l'assimilation possible entre le corporel et l'incorporel. Dans cette communication des deux substances, l'une ne reçoit rien de l'autre ; autrement les deux êtres changeraient de nature en recevant, celui-ci l'incorporel, et celui-là le corporel : l'assimilation s'opère par des influences réciproques, qui n'atteignent pas la nature de chacun. Toutefois cet échange n'aurait pas lieu entre l'incorporel et le corporel sans un sujet intermédiaire ; car l'un ne participe en rien des

---

[1] Ibid., xxxviii.
[2] Ibid., xxxviii.
[3] Ibid., xxxviii. Ἡ οὖν παρουσία, οὐ τοπικὴ, ἐξουσιωτικὴ δέ.

propriétés de l'autre. C'est ce sujet mixte qui assimile et est assimilé tout ensemble, et réunit par là les deux extrêmes. Telle est la fonction de l'âme proprement dite [1].

L'être réel ou l'incorporel est dit multiple, non qu'il soit véritablement divers quant à l'espace, au volume ou au nombre. La diversité de l'incorporel est sans matière, par conséquent sans volume et sans multiplicité réelle; c'est un simple développement de ses puissances, toujours ramené et fixé à l'unité de son essence [2]. Dans le corporel, l'unité n'est qu'accessoire et extérieure : c'est l'unité dans la diversité. Dans l'incorporel, l'unité domine, et la diversité vient de ce que l'essence entre en action par la vertu de sa puissance : c'est la diversité dans l'unité. Voilà ce qui fait que l'être trouve sa diversité dans le développement de son essence, c'est-à-dire dans l'unité, tandis que le corps trouve son unité dans le volume, c'est-à-dire dans la diversité [3].

Il ne faut pas croire que la pluralité des âmes vienne de la pluralité des corps. Les âmes particu-

---

[1] Ibid., xxxviii. Τὸ δ' ἐν μέσῳ ὁμοιοῦν καὶ ὁμοιούμενον, καὶ συνάπτον τὰ ἄκρα ταυτὶ γέγονεν αἴτιον τῆς περὶ τὰ ἄκρά ἀπάτης· διὰ τὸ τῇ ὁμοιώσει προςτιθέναι τῷ ἑτέρῳ τὰ ἕτερα.

[2] Ibid., xxxix. Τὸ ὄντως ὂν πολλὰ λέγεται, οὐ τόποις διαφόροις, οὐδὲ ὄγκου μέτροις, οὐ σωρείᾳ, οὐ μερῶν μερισμῶν ὑπογραφαῖς, ἢ διαλήψεσιν· ἀλλ' ἑτερότητι ἀΰλῳ, καὶ ἀόγκῳ, καὶ ἀπληθύντῳ, κατὰ πλῆθος διῃρημένον.

[3] Ibid., xxxix. Ἐπὶ γὰρ τοῦ ὄντος, ἡ μὲν ἑνότης προηγεῖται καὶ ἡ ταυτότης. Ἡ δὲ ἑτερότης ἐκ τοῦ ἐνεργητικὴν εἶναι τὴν ἑνότητα γέγονε. Διόπερ ἐκεῖνο μὲν, ἐν ἀμερεῖ πεπλήθυνται· τοῦτο δὲ (σῶμα) ἐν πλήθει καὶ ὄγκῳ ἥνωται. Κἀκεῖνο μὲν ἐν ἑαυτῷ ἵδρυται, καθ' ἓν ὂν ἐν ἑαυτῷ. Τὸ δὲ οὐδέ ποτε ἐν ἑαυτῷ· ὡς ἂν ἐν ἐκτάσει λαβὼν τὴν ὑπόςασιν.

lières subsistent dans l'Ame universelle, indépendamment des corps, sans que la diversité de celles-là morcelle l'unité de celle-ci ou que l'unité de celle-ci absorbe la diversité de celles-là [1]. Les âmes particulières sont unies à l'Ame universelle, sans y être confondues, et d'un autre côté elles ne font pas de l'Ame universelle un simple total. Elles ne sont ni séparées entre elles par des limites, ni fondues en une seule substance. Elles sont dans l'Ame universelle comme les sciences diverses dans une seule intelligence [2]. En un mot, ce sont des puissances diverses d'une même essence universelle, et non des substances réellement différentes comme les corps [3]. De même qu'en divisant les corps à l'infini, on n'arrive point à l'incorporel; de même on peut diviser l'incorporel à l'infini, sans jamais tomber dans le corporel, par la raison qu'ici les éléments de la division sont des *espèces* (εἴδη) [4]. Il en est de l'âme, sous le rapport de ses divisions, comme de la semence renfermée dans la matière. Une partie de cette semence, détachée du tout, en conserve toutes les propriétés, et d'un autre côté la semence totale possède toutes les propriétés réunies des semences particulières dispersées dans l'univers. De même toute âme individuelle possède toutes les propriétés de l'Ame universelle, et la diversité infinie

---

[1] Ibid., xl. Καὶ οὔτε τῆς μιᾶς καὶ ὅλης κολουούσης τὰς πολλὰς ἐν αὐτῇ εἶναι· οὔτε τῶν πολλῶν τὴν μίαν εἰς αὐτὰς μεριζουσῶν.

[2] Ibid., xl. Porphyre ne fait que reproduire la doctrine de Plotin.

[3] Ibid., xl. Καὶ πάλιν οὐκ ἔγκειται, ὡς τὰ σώματα τῇ ψυχῇ ἐπουσίως. Ἀλλὰ τῆς ψυχῆς ποιαί εἰσιν ἐνέργειαι.

[4] Ibid., xl.

des âmes particulières ne renferme rien de plus que l'Ame universelle elle-même [1].

Cette théorie de Porphyre sur l'être et sur les rapports de l'incorporel avec le corporel, d'ailleurs parfaitement conforme à la doctrine de Plotin, rappelle l'enseignement de Numénius et d'Ammonius sur le même sujet. Plotin exprime les mêmes idées sur l'être, mais plutôt à propos des divers principes de sa théologie, de Dieu, de l'Intelligence et de l'Ame, que dans une spéculation abstraite sur la distinction du corporel et de l'incorporel. On va voir maintenant Porphyre, après ces considérations générales sur l'être, parcourir les divers degrés de l'incorporel pour arriver à Dieu.

Sous la dénomination commune d'*incorporel*, on a coutume de renfermer les choses les plus diverses ; on comprend sous ce mot la matière, la vie, l'âme, l'intelligence. D'abord si la matière est dite incorporelle, ce n'est pas à titre d'essence supérieure au corps ; car le corps possède déjà le mouvement et la forme, par conséquent un certain être. La matière, sans forme, sans mouvement, sans vie, variable, infinie, impuissante, indifférente à toute détermination, est le défaut absolu de tout être, le non-être même. C'est une vaine apparence qui ne possède rien, en affectant de tout posséder [2]. Le corps n'est pas encore l'être, mais il en possède déjà quelque chose, ou tout au moins il en simule la nature. Le propre du corps est de pâtir : or tout ce qui pâtit est sujet à la corruption. Le corps est une substance mobile et incertaine qui flotte perpé-

[1] Ibid., XL.
[2] Ibid., XXII.

tuellement entre l'être et le non-être, sans jamais se fixer dans l'un ou dans l'autre [1]. Des deux principes dont se compose le corps, la matière et la forme, ni l'un ni l'autre ne pâtit, la matière parce qu'elle est sans qualité, la forme, parce qu'elle est en soi une essence pure et immuable. Il n'y a de passible que le sujet corporel et tout ce qui s'y rapporte [2].

Après le corps vient le principe de la *vie*. Ce mot comprend bien des substances diverses. Ainsi autre est la vie de la plante, autre la vie de l'être animé, autre la vie de l'intelligence, autre la vie du principe supérieur à l'intelligence. Dans le même sujet, l'âme humaine, autre est la vie psychique proprement dite, et autre la vie intellectuelle. Commençons par la vie qui a l'âme pour principe [3]. L'âme est déjà l'être ; elle n'emprunte point la vie à une cause étrangère, elle est la vie elle-même. Essence simple, indivisible, immuable quant à sa nature, elle ne pâtit point, et n'est susceptible ni de changer ni de se corrompre [4]. Toutefois, elle n'est pas encore l'être absolument pur et parfait ; simple et identique dans son essence, elle se divise et se diversifie dans son développement. Ce n'est qu'une substance intermédiaire entre l'être pur et le corps. De là vient qu'elle oscille entre les deux. Mais quand elle obéit à sa vraie nature qui est l'être, elle se détache du corps. Ce que la nature a lié, la nature le délie ; mais ce que l'âme a lié, l'âme seule le délie. Là

---

[1] Ibid., xxiii.
[2] Ibid., xxiii.
[3] Ibid., xx.
[4] Ibid, xxiii. Ὅτι οὐκ ἦν ἐξ ἀζωίας καὶ ζωῆς συγκείμενον πρᾶγμα, ἀλλὰ ζωῆς, καὶ μόνον.

nature a lié le corps à l'âme ; mais c'est l'âme qui s'est liée elle-même au corps. Donc il appartient à la nature seule de détacher le corps de l'âme, tandis que c'est l'âme elle-même qui se détache du corps, non par une blessure faite au corps, mais en se détournant de toute affection corporelle [1]. De là une double mort : l'une, propre à la nature, consiste dans la séparation du corps d'avec l'âme ; l'autre, propre à la philosophie, résulte de la séparation de l'âme d'avec le corps. Celle-ci n'est nullement la conséquence de celle-là [2]. Mais ne dit-on pas sans cesse que l'âme sent, et n'est-elle point passible par ce côté ? Porphyre explique ce qu'il faut entendre par la passion de l'âme. Autre est la passion du corps, autre est celle des incorporels. La passion du corps implique toujours un changement, tandis que les *passions* de l'âme sont des actes de sa propre nature qui n'ont rien de commun avec les impressions reçues par les corps [3]. En sorte que, si le propre du pâtir pour les corps est le changement, il faut dire que tous les incorporels sont impassibles ; car toutes les substances entièrement séparées de la matière et du corps sont toujours en acte [4]. Quant à celles qui touchent à la matière, elles sont impassibles en elles-mêmes, mais leurs sujets pâtissent. Ainsi c'est l'animal qui sent et non pas l'âme elle-même ; la sensation de l'animal ressemble à une harmonie séparée de ses instruments, qui fait vibrer d'elle-même les cordes mises à l'unisson. Mais le corps n'a qu'une harmonie insépa-

[1] Ibid., VIII.
[2] Ibid., IX.
[3] Ibid., XIX.
[4] Ibid., XIX.

rable de ses instruments [1]. L'âme est la cause motrice de l'animal en l'homme ; et sous ce rapport, l'homme n'est pas sans analogie avec le musicien qui produit des sons en vertu d'une puissance harmonique ; les corps frappés par l'impression sensible ressemblent à des cordes bien mises à l'unisson [2]. Du reste, ce n'est point l'harmonie elle-même qui pâtit, c'est l'instrument dont elle est toujours séparable ; l'harmonie est un acte du musicien, c'est-à-dire de l'âme [3]. Toutefois l'harmonie ne se produit point selon le caprice du musicien ; c'est elle-même qui dicte les sons, selon les lois qui lui sont propres. L'âme ne peut mourir ; car pour toute essence dont l'être est dans la vie [4] et dont les passions sont des actes, la mort elle-même est une certaine vie et non l'entière privation de la vie. Le seul chemin de la mort pour les êtres est la passion ; l'âme, étant essentiellement impassible, ne peut y arriver. De même qu'être sur la terre pour l'âme n'est point fouler le sol, mais seulement présider au corps qui foule la terre ; de même la descente de l'âme aux enfers signifie simplement qu'elle s'attache à une image qui n'a de réalité que dans la matière [5]. Et comme l'obscurité est toujours prise pour signe de la présence du principe matériel, quand l'âme s'enfonce dans les passions et affections corporelles, on dit avec raison qu'elle descend aux enfers. Pour que l'âme passe dans le lieu téné-

[1] Ibid., xix.
[2] Ibid., xix.
[3] Ibid., xix.
[4] Ibid., xviii.
[5] Ibid., xxxiii.

breux ainsi appelé, il n'est pas nécessaire qu'elle quitte le corps [1]. Le séjour des enfers pour l'âme a encore un autre sens. Quand elle s'est séparée du corps qu'elle habitait ici-bas, si elle a retenu de son union avec la substance corporelle une certaine affection et une certaine habitude sympathique, qu'elle traîne ensuite après elle comme une enveloppe pesante et obscure, on dit qu'elle séjourne aux enfers. Non pas que l'âme elle-même, essence incorporelle, change de lieu et habite telle ou telle partie du monde : seulement elle peut contracter les habitudes du corps dont la nature est de changer de lieu et d'habiter un séjour plus ou moins humide et ténébreux [2]. C'est même cette disposition de l'âme qui fait qu'elle s'adjoint tel corps plutôt que tel autre. La rencontre des deux substances n'est point fortuite ; elle est toujours déterminée par l'état particulier de l'âme. Ainsi, à l'état de pureté supérieure, l'âme s'adjoint un corps voisin de l'immatériel, un corps éthérien [3]. Lorsqu'elle est descendue de la raison à l'imagination, il lui pousse un corps solaire [4] ; si elle s'efféminé et se prend d'amour pour les formes, elle revêt un corps lunaire [5]. Enfin lorsqu'elle tombe dans le monde sublunaire, monde plein de vapeurs hu-

---

[1] Ibid., xxxiii. Οὕτω καὶ ἐν ᾄδου εἶναι ἐςὶ ψυχῇ, ὅταν προσήκει εἰδώλου, φύσιν μὲν ἔχοντος εἶναι ἐν τόπῳ, σκότει δὲ τὴν ὑπόςασιν κεκτημένου. Ὥςε εἰ ὁ ᾄδης ὑπόγειός ἐςι τόπος σκοτεινός, ἡ ψυχὴ καίπερ οὐκ ἀποσπωμένη τοῦ ὄντος, ἐν ᾄδου γίγνεται, ἐφελκομένη τὸ εἴδωλον.

[2] Ibid., xxxiii. Ἐν ᾄδου δὲ λέγεται, ὅτι τῆς ἀειδοῦς φύσεως ἐτύγχανε τὸ πνεῦμα.

[3] Ibid., xxxiii.

[4] Ibid., xxxiii.

[5] Ibid., xxxiii.

mides, il en résulte pour elle une sorte d'éclipse et une vraie enfance. C'est au sortir de ce lieu misérable que, l'esprit encore troublé par ces vapeurs, l'âme traîne avec elle une image du brouillard qui l'enveloppait et du poids qui l'accablait dans son état primitif [1]. Sous cette triste influence, l'âme tend à rentrer dans les profondeurs de la terre, à moins qu'elle ne soit retenue et relevée par une cause supérieure. De même que la tortue reste attachée à la terre par le poids de son écaille, de même l'âme traîne avec elle l'image des choses matérielles, comme une lourde enveloppe, tant qu'elle se mêle à la nature. Mais si elle vient à s'en séparer, une lumière sèche et vive brille tout-à-coup sans ombre et sans nuage, et l'entoure comme une auréole [2]. L'âme n'atteint pas jusqu'à l'intelligence pure; sa plus haute faculté est la raison. L'âme rationnelle comprend les raisons de toutes choses; elle opère selon ces raisons, qu'elle soit provoquée à l'acte par une cause étrangère ou bien qu'elle se tourne d'elle-même vers son objet par un mouvement tout intérieur. Dans le premier, cas elle se répand encore dans le monde sensible; dans le second, elle entre déjà dans le monde intelligible. Mais, de près comme de loin, l'âme rationnelle se rattache toujours plus ou moins à l'imagination et au corporel.

Après l'âme vient l'intelligence, degré suprême de l'être. L'intelligence tombe encore moins que l'âme sous le sens; elle ne peut être connue que par une

---

[1] Ibid., xxxiii.
[2] Ibid., xxxiii. Ὥσπερ οὖν γεῶδες ὄςρεον περικειμένη, ἀνάγκη ἐπὶ γῆς ἐνίσχεσθαι· οὕτω καὶ ὑγρὸν πνεῦμα ἐφελκομένη, εἴδωλον περικεῖσθαι ἀνάγκη.

essence de même nature qu'elle, c'est-à-dire par l'intelligence. Donc elle n'est connue que par elle-même ; donc elle est purement intelligible [1]. Et si elle est intelligible, comme elle ne peut l'être que par l'intelligence, elle est à la fois ce qui pense et ce qui est pensé, tout ce qui pense et tout ce qui est pensé [2]. Elle n'agit point du reste à la manière d'un instrument qui reçoit et produit l'action tout à la fois ; elle n'est pas dans une partie d'elle-même sujet, et dans une autre objet de la pensée [3]. Elle est simple, indivisible et tout entière intelligible dans la totalité de son essence. Et de même, intelligence dans tout son être, elle ne contient aucun germe d'ignorance. Il n'y a point en elle une partie qui pense, tandis que l'autre ne pense pas ; car alors, en tant qu'elle ne penserait pas, elle serait inintelligible (ἀνόητος) [4]. D'un autre côté, elle ne passe point, par un mouvement de pensée, d'une chose à l'autre ; car, si elle détournait sa pensée d'un objet, en tant qu'elle ne penserait plus cet objet, elle deviendrait inintelligible, au moins quant à cet objet. Si donc elle ne pense pas successivement, elle pense tout ensemble, elle pense tout actuellement et toujours [5]. Dans l'acte immanent et simple de sa pensée disparaissent le passé et le futur ; tout y est dans l'unité et

---

[1] Ibid., xxxiii.

[2] Ibid., xlv. Ὁ αὐτὸς ἄρα νοῶν καὶ νοούμενον, ὅλον ὅλου.

[3] Ibid., xlv. Καὶ οὐχ' ὡς ὁ τρίβων καὶ τριβόμενος, οὐκ ἄλλῳ οὖν μέρει νοεῖται, καὶ ἄλλῳ νοεῖ. Ἀμερὴς γὰρ καὶ νοητὸς ὅλος ὅλῳ.

[4] Ibid., xlv.

[5] Ibid., xlv. Οὐδὲ ἀφιςάμενος οὖν τοῦδε, ἐπὶ τόδε μεταβαίνει. Ἀφ' οὗ γὰρ ἀφίςαται, μὴ νοῶν ἐκεῖνο, ἀνόητος κατ' ἐκεῖνο γίνεται. Εἰ δὲ μὴ τόδε μετὰ τόδε ἐπ' αὐτοῦ γίνεται, ἅμα πάντα νοεῖ· ἐπεὶ οὖν πάντα ἅμα, καὶ οὐ τὸ μὲν νῦν, τὸ δὲ αὖθις, πάντα ἅμα· νῦν καὶ ἀεί.

selon l'unité, et rien n'y tombe dans le temps ou dans l'espace. L'intelligence ne discourt point comme l'âme; elle n'est pas un mouvement, mais un acte simple; un acte qui répugne au changement, au développement, à la digression. Or si le nombre dans l'intelligence est réduit à l'unité, et que d'une autre part l'acte intellectuel ne tombe point dans le temps, il est nécessaire d'attribuer à une telle essence l'être éternel dans l'unité. Or, c'est là ce qui constitue l'éternité; donc l'intelligence est en soi essentiellement éternelle [1]. Nous disons l'Intelligence en soi, car pour cette intelligence qui ne pense pas selon l'unité ni dans l'unité, qui tombe dans le changement et dans le mouvement, qui abandonne un objet pour un autre, qui discourt et se divise, elle a pour attribut le temps [2]. La distinction du passé et du futur lui convient. Quand elle passe d'un objet à l'autre, elle change de pensées, non de manière toutefois que les premières rentrent dans le néant et que les secondes jaillissent brusquement comme d'une source nouvelle; mais celles-là, tout en semblant périr, restent dans l'intelligence; et celles-ci, tout en paraissant venir d'ailleurs, naissent du fond de l'intelligence qui les portait dans son sein, et les produit à mesure que les objets correspondants lui apparaissent [3]. En cela elle ressemble à une source dont les eaux, au lieu de se répandre au dehors, rejaillissent vers l'intérieur par un jet circulaire [4]. Cette

---

[1] Ibid., xlv.
[2] Ibid., xlv.
[3] Ibid., xlv.
[4] Ibid., xlv. Πηγῇ γὰρ ἔοικεν οὐκ ἀπορρύτῳ, ἀλλὰ κύκλῳ εἰς αὑτὴν ἀναθλυζούσῃ ἃ ἔχει.

intelligence inférieure est propre à l'âme; c'est l'âme elle-même dans ce qu'elle a de meilleur et de plus pur. Mais l'Intelligence en soi a de tout autres caractères; elle a d'abord pour attribut nécessaire l'éternité, comme l'âme a pour attribut le temps, et elle n'est point séparée de l'éternité comme l'âme du temps : ces deux hypostases, l'Intelligence et l'Éternité, se confondent [1]. Le mouvement perpétuel n'est qu'une image trompeuse de l'éternité; l'éternité répugne essentiellement au mouvement même infini : c'est un acte simple, immanent, immuable [2]. Le signe de l'éternité est l'unité et la stabilité, comme le signe du temps est le mouvement et la succession. C'est une grave erreur que de voir le temps dans le repos, non moins que dans le mouvement, puisqu'on transporte ainsi à chacune de ces choses les attributs de l'autre. Du reste, l'erreur est naturelle; car la perpétuité du mouvement simule l'éternité, tandis que la permanence du repos rappelle en quelque sorte le temps [3].

L'Intelligence n'est pas le premier principe des choses, car elle est encore multiple dans son unité. Or avant le multiple vient nécessairement l'Un [4]. Mais est-il bien vrai que l'Intelligence est multiple? Quand on songe aux diverses opérations de l'âme, à la sensation, à l'imagination, à la raison elle-même, il semble qu'on ne puisse douter un instant de la multiplicité de l'acte intellectuel. Mais il faut ici se garder

---

[1] Ibid., xlv.
[2] Ibid., xlv.
[3] Ibid., xlv.
[4] Ibid., xv. Ὁ νοῦς οὐκ ἐςιν ἀρχὴ πάντων· πολλὰ γὰρ ἐςιν ὁ νοῦς· πρὸ δὲ τῶν πολλῶν ἀνάγκη εἶναι τὸ ἕν.

de trompeuses analogies. La pensée pure n'a rien de commun avec les opérations que l'on vient de citer. Toute faculté qui se sert des sens ne contemple qu'en se projetant à l'extérieur, et loin de s'unir à l'objet de sa contemplation, elle ne recueille de cette projection qu'une simple image de la réalité [1]. Ainsi, quand l'œil aperçoit l'objet qu'il a regardé, il ne peut se confondre avec cet objet; car la distance qui les sépare est précisément une condition de la vision. De même, si l'objet du tact se confondait avec l'organe qui le touche, il s'évanouirait [2]. C'est encore par une sorte de projection extérieure que l'imagination se représente l'image des objets [3]. Il n'arrive à aucune de ces deux facultés, la sensation et l'imagination, de se replier et de se concentrer sur elle-même, que l'objet de leur perception soit le corporel proprement dit ou qu'il en soit l'image incorporelle. Ce n'est point de cette manière que perçoit l'intelligence; c'est par un acte de réflexion et de concentration [4]. Si elle sortait de la contemplation de ses propres puissances, et qu'elle cessât d'être ainsi à la fois le sujet et l'objet de sa propre vision, elle ne penserait plus rien. Dans la sensation et l'imagination, le sujet et l'objet de la perception sont non seulement distincts, mais séparés; l'objet est réellement extérieur et étranger à l'objet. Dans la raison, l'objet de la pensée, n'étant pas purement intelligible, ne rentre pas entièrement dans l'intelligence. Mais dans l'acte pur et parfait de l'intelligence, la séparation

[1] Ibid., xv.
[2] Ibid., xv.
[3] Ibid., xv.
[4] Ib., xv. Ὁ δὲ νοῦς εἰς αὐτὸν συναγόμενος· εἰ δὲ μὴ ἔξω ἐκτεινόμενος.

ne subsiste plus ; l'objet de l'intelligence, étant l'intelligible pur, rentre tout-à-fait dans le sujet ; l'intelligence et l'intelligible se confondent dans un seul et même acte [1]. Et toutefois cet acte est encore multiple dans son unité ; car, si la séparation du sujet et de l'objet de la contemplation a disparu, la distinction subsiste. D'ailleurs, que pense l'intelligence pure ? l'intelligible pur. Mais l'intelligible, même au suprême degré, c'est l'être. Or l'être est encore multiple dans son unité ; il n'est pas l'unité absolue. Donc l'intelligence pense le multiple, et, par cela même qu'elle le pense, devient elle-même multiple dans une certaine mesure ; donc elle n'est pas le premier principe, car avant le multiple est l'Un [2]. L'âme connaît l'Intelligence par la concentration de toutes ses puissances intellectuelles ; mais comment peut-elle atteindre au principe supérieur à l'Intelligence ? Porphyre le dit clairement, par la suspension absolue de ces mêmes puissances. Il en est de cette connaissance comme de celle du sommeil, dont on parle jusqu'à un certain point à l'état de veille, mais dont on n'acquiert la conscience qu'à l'état de sommeil : tel est le principe de toute connaissance. Le semblable ne peut être perçu que par le semblable : c'est en sommeillant que l'âme connaît le sommeil ; c'est dans l'extase, c'est-à-dire en quelque sorte dans la suspension de son être, qu'elle connaît ce qui est au-dessus de l'être [3].

On voit que jusqu'ici Porphyre reproduit fidèle-

---

[1] Nous développons ici un peu la pensée de Porphyre pour la rendre claire.

[2] Ibid., xv.

[3] Ibid., xxvii. Περὶ τοῦ ἐπέκεινα νοῦ, κατὰ μὲν νόησιν πολλὰ λέγε-

ment la doctrine de Plotin, en la développant et en l'exprimant d'une manière plus précise et plus claire sur quelques points. De la notion abstraite et générale de l'incorporel, il s'élève au principe suprême des choses, en passant par les divers degrés de l'être, à savoir, la nature, l'âme, l'intelligence. Arrivé au terme de ses recherches, il résume la différence qui distingue les trois principes des choses. Dieu est partout, parce qu'il n'est nulle part; il en est de même de l'Intelligence et de l'Ame. Mais Dieu est partout et nulle part dans un sens absolu, c'est-à-dire que sa présence et son absence n'ont pas d'autres limites que son être et sa volonté [1]. L'Intelligence est en Dieu; ce n'est que par rapport aux choses qui viennent après elle qu'il est vrai de dire qu'elle est partout et nulle part [2]. L'Ame est à la fois dans l'Intelligence et en Dieu; c'est par rapport aux corps seulement qu'on peut dire qu'elle est partout et nulle part [3]. Quant au corps, il est dans l'Ame, dans l'Intelligence et en Dieu [4]. Toutes les substances qui possèdent ou ne possèdent pas l'être viennent de Dieu et sont en Dieu; mais Dieu n'est aucune d'elles, ni dans

---

ται· θεωρεῖται δὲ ἀνοησία κρεῖττον νοήσεως· ὥσπερ ἐπὶ τοῦ καθεύδοντος, διὰ μὲν ἐγρηγόρσεως πολλὰ λέγεται. Τὸ γὰρ ὁμοίῳ τὸ ὅμοιον γινώσκεται· ὅτι πᾶσα γνῶσις, τοῦ γνωστοῦ ὁμοίωσις·

[1] Ibid., xxxii. Ἀλλ' ὁ θεὸς μὲν πανταχοῦ καὶ οὐδαμοῦ τῶν μετ' αὐτὸν πάντων· αὐτοῦ δὲ ἐς' μόνον ὡς ἐςι καὶ ἐθίλει.

[2] Ibid., xxxii. Νοῦς δὲ ἐν θεῷ μέν, πανταχοῦ δὲ καὶ οὐδαμοῦ τῶν μετ' αὐτόν.

[3] Ibid., xxxii. Καὶ ψυχὴ ἐν νῷ τε καὶ θεῷ πανταχοῦ, καὶ οὐδαμοῦ ἐν σώματι.

[4] Ibid., xxxii. Σῶμα δὲ καὶ ἐν ψυχῇ, καὶ ἐν νῷ, καὶ ἐν θεῷ.

aucune d'elles¹. Si Dieu était présent à tout, sans être en même temps absent de tout, il serait lui-même tout en tout ; il se confondrait absolument avec toutes choses. Mais, comme d'un autre côté il n'est nulle part, il s'ensuit que tout se fait en lui et par lui, sans se confondre avec lui-même². De même, si l'Intelligence, principe des âmes et de tout ce qui vient après les âmes, n'est elle-même ni âme, ni rien de ce qu'elle produit, c'est qu'elle n'est pas seulement partout, mais nulle part, au moins par rapport aux êtres qui lui sont inférieurs³. De même enfin, l'Ame n'est ni un corps ni dans un corps, mais seulement la cause du corps, par la raison qu'elle est à la fois partout et nulle part dans le corps⁴.

Pour compléter l'analyse de la doctrine théologique de Porphyre, il est nécessaire de consulter Proclus. Plotin avait très explicitement et très nettement distingué les trois principes des choses, l'Un, l'Intelligence et l'Ame. Mais sur la question du Démiurge, on ne voit nulle part dans les Ennéades qu'il se soit clairement expliqué. Il est seulement certain qu'il n'admettait qu'un seul Démiurge, et le plaçait dans l'âme. Ce point, traité incomplétement dans sa doctrine, était devenu un sujet de discussion parmi ses successeurs. Déjà Amélius avait autrement résolu le problème, en comprenant le Démiurge dans le Paradigme, c'est-à-dire dans l'Intelligible proprement dit. Quant à la solution de Porphyre, Proclus la fait res-

---

[1] Ibid., xxxii.
[2] Ibid., xxxii. Ἕτερα δὲ αὐτοῦ, ὅτι αὐτὸς οὐδαμοῦ.
[3] Ibid., vxxii.
[4] Ibid., xxxii.

sortir de la manière la plus nette dans les passages suivants. « Après Amélius, Porphyre, croyant suivre Plotin, appelle Démiurge l'Ame divine (ὑπερκόσμιον) et l'Intelligence même de cette Ame, vers laquelle (inligence) le principe de vie (τὸ αὐτόζωον) se tourne comme vers son modèle (παράδειγμα)[1]. » L'intelligence dont il est question dans ce passage n'est évidemment pas l'Intelligence suprême, le second principe de la trinité. Ailleurs Proclus dit : « Les uns renferment le paradigme dans le Démiurge, comme Plotin ; les autres, comme Porphyre, placent le paradigme en dehors du Démiurge et au-dessus [2]. » Dans un autre endroit : « Le philosophe Porphyre faisait de l'âme imparticipable le Démiurge, et de l'intelligence le paradigme, voyant celui-là dans les rangs inférieurs, et celui-ci dans les rangs supérieurs [3]. Enfin Proclus dit encore : « Porphyre ajoute que le Démiurge opère, après avoir contemplé l'éternel (le modèle); autrement il ne fera pas de beaux ouvrages en vertu de son art excellent, mais par hasard [4]. » De ces divers passages il résulte clairement que Porphyre plaçait le Démiurge après l'Intel-

---

[1] Procl., com. Tim., 93, 94. Μετὰ τὸν Ἀμέλιον ὁ Πορφύριος οἰόμενος τῷ Πλωτίνῳ συνᾴδειν, τὴν μὲν ψυχὴν τὴν ὑπερκόσμιον, ἀποκαλεῖν δημιουργὸν, τὸν δὲ νοῦν αὐτῆς πρὸς ὃν ἀπέστραπται τὸ αὐτόζωον ὡς εἶναι τὸ παράδειγμα τοῦ δημιουργοῦ κατὰ τοῦτον, ὃν ἐρωτᾶν ἄξιον.

[2] Ibid., com. Tim., 98. Οἱ μὲν αὐτῶν τὸν δημιουργὸν ἐποίησαν ἔχοντα τὰ παραδείγματα τῶν ὅλων, ὡς Πλωτῖνος, οἱ δὲ, οὐκ αὐτὸν, πρὸ αὐτοῦ μὲν ὡς ὁ Πορφύριος.

[3] Ibid., com. Tim., 98.

[4] Ibid., com. Tim., 101. Προςτίθησι δὲ ὁ Πορφύριος, ὅτι εἰ ἄριστος ὁ δημιουργὸς ἕπεται τὸ βλέπειν αὐτὸν πρὸς τὸ ἀΐδιον, εἰ μὴ καλὰ δημιουργείη, εἴτε εἰ καλὰ δημιουργείη τις, τὸ βλέπειν πρὸς τὸ ἀΐδιον, εἰ μὴ ὡς ἄριστος δημιουργὸς τὰ καλὰ ποιεῖ, ἀλλὰ κατὰ τύχην.

ligence et les idées. En cela il ne s'écartait pas réellement de la doctrine de Plotin, quoi qu'en dise Proclus.

Il est un autre point encore plus important sur lequel il serait curieux de connaître si Porphyre a réellement innové, à savoir, la doctrine des triades, dont nous retrouverons le plein développement dans Proclus. Plotin avait reconnu et démontré l'existence substantielle de trois principes bien distincts et séparés entre eux, l'Un, l'Intelligence et l'Ame. Il n'avait point songé à diviser ni à subdiviser les divers termes de cette trinité, de manière à en faire sortir un certain nombre de triades correspondantes à chaque terme. Quand il parle de l'Être ou de la Vie, il n'entend pas les distinguer de l'Intelligence, ni en faire les deux termes d'une trinité dont l'Intelligence serait le troisième. Quand il énumère les diverses fonctions de l'Ame, comment elle crée, comment elle conserve, comment elle ramène au Bien tous les êtres créés, il ne convertit pas en principes vraiment substantiels les distinctions logiques auxquelles l'a conduit l'étude complète des fonctions du principe démiurgique; en un mot, il s'en tient à sa grande Trinité. Ses successeurs modifièrent sa doctrine sur ce point : nous verrons Proclus dérouler dans sa théologie une série interminable de triades; et remplir d'entités divines ce monde supérieur où Plotin n'avait placé que trois principes. Mais Proclus ne fut pas l'inventeur de cette doctrine des Triades. Entre Plotin et lui, il y eut divers essais de ce genre tentés par les philosophes intermédiaires. Amélius avait déjà formellement reconnu la triade démiurgique; peut-être même en avait-il admis d'autres. Du moins l'analogie permet de le supposer; mais ce n'est qu'une conjecture qu'aucun texte ne confirme positivement. Quelle est la doctrine de Porphyre sur ce point? On n'en trouve pas la moindre trace dans les traités qui nous ont été conservés, ni dans les nombreux passages de Proclus qui se rapportent à Porphyre. Un seul passage de Damascius nous apprend quelque chose à cet égard : « Nous dirons, d'après Porphyre, qu'il est un principe unique de toutes choses, père de la triade intelligible (τῆς νοητῆς τριάδος) [1]. » Ce témoignage est clair : il ne s'agit point ici de la grande Trinité de l'Un, de l'Intelligence et de l'Ame. La triade attribuée à Porphyre est distincte à la fois du premier et du troisième principe; étant purement intelligible, elle est inférieure à l'Un et domine l'Ame. Quels sont les termes de cette triade, c'est ce que Damascius n'indique point. Mais ainsi définie par rapport à l'Un et par rapport au principe démiurgique, la triade intelligible était sans doute, comme celle que nous retrouverons sous le même nom dans Théodore, composée de l'être (τὸ ὄν), de l'intelligence (ὁ νοῦς) et de la vie en soi (τὸ αὐτόζωον). Est-ce la seule Triade qu'ait reconnue Porphyre? Il serait naturel de supposer qu'il divisait le troisième principe comme il avait fait le second, et admettait, en outre de la triade intelligible, une triade démiurgique inférieure. Mais comment Proclus, qui parle si souvent des trois Démiurges d'Amélius et de Théodore, ne fait-il pas mention de la triade dé-

---

[1] Damasc. Περὶ ἀρχῶν (éd. Kopp, 43). Κατὰ δὲ τὸν Πορφύριον ἐροῦμεν τὴν μίαν τῶν πάντων ἀρχὴν εἶναι, τὸν πατέρα τῆς νοητῆς τριάδος.

miurgique de Porphyre? Ce silence ne prouverait-il pas, au contraire, que Porphyre est resté fidèle sur ce point à la doctrine de son maître? Du reste, nous ne pouvons savoir jusqu'à quel point la doctrine des triades, en supposant qu'elle ait été admise par Porphyre, est une déviation grave de la théologie de Plotin. Dans Proclus, cette doctrine est toute une théorie nouvelle, laquelle multiplie à l'infini les entités intelligibles, et convertit les idées en substances divines. Mais il est douteux que Porphyre soit allé jusque là, et qu'il ait vu dans les termes de sa triade intelligible, par exemple, autre chose que les caractères purement logiques d'un même principe, l'Intelligence. Et alors toute la différence entre Plotin et Porphyre serait que l'un a considéré comme simple un principe que l'autre a cru pouvoir décomposer. Au reste, quand il s'agit d'êtres intelligibles et non plus de réalités individuelles, il est toujours difficile de distinguer les principes purement logiques d'avec les vraies substances. Les Alexandrins, ne reconnaissant pas l'individualité comme le signe caractéristique de la substance, sont particulièrement exposés à cette confusion.

Une fois en possession des principes, Porphyre explique comment ils engendrent toutes choses. Quand les substances incorporelles (ὑποστάσεις) descendent de l'universel à l'individuel, leur puissance devient plus faible et plus rare, à mesure qu'elles se divisent et se multiplient. Quand elles montent, au contraire, cette puissance s'accroît et surabonde à mesure qu'elles se simplifient et s'unifient [1]. Tout principe essentiellement

[1] Porphy. Ἀφορμαί αἱ ἀσώματοι ὑποστάσεις ὑποβαίνουσαι καὶ μερίζονται καὶ πληθύνονται, εἰς τὰ κατὰ ἄτομον ὑφίσει δυνάμεως · ὑπερ-

générateur est supérieur au produit qu'il engendre [1]. Tout produit tient d'autrui la cause de sa génération, puisque rien ne s'engendre sans cause. Mais parmi les choses engendrées, celles qui doivent l'être à une réunion d'éléments sont par cela même périssables [2]. Quant aux essences qui, n'étant pas composées, doivent l'être à la simplicité de leur substance (ὑπόστασις), elles sont impérissables, en tant qu'indissolubles. Elles ne sont engendrées qu'en ce sens qu'elles dépendent d'une certaine cause. Ainsi les corps sont doublement engendrés; d'abord comme dépendants d'une cause, et ensuite comme composés. L'Ame et l'Intelligence ne sont engendrées que sous le premier rapport [3].

Parmi les principes générateurs, les uns n'inclinent en rien vers leur produit, les autres y inclinent en partie; d'autres enfin y inclinent entièrement, sans retour sur elles-mêmes. Des substances universelles et parfaites, aucune ne se tourne vers son produit; toutes, au contraire, se rallient aux principes qui les ont engendrées; le corps du monde lui-même, par cela seul qu'il est universel et parfait, se rallie à l'Ame qui l'a créé, et c'est pour cela que son mouvement est circulaire [4]. L'Ame du monde se rallie à l'Intelligence, et l'Intelligence au Premier. Tout se rallie donc au Principe suprême des choses, chacun dans la mesure

δαίνουσαι δὲ ἐνίζονται, καὶ εἰς τὸ ὁμοῦ ἀντιχωροῦσι, δυνάμεως περιουσίᾳ.

[1] Ibid., xiii.
[2] Ibid., xiv.
[3] Ibid., xiv.
[4] Ibid., xxxi.

de son pouvoir, depuis le dernier jusqu'au premier anneau de la chaîne des êtres [1]. Cette réduction est universelle et nécessaire, qu'elle soit d'ailleurs prochaine ou éloignée, médiate ou immédiate. Les substances universelles et parfaites font mieux que désirer Dieu ; elles en jouissent, chacune selon son pouvoir. Quant aux substances particulières et sujettes à descendre dans le multiple, il est dans leur nature de se tourner vers leur produit : de là leurs fautes et leur chute. La matière vers laquelle elles peuvent incliner, les pervertit, mais jamais sans retour ; car dans leur abaissement même elles peuvent toujours revenir à Dieu [2].

Porphyre avait exposé toute sa doctrine psychologique dans le *Traité de l'Ame*. Les fragments qui nous en ont été conservés par Stobée sont de nature à faire vivement regretter la perte de l'ouvrage. Porphyre y traite des diverses facultés de l'âme avec une précision et une sagacité qui semblent propres à la psychologie moderne. Il commence par exposer l'histoire des doctrines émises à cet égard par les philosophes antérieurs, et discute les diverses opinions. Ce n'est pas seulement sur les facultés que diffèrent les anciens ; c'est encore et surtout sur les parties mêmes de l'âme. Que faut-il entendre par une partie de l'âme ? Que faut-il entendre par une faculté ? Quelle est la distinction à établir entre la partie et la faculté ? Jusqu'à Porphyre, aucune de ces questions n'avait été bien comprise. Les Stoïciens divisent l'âme en huit

[1] Ibid., xxxi.
[2] Ibid , xxxi.

parties : les sens en forment cinq ; la faculté vocale, la faculté de génération et la raison forment les trois autres. La raison était considérée par eux comme la faculté directrice, ayant pour ministres ou instruments toutes les autres facultés. C'est elle qui, en ralliant à soi tous les autres éléments, constitue l'unité de la nature humaine [1]. Platon et Aristote divisent l'âme en trois parties. Cette opinion a prévalu chez la plupart des philosophes ultérieurs, qui n'ont pas compris qu'une telle division n'avait d'autre but que d'établir une énumération des vertus. Entendue autrement, elle serait fort incomplète ; car l'imagination, la sensibilité, l'intelligence, les facultés purement naturelles (comme la faculté génératrice), n'y peuvent toutes rentrer [2]. D'autres, comme Numénius, n'admettent point une seule âme en trois ou en deux parties, mais deux âmes proprement dites, l'une rationnelle, l'autre irrationnelle [3]. Seulement, parmi les partisans de cette hypothèse, il y en a qui attribuent l'immortalité aux deux âmes ; il y en a qui ne l'attribuent qu'à l'âme rationnelle, admettant que pour l'autre âme, non seulement l'activité des facultés cesse, mais encore l'essence même se dissout [4]. D'autres pensent qu'en vertu de l'union intime des deux âmes, les mouvements sont doubles, mais qu'une sympathie profonde de sentiments et d'affections les ramène à l'unité. Après cette revue rapide des doctrines, Porphyre aborde la difficulté. La faculté, selon lui, diffère de la partie, en

---

[1] Stob., 832, éd. Heeren.
[2] Stob., 833, 834, 835.
[3] Stob., 833, 834, 835.
[4] Stob., 835.

ce que toute partie est essentiellement distincte d'une autre, tandis que diverses facultés peuvent fort bien se ramener à un même principe (à un même genre, γένος)[1]. Aristote comprenait parfaitement cette différence quand il refusait des parties à l'âme sans lui refuser des facultés [2]. L'introduction d'une partie nouvelle change la nature du sujet, tandis qu'une faculté peut y entrer sans en altérer l'unité. Longin suivait l'opinion de Platon, qui dit que l'âme, indivisible en elle-même, ne se divise que dans son action sur les corps [3]. Ainsi, de ce que l'âme n'a point de parties, il ne s'ensuit pas qu'elle n'ait qu'une seule faculté.

Si on veut terminer cette discussion confuse, il est nécessaire de poser un principe de définition qui serve à déterminer les différences et les ressemblances quant aux parties et quant aux facultés d'un même sujet [4]. On verra clairement par là si l'âme a réellement plusieurs parties ou simplement plusieurs facultés, et quelle opinion il convient d'adopter, ou celle qui attribue à l'homme une seule âme, mais véritablement complexe en soi ou par rapport à l'homme, ou bien celle qui suppose en l'homme une réunion de plusieurs

---

[1] Stob., 838. Ῥητέον δὲ ὡς δύναμις μέρους διήνεγκεν, ὅτι τὸ μὲν μέρος ἐκβέβηκε κατὰ γένος τὸν χαρακτῆρα τοῦ ἄλλου μέρους, αἱ δὲ δυνάμεις περὶ τὸ αὐτὸ στρέφονται γένος.

[2] Stob., 838.

[3] Stob., 838.

[4] Stob., 838. Διακριτέον οὖν τάχα ἐκ τοῦ πολλοῦ ταράχου, θέντας ὅρον γνώσεως μερικῆς διαφορᾶς, καὶ ἀδιαφορίας, καὶ πάλιν δυνάμεων πρὸς μέρη καὶ πρὸς ἀλλήλας, ἐπανωτέρω οὐσιῶν, εἰ καὶ πλείους ἐν ἑνὶ εἶεν.

âmes, et l'assimile ainsi à un chœur dont le concert des parties fait l'unité [1]. Mais il faut voir d'abord en quoi diffèrent la faculté, la partie et la simple *disposition* (κατασκευή) dans un même sujet. Une partie diffère toujours d'une autre par le sujet, par l'idée (le genre) et par les facultés. La disposition est une aptitude particulière du sujet ; la faculté est le pouvoir de réaliser cette disposition [2]. On a confondu et on peut confondre jusqu'à un certain point la disposition et la faculté ; mais la différence qui distingue la faculté de la partie est profonde et vraiment essentielle. Les facultés, quel qu'en soit le nombre, peuvent être rapportées à une essence unique, sans occuper tel ou tel point dans l'étendue du sujet, tandis que les parties y occupent un point déterminé à l'exclusion de tout autre. Ainsi toutes les propriétés d'une pomme sont réunies dans une même essence, laquelle constitue l'unité du sujet ; mais les diverses parties qui la composent coexistent séparément [3]. La notion de la partie implique la quantité ; la notion de la faculté n'implique que la pensée. L'âme peut être simple et indivisible avec des facultés très diverses ; avec des parties, elle ne le peut. La doctrine qui ressort de ces développements, c'est que l'âme est essentiellement simple et qu'on peut bien y distinguer des facultés, mais non

---

[1] Stob., 840.
[2] Stob., 840. Ῥητέον οὖν, ὡς δύναμις, καὶ μέρος, καὶ κατασκευὴ ἐπὶ τῆς ψυχῆς ταύτῃ διενήνοχε· μέρος μὲν γάρ ἐςι, ὃ καὶ τῷ ὑποκειμένῳ, καὶ τῷ εἴδει καὶ ταῖς ἐνεργείαις ἄλλου μέρους διαφέρει. Κατασκευὴ δὲ ἡ πρὸς ὃ πέφυκε τῶν μερῶν οἰκεία ἐπιτηδειότης· δύναμις δὲ τῆς κατασκευῆς ἕξις ἀφ' ἧς ἐνεργεῖν δύναται, καθ' ὃ κατεσκεύαται ἕκαςον.
[3] Stob., 840.

des parties [1]. Maintenant quelles sont ces facultés ? Porphyre avait dû en exposer la théorie complète dans son traité de l'âme, dont il ne nous reste que quelques fragments. Porphyre pose un principe important, en ce qui concerne la séparation ou la réunion des facultés : c'est que deux facultés essentiellement différentes ne peuvent appartenir à une même nature [2]. D'après ce même principe, Porphyre blâme Ariston [3] d'avoir réuni sous une même essence, à laquelle il donne le nom de *faculté perceptive*, la sensibilité proprement dite et l'entendement. Si en effet la sensation a pour caractère propre d'agir sans instruments, tandis que l'entendement n'en aurait aucun besoin, comme le reconnaît Ariston, comment pourrait-on les ramener à une même nature [4] ? D'ailleurs ces deux facultés diffèrent encore par leur objet et leur mode d'action. La sensibilité perçoit la figure des choses seulement, et l'entendement en perçoit l'essence [5]. La sensation est provoquée par une impression du dehors ; la pensée de l'entendement est un acte tout intérieur. Quant à la mémoire, Porphyre la définit la faculté de retenir et de conserver d'une ma-

---

[1] Stob., 840.
[2] Stob., 832. Οἱ δὲ μίαν μὲν τὴν οὐσίαν λογικὴν ἐτίθεντο, διαφόρους δὲ τὰς ἐνεργείας. Τοιαύτης δὲ οὔσης τῆς διαφορᾶς, ὑφ' ἓν τίθεσθαι τὰς δυνάμεις, μήποτε ἄτοπον ᾖ (οὐ γὰρ ἐκ μιᾶς ἥ γε νόησις οὐσίας ὁρμᾶται καὶ ἡ αἴσθησις.
[3] Philosophe stoïcien. Il y avait encore un philosophe péripatéticien de ce nom, auquel l'observation de Porphyre pouvait s'adresser.
[4] Stob., 828.
[5] Stob., 830. Αἴσθησις γὰρ οὐσίας οὐκ ἀντιληπτική, ἀλλὰ μορφῆς καὶ πλάσεως.

nière permanente l'image de la perception primitive qu'on nomme sensation. Porphyre, tout en distinguant la mémoire, ainsi que l'imagination, de la sensation, paraît les rapporter à une seule et même nature, par cela même qu'il leur attribue à toutes trois le même objet, à savoir, la figure du corps perçue par la sensibilité et conservée par l'imagination et la mémoire. On ne retrouve pas dans tout ce qu'il dit des facultés qui supposent l'exercice des sens, la profonde pensée de Plotin sur l'activité propre à toutes les facultés humaines. Ce n'est que lorsqu'il arrive aux facultés supérieures qu'il y reconnaît l'énergie tout intérieure et toute spontanée de l'âme. Ainsi il distingue très judicieusement la réminiscence de la simple mémoire, en faisant observer que celle-ci suppose un effort d'abstraction qui est propre aux êtres raisonnables.

Enfin Porphyre avait, dans ce même traité sur l'âme, abordé le problème de la nature même de l'âme, et avait réfuté, à l'exemple de Plotin, les doctrines des Stoïciens et d'Aristote. Dans un fragment conservé par Eusèbe, il reproduit à peu près contre l'opinion péripatéticienne les arguments de Plotin. Si l'âme n'est qu'une entéléchie, d'où lui viennent les inspirations divines dans lesquelles elle ne comprend rien des choses qu'elle voit et qu'elle dit? Comment même expliquer les décisions de l'âme, ses mouvements spontanés, ses recherches volontaires [1]? D'ailleurs n'est-ce pas commettre une grossière erreur que de confondre le principe vital avec l'âme proprement dite [2]?

[1] Eusèb., *Prép. évang.*, 812.
[2] Ibid., 812.

Voilà à peu près tout ce qui nous a été conservé de la doctrine psychologique de Porphyre. Quant à sa doctrine morale, les ἀφορμαί, le traité de l'abstinence des viandes, la vie de Pythagore, la lettre à Marcella, contiennent de plus longs détails. Porphyre ne voit pas seulement dans le γνῶθι σεαυτὸν une méthode pour l'étude de la métaphysique; il y trouve encore une direction morale. Si le Dieu prescrit de se connaître soi-même, ce n'est pas simplement pour philosopher, mais surtout pour être sage et heureux. La philosophie mène à la sagesse, c'est-à-dire à la science de la vérité, et par la sagesse au parfait bonheur. Du reste la science seule ne suffit point à nous rendre heureux. Il faut que la vertu s'y joigne. La vie pure de l'âme et de l'intelligence, telle est la fin et la perfection de l'homme[1]. Le sage n'atteint pas brusquement la vie parfaite; il s'y élève par degrés. Le premier degré est la vie politique, commencement nécessaire de toute vertu et de toute perfection. La vertu politique consiste à être modéré dans ses passions et à suivre dans sa conduite les lois de la raison (τοῦ καθήκοντος). Cette vertu a pour but de rendre facile le commerce avec nos semblables et de relier les hommes entre eux[2]. Elle comprend quatre vertus, la prudence, le courage, la tempérance et la justice. La prudence procède de la raison; le courage, du cœur (τὸ θυμούμενον); la tempérance résulte de l'harmonie du cœur et de la raison; la justice consiste en ce que chacun de ces principes s'acquitte de son office, soit de commandement, soit d'obéissance. Porphyre ne fait que reproduire la théorie de Platon. Les

[1] Stob., éd. Gesner, 172, 174.
[2] Porphy., ἀφορμαί, xxxiv.

vertus politiques sont l'ornement de la vie mortelle ; elles ne la dépassent point. Elles préparent seulement l'homme à la vie pure de l'âme, sans l'y faire participer. Mais nul ne peut s'y soustraire sans manquer aux conditions mêmes de la nature humaine et sans se fermer absolument la voie de la vraie perfection [1]. Les vertus *purificatives* sont en même nombre et portent le même nom que les vertus politiques, mais elles ont un caractère déjà plus élevé. La prudence, dans la purification, consiste à négliger le corps et à n'agir que par les facultés propres à l'âme. Résister aux influences du corps, c'est la tempérance. Ne pas craindre, en se séparant du corps, de mourir pour vivre véritablement, c'est le courage. La vraie mort, c'est le vide et le non-être, terme inévitable de la vie sensible. Le règne absolu de la raison et de l'intelligence, c'est la justice. Au fond toutes les vertus purificatives n'ont qu'un objet, la purification ; qu'une fin ; la vie pure et parfaite de l'âme n'obéissant plus qu'aux lois de sa propre nature [2]. Le but des vertus politiques est de modérer les passions, afin de rendre l'homme propre à la société ; le but des vertus purificatives est d'arracher de l'âme les passions, afin de préparer l'homme à la vie divine [3].

Cette distinction établie, Porphyre examine à quel degré et dans quelle mesure la purification peut être pratiquée. Se purifier pour l'âme, c'est se séparer du corps, c'est-à-dire se soustraire à l'action et à l'in-

[1] Ibid., xxxiv.
[2] Ibid., xxxiv.
[3] Ibid., xxxiv. Ἡ μὲν οὖν κατὰ τὰς πολιτικὰς ἀρετὰς διάθεσις ἐν μετριοπαθείᾳ θεωρεῖται · τέλος ἔχουσα τὸ ζῆν ὡς ἄνθρωπον κατὰ φύσιν. Ἡ δὲ κατὰ τὰς θεωρητικὰς ἐν ἀπαθείᾳ · ἧς τέλος, πρὸς θεὸν ὁμοιώσις.

fluence de tous les penchants, de tous les appétits, de toutes les passions qui s'y rapportent. Il faut que l'homme commence par se reconnaître lui-même comme une âme enchaînée à un être étranger et d'essence différente. Il faut qu'il considère cette vie sensible comme un exil passager qu'il subit, en attendant le retour dans sa vraie patrie. N'étions-nous pas autrefois des essences pures et libres qu'une inclination funeste a fait tomber dans des corps et que le contact de la matière a corrompues? Or, si le mal pour l'âme vient de son union avec le sensible, d'où peut venir le bien, sinon de la séparation[1]? Mais comment l'âme s'y prendra-t-elle pour s'affranchir de ce joug? Où fuira-t-elle pour échapper à cette influence? En elle-même. C'est en se recueillant et en se concentrant dans les profondeurs de son essence qu'elle pourra s'isoler et se rendre invulnérable. Celui qui se sert trop souvent de ses sens, bien qu'il le fasse sans attachement et sans plaisir, se distrait cependant de sa véritable fin, en s'enchaînant au corps par la sensibilité. On l'a dit avec raison, les sens sont autant de clous qui attachent l'âme au corps; moins l'âme en fait usage, plus elle devient libre [2]. Mais enfin, puisqu'il est impossible de se priver entièrement des plaisirs sensibles, il ne faut les prendre que comme des remèdes nécessaires à la fatigue et à la faiblesse auxquelles la nature nous condamne [3]. La douleur aussi fait obstacle à la liberté de l'âme, en ce qu'elle la trouble et l'abat; il convient, sinon de la faire taire, au moins de la diminuer, en exaltant l'énergie intérieure de l'âme. Quant

---

[1] Ibid., xxxiv.
[2] *De Abstin. carn.*
[3] Ibid., ἀφορμαί, xxxiv.

à la colère, il ne faut pas se laisser entraîner à ses mouvements aveugles ; si on ne peut s'en garder tout-à-fait, qu'elle ne soit du moins qu'un trouble étranger et involontaire ; que l'âme ne s'y mêle point, et qu'elle assiste, indifférente et immobile, aux emportements de la chair [1]. Il faut de même que l'âme ne se livre point à la crainte et que cette passion ne soit qu'un mouvement involontaire [2]. L'homme, en tant qu'homme, ne prendra aucune part aux jouissances du tact, du goût et de l'odorat : il les abandonne à la bête. Quant aux plaisirs de l'amour, il ne doit pas en jouir même involontairement ; il ne doit connaître ce genre de plaisirs que par l'effet de cette imagination fugitive qui se joue dans les songes. Et encore tout cela doit rester absolument étranger à l'âme elle-même [3].

Porphyre ne se borne point à cette doctrine générale de la purification ; on le voit partout attentif à retrancher soit du régime alimentaire, soit de toute autre partie de la vie sensible, tout ce qui peut irriter ou exalter la sensibilité. Le traité de l'abstinence des viandes est semé d'observations profondes ou délicates sur les dangers de toute nature auxquels une vie sensuelle expose l'âme, et toute cette partie physiologique de la morale de Porphyre est fort remarquable. Porphyre y fait très bien sentir l'influence profonde des impressions sensibles sur l'état moral de l'homme. Deux sources enivrent l'âme de leurs poisons mortels, au point de lui faire oublier sa vraie nature : c'est le plaisir et la douleur que la sensation fait naître, et que

[1] Ibid., xxxiv.
[2] Ibid., xxxiv.
[3] Ibid., xxxiv.

l'imagination et la mémoire développent et fortifient. De là viennent les passions. Lorsque l'âme en est une fois agitée, elle sort de son état naturel et cesse de poursuivre sa véritable fin. Ce sont les sens qui produisent tous les désordres de l'âme; la preuve en est dans les effets que cause la vue du spectacle, des danses et des femmes. Les sens sont comme des filets qui enveloppent l'âme et l'entraînent vers le mal. Quand elle a été ainsi émue par les impressions du dehors, l'âme s'agite avec fureur ; le trouble extérieur se communique à l'intérieur et enflamme les passions. C'est ainsi qu'une sensation de l'ouïe tantôt nous amollit et provoque des mouvements voluptueux, tantôt exalte la colère de l'âme et la porte à la violence. On sait combien l'usage des parfums favorise la passion des amants. Le contact d'un corps rend l'âme en quelque sorte corporelle. La mémoire et l'imagination, échauffées par les sens, mettent en mouvement une multitude de passions, la crainte, le désir, la colère, l'amour, le chagrin, la jalousie, l'inquiétude, etc.[1] Rien n'est donc plus manifeste que l'influence des impressions sensibles sur les passions d'abord et sur l'âme ensuite ; il faut bien se garder de la nier, tout en reconnaissant que l'âme est distincte du corps et même peut s'en séparer. Dans notre condition présente, l'âme tient étroitement à la sensibilité, laquelle, comme on sait, subit les impressions du dehors. De ces deux ennemis de l'âme, le plaisir et la douleur, le plus redoutable n'est pas la douleur; Porphyre le démontre d'une manière éloquente dans sa lettre à Marcella. Il serait impossible aux âmes destinées à préparer leur retour vers le ciel

[1] *De Abstinent.*

de quitter cette terre de passage, si elle était un lieu de délices et de volupté ; rien n'est plus contraire au retour vers les Dieux que la mollesse. On ne gravit pas au sommet d'une montagne sans effort et sans fatigue ; c'est par le supplice continuel et la mort du corps que l'âme arrive à la vie. La douleur est une chaîne de fer ; elle pèse trop lourdement sur l'âme pour ne pas lui faire désirer l'affranchissement. Le plaisir est une chaîne d'or dont l'éclat empêche de sentir le poids [1].

Mais la vertu *purificative*, supérieure à la vertu *politique*, n'est pas encore la fin de la vie humaine : la vraie destinée de l'âme est l'union avec son principe ; la purification ne fait qu'y préparer. Alors pour l'âme purifiée et convertie à son auteur, la vertu consiste dans la connaissance de l'être véritable [2]. Cette vertu se divise encore, comme la vertu purificative ou la vertu politique, en prudence, courage, tempérance et justice. Mais toutes ces vertus n'ont pour objet que l'intelligence, et pour fin que la contemplation [3]. Ici finit la série des vertus propres à l'âme : reste encore une quatrième espèce de vertus, supérieure aux vertus de l'âme de toute la supériorité du modèle sur la copie. L'âme ne la possède qu'autant qu'elle est devenue intelligence pure ; les quatre vertus cardinales s'y retrouvent encore, mais avec le caractère de l'absolue perfection [4]. Il y a donc quatre espèces de vertus : 1° les vertus de l'intelligence pure, modèles de toutes les autres ; 2° les vertus de l'âme pure unie à l'intelligence ; 3° les ver-

---

[1] *Ad Marcellam*.

[2] Ἀφορμ., xxxiv.

[3] Ibid., xxxiv.

[4] Ibid., xxxiv.

tus de l'âme se purifiant et se séparant du corps ; 4° les vertus de l'âme modérant les passions qu'elle tient de ses relations avec le corps. Les vertus supérieures supposent les vertus inférieures ; mais il n'y a pas réciprocité. Les vertus politiques font l'homme de bien ; les vertus purificatives, l'homme divin. Les vertus de l'âme pure font le Dieu ; les vertus de l'intelligence pure font le Père des Dieux [1]. Tout ce qui produit un bien est vertu : or le bien de l'âme est toujours d'être unie à son principe, de même que le mal pour elle est toujours d'en être séparée : tel est le caractère et le lien commun de toutes les vertus qui viennent d'être énumérées ; toutes tendent plus ou moins à réunir l'homme à son auteur.

Voilà à peu près tout ce qui nous reste de la doctrine de Porphyre ; cela nous suffit pour juger que Porphyre n'a guère fait que reproduire l'enseignement de Plotin. C'est la même théologie, sauf la doctrine des triades ; c'est la même morale, avec un caractère peut-être plus prononcé d'ascétisme. Porphyre ne pouvait pousser plus loin que Plotin l'indifférence pour les affections et les besoins de la vie sensible ; mais il porta dans son spiritualisme toute l'exaltation d'une âme sombre et mélancolique. On sait qu'il prit cette vie en dégoût, et qu'il fallut l'intervention de Plotin pour le détourner du suicide.

Porphyre eut un grand nombre de disciples, dont le plus célèbre, Jamblique, fit oublier tous les autres. Avant de passer à ce philosophe, il faut dire un mot de Théodore d'Asiné, autre disciple de Porphyre, dont Proclus nous a conservé quelques opi-

[1] Ibid., xxxiv.

nions [1]. Théodore admettait, indépendamment et au-dessous de l'Un, trois triades, dont la première a pour essence le τὸ ὄν; la seconde, le νοῦς; la troisième, le τὸ αὐτόζωον [2]. Cette dernière est évidemment, dans la pensée de Théodore, la triade démiurgique. Cette théorie des trois triades formant l'ennéade est-elle propre à Théodore, ou l'a-t-il empruntée soit à Amélius, soit à Porphyre, c'est ce qu'il est impossible de savoir, dans l'ignorance où l'on est de la vraie doctrine de ces deux philosophes à cet égard. Théodore est le seul auquel Proclus attribue positivement et clairement la théorie de l'ennéade; il n'attribue positivement à Amélius que la triade démiurgique, et à Porphyre que la triade intelligible. Quoi qu'il en soit, la pensée de Théodore, sur ce point obscur des triades, est plus explicite que celle des deux disciples de Plotin. Théodore indique avec précision la nature des principes de chaque triade, et l'ordre des diverses triades. Chacun des principes de la Trinité divine, l'Être, l'Intelligence, l'Ame en soi (αὐτόζωον) renferme trois termes, un premier, un milieu et un dernier, et, considéré sous un triple point de vue, devient une triade. La triade de l'essence (οὐσιώδης) brille au premier rang, puis la triade de l'intelligence (νοερὰ), puis enfin la triade de l'âme (ψυχικὴ) [3]. C'est sans doute à cette dernière qu'il faut rapporter la distinction des trois âmes, attribuée par Proclus à Théodore, à savoir, l'Ame en soi, principe de toute vie

---

[1] Eunape nous apprend que Théodore avait eu aussi pour maître Jamblique.

[2] Procl., com. Tim., 130.

[3] Ibid., 98.

(αὐτόζωον, πηγαία), l'Ame universelle et l'Ame du monde [1]. Celle-ci embrasse tout ce qui tombe sous la loi du destin. Théodore pensait, en outre, que l'Ame du monde et les âmes particulières ont la même essence, suivant en cela la doctrine de Plotin, adoptée par Amélius et Porphyre [2]. Il admettait avec Amélius deux intelligences, l'une principe de l'universel, l'autre source du particulier [3]. Il est à remarquer que sur ce point, comme sur beaucoup d'autres, Proclus montre l'accord de Théodore et d'Amélius, et peut-être ne serait-il pas trop téméraire d'en inférer que Théodore avait conservé à l'école de Porphyre les doctrines de Numénius et en général de l'école de Syrie.

Il ne nous est resté des nombreux ouvrages de Jamblique qu'une vie de Pythagore et une exhortation à la philosophie. Quant au livre sur les mystères égyptiens, malgré le témoignage de Proclus, il est plus sûr de l'attribuer à l'école de Jamblique qu'à ce philosophe lui-même. Malheureusement, aucun de ces ouvrages ne contient la partie importante de sa doctrine, sa théologie. On est réduit à en chercher les fragments épars dans le commentaire de Proclus sur le Timée. Dans les derniers temps de son enseignement, Porphyre avait vu son premier disciple Jamblique devenir son rival, et partager, au sein même de sa propre école, cette autorité que Porphyre devait bientôt lui abandonner tout entière. De bonne heure en effet Jamblique manifesta son opposition à la doctrine de son maître sur un certain nombre de points importants. Après Plotin, l'é-

---

[1] Ibid., 206.
[2] Ibid., 314. Ὁμοούσιον τῇ τε τοῦ παντὸς καὶ τοῖς ἄλλοις.
[3] Ibid., 129.

cole néoplatonicienne s'était engagée dans des discussions fort subtiles sur des difficultés que le maître avait ou négligées ou expliquées d'une manière obscure et incomplète. Déjà nous avons vu Amélius, Porphyre, Théodore, interpréter et développer chacun à sa manière la théologie de Plotin en ce qui concerne les deux derniers principes de la trinité, l'Intelligence et le Démiurge. Jamblique, suivant la voie de ses prédécesseurs, divisait également et subdivisait la trinité de Plotin, et en faisait sortir une série de triades; mais il différait d'opinion avec Porphyre dans l'interprétation des doctrines théologiques de Platon et de Plotin. Essayons de déterminer ces divergences. Jamblique reconnaît avec Amélius et Porphyre qu'il n'y a rien à distinguer dans le premier principe. En effet, ce principe est simple, indivisible, immobile dans son unité. Tout ce qui est, est par l'Un; le premier être lui-même en vient; les causes universelles lui doivent toute leur puissance d'action, en même temps que l'unité et l'harmonie de leurs mouvements. C'est encore l'Un qui fait que malgré la diversité de leurs formes, et malgré la variété des principes dont elles dépendent, les causes naturelles se confondent dans une intime union, et vont aboutir à une cause unique et suprême [1]. Le second principe sert d'intermédiaire aux deux autres, et de point d'union à la trinité entière. C'est la puissance féconde qui engendre les Dieux, le principe de la vie divine, le producteur par excellence, la Déesse Rhéa, selon la langue mythologique [2]. Le troisième

[1] Stob., 184, éd. Heeren.
[2] Procl., com. Tim., 297.

principe est le Démiurge proprement dit, Jupiter ; c'est le principe qui opère le développement des puissances intelligibles et accomplit l'œuvre de la création [1].

Jusqu'ici Jamblique ne s'écarte en rien de la théologie de Plotin ; mais divers passages de Proclus semblent prouver qu'il n'est pas toujours resté fidèle à la distinction des trois principes de la Trinité alexandrine, l'Un, l'Intelligence et l'Ame. Ainsi, tantôt il comprend dans le Démiurge tout le monde intelligible [2] ; tantôt il y renferme le Paradigme [3]. Or, qu'est-ce que le Paradigme, sinon le modèle intelligible, le système des idées, l'intelligence pure identique avec l'intelligible pur, en un mot le second principe? N'y a-t-il pas là une véritable contradiction? Le passage suivant de Proclus nous paraît lever la difficulté. « Jamblique considérait que la vertu démiurgique préexistait déjà dans le Paradigme [4]. » En effet, tout en distinguant les deux derniers principes de la Trinité, l'Intelligence et le Dé-

[1] Ibid., 397.
[2] Ibid., 94.
[3] Ibid., 102.
[4] Ibid., 102. Ὥστε καὶ ὁ τὸν δημιουργὸν λέγων ἐν αὐτῷ τὸ παράδειγμα περιέχειν, ἔστιν ὅπη φησὶν ὀρθῶς καθάπερ ὁ θεῖος Ἰάμβλιχος διατάττεται, καὶ ὁ τὸ παράδειγμα δημιουργὸν ἀποφαινόμενος, ὥσπερ ὁ γενναῖος Ἀμέλιος. Ἑώρα γὰρ ὁ μὲν, ἐν τῷ παραδείγματι δημιουργικὸν ἰδίωμα προϋπάρχον. Ἐκεῖ γὰρ ὁ πρώτιστός ἐστι Ζεὺς, καὶ διὰ τοῦτο ἐποίει τὸν Φάνητα δημιουργόν. Ὁ δὲ, ἐν τῷ δημιουργῷ τὸ παράδειγμα. Proclus cite d'abord deux opinions en apparence contradictoires : l'une, de Jamblique, qui place le paradigme dans le démiurge ; l'autre, d'Amélius, qui place le démiurge dans le paradigme. Puis il résout cette contradiction par une distinction : Jamblique a eu raison de placer le paradigme dans le démiurge, en ce sens que le démiurge l'implique logiquement ; Amélius n'a pas tort de placer

miurge, Jamblique a pu en considérer le rapport et l'union. Or, comme le Démiurge procède de l'intelligence, il a pu dire, dans un sens différent et avec une égale vérité, tantôt que le Démiurge comprend le Paradigme, tantôt qu'il y est compris : c'est ainsi du moins que Proclus entend Jamblique.

Quant à la doctrine des triades, Jamblique semble avoir poussé encore plus loin que Porphyre et Théodore l'abus de l'abstraction. Dans le second principe, il distingue d'abord trois triades purement *intelligibles*, puis trois triades *intellectuelles*; ce qui formait l'ennéade νοητὴν et l'ennéade νοερὰν[1]. Outre la grande triade démiurgique, Jamblique admet une série de Démiurges inférieurs compris sous le nom de νέοι Δημιουργοί, lesquels portent au loin l'action des premiers[2]. Jamblique se distingue encore de Plotin et de Porphyre par un goût excessif et presque superstitieux des formules numériques. Il ramène aux nombres tous les principes de sa théologie : à la Monade, l'Unité suprême, principe à la fois de toute unité et de toute diversité; à la Dyade, l'Intelligence, première manifestation, premier développement de l'Unité; à la Triade, l'Ame ou le Démiurge, principe du retour à l'unité pour tous les êtres qui se portent en avant; à la Tétrade, le principe d'harmonie universelle, contenant en elle toutes les raisons des choses;

---

le démiurge dans le paradigme, en ce sens que celui-ci contient déjà virtuellement la puissance démiurgique.

[1] Ibid., 94. Περὶ δὴ τῆς ἐν Τιμαίῳ τοῦ Διὸς δημιουργίας γράφων μετὰ τὰς νοητὰς τριάδας ἐν τῶν νοητῶν θεῶν τρεῖς τριάδας ἐν τῇ νοερᾷ ἑβδομάδι.

[2] Ibid., 297.

à l'Ogdoade, la cause du mouvement (χώρησις) qui entraîne tous les êtres hors du principe suprême, et les disperse dans l'univers ; à l'Ennéade, le principe de toute identité et de toute perfection ; enfin à la Décade, l'ensemble de toutes les émanations du τὸ ἕν [1]. Ni Plotin, ni Porphyre, quelque estime qu'ils aient eue pour les doctrines de Pythagore, ne réduisaient à ce point leurs principes en abstractions numériques.

Porphyre avait, contrairement à la doctrine de Plotin, attribué à la matière la variété des êtres individuels. Jamblique réfute Porphyre, et explique cette variété en distinguant dans le monde intelligible des principes d'unité et d'identité d'une part, et de l'autre des principes de diversité [2].

La psychologie de Jamblique, autant qu'on peut en juger par quelques fragments, témoigne d'un autre esprit que celle de Plotin et de Porphyre. Il y règne un spiritualisme moins sévère et moins absolu. Jamblique y reproche à Plotin d'avoir fait de l'âme un principe impassible et toujours pensant, et par conséquent de l'avoir identifiée avec l'intelligence elle-même. Dans cette hypothèse, dit Jamblique, qui faillirait en nous lorsqu'entraînés par le principe irrationnel, nous nous précipitons dans les désordres de l'imagination [3] ? Et d'un autre côté, si on admet que la volonté a failli, comment l'âme elle-même resterait-elle infaillible ? Ce même esprit se révèle encore dans la

---

[1] Procl., *com. Tim.*, 206.
[2] Ibid., 134. Λέγει γὰρ οὖν ὅτι, τὰ μὲν τῶν εἰδῶν ταυτότητι χαίρει καὶ φάσει, τὰ δὲ κινήσει καὶ ἑτερότητι. Καὶ ὡς τὰ μὲν μοναδικῶν ἐςὶν αἴτια καὶ ἀϊδίων. Τὰ δὲ, κινουμένων τε καὶ πεπληθυσμένων.
[3] Ibid., 341.

critique d'une pensée de Porphyre, touchant l'interprétation de Platon. « Il n'existe ni Dieux pasteurs, privés de l'intelligence humaine et se rattachant aux êtres vivants par une certaine sympathie, ni Dieux chasseurs qui enferment l'âme dans le corps comme dans une ménagerie ; car l'âme n'est pas à ce point enchaînée au corps. Cette méthode (il s'agit de l'opinion de Porphyre) n'est digne ni de la philosophie ni de la science ; elle est pleine de superstitions barbares [1]. » Jamblique apparaît ici sous un jour tout nouveau. Ce prêtre égyptien, si appliqué à l'exercice du culte, si adonné aux pratiques de la théurgie, se montre, dans sa doctrine psychologique, plus modéré, plus platonicien que ses prédécesseurs. De même, sa morale est d'un ascétisme plus tempéré. Il fait une part plus grande à la liberté et aux passions dans la vie humaine. Il répète souvent que l'homme est le véritable auteur de ses actions, et qu'il est à lui-même son propre démon. Il reproduit le plus souvent les idées et les tendances morales de Platon. Sans doute le disciple de Plotin et de Porphyre, le philosophe alexandrin se montre toujours. Jamblique répète avec ses maîtres que la fin de l'âme est la contemplation des choses divines, et que la vertu n'est qu'un moyen d'y parvenir ; mais il n'en est pas moins que Jamblique, beaucoup plus superstitieux que Plotin et Porphyre dans sa théologie, professe une morale plus pratique et plus humaine.

Ammonius, Plotin, Amélius, Porphyre, Théodore, Jamblique, appartiennent à la première période de la philosophie alexandrine ; tous concourent, soit

[1] Ibid, 47.

à la création, soit au développement de la doctrine. Ammonius inaugure une méthode nouvelle ; il propose la reconstitution de la philosophie grecque par l'alliance de Platon et d'Aristote. Plotin réalise cette alliance dans un vaste et puissant système. L'œuvre de création s'arrête à Plotin ; son génie a comblé toutes les grandes lacunes et résolu toutes les graves difficultés. Amélius, Porphyre, Théodore, Jamblique, n'ont plus qu'à répandre, discuter, éclaircir, développer la doctrine fondée par le maître. Après eux, l'école d'Alexandrie entre dans une phase nouvelle ; elle quitte les hauteurs de la spéculation philosophique ; elle descend dans les temples et se mêle à la foule. Si les ouvrages des successeurs de Plotin nous avaient été conservés, nous pourrions mieux juger du développement de la doctrine entre leurs mains, et des modifications et des progrès qui doivent leur être attribués. Toutefois, dans le tableau fort incomplet qui vient d'être présenté de leurs opinions, on peut déjà apercevoir une déviation de l'enseignement de Plotin et une véritable décadence du Néoplatonisme. Tout idéalisme tend à réaliser des abstractions. Cette tendance se révèle déjà dans Platon par la théorie des idées. Elle se marque plus fortement dans Plotin par la doctrine de la Trinité. Platon attribuait l'être aux idées ; mais il ne les séparait point de Dieu. Plotin, non content de distinguer les divers degrés du divin, les convertit en principes substantiels, et aboutit à la Trinité suprême de l'Un, de l'Intelligence et de l'Ame. C'était déjà abuser de l'abstraction. Mais enfin, si la séparation des principes de la Trinité est chimérique, la distinction est réelle. En ce point, la théologie de Plotin est vraie ; elle embrasse le divin dans toute son étendue et pénètre dans ses plus intimes profondeurs. Platon, Aristote, les Stoïciens n'en avaient saisi qu'un côté chacun, soit l'être, soit la pensée, soit la vie : la Trinité de Plotin en représente la totalité. C'est une pensée profondément vraie, dont une théologie sérieuse peut rejeter la forme et accepter le fond. Mais on ne saurait en dire autant de la doctrine des triades et des ennéades, imaginée par les successeurs de Plotin. Quelle est la pensée cachée sous ces subtilités ? Quelle vérité pourrait-on en extraire ? Les différents termes de ces triades *intelligibles, intellectuelles, démiurgiques*, ne sont pas seulement des abstractions réalisées ; ce sont des abstractions qui n'expriment pas de différences essentielles et n'ont pas même de vérité logique. Que dans la sphère des principes il faille distinguer l'Un, l'Intelligence et l'Ame, la raison le conçoit parfaitement ; car, lorsqu'elle cherche le principe des choses, elle va du phénomène à la puissance, de la puissance à l'essence, et de l'essence à la fin suprême, au Bien. Mais comment distinguer l'être de l'intelligence, une triade intelligible d'une triade intellectuelle ? On comprend la distinction du τὸ νοητὸν et du τὸ νοερὸν, appliquée à deux mondes essentiellement différents ; mais à quoi se réduit-elle dans le monde purement intelligible ? C'est ce qu'on ne voit pas clairement. La Trinité de Plotin répond à un besoin réel de l'esprit humain et de la logique ; on comprend moins pourquoi Porphyre, Jamblique et Théodore multiplient les triades comme à plaisir. Toutefois il ne faut pas juger trop sévèrement une doctrine que nous ne connaissons que par de rares et courts fragments. Des esprits aussi profonds et aussi élevés que Porphyre, Amélius, Jamblique, n'ont pas dû imaginer de pures chimères. Le sens sérieux, la raison philosophique ou historique de ces subtiles distinctions nous apparaîtrait sans doute dans le développement de leur pensée. Ce qui le ferait croire, c'est que la même doctrine reproduite par Proclus, qui l'expose systématiquement et la ramène à un principe supérieur, ne semble plus ni aussi stérile ni aussi arbitraire. Quoi qu'il en soit, l'activité spéculative de l'école d'Alexandrie s'arrête à Jamblique ; la doctrine est constituée ; elle n'a plus qu'à se défendre et à se développer. L'œuvre de création est consommée ; la polémique et le commentaire vont lui succéder.

CHAPITRE II.

Lutte du Polythéisme et du Christianisme.

Nécessité de l'intervention de la philosophie alexandrine dans cette lutte. Restauration du Polythéisme. Antécédents : Apollonius de Tyane, Plutarque, Apulée, etc. Symbolique de Plotin, de Porphyre, de Jamblique, de Salluste. Théurgie alexandrine. Livre des Mystères. Julien. Conclusion.

Jusqu'à Jamblique, le Néoplatonisme s'était renfermé dans la science pure et dans l'école. Plotin affecte un grand respect pour la religion hellénique et un dédain profond pour toutes les nouveautés qui viennent de l'Orient. Porphyre poursuit la religion nouvelle de sa critique ardente et acérée, et protège le Polythéisme de ses ingénieux commentaires. Tous deux s'efforcent déjà, Porphyre surtout, d'expliquer philosophiquement la mythologie grecque et de la concilier avec les théories de la science. Mais ce goût pour les croyances religieuses du passé ne les entraîne point hors de l'école et de la philosophie pure. Plotin montre peu de foi dans la vertu de l'art divinatoire et regarde les procédés de la magie comme indignes d'un vrai philosophe. Porphyre, moins ferme contre la superstition, maintient encore la doctrine des Alexandrins dans toute sa pureté rationnelle et n'accueille qu'avec défiance les fastueuses promesses de cette science ou plutôt de cet art théurgique qui doit bientôt remplacer la philosophie dans toutes les écoles. Jamblique marque la transition d'une époque à l'autre. Encore philosophe et déjà prêtre, il allie au goût de l'érudition et à l'enthousiasme de la pensée une foi sincère et véritablement dévote à toutes les croyances et à toutes les pratiques des antiques religions. En même temps qu'il poursuit l'œuvre spéculative de ses prédécesseurs, s'appliquant à combler les lacunes et à résoudre les difficultés que Plotin et Porphyre avaient laissées subsister, il ouvre à la philosophie les sanctuaires de la Grèce et de l'Orient et l'initie aux opérations théurgiques.

Après Jamblique, la scène change tout à-fait; le mouvement philosophique s'arrête brusquement. La philosophie quitte l'école et entre hardiment dans le temple. Alors elle ne spécule plus pour son propre compte ; elle prend un texte tout fait qu'elle s'évertue à interpréter. Elle quitte le champ libre de la pensée, elle s'enferme dans le labyrinthe mythologique dont elle explore tous les mystères, et s'enfonce dans les profondeurs du sanctuaire, interrogeant çà et là ces muets symboles qui, comme autant de sphynx, lui jettent leurs inexplicables énigmes. Jusqu'ici la philosophie s'était montrée assez indifférente aux agitations de la société qu'elle habitait, et avait plus aspiré à la possession de la vérité qu'à la domination des esprits. Maintenant on la verra prêter l'oreille aux bruits du monde et prendre un vif intérêt aux luttes des partis ; on la verra s'émouvoir des conquêtes du Christianisme et s'agiter pour lui disputer l'empire. Elle va transporter son domicile à la cour des empereurs et y dirigera ou y suivra, selon la faveur ou la rigueur des temps, toutes les grandes affaires politiques. Le crédit des Plotin et des Porphyre ne dépassait guère l'enceinte de leur école. Sans sortir de la sienne, Jamblique règne déjà dans le temple. Parmi ses successeurs, quelques uns, comme Sopater, Édésius, Eustathe, Eusèbe, restent fidèles aux traditions de l'école alexandrine et cultivent encore la philosophie en y mêlant toutefois la science des mythes et la pratique de la théurgie. Mais les autres ont à peine achevé leur éducation philosophique qu'ils quittent l'école pour n'y plus rentrer. Maxime et Priscus vivent à la cour; Salluste est gouverneur d'une province; Chrysanthe habite les sanctuaires. Tous ces adeptes du Néoplatonisme nous semblent moins des philosophes que des pontifes ou des hommes d'état; les affaires de l'administration ou les soins du culte les occupent bien plus que les spéculations métaphysiques. Les rares traités de cette époque ne sont que des commentaires des livres sacrés, hérissés de termes mythologiques. La plupart des ouvrages du temps ne parlent que de théurgie, de magie, de sacrifices et de miracles. Partout la pensée philosophique se couvre de symboles et s'enveloppe de mystères. Les principes abstraits de la science sont personnifiés; les noms de Dieux, de Démons, de Génies, de Héros expriment les essences pures et les puissances de la théologie de Plotin ; le monde intelligible est transfiguré en Olympe.

D'où vient cette révolution ? Quelle est la cause qui enlève ainsi la philosophie à ses paisibles études pour la jeter brusquement dans le tumulte de la vie politique ? Un changement de direction aussi contraire aux habitudes de la pensée alexandrine n'a point son principe dans l'école même. Abandonné à son mouvement naturel, le Néoplatonisme eût continué sans bruit et sans ambition politique le cours de ses spéculations. Il faut donc qu'en ce moment une nécessité tout extérieure pèse sur lui et l'entraîne hors de ses voies. En effet, pendant que cette philosophie poursuivait, dans la solitude et le silence, son rêve d'alliance entre toutes les doctrines de l'antiquité, l'empire était le théâtre de la plus grande révolution que l'histoire ait jamais eue à raconter. Le passé et l'avenir religieux du monde, le Polythéisme et le Christianisme, étaient aux prises depuis trois siècles. Cette lutte avait longtemps agité la vieille société, sans que la philosophie parût s'en émouvoir. Mais enfin le triomphe de la nouvelle religion était proche. Les cris de détresse du Polythéisme expirant arrachèrent tout-à-coup l'école d'Alexandrie à ses travaux de pensée et d'érudition. C'est alors qu'elle confondit sa cause avec celle de la religion menacée et engagea contre le Christianisme une lutte désespérée. Pourquoi prit-elle parti pour le Polythéisme ? Comment essaya-t-elle de le défendre ? Quelle métamorphose lui fit-elle subir ? Pourquoi sa tentative devait-elle être impuissante ? C'est ce qu'il importe d'expliquer avec détail. Mais avant d'entrer dans l'histoire de cette lutte, il ne sera pas inutile de retracer l'état des deux puissances qui se disputaient l'empire.

Le Polythéisme n'avait jamais été une religion, si par ce mot on entend un système de croyances uniformes, immuables, exprimées dans un texte précis et maintenues par une autorité souveraine et infaillible. C'était un chaos de traditions plus ou moins vagues, dans lesquelles, sous des formes variées à l'infini, on pouvait à peine distinguer un fond commun. Dans le principe, l'austère religion des Latins ressemblait fort peu à la riante mythologie des Grecs. Vers la fin de la république, à l'époque où les mœurs, les arts, la littérature des vaincus pénétrèrent dans la société romaine, les Dieux de la Grèce envahirent les temples latins et s'y maintinrent désormais à côté des Dieux indigènes. De là deux systèmes mythologiques, dont l'un s'efface de plus en plus et va se perdre dans les épaisses ténèbres du sanctuaire, et dont l'autre au contraire brille au frontispice du temple et devient la religion des poëtes et des beaux esprits de Rome. Si de la Grèce et de l'Italie on passe aux provinces orientales de l'empire, on y rencontre des systèmes religieux qui n'ont rien de commun avec les Dieux d'Athènes et de Rome. Un mysticisme profond respire dans toutes les pratiques religieuses de l'Orient, tandis que le fond des croyances gréco-latines est le naturalisme. La diversité des institutions religieuses éclate au foyer même du Polythéisme. Chaque peuple, chaque cité, chaque temple de la Grèce a son Dieu et son culte de prédilection. L'unité religieuse perdue dans cette multitude de traditions locales, ne reparaît que dans les arts et la poésie. Homère, Hésiode, Pindare, sont les seuls interprètes dont l'autorité soit universellement reconnue. Si on pouvait soulever le voile qui couvre les origines du Polythéisme latin, il est probable qu'on y retrouverait une variété de formes analogues. Tout porte à croire que cette diversité se conserva en Italie longtemps après la conquête romaine, et que l'unité religieuse n'y fut jamais aussi complète que l'unité politique. Enfin, dans les religions de l'Orient, l'identité d'esprit et de tendances générales n'excluait point les différences de culte et même de doctrine. Les communications fréquentes de la Grèce et de l'Asie et la fondation de villes grecques en Orient avaient favorisé le mélange des idées religieuses. Les deux sociétés avaient ouvert leurs sanctuaires aux Dieux étrangers. L'Asie Mineure et les îles qui l'avoisinent étaient le principal théâtre de cette fusion des cultes d'origines diverses. Ici dominait la mythologie grecque sous des formes orientales ; là, au contraire, le panthéisme de l'Orient se cachait sous des noms grecs ; ailleurs les traditions des deux pays s'étaient mélangées dans des proportions à peu près égales. Ainsi trois grands systèmes mythologiques profondément divers d'origine, de doctrine et de culte, et dans chacun de ces systèmes, une infinie variété de formes, telle était la constitution du Polythéisme. Avant l'avénement du Christianisme, l'empire était livré à une multitude de superstitions locales ; chaque peuple ou plutôt chaque cité pratiquait son culte par esprit de tradition et par habitude plutôt que par un sentiment intime de foi. Le monde ancien vivait dans une complète anarchie religieuse, et rien ne ressemblait moins à une croyance universelle que le Polythéisme. Bien différente du monde moderne qui offre l'image d'une grande variété d'institutions politiques au sein de l'unité religieuse, la société antique présentait le tableau de l'infinie diversité des institutions religieuses au sein de l'unité politique.

D'une autre part, aucune des croyances dont se composait le Polythéisme ne réunissait les conditions d'une véritable religion. Toute institution religieuse qui aspire à durer doit posséder trois choses : 1° une doctrine sérieuse qui inspire la foi par la seule vertu de ses dogmes ; 2° un code sacré, c'est-à-dire une collection de livres où soit déposée toute la doctrine ; 3° une Église, c'est-à-dire un corps de prêtres fortement organisé et plus ou moins indépendant du pouvoir politique, qui soit exclusivement chargé de conserver, d'interpréter et de développer la tradition, soit écrite, soit orale. Tel est, par exemple, le Mosaïsme ; telles sont encore certaines religions du haut Orient. Or rien de tout cela ne se retrouve dans les institutions religieuses comprises sous le nom de Polythéisme. D'abord toutes ces croyances n'ont pour base que des traditions populaires vagues, incohérentes et incomplètes. Ces traditions ressemblent plutôt à des légendes qu'à des dogmes. Venues on ne sait d'où, formées on ne sait comment, elles saisissent l'imagination du peuple et des poëtes, et par là deviennent un texte perpétuel de superstitions et de fictions. Dans toute la Grèce, Homère et Hésiode sont les seuls interprètes de cette théologie dont les titres divins n'ont jamais pu être retrouvés. Le Polythéisme, il est vrai, institue des *mystères* pour recueillir, conserver, purifier et même développer la tradition primitive. Il est à croire que dans le fond du sanctuaire où se réunissent les initiés, une théologie savante s'élaborait, bien supérieure aux superstitions du peuple et aux fictions des poëtes ; mais cette œuvre des mystères n'a jamais vu le jour. Il en transpire bien quelque chose dans les vers des poëtes théologiens. Hésiode, Théognis, Pythagore, Simonide, et beaucoup d'autres, nous semblent des initiés qui ont puisé leurs inspirations ailleurs que dans les légendes populaires ; mais ces rares et fugitifs échos d'une sagesse révélée ne suffisent point à constituer un enseignement dogmatique. La science des prêtres reste ensevelie dans l'ombre et le silence des temples ; les peuples s'enfoncent de plus en plus dans toutes les superstitions de la légende ; les poëtes interprètent les mythes au gré de leur imagination ; les philosophes fondent une théologie indépendante sur les axiomes de la raison, invoquant vaguement la tradition des mystères à l'appui de leurs théories. Le Polythéisme n'a jamais eu ni code religieux ni autorité théologique pour conserver et maintenir une doctrine orthodoxe. La liberté d'interprétation est y sans limites. L'autorité politique, plutôt que théologique, qui préside à l'administration du culte, en protège et en maintient sévèrement les formes extérieures ; mais elle n'impose ni règle ni discipline à la foi des croyants. Il lui suffit qu'on professe et qu'on pratique la religion de la patrie ; elle n'a nul souci de l'orthodoxie des doctrines. Malheur à celui qui s'abstient de paraître au temple ! il sera poursuivi et condamné comme ayant violé les lois de l'État. Mais s'il plaît à un poète d'offrir à la superstition des peuples une fiction nouvelle, il peut le faire en toute sécurité. Aussi faut-il voir quelle diversité d'interprétations engendre cette faculté laissée à chacun d'entendre la tradition à sa manière. Le peuple a sa croyance, laquelle n'est point celle des poëtes et encore moins celle des philosophes. Les poëtes eux-mêmes sont loin d'être d'accord entre eux. La théologie d'Homère ressemble peu à celle d'Hésiode. Les philosophes aussi commentent chacun la tradition à leur point de vue. L'école d'Ionie y cherche son naturalisme empirique, et l'école italique affecte d'y retrouver son idéalisme. Nulle époque, nulle religion des temps modernes ne pourraient donner l'idée d'une pareille liberté. Le protestantisme le plus libre n'est pourtant jamais complétement abandonné aux caprices de la raison individuelle. Si aucune autorité hiérarchique ne l'enchaîne, le texte même des livres sacrés le retient dans les limites d'une orthodoxie plus ou moins large. La pensée humaine a toujours prise sans doute sur les textes les plus précis ; l'histoire de l'exégèse allemande atteste son audace et sa puissance : mais enfin elle ne peut changer ni supprimer le texte même. L'exégèse antique ne connaît pas de bornes. Comme elle ne rencontre ni texte qui puisse circonscrire la critique, ni commentaires qui puissent la diriger, elle se donne pleine carrière, explique, imagine, invente, sans autre guide que l'imagination, s'il s'agit d'un poëte, ou la raison, s'il s'agit d'un philosophe. Quelle tradition aurait résisté à une pareille licence ? Qu'on suppose les doctrines du Polythéisme à leur origine aussi précises, aussi claires, aussi complètes qu'elles l'étaient peu, il est évident que le défaut de textes et l'absence de toute autorité les livrent à l'anarchie et à la dissolution. La puissance des textes est démontrée par la force et la durée de toutes les grandes institutions. Toutes les religions qui ont duré avant ou après le Polythéisme avaient, indépendamment de la vertu de leur doctrine, un code et une Église. C'est ainsi que les institutions religieuses du haut Orient ont résisté au temps et aux révolutions, et n'ont pu être entamées, même par le Christianisme. Le Polythéisme, au contraire, manquant de ces deux conditions, n'est jamais parvenu, même aux jours de la foi primitive, à se constituer en religion. Il est resté à l'état de tradition vague, corrompue par les superstitions populaires, embellie par les fictions des poëtes, transformée en spéculations métaphysiques par les philosophes. Il n'a jamais vécu d'une vie qui lui fût propre ; il n'a point duré par la seule vertu de sa doctrine ou la force de son organisation. Dans ses plus beaux jours, il a toujours dû en partie sa puissance à l'autorité politique, et son prestige au génie de ses poëtes ou de ses sages. Dans sa longue décadence, il fait encore illusion: On le croit puissant sur les âmes, parce qu'il déploie partout la pompe de ses fêtes aux acclamations de la cité, parce qu'il intervient dans tous les détails de la vie privée. Mais ce n'est là qu'une puissance et un éclat d'emprunt. La religion ne vit plus que par la cité. C'est toujours en apparence la religion qui préside ; mais en réalité c'est la politique qui gouverne toutes choses divines et humaines. Le culte n'est plus qu'une branche, la plus honorée il est vrai, des services publics ; les prêtres ne sont que les premiers magistrats de la cité. L'identification de la cité et de la

religion a toujours été l'état normal du Polythéisme
dans sa prospérité comme dans sa décadence. Tant
que la cité fleurit dans le monde grec ou dans le monde
romain, elle couvre de son patronage la faiblesse des
institutions religieuses; elle supplée au défaut de textes
par les prescriptions de la loi, et à l'absence de toute
autorité théologique par la surveillance de sa police.
C'est grâce à la cité que le Polythéisme a pu durer
sans code et sans Église. Aussi, quand la cité vint à
décliner et à périr, sa décadence mit à nu l'impuissance et la misère de ces croyances abandonnées à
l'imagination des poëtes et au scepticisme des philosophes, et sa chute en entraîna rapidement la ruine.

On voit par ce tableau de la constitution intérieure du
Polythéisme combien peu il était organisé pour la durée
et la défense. Ajoutons qu'à l'avénement du Christianisme, il avait perdu depuis longtemps tout crédit sur
les esprits éclairés de l'ancienne société. Ses jours de
foi sincère et fervente, s'il en eut, sont bien anciens et
se perdent dans l'enfance barbare de la société hellénique. L'histoire ne nous offre guère que le spectacle
de sa longue décadence; six siècles avant le Christianisme, la philosophie commence à en détacher les intelligences et les âmes d'élite. L'école d'Ionie substitue son empirisme à la cosmogonie des Mythologues;
les Éléates couvrent de ridicule leur théologie anthropomorphique; Pythagore, Socrate, Platon, le Stoïcisme, replacent la morale sur la base éternelle du
droit et de la justice. Bientôt, grâce à l'influence des
idées philosophiques, l'élite de la société païenne n'a
plus d'autre religion que la science : à la physique
seule elle demande l'explication des mystères qui cou-

vrent l'origine des choses ; elle emprunte sa connaissance des choses divines à la métaphysique, et sa science des devoirs à la psychologie. Ce n'est plus dans les temples, mais dans les écoles qu'elle va entendre les oracles de la sagesse. Si elle salue encore les statues des Dieux, si elle invoque, prie et sacrifie avec la foule, c'est par habitude ou pour remplir un devoir de la cité. Rien de ce qui se dit et se fait dans le lieu saint ne répond à ses instincts religieux ; c'est à une tout autre source qu'elle puise le sentiment du beau et du divin. L'incrédulité des philosophes a fini par gagner toute la société lettrée, à tel point qu'un jour les sarcasmes de Lucien y deviennent populaires. La foi abandonne les sanctuaires mêmes : les prêtres ne considèrent plus le sacerdoce que comme une fonction politique, et ne demandent plus l'hommage des peuples qu'au nom de la cité. Le sentiment religieux s'est réfugié dans les écoles ; ce sont des philosophes qui révèlent à la société sceptique et aux prêtres eux-mêmes le sens perdu des mythes et des oracles : la science est devenue la véritable initiation aux choses saintes.

Ainsi le Polythéisme, à l'approche de la révolution religieuse qui devait l'emporter, était déjà doublement impuissant. Il n'avait jamais possédé cette force de stabilité qu'assure aux croyances une vigoureuse organisation, et il avait perdu la vertu et la vie qui l'animaient aux jours de foi primitive. Le Christianisme n'eut qu'à toucher ce cadavre encore debout pour le réduire en poussière. L'œuvre difficile pour la religion nouvelle n'était pas de détruire les anciennes croyances, mais de les remplacer. Telles sont la faiblesse et la misère du Polythéisme, même dans les plus beaux jours de l'antiquité, qu'on s'étonne de la longue existence d'institutions qui avaient perdu depuis si longtemps toutes les conditions de la vie et de la durée. Pour s'expliquer ce phénomène, il faut songer aux appuis extérieurs de l'ancienne religion, et à la société dans laquelle elle était établie. Le Polythéisme avait fait primitivement le fond et l'essence de la civilisation gréco-romaine; il en avait inspiré les poëtes, les artistes, les législateurs. Les premiers monuments littéraires, les premières institutions politiques de cette civilisation remontent aux traditions religieuses. La croyance des peuples et la politique des gouvernements confondaient la religion avec toutes les autres grandes institutions de la société. Rome, maîtresse du monde, ne pouvait oublier les Dieux qui lui avaient promis et assuré l'empire. La Grèce sceptique retrouvait encore dans le commerce des muses une sorte de culte de ses divinités. Cette étroite association de la religion avec la cité et la société tout entière explique la longue existence du Polythéisme. Il devait durer autant que la civilisation sortie de son sein. Quand il a cessé de vivre comme croyance, il dure encore comme une institution protégée et soutenue par la cité. La philosophie cherche à le relever et à l'épurer par ses commentaires; la poésie l'enveloppe de son auréole; la politique lui prête l'appui de sa force et le cortége de ses institutions. Chose remarquable, en cet état, il ne dure pas seulement, il vit encore; mort et abandonné dans les temples, il conserve longtemps la puissance d'inspirer la poésie et les arts. On le retrouve dans les livres, dans les institutions, dans les écoles, objet du culte des poëtes, du respect des législateurs, et des méditations des philosophes. La foi religieuse au Polythéisme a péri sans retour; mais la foi classique, si l'on peut s'exprimer ainsi, à sa gracieuse mythologie, est toujours aussi vive et aussi universelle. Tandis que le peuple le suit en esclave aveugle de la tradition, l'élite de la société païenne, dont il ne satisfait plus les instincts religieux, y cherche toujours un aliment à son imagination et une règle pour son goût. La philosophie en corrige les erreurs; mais dans ce berceau de la société antique, elle voit le principe de toute civilisation. Voilà ce qui explique pourquoi le Polythéisme a survécu si longtemps au discrédit de ses croyances. C'est qu'il n'est pas seulement une religion, mais encore une civilisation tout entière. Quand il a perdu tout crédit sur les âmes, il conserve encore son prestige sur les imaginations. Ses Dieux, abandonnés dans les temples, n'ont pas cessé d'être l'objet de la ferveur des poëtes. Le Polythéisme est comme l'air vital répandu dans l'antiquité; s'il n'est plus assez ardent pour animer ce grand corps, il le soutient pourtant encore, et le fait vivre de son souffle glacé. Tous le respirent, peuple, poëtes, magistrats, philosophes. La destruction du Polythéisme entraînera la ruine de la civilisation ancienne tout entière. Toute révolution religieuse sera en même temps pour le vieux monde une transformation sociale. Le Christianisme n'aura pas seulement à substituer une doctrine religieuse à une autre; il lui faudra renouveler l'homme, et créer, en même temps qu'un nouvel ordre religieux, un autre ordre social.

Tel était l'état du Polythéisme quand le monde passa

sous la domination romaine. Rome, en détruisant les gouvernements politiques des nations vaincues, n'avait eu garde de toucher à leurs institutions civiles et religieuses : toutes purent conserver sous le joug de la conquête leurs lois et leurs Dieux. La politique impériale fit plus : assez indifférente elle-même au culte national, elle protégea et adopta jusqu'à un certain point les croyances religieuses des pays conquis. Elle admit aux honneurs du Panthéon tous les Dieux connus de l'univers, et réserva une place au temple pour chaque divinité nouvelle que l'enthousiasme des sectes ou la superstition des peuples viendrait à saluer. Les Dieux de la Grèce furent les premiers qui envahirent les sanctuaires latins ; ils furent bientôt confondus avec les Dieux indigènes dans un commun sentiment de respect et de foi (si l'indifférence religieuse de l'époque permet l'emploi de ce mot). Bientôt même, dans la poésie, dans la littérature, dans les arts et les écoles, la mythologique grecque éclipsa la mythologie latine. Vint ensuite le tour des Dieux de l'Orient : ceux-là ne furent jamais déclarés Dieux de l'empire, mais ils obtinrent le droit de cité. Sérapis et Mithra eurent leur temple à Rome. Du reste, grâce à l'indifférence universelle, tous ces Dieux de l'Italie, de la Grèce, de l'Orient, du monde entier, se rencontraient, se touchaient, sans se heurter, dans toutes les parties de l'empire. La domination romaine, en multipliant les communications entre les peuples, favorisait le rapprochement et la fusion des idées religieuses. Il semble un moment que le génie de Rome va réaliser à la fois l'unité politique et l'unité religieuse du monde. Toutes les religions vivent en bon accord dans l'immense étendue de

l'empire : nulle guerre, nulle polémique ne trouble
la sécurité des différentes croyances. A voir ce silence
et cette apparente harmonie entre tous les Dieux du
Polythéisme, on serait tenté de croire que la religion
de l'empire plane sur tous ces cultes divers, comme
une croyance universelle et supérieure. Mais jamais
au contraire le monde n'a été plus complétement livré à l'anarchie religieuse. Tous ces cultes ne se rapprochent pas pour se réunir; ils ne font que s'altérer
et se dénaturer par le contact, et perdre chacun leur
physionomie nationale par le mélange de traditions
étrangères. La communication des croyances entre
elles, loin de conduire à l'unité, aboutit à une nouvelle diversité. Jusqu'ici les religions, profondément
étrangères les unes aux autres, se conservaient
dans toute leur pureté originelle : il y avait autant
de cultes que de peuples différents. Maintenant,
chaque culte, sous l'influence de doctrines hétéro-
gènes, se divise et se subdivise à l'infini. D'une autre
part, aucun des cultes de l'empire n'est en mesure de
dominer ou d'absorber les autres; aucun ne tend à se
répandre au dehors ni à conquérir. Le prosélytisme,
signe de l'esprit de vie, les a tous abandonnés;
tous ces Dieux s'isolent et s'enferment dans leurs
temples, d'où ils se bornent à s'exclure réciproquement : la superstition est partout, le fanatisme
nulle part. La religion de l'empire semble plus large
et plus conciliante; elle invoque tous les Dieux et honore tous les cultes. Mais cette prétendue religion n'est
qu'une politique inspirée à la fois par l'indifférence
universelle et le génie de l'administration romaine.
Elle ne concilie ni ne rallie les diverses croyances du

Polythéisme; elle ne les rapproche que par tolérance. Son Panthéon n'est point le temple des Dieux vivants, c'est le tombeau de toutes les religions du passé. La vraie religion de l'empire, c'est la loi, supérieure à tous les cultes qu'elle prescrit, protège ou tolère.

Tel est l'état religieux du monde à l'avénement du Christianisme. La religion n'est plus une foi intime et vivante dans les âmes; c'est une simple habitude pour le peuple, pour les grands une pure politique, pour les poëtes et les artistes un souvenir immortel et une source assez froide, mais toujours abondante, d'inspirations littéraires. Les insignes de la religion se montrent partout; mais le sentiment religieux y manque. Les temples, toujours ouverts, ne se remplissent qu'aux jours de célébration officielle. La foule suit encore les fêtes, mais seulement comme un spectacle qui charme les yeux. Ce n'est pas que la vie religieuse soit éteinte dans le monde à cette époque. Au contraire, même avant l'avénement du Christianisme, elle commence à renaître et à se répandre dans tout l'empire. Mais elle n'a plus son foyer dans les temples; elle s'est retirée dans les écoles philosophiques et chez quelques prêtres enthousiastes qui, comme Apollonius de Tyane, s'efforcent de restaurer les cultes en les épurant. Le Polythéisme, en ce moment, est comme un arbre immense qui couvre encore le monde de son majestueux feuillage. La sève ne circule plus du tronc aux branches; l'arbre, frappé au cœur depuis longtemps, est mort et desséché; mais il reste toujours debout, profondément enraciné dans le sol, et résiste, par l'immobilité de sa masse, aux coups du temps et aux attaques du scepticisme. Il semble toujours protéger la société qui le porte ; mais l'ombre qu'il répand est mortelle au sentiment religieux ; elle frappe d'engourdissement et de stérilité tout ce qui, sur ce sol, aspire à la vie et au développement. Arts, littérature, morale, religion, le Polythéisme conserve tout à l'état de cadavre. Toutes les œuvres qu'inspire cette muse du passé sont tristes et froides comme la mort. Il communique à toutes choses sa torpeur et son impuissance ; il dessèche la véritable imagination et glace la foi sincère ; il étouffe partout la pensée de l'avenir ; il émousse dans les plus nobles âmes le sens du beau et du divin. Enfin s'il règne, c'est comme l'esprit de ténèbres, sur un empire des morts.

Ce ne fut point au sein de cette civilisation que naquit le Christianisme. La source de la foi était à jamais tarie au pays des Muses. La flamme qui devait embraser le vieux monde avait son foyer en Orient. La religion nouvelle s'élance tout-à-coup d'un point obscur de ce vaste Orient et apparaît au milieu du Polythéisme, simple, sans prestige, sans cortége, soutenue par sa seule vertu. Elle a pour berceau la nation la plus méprisée de l'Orient par la société grecque et romaine, pour tradition une loi connue seulement jusque là par son intolérance. Sa doctrine n'est point hérissée de mythes ou de formules, comme tous les systèmes religieux du Polythéisme ; c'est un sentiment moral supérieur et nouveau, un esprit vivant, et, comme l'a dit le plus grand de ses apôtres, la foi en Jésus-Christ Verbe incarné de Dieu. Il est vrai que cette doctrine n'en reste pas là. On la voit se développer et se transformer successivement sous la triple influence de la Judée, de l'Orient et de la Grèce. La morale simple et sublime du Christ, la théologie toute mystique de saint Jean, la métaphysique toute platonicienne des Pères de l'Église sont les diverses phases de ce mouvement. Mais la religion nouvelle maintient son principe à travers tous ses progrès. Elle s'assimile avec une rare sagacité ce que les doctrines étrangères ont d'excellent, et le convertit en sa propre substance. Elle puise à toutes les sources, évitant tous les écueils, le formalisme étroit de la loi mosaïque, les rêveries de la Gnose, les raffinements de la philosophie grecque. Elle sait se maintenir toujours à égale distance des subtilités des écoles et des superstitions populaires, et se met en mesure de satisfaire aux besoins les plus élevés de la pensée, tout en restant à la portée de tous. En un mot elle devient une philosophie sans cesser d'être une religion. Dans ce travail d'absorption, le Christianisme primitif rencontre bien des difficultés et des contradictions. Comment accorder l'Ancien et le Nouveau Testament? Comment concilier Moïse, Jésus-Christ, Platon? Comment réunir l'Orient et la Grèce dans un même symbole? La nouvelle religion y parvient avec de grands efforts et après une crise qui eût emporté toute autre doctrine. L'esprit puissant qui est en elle la sauve de l'anarchie. L'unité de la foi, un moment éclipsée dans les luttes d'Arius et d'Athanase, reparaît triomphante dans une magnifique formule qui résume tout ce que la pensée humaine a conçu de plus complet sur la nature divine [1]. C'est alors que le Christianisme est devenu la religion de l'humanité tout entière; car il répond à tous ses instincts religieux et philosophiques.

[1] Le symbole de Nicée.

Jamais la poésie mythologique n'a offert à l'imagination des peuples un symbole aussi simple, aussi touchant dans sa grandeur que les mystères de l'Incarnation, de la Passion et de la Rédemption. Jamais la théologie des écoles ou des sanctuaires n'a présenté au monde une conception du divin plus profonde et plus élevée que le dogme de la Trinité.

Ce travail de la doctrine n'arrête ni ne ralentit les progrès du Christianisme. La puissance de l'esprit qui l'anime est telle qu'il constitue tout à la fois son dogme et son Église. Après la mort du Christ, la foi évangélique se répand sur tout l'empire, comme un feu dévorant. Le Polythéisme contenait le monde, sans le posséder réellement. La Religion nouvelle ne l'a pas plus tôt touché, qu'elle le saisit, le pénètre, le vivifie, le transforme. La parole des Apôtres n'est pas seulement un flambeau qui éclaire les esprits; c'est une semence féconde qui engendre des hommes nouveaux. Partout la prédication apostolique fonde des églises dans l'empire, en Orient, en Grèce, en Italie. Dès son début, le Christianisme possède toutes les conditions de force et de durée qui manquaient au Polythéisme. Il a pour code les deux Testaments et les Lettres des Apôtres, pour interprètes les Pères de l'Église, pour autorité souveraine les conciles, pour organe de la parole sainte, un clergé sorti de l'élection populaire. Partout où il se propage, il s'organise en même temps; il se propose au monde à la fois comme une doctrine et comme une société. Quand cette société parut sur la scène, combien elle dut frapper d'étonnement le vieux monde endormi dans le despotisme impérial et dans les traditions mortes du Polythéisme! Une foi intolérante, un infatigable prosélytisme, une prodigieuse activité d'organisation, une ardeur de controverses théologiques qui transforme les opinions diverses en partis acharnés et implacables, ce mouvement des grandes assemblées qui agitent publiquement les questions capitales de la doctrine et proclament un symbole à la majorité des voix, ce tumulte des suffrages populaires consacrant l'élection des ministres du culte, au milieu des luttes et des intrigues ; ces excommunications redoutables, vraie justice du peuple qui aimait à frapper le coupable dans les rangs les plus élevés, ces pénitences solennelles qui effrayaient et édifiaient l'Église tout entière, quel spectacle pour une société accoutumée au silence et à l'immobilité ! Le Polythéisme n'avait connu ni les conciles ni l'élection populaire des prêtres. En livrant ainsi la parole sainte au bruit et à l'éclat des grandes assemblées, il eût craint de la profaner ou de la jeter au vent. C'est dans le silence des initiations et au plus profond des sanctuaires qu'il rendait ses oracles ou cherchait sous le voile mythologique le sens métaphysique des traditions religieuses. Et quand ses prêtres avaient découvert cette sagesse *mystérieuse*, ils se gardaient bien de la répandre au dehors. C'était un secret redoutable qui restait enseveli dans le sanctuaire ou dans la société de quelques initiés. Quant à l'institution du sacerdoce, jamais le Polythéisme n'avait eu la pensée de l'exposer aux caprices de l'élection populaire. Les fonctions religieuses étaient héréditaires ; l'administration du culte restait jusqu'à extinction entre les mains d'un certain nombre de familles. La société chrétienne présente l'aspect contraire. Le Polythéisme avait besoin du mystère et de la solitude ; la nouvelle religion s'inspire du bruit et de la foule. La convocation des conciles, l'élection des prêtres par les suffrages populaires ne sont point des accidents du moment, ni des nécessités locales ; ce sont des institutions universelles, permanentes, inhérentes à la nature même de la doctrine et de la société chrétiennes. Le maître avait dit : « Quand vous serez plusieurs ensemble, mon esprit sera avec vous. » Le Christianisme primitif se montra toujours fidèle à cette parole divine. La première réunion des Apôtres et la descente du Saint-Esprit en langues de feu est le type et le symbole de ses conciles. Il a compris que le vrai sanctuaire de l'Esprit saint est la foule, le peuple, la société, *vox populi, vox Dei*. Tout se fait par assemblées dans la société chrétienne. On s'y réunit pour prier, pour méditer, pour fonder le dogme aussi bien que pour organiser le sacerdoce. La société chrétienne tout entière intervient dans toutes les choses divines et humaines ; elle concourt à la formation du dogme par les conciles dont les membres ne sont que ses représentants ; elle nomme directement ses prêtres ; elle administre par ses délégués les biens de l'Église. C'est avec une parfaite vérité qu'elle a pu être nommée, dans un langage mystique, le temple de l'Esprit saint ou le corps de Jésus-Christ. Dans le Polythéisme, la société des croyants est entièrement séparée de son clergé. Muette et passive, elle en reçoit un enseignement tout extérieur : la parole divine n'est pour elle qu'un son étranger qui frappe son oreille, sans toucher son cœur. La société religieuse de l'antiquité est un être double ; ici est l'Église, là le peuple ; d'un côté l'âme, de l'autre le corps. L'Église chrétienne primitive est une vivante unité ; c'est elle-même qui s'inspire, s'enseigne et s'organise ; l'autorité qui la gouverne n'est que la manifestation de sa propre volonté ; la foi qui l'anime est le fruit de ses entrailles. L'âme du Christ a passé en elle ; le souffle de l'Esprit saint la remplit tout entière. Malheur à celui qui sort de la foule et s'isole ; il tombe dans l'hérésie, c'est-à-dire dans la prédilection pour une doctrine personnelle et singulière (αἱρεσις). En ce sens, l'Église chrétienne est la première société spirituelle qui ait paru dans le monde.

Le vieux monde ne comprit point d'abord la beauté et la grandeur de ce spectacle ; il ne vit qu'agitation et désordre là où se manifestait le principe d'un ordre nouveau. Mais tout ce qui cherchait la foi et la vie embrassa avec enthousiasme une société dans laquelle tous les instincts de la nature humaine recevaient satisfaction. L'homme nouveau y trouvait une doctrine simple et sublime pour sa foi religieuse et pour tous ses instincts de sociabilité d'admirables pratiques. L'égalité, la fraternité présidaient à toutes les relations des chrétiens de la primitive Église ; la charité n'était pas seulement un sentiment, mais une institution faisant partie du culte. Partout où l'on s'assemblait pour prier, on s'occupait des pauvres. L'homme antique y retrouvait tout le mouvement et tout l'intérêt des scènes populaires du forum et de l'ἀγορά.

Tel apparut le Christianisme au monde étonné. Puissant par sa doctrine, sa foi, son code, son Église, il rencontrait dans l'empire un chaos de croyances surannées, sans unité, sans vie réelle et intime, sans organisation. La victoire ne pouvait être douteuse.

Toutefois la lutte fut longue : le Polythéisme, comme toutes les anciennes puissances, était protégé par le prestige des souvenirs, l'influence des habitudes, le commerce des muses, et enfin cette force d'inertie que l'esprit conservateur prête toujours aux vieilles institutions. Dès le début de la lutte, son impuissance se révèle. Attaqué par la parole, il se défend ou plutôt se laisse défendre par la persécution. Il n'oppose point doctrine à doctrine. Il cache ses dogmes comme s'il en avait honte. Les adversaires sérieux de la religion nouvelle sont l'État d'abord et ensuite la philosophie. Ce n'est pas le fanatisme religieux qui poursuivit les sectateurs du Christ. Les persécutions ne furent jamais que des mesures politiques, fort agréables sans doute aux prêtres du paganisme, mais inspirées aux princes par l'esprit d'ordre et de conservation. On ne proscrivait point un culte étranger. La religion de l'empire admettait ou tolérait tous les cultes des diverses nations qui vivaient sous la domination romaine. Elle les tolérait non seulement dans leur propre pays, mais encore dans toute l'étendue de l'empire. Les religions de l'Orient, si contraires à l'esprit même du Polythéisme, avaient des temples à Rome. Les Juifs furent poursuivis pour leur intolérance religieuse et leurs insurrections, jamais pour leur culte; leurs synagogues furent respectées dans toutes les parties de l'empire où elles s'étaient établies. Le Christianisme fut tout d'abord suspect à cause de son origine récente. La politique de l'empire, qui s'empressait de reconnaître les anciens Dieux des nations, répugnait à saluer un Dieu nouveau. Pourtant, à une époque où l'effervescence de l'esprit religieux engendrait tant de doctrines et de sectes nouvelles, la religion de l'empire eût toléré le Christianisme. Mais la nouvelle religion n'entendait pas vivre de tolérance ; elle apportait elle-même la guerre et aspirait à la conquête du monde ; elle ne demandait point humblement, comme tant d'autres, sa place au Panthéon ; elle prétendait régner seule sur les ruines du Polythéisme. Dans son prosélytisme ardent, elle s'adressait à tous, aux Gentils comme aux Juifs, aux Grecs, aux Romains comme aux Barbares. Elle n'affectait aucun attachement exclusif aux lieux qui l'avaient vue naître. Elle reconnaissait bien le Mosaïsme pour origine et la Judée pour berceau ; mais elle voulait le monde entier pour empire. Enfin, elle s'annonçait, non comme un culte local, mais comme la religion universelle.

Dès le début, le Christianisme attira les regards et provoqua les violences du gouvernement impérial ; mais la société nouvelle ne fit que croître et multiplier sous le fer des bourreaux. L'arbre de la croix, arrosé du sang des martyrs, élevait de plus en plus sa tige, et étendait ses rameaux dans toutes les parties de l'empire. Déjà il couvrait le monde quand la persécution de Dioclétien révéla à la politique impériale l'impuissance de ses tentatives et la force de ses adversaires. La société chrétienne, encore fort inférieure en nombre au Paganisme dans toute l'étendue de l'empire, se trouvait en majorité dans les provinces qui allaient devenir le centre de l'empire ; et dans toutes les autres provinces, elle suppléait à l'infériorité numérique par l'ardeur de son prosélytisme et la puissance de son organisation.

C'est alors que la philosophie intervint activement

dans la lutte. Jusque là, elle avait repoussé la nouvelle doctrine comme une superstition d'origine étrangère ; mais elle s'était peu émue de ses progrès. Elle l'avait combattue plutôt par répugnance pour les nouveautés de l'Orient que par intérêt pour le Polythéisme, dont elle avait elle-même tant de fois dévoilé les misères et les absurdités. Telle paraît être la tendance de la polémique de Celse et de Porphyre. Mais après la persécution de Dioclétien, la philosophie comprit que la civilisation ancienne tout entière était compromise dans le péril du Polythéisme, et que la ruine des temples entraînerait infailliblement celle des écoles. Elle prit donc parti pour les vieilles croyances, et tenta de les sauver en les régénérant.

Quand on voit la philosophie néoplatonicienne prêter au Polythéisme le secours de son érudition et de sa science, on est conduit à supposer, ainsi que l'ont fait la plupart des historiens, qu'elle défend ce qui lui est analogue, et combat ce qui lui est contraire. Rien n'est moins vrai qu'une pareille conclusion : il suffit de pénétrer au fond des doctrines qui se combattent ou se prêtent appui, pour s'assurer que cette lutte ou cet accord n'ont point pour raison l'opposition ou la ressemblance des doctrines. Chose étrange en apparence, c'est le contraire qui arrive ici : les doctrines profondément semblables par l'esprit, les principes et les conclusions pratiques, sont en lutte ; les doctrines essentiellement contraires sous ce triple rapport se donnent la main. Par exemple, de même que le Platonisme et le Néoplatonisme, le Christianisme détache l'âme du spectacle et du commerce des choses sensibles, et la ramène à la conscience des choses intérieures et à la contemplation de l'invisible ; il distingue et sépare les deux mondes, distingue les trois points de vue de la nature divine par rapport au monde, et conçoit l'œuvre cosmique comme la réalisation des idées de Dieu dans la matière, voit dans cette vie une épreuve de la destinée humaine, et non cette destinée elle-même, et enfin, tout en prenant au sérieux la vertu morale, propose comme vertu supérieure et comme vraie fin de l'âme la contemplation et l'amour de Dieu, loin du monde et de l'humanité. Il est vrai que sur ce fond commun se dessinent de graves différences. Ainsi, pendant que le Néoplatonisme sépare les trois moments de la nature divine, et en fait trois principes distincts, l'Un, l'Intelligence et l'Ame, subordonnant l'Ame à l'Intelligence, et celle-ci à l'Un, comme l'effet à la cause, le Christianisme unit les trois moments de la nature divine, et en compose un Dieu en trois personnes inséparables, à savoir, le Père, le Fils et le Saint-Esprit, l'Être, l'Intelligence et l'Amour. D'un autre côté, la métaphysique chrétienne n'admet point d'essences entre Dieu et le monde sensible ; elle renferme en Dieu tout ce qu'on appelle en style platonicien le monde intelligible, tandis que la philosophie alexandrine pose à part le monde intelligible, et comble par une immense hiérarchie d'essences parfaites l'intervalle qui sépare Dieu de la Nature. En outre, le Christianisme croit à l'existence d'un principe du mal dont il voit partout dans le monde l'action funeste, au lieu que pour l'école d'Alexandrie le mal n'est qu'un moindre être, c'est-à-dire un moindre bien, et que ce monde, objet du dédain du mysticisme chrétien, est encore pour cette école plein de perfection, de beauté et d'harmonie. Enfin (et c'est là la différence la plus grave) l'extase des Alexandrins est un effort chimérique, ayant pour objet un Dieu inaccessible et insaisissable, tandis que l'âme, dans le dogme chrétien, s'attache à un Dieu vivant et personnel, à un Dieu qui sent, qui pense et qui aime, qu'on peut comprendre et aimer. Mais malgré ces différences le Christianisme et la philosophie alexandrine sont au fond deux doctrines issues d'un même principe, et pénétrées d'un même esprit : même métaphysique, l'idéalisme ; même psychologie, le spiritualisme ; même morale, un mysticisme modéré qui, sans supprimer l'activité et la vertu, les subordonne à une fin suprême, la contemplation et l'extase. Évidemment ce sont deux émanations différentes de cet esprit universel qui, à une certaine époque, se répand sur le monde ancien. Cette confraternité a été reconnue par les Pères de l'Église eux-mêmes. Les plus grands théologiens, saint Clément, Origène, Athanase, saint Grégoire de Nysse, saint Basile, ou bien sortent des écoles platoniciennes, ou puisent à la source primitive, c'est-à-dire dans Platon lui-même. Telle est l'affinité des doctrines que le néoplatonisme très prononcé du prétendu Denys l'aréopagite a été accepté de tout temps comme un monument de la doctrine orthodoxe. Les historiens qui ont cru à l'opposition de deux doctrines se sont arrêtés aux apparences. Ils ont jugé la philosophie qui attaquait le Christianisme par le rôle qu'elle a joué, et par sa doctrine de combat. Ils ne l'ont point considérée en elle-même ; la philosophie a eu l'air de se confondre avec le Polythéisme, parce qu'elle défendait la pluralité des Dieux. Mais en réalité elle est tout aussi unitaire que le Christianisme ; elle concilie très facilement la pluralité des Dieux avec l'unité du Principe suprême, en ramenant à une source unique toutes les émanations divines. Ce qu'elle reproche au Christianisme, ce n'est pas de soutenir le dogme de l'unité, c'est de méconnaître les puissances si diverses et si nombreuses comprises sous le nom de Dieux dans la suprême Divinité.

Comment se fait-il qu'en dépit de cette identité l'école d'Alexandrie attaque avec persévérance, avec acharnement le Christianisme ? Comment se fait-il, d'un autre côté, qu'elle accueille, protège, adopte l'ancienne religion ? Qu'y a-t-il de commun entre le mysticisme alexandrin et le Polythéisme grec ? Celui-ci est la religion de la nature, le culte des sens et des passions ; non seulement il fait descendre la divinité dans le monde, mais encore il lui prête toutes les formes et toutes les faiblesses de l'humanité. Son ciel, l'Olympe, n'est qu'un monde sensible un peu plus pur que celui que nous habitons. Son autre vie, l'Élysée, est encore une vie des sens, seulement plus calme, plus douce, plus sereine. Nulle trace de la distinction des deux mondes dans la religion d'Homère et même dans celle d'Hésiode. Le monde de l'intelligence pure, le ciel de l'idéalisme n'y est pas même vaguement représenté.

Pour expliquer ce phénomène étrange en apparence, il faut rappeler d'abord l'origine de la philosophie alexandrine, et les circonstances au sein desquelles elle s'est développée. Cette philosophie est née de la savante antiquité : si elle est animée d'un esprit nouveau, si le souffle de l'Orient a passé sur ses doctrines, elle n'en est pas moins essentiellement grecque. Elle n'a de vraiment original que son idéalisme excessif et le mysticisme pratique qui en est la conséquence. Quant à ses méthodes, à ses théories, à son langage, tout cela lui vient de la Grèce. Elle le sait, et à son tendre respect, à sa piété vraiment filiale envers toutes les traditions philosophiques ou religieuses de la Grèce, on voit qu'elle a reconnu sa mère. Rien n'est plus remarquable dans l'histoire de l'esprit humain que cet attachement profond des écoles philosophiques et des religions à leur origine historique. C'est à tel point que les différences essentielles qui devraient séparer la nouvelle doctrine de l'ancienne qui lui a servi de tradition prévalent rarement contre l'influence de l'origine, et ne parviennent point, même en se développant avec le temps, à briser les liens qui la rattachent au passé. Ainsi, le Christianisme prétend ne relever que de la religion de Moïse. Quelle différence pourtant entre les deux doctrines sur tous les points capitaux, sur Dieu, sur la création, sur la Providence, sur la nature et la destinée de l'Ame ! Et pourtant écoutez le Christ, les apôtres et les docteurs ; la nouvelle loi n'a pas d'autre mission que de continuer et de perfectionner l'ancienne. C'est ce qui arrive également à l'école d'Alexandrie ; si elle ressent une si vive sympathie pour la société et pour la religion ancienne, c'est qu'elle y retrouve son berceau. Il est très vrai que le mysticisme alexandrin dépasse la tradition grecque ; mais il y a sa racine et son point de départ. Déjà il annonce un monde nouveau, mais il vient de l'ancien. D'ailleurs il est en profonde communauté non seulement d'origine, mais d'esprit et de pensée avec une vieille tradition philosophique. Par la chaîne des doctrines de Pythagore et de Platon, l'école d'Alexandrie se rattache à l'antiquité mythologique, et remonte jusqu'à la doctrine mystérieuse des théologiens initiés. Ce n'est pas qu'elle reste fidèle à des traditions aussi vagues et aussi incertaines : elle est très novatrice dans son esprit de conservation ; elle n'adore les Dieux du Polythéisme qu'après les avoir transfigurés. Tout change sous sa méthode d'interprétation ; elle convertit une religion des sens en une religion de l'esprit. Qu'y a-t-il de commun entre l'anthropomorphisme poétique de la mythologie populaire et cette profonde métaphysique qui, dans Uranus, Saturne et Jupiter, reconnaît les trois principes du monde intelligible, l'Un, l'Intelligence et l'Ame? En quoi le sombre ascétisme de Jamblique, de Chrysanthe, de Julien ressemble-t-il au culte gracieux des prêtres d'Homère ? Avec une telle liberté d'interprétation, la philosophie pouvait adopter le Polythéisme, sans cesser d'être elle-même.

D'une autre part, si le Néoplatonisme s'attachait au Polythéisme par communauté d'origine, il était dans sa nature même de ne point se confondre avec la religion nouvelle. Toute philosophie est et doit rester libre. Du moment où les Alexandrins fussent devenus Chrétiens, ils eussent cessé d'être philosophes dans le sens rigoureux du mot. Avec le Polythéisme, vieux, épuisé et devenu la religion la plus souple, la plus docile, la plus accommodante qu'on pût trouver, l'alliance était facile et tout à l'avantage de la philosophie. Comme un malade qui sent sa fin et qui ne veut pas mourir, le Polythéisme se prête à toutes les expériences que la philosophie tente sur lui ; il se laisse épurer, arranger, transformer ; il se laisse même inoculer un autre esprit ; il consent à prendre une âme nouvelle, pourvu qu'on lui conserve son vêtement extérieur, son culte. Le Christianisme au contraire, sûr du triomphe et de l'avenir, parce qu'il sent l'esprit de Dieu s'agiter dans son sein, veut rester seul dans sa force, seul contre tous ; il repousse les alliances et les transactions. Qu'a-t-il besoin d'alliés, certain comme il l'est de conquérir le monde par la vérité de sa parole? Partout où il entre, c'est toujours en vainqueur et en maître. Il ne se propose point comme une simple doctrine ; il s'impose comme une religion. Aussi, loin de se laisser transformer ou absorber par la philosophie nouvelle, comme l'avait fait de si bonne grâce le Polythéisme, il n'essaie même pas de transformer ni d'absorber les autres doctrines ; il les traite partout comme des erreurs impies qu'il faut repousser ou détruire. S'il les imite, s'il s'en inspire, s'il puise abondamment à la double source du Platonisme et des nouvelles doctrines platoniciennes, c'est à l'époque même où s'élaborent et se développent ses doctrines, et où la fermentation des esprits et des idées dans son sein provoque la confusion, le mélange, l'invasion des doctrines étrangères. Mais à peine la nouvelle religion est-elle en possession de ses dogmes principaux que l'autorité des conciles arrête la formule de la foi et la maintient avec énergie contre les hérésies qui s'élèvent de toutes parts. Le Platonisme et le Néoplatonisme alors inspirent bien encore en secret les grands esprits de la religion nouvelle ; mais ou ces inspirations sont traitées d'hérésies et violemment retranchées de la doctrine, ou bien elles vont se perdre dans la substance même du dogme chrétien.

Entre une religion qui se laisse ainsi transformer et absorber sans la moindre difficulté, trop heureuse de revivre à ce prix, et une religion impérieuse et intraitable, qui, loin de se prêter à cette œuvre de conciliation si chère aux Alexandrins, prétend s'établir sur les ruines de toutes les doctrines philosophiques et religieuses, le choix de la philosophie ne pouvait être douteux. Elle dut tendre la main à cette vieille religion, au sein de laquelle elle était née, et qui lui demandait asile et protection contre une invasion menaçante ; mais en même temps elle dut repousser dans l'ombre l'audacieuse doctrine qui prétendait tout dominer. Ce rôle ne fut point l'œuvre de quelques hommes dans l'école d'Alexandrie ; les plus doux s'y associèrent comme les plus violents. Il fut l'œuvre de tous, ou plutôt il fut le résultat nécessaire des circonstances historiques au milieu desquelles naquit le Néoplatonisme. Cette philosophie n'est point une doctrine absolument nouvelle, indépendante du passé, et libre de toute tradition. Elle a au contraire de profondes racines dans la philosophie grecque antérieure. Elle en sort, non pas accidentellement, mais nécessairement, à tel point qu'elle peut en être considérée comme la suite et la fin. Elle a conscience de son origine ; elle aime tout ce qui s'y rattache de près ou de loin ; elle sent qu'elle appartient au vieux monde, que sa mission est de conserver le passé en le transformant et en l'expliquant, mais non de le détruire. De là son goût pour la conciliation et l'éclectisme, et sa répugnance pour les réformes et les innovations ;

de là son effroi et sa haine pour toute doctrine qui prétend retrancher quoi que ce soit du vénérable héritage transmis par l'antiquité philosophique et religieuse, pour la religion de Moïse et la Gnose, comme pour le Christianisme. Comment cette philosophie, qui avait rêvé et réalisé jusqu'à un certain point la communion de toutes les doctrines de l'antiquité dans le sein d'une vaste synthèse, eût-elle vu venir avec indifférence une doctrine qui s'annonçait comme la seule vraie, la seule divine? Elle qui avait eu tant de peine et qui avait dépensé tant d'érudition et de science à réconcilier tous les dogmes et à réunir tous les Dieux, comment n'eût-elle pas résisté aux prétentions de cette religion nouvelle, qui ne reconnaissait rien en dehors de son dogme et de son Dieu?

La philosophie alexandrine dut donc se joindre au Polythéisme pour combattre l'ennemi commun. Mais en même temps elle comprit que cette vieille religion de la nature et des sens avait fait son temps; qu'elle ne pouvait plus, telle qu'elle était, suffire aux besoins religieux de l'époque, et qu'il fallait la transformer pour la faire vivre. Aussi la vit-on partout expliquer, élever le dogme, épurer et régénérer le culte. Continuant l'œuvre d'Apollonius de Tyane, les Alexandrins vont de contrée en contrée, réformant le culte local et le rappelant constamment aux lois de la plus pure et de la plus sévère morale. Il faut ajouter que leur esprit éclectique et leur tendance constante à tout rapporter aux antiques traditions les disposait merveilleusement à cette tâche. Ce fut moins pour sauver et défendre le Polythéisme qu'ils en tirèrent une métaphysique si profonde, que parce qu'ils croyaient *a priori* que toute vérité doit être au fond de ces mythes antiques. On se tromperait gravement si on ne voyait dans cette tentative qu'une manœuvre habile, inspirée par la nécessité. Du reste, la nature et l'état du Polythéisme favorisait merveilleusement l'exégèse alexandrine. Aucun texte qui la retienne, aucune autorité qui l'enchaîne. Elle a le champ libre et peut à son gré transformer le fond même des traditions. C'est ce qu'elle fera. Nous allons la voir substituer, à la faveur de ses subtiles interprétations, une croyance nouvelle à la vieille mythologie, et doter le Polythéisme d'une théologie, d'une psychologie, d'une morale idéalistes; elle soufflera son esprit dans les vieux sanctuaires; elle y transportera les principes de sa métaphysique personnifiés dans les anciens Dieux. Rien ne serait plus curieux que l'histoire complète et détaillée des tentatives faites par tous les Alexandrins pour fonder la philosophie des mythes. Nous devrons nous borner à une rapide analyse.

Si toutes les écoles de la philosophie grecque n'ont pas respecté les croyances religieuses, il est à remarquer que les écoles spiritualistes et idéalistes ont montré constamment une vénération profonde et un goût décidé pour les mythes antiques. Pythagore est un prêtre et un moraliste qui veut purifier la religion populaire par la doctrine plus élevée et plus philosophique des mystères, plutôt qu'un philosophe qui fonde un système nouveau. Les Éléates s'attaquent avec énergie aux superstitions populaires et aux fausses représentations de la divinité, mais ils sont pleins de respect pour les dogmes sérieux. Socrate traite sévèrement les croyances du peuple et des prêtres, et les rappelle au respect des Dieux et aux éternelles lois de la morale ; mais sa vie entière témoigne de son attachement à la religion de sa patrie. On connaît la vénération profonde de Platon pour les antiques mystères, et avec quel empressement il rattache ses propres doctrines aux dogmes de la tradition orphique. Ce n'est jamais la religion elle-même qu'il attaque, mais les poëtes, interprètes infidèles de cette religion, et les prêtres de son temps, qui en avaient perdu le sens profond. Il blâme Homère d'avoir prêté aux Dieux les passions et les faiblesses des hommes ; il raille Eutyphron, et à certaines histoires ridicules ou scandaleuses que le vulgaire raconte sur les Dieux ; il oppose les principes éternels de la morale dont les actes attribués aux Dieux seraient une violation. Quant à la religion des anciens théologiens, d'Orphée, de Linus, etc., il a plus que du respect pour elle, il a de la foi. Lorsque nous sortons de la tradition spiritualiste et idéaliste de Pythagore et de Platon, nous ne trouvons plus dans les philosophes le même attachement aux dogmes religieux. Aristote traite les mythes avec toute la rigueur scientifique, faisant inflexiblement la part du vrai et la part de l'absurde. L'Épicurisme doit la faveur extraordinaire dont il a joui, beaucoup moins à ses tristes doctrines qu'à la guerre implacable qu'il fit aux superstitions du Polythéisme. Le Stoïcisme montre plus de goût qu'Aristote pour la mythologie, et la juge bien plus favorablement. Cette sympathie s'explique par plusieurs raisons. D'abord on connaît la tendance constante des Stoïciens à se conformer aux croyances communes. Ensuite leur théologie, en réduisant Dieu à n'être que l'Ame du monde, et en représentant les diverses puissances de la Nature comme autant de formes du principe divin, se rapprochait singulièrement du Polythéisme. Ainsi la multitude des divinités mythologiques trouvait une explication toute naturelle dans leur doctrine. Dieu s'appelle Zeus (de ζωή) comme cause de la vie; comme présent dans l'éther, Athéné; dans le feu, Héphestos; dans l'air, Héra; dans l'eau, Posidon; dans la terre, Cybèle; sous la terre, Pluton [1]. Les Stoïciens parlent, à l'exemple de Platon, de Dieux engendrés, et vénèrent comme divins les hommes d'une puissance extraordinaire. Ce n'est pas qu'ils approuvent toutes les superstitions populaires. Zénon rejette le culte des images et des temples, par la raison que ces choses sont des œuvres de l'art et non de la nature, laquelle seule est sacrée [2]. Enfin les Stoïciens respectent la croyance populaire, non seulement en ce qui regarde l'existence des Dieux, mais encore en ce qui concerne leurs apparitions. Du reste toutes les divinités de la mythologie étaient considérées par eux comme des Dieux engendrés et mortels, qui retournent, au moment de l'embrasement universel, au Dieu suprême, Jupiter, source de toute vie et de toute existence [3].

Le retour de la philosophie aux doctrines de Pythagore et de Platon ramène partout le respect et la sympathie pour la théologie des mystères. La philosophie,

---

[1] Plut., *De Placit. phil.*, I, 7. — Diog. Laërt., VII, 147. — Cicér., *De Nat. Deor.*, II, 24.

[2] Clém. Alex., *Strom.*, V, 584.

[3] Plut., *De Stoic. rep.* — *De Placit. phil.*, I, 7. — Cicér., *De Nat. Deor.*, I, 14, 15; II, 23.

renfermée jusque là dans l'enceinte des écoles, descend dans les temples, et essaie d'y renouer la chaîne des traditions mystérieuses. Associant déjà étroitement sa destinée à celle du Polythéisme, elle prétend le régénérer, soit en rattachant sa mythologie à une sagesse antique supérieure, source de toute science et de toute religion, soit en restaurant son culte d'après les principes d'un spiritualisme exalté. Presque tous les philosophes de cette époque, Apollonius de Tyane, Plutarque, Apulée, Cronius, Numénius, sont des Pythagoriciens ou des Platoniciens plus adonnés aux recherches mythologiques et aux pratiques du culte qu'aux pures spéculations de la science.

Apollonius ressemble plus à un prêtre qu'à un philosophe ; on le retrouve plus souvent dans les sanctuaires que dans les écoles. On ne connaît de lui aucun traité philosophique; mais on sait qu'il avait beaucoup écrit sur les sacrifices et l'art divinatoire [1]. Il passa sa vie en voyages, visitant partout les temples, et réformant les cultes.[2] Il est plein de respect et d'estime pour les idées religieuses de son pays. C'est un Grec à qui le spectacle de la civilisation orientale ne fait point oublier les institutions de sa patrie. Dans toutes ses conférences avec les prêtres égyptiens, il défend et célèbre les lois, les arts, les mœurs et le culte de la Grèce [3]. Au contraire, il professe peu de goût et d'admiration pour les idées et les arts de l'Égypte ; il ne s'incline que devant la sagesse des prêtres de l'Inde. « Tous les hommes veulent habiter avec la

[1] Ibid., III, 13.
[2] Philost., *Vie d'Apoll.*, I, 12.
[3] Ibid., VI, 9, 10.

divinité, dit-il quelque part ; les Indiens seuls le peuvent [1]. » Il ne paraît pas avoir beaucoup emprunté à l'Orient, dans sa restauration du Polythéisme ; il se montre sévère pour les novateurs [2], et se borne presque toujours à ramenr la doctrine à une loi morale plus pure, et le culte à des formes plus simples et plus graves [3]. Les pratiques extérieures le trouvent assez indifférent : « Si je monte au sommet de la montagne, je n'en descendrai pas plus sage [4]. » La philosophie d'Apollonius forme un contraste frappant avec le rôle d'inspiré et de thaumaturge que lui prête Philostrate. Ses paroles sont d'un moraliste plutôt que d'un théologien ; il n'est point enthousiaste aveugle de la sagesse des Brahmes. Ce qu'il en admire, c'est la simplicité, c'est cette pensée méditative et silencieuse, ce recueillement intérieur dans lequel il retrouve le γνῶθι σεαυτὸν. « C'est une maxime de Brahma que personne n'approche de la vérité sans s'être connu lui-même [5]. » Il confond dans le même mépris la science des sophistes et les superstitions du vulgaire ignorant. Son langage simple, concis, figuré, ne sent point les artifices de l'école : la charmante parabole du passereau rappelle certaines paraboles de l'Évangile. Le philosophe se révèle dans ses idées sur le culte. « Le meilleur et le vrai moyen, je pense, de rendre à la divinité le culte qui lui convient, et de

---

[1] Ibid., vi, 6. Τοῦτοι δὲ βούλονται μέν πάντες, δυνάνται δὲ Ἰνδοὶ μόνοι.
[2] Ibid., v, 13.
[3] Ibid., iv, 7.
[4] Ibid., ii, 11.
[5] Ibid., iii, 6.

nous concilier la faveur et la bienveillance de ce Dieu que nous nommons le Premier, de ce Dieu unique et séparé de l'univers, et sans lequel les autres Dieux nous restent inconnus, ce n'est pas d'immoler les victimes, ni d'allumer le feu, ni de lui consacrer aucune des choses sensibles (car il n'a besoin d'aucun être, pas plus des puissances supérieures à nous que de nous-mêmes, et il n'est point une plante ou un animal que la terre ou l'air engendre ou nourrisse), mais de lui parler toujours le meilleur langage, ce langage qui n'a pas besoin de paroles, et qui n'est autre que la pensée muette, l'intelligence pure et sans organe [1]. »

Plutarque compare les diverses croyances des peuples qu'il connaît, et tente de les ramener aux doctrines platoniciennes. Partout il cherche la philosophie et s'attache à montrer l'identité des doctrines chez les poëtes, les législateurs et les philosophes [2]. Mais la tentative de Plutarque est l'œuvre d'un historien et d'un érudit plutôt que d'un philosophe. Apulée est un prêtre très versé dans les mystères et dans les pratiques du culte, qui, avec moins d'érudition et moins de philosophie encore que Plutarque, essaie de concilier la sagesse des sanctuaires avec la science des écoles. Cronius, au témoignage de Porphyre, interprétait philosophiquement les mythes dans leurs moindres détails [3]. Numénius traitait aussi le même sujet d'une manière plus élevée et plus systématique, autant qu'on peut en juger par le caractère général de sa doctrine.

[1] Eusèb., *Préparat. év.*, 150.
[2] Plut., *De Amator.*, ix, 59.
[3] Voy. Porphy., *De Antro nympharum*.

Il faut arriver jusqu'à Plotin pour trouver un ensemble d'explications qui embrasse tous les points capitaux de la mythologie grecque. Ce n'est pas que Plotin ait conçu *à priori* et posé en principe l'identité de la religion et de la philosophie. Plein de respect pour les antiques traditions, à l'exemple de Platon, il fait ressortir, quand l'occasion s'en présente, les hautes et profondes vérités cachées sous les mythes. Il le fait plus souvent que Platon et avec plus de profondeur, mais sans former de ces explications éparses un système. C'est ainsi qu'il reconnaît tous les principes de sa philosophie dans les mythes suivants. Selon lui, Uranus, Saturne et Jupiter sont les trois grands Dieux de la mythologie [1]. Saturne, fils de Cœlus, mutile son père et règne à sa place. Jupiter, fils de Saturne, vient ensuite et usurpe le pouvoir. Puis arrivent les Dieux inférieurs, fils de Saturne et de Jupiter. Aucun des Dieux n'a eu pour nourrice Rhéa, la nourrice éternelle et universelle des êtres qui passent [2]. Vénus, Déesse de la beauté, est fille de Jupiter. On en distingue deux : la Vénus qui naît dans les jardins de Jupiter, et celle qui sort de l'écume des flots. Il y a deux amours, comme il y a deux Vénus [3]. Enfin vient une Déesse, la dernière dans l'ordre de la génération, Pandore, que Prométhée crée et anime par le feu divin dérobé à Jupiter, et que les autres Dieux dotent successivement [4]. Voici maintenant comment Plotin interprète toute cette mythologie. Cœlus ou Uranus, Sa-

---

[1] Enn. V, viii, 13.
[2] Enn. V, i, 7.
[3] Enn. VI, x, 9.
[4] Enn. IV, iii, 14.

turne, Jupiter, c'est l'Un, l'Intelligence, l'Ame[1]. Cœlus engendrant Saturne et celui-ci Jupiter expriment la génération de l'Intelligence par l'Un et de l'Ame par l'Intelligence. Saturne est représenté mutilant son père, parce que la génération de l'Intelligence entraîne le développement, la division, la scission en deux termes de l'Unité primitive[2]. Le mythe de Jupiter qui détrône et enchaîne Saturne, c'est l'Ame qui, en tant qu'organe de l'Intelligence, la remplace dans le gouvernement de l'univers ; c'est l'avénement du Démiurge[3]. Le règne de Saturne est le monde de l'immobilité, de l'éternité, de la suprême perfection ; aussi est-ce pour cela qu'on représente toujours Saturne avec des chaînes. Le règne de Jupiter, c'est le règne du temps, du mouvement et de la vie. Jupiter est le plus ancien des Dieux, et marche à la tête des Dieux qui contemplent le monde intelligible[4] : c'est le Démiurge. Il ne raisonne point pour créer et gouverner le monde ; car raisonner, c'est chercher la sagesse : or Jupiter la possède. Rhéa, c'est la matière dans son flux perpétuel. Les Dieux n'ont point eu Rhéa pour nourrice, parce que les êtres intelligibles (les Dieux) sont purs de toute origine matérielle[5]. On représente cette Déesse avec les insignes de la stérilité, et Hermès, au contraire, avec l'instrument de la génération pour signifier la stérilité de la matière réduite à elle-même et la fécondité naturelle de l'intelligence. Jupiter engendrant Vénus, c'est

[1] Enn. V, viii, 13, 12.
[2] Enn. V, viii, 13.
[3] Enn. V, i, 4.
[4] Enn. V, viii, 10.
[5] Enn. III, vi, 19.

l'Ame universelle se produisant au dehors et engendrant ainsi les âmes individuelles [1]. Voilà pourquoi Vénus est la Déesse de la beauté. Tant que l'Ame universelle reste concentrée dans les profondeurs de son essence, elle n'est que le principe des choses, la source de la beauté, mais non la beauté elle-même ; ce n'est que lorsqu'elle se produit et se manifeste extérieurement que la beauté vient à naître et que Vénus paraît. L'Amour est fils de Vénus, parce que tout désir et tout amour dans l'âme ne s'éveille qu'à la vue de la beauté. Il y a deux Vénus et deux Amours, selon le double commerce de l'âme avec le monde intelligible et le monde sensible [2]. Le mythe de Vénus née dans les jardins de Jupiter, et le mythe qui la représente sortant de l'écume des flots expriment bien la double origine et la double forme de la beauté, la beauté intelligible et la beauté sensible [3]. Dans le mythe des jardins de Jupiter, Porus entrant dans ce délicieux séjour signifie la puissance fécondante, la raison séminale qui pénètre et forme la matière dans le sein de la Nature. Enfin le mythe de Pandore exprime l'œuvre collective de la création et de l'organisation du monde [4]. Pandore, c'est l'univers lui-même ; tous ces Dieux qui la dotent tour à tour d'un présent, c'est le concours des puissances supérieures dans la formation de l'univers. Seulement, pourquoi est-ce Prométhée, au lieu de Jupiter, qui crée Pandore, et que signifie cette hostilité de Prométhée et de Jupiter ? c'est ce que Plotin n'explique pas. On sait d'ailleurs que le mythe de

---

[1] Enn. V, VIII, 13.
[2] Enn. VI, IX, 9.
[3] Enn. III, v, 2, 8.
[4] Enn. IV, III, 14.

Prométhée est un des plus obscurs de la mythologie grecque. Dans le mythe des trois Parques, Plotin, de même que Platon, voit le symbole complet de l'œuvre de la destinée [1]. Clotho forme les destinées de tous; Lachésis les distingue ; Atropos les livre au démon, qui est chargé de les accomplir. Tel est l'ensemble des explications de Plotin relativement aux mythes. Il n'y met ni érudition ni système ; il n'en traite point *ex professo* ; il en parle seulement à propos de ses théories, et à mesure qu'un rapprochement fortuit éveille dans sa pensée l'idée d'une certaine analogie.

Voilà pour le fond même des croyances religieuses, pour le dogme. Quant au culte, nous ne voyons, ni dans les traités de Plotin, ni dans sa biographie, qu'il ait pris au sérieux les pratiques et les cérémonies. Il nie la vertu ordinairement attribuée aux prières, aux invocations et aux sacrifices, en ce qui concerne nos rapports avec la divinité. Il repousse la doctrine des Gnostiques sur l'intervention fréquente [2] et accidentelle des démons, doctrine conforme à la croyance du peuple et des prêtres, et interdit à ce sujet les invocations et les conjurations [3]. N'admettant ni l'influence des astres sur nos destinées ni l'effet des opérations matérielles sur la partie intelligible et divine de notre nature, il ne croit point à la vertu supérieure des enchantements et autres procédés magiques. Ce n'est pas qu'il rejette absolument l'astrologie et la magie ; mais il réduit l'une de ces sciences à constater la coïncidence et la correspondance universelle des causes

---

[1] Enn. II, iii, 15.
[2] Enn. II, ix, 14.
[3] Enn. IV, iv, 31, 32, 40, 41, 42.

célestes et terrestres de l'univers, et l'autre à reconnaître l'affinité sympathique de toutes choses dans un monde plein d'unité et d'harmonie [1], affinité en vertu de laquelle la magie a pouvoir sur l'âme, mais sur l'âme seule [2]. Quant à la théurgie, il ne la nomme jamais, et ne croit, en fait d'opérations supérieures de l'âme, qu'à la vertu de la contemplation pure, pour parvenir à Dieu.

Porphyre n'était guère plus systématique que Plotin dans ses explications des mythes; mais il en traitait à part et y consacrait plusieurs ouvrages importants. Dans ce qui nous reste des travaux de Porphyre en ce genre, nous voyons un esprit d'analyse très ingénieux et très subtil qui découvre ou plutôt imagine des conceptions métaphysiques sous les détails les plus simples et les plus insignifiants. Comme type d'interprétation de ce genre, on peut citer l'explication d'une description d'Homère [3]. L'antre, dit Porphyre, signifie le monde; la terre de l'antre, humide et sans cesse arrosée, signifie la matière. L'intérieur de l'antre figure le côté sensible, obscur, informe du monde; l'extérieur en représente le côté intelligible, parfait, lumineux. Mais, ajoute Porphyre après cette explication, l'antre, en général, n'est pas seulement l'image du monde sensible, mais encore le symbole des puissances intelligibles. Ainsi Saturne, qui

---

[1] Enn. III, 1, 6, 7, 9.

[2] Enn. IV, III, 11. Καὶ μοι δοκοῦσιν οἱ πάλαι σοφοί, ὅσοι ἐβουλήθησαν θεοὺς αὐτοῖς παρεῖναι, ἱερὰ καὶ ἀγάλματα ποιησόμενοι, εἰς τὴν τοῦ παντὸς φύσιν ἀπιδόντες, ἐν νῷ λαβεῖν ὡς πανταχοῦ μὲν εὐάγωγον ψυχῆς φύσις.

[3] *De Antro nympharum.*

cache ses enfants dans un antre ; c'est l'Intelligence contenant virtuellement les puissances intelligibles ; l'antre de Cérès cachant Proserpine a le même sens [1]. La descente et l'ascension des âmes sont figurées par l'entrée des hommes au nord, et l'entrée des Dieux au midi. Les nymphes sont les âmes en général ; les naïades étant les nymphes des eaux sont les âmes qui subissent la génération [2]. Le voile de pourpre dont parle le poëte, c'est le sang et la chair, c'est le corps qui dans les mystères est appelé un vêtement de l'âme [3]. Le miel qui est dans les amphores, c'est tout principe de purification pour l'âme ; c'est aussi quelquefois le plaisir de la génération. Ainsi, c'est après avoir goûté du miel qu'Uranus et Saturne sont mutilés [4]. Le miel est attribué à Proserpine et à la lune, à cause de leur rôle dans la génération. L'olivier, c'est Minerve, c'est-à-dire la Sagesse née du chef de Jupiter. Telle est l'explication de la description d'Homère. Du reste, toute fiction dans les poëtes sacrés a un sens figuré, selon Porphyre. Les travaux et les souffrances d'Ulysse sont un profond symbole de la vie humaine [5]. La colère des Dieux terrestres représente la destinée de l'âme condamnée au travail, au sacrifice, à la douleur, avant d'entrer dans la vie intelligible, dans l'Ithaque céleste [6].

Cette manière d'interpréter les fictions des poëtes

[1] Ibid.
[2] Ibid.
[3] Ibid.
[4] Ibid.
[5] Ibid.
[6] Ibid.

sacrés n'a rien de philosophique, ni même de sérieux.
Il est probable que tout le travail de Porphyre sur la
mythologie grecque ne se bornait pas là, et que, dans
les traités que nous avons perdus[1], ce philosophe poursuivait l'œuvre d'interprétation philosophique commencée par Plotin, en traitant le sujet avec beaucoup
plus de suite, d'ensemble et de détails. Mais nous ne
connaissons rien ni dans les fragments qui nous ont
été conservés de ces traités par Eusèbe, ni dans les
autres ouvrages de Porphyre qui annonce une explication vraiment systématique de la mythologie grecque
et une théorie sur les rapports de la philosophie et de
la religion. Quand aux pratiques du culte et aux arts
magiques, Porphyre n'en fait pas plus de cas que Plotin. C'est un moraliste sévère dont le mysticisme n'admet pas d'autre préparation à la vie divine que la
vertu et les œuvres. « Sacrifions aux Dieux ; mais
nos sacrifices doivent être différents suivant les diverses puissances auxquelles ils sont offerts. Rien de
sensible, ni en offrandes, ni en paroles, ne convient au
Dieu suprême, ainsi que l'a dit un sage ; car ce qui est
matériel est impur, et indigne d'un être immatériel[2].
C'est pourquoi il est inutile de l'invoquer, soit en lui
parlant, soit même intérieurement, si l'âme est souillée
par quelque passion. C'est par un silence pur et par de

---

[1] Porphyre avait écrit un certain nombre de traités mythologiques dont voici les noms : Περὶ θείων ὀνομάτων, Περὶ ἀγαλμάτων, Ἱερὸς γάμος; Περὶ τῆς ἐκ λογίων φιλοσοφίας, Τὰ τῶν χαλδαίων λόγια.

[2] Porph., *De Abstin.*, II, 34. Θεῷ μὲν τῷ ἐπὶ πᾶσιν, ὥς τις ἀνὴρ σοφὸς ἔφη, μηδὲν τῶν αἰσθητῶν, μήτε θυμιῶντες μήτε ἐπονομάζοντες.

chastes pensées que nous l'honorons [1]; c'est en nous unissant avec lui et en lui ressemblant que nous deviendrons une sainte victime qui le glorifie, et que par là nous opérerons notre salut [2]. La perfection du sacrifice consiste à dégager son âme des passions, et à se livrer à la contemplation de la divinité. Quant aux Dieux qui ont pour principe ce premier Être, il faut chanter des cantiques de louange en leur honneur, et sacrifier à chacun les prémices des biens qu'ils nous donnent, et si le laboureur offre les prémices de ses fruits, offrons-leur de bonnes pensées, et remercions-les de ce qu'ils nous ont donné le pouvoir de les contempler [3]. » Ailleurs Porphyre s'exprime encore d'une manière plus formelle. « C'est avec raison que le philosophe, qui est en même temps le *prêtre du Dieu suprême*, s'abstient dans ses aliments de tout ce qui a été animé...... Le vrai philosophe qui est délivré de l'esclavage des choses extérieures n'importunera pas les démons, et ne recourra ni aux oracles ni aux entrailles des animaux [4]. Il ne cherche qu'à se détacher des choses qui font recourir aux devins ; ce qu'il souhaite de savoir, ni aucun devin, ni les entrailles des animaux ne pourraient le lui découvrir. Il se recueillera en lui-même ; c'est là que Dieu réside. » Le disciple de Plo-

---

[1] Ibid., ɪɪ, 34. Διὰ δὲ σιγῆς καθαρᾶς καὶ τῶν περὶ αὐτοῦ καθαρῶν ἐννοιῶν θρησκεύομεν αὐτόν.

[2] Ibid., ɪɪ, 34. Δεῖ ἄρα συναφθέντας, καὶ ὁμοιωθέντας αὐτῷ, τὴν αὐτῶν ἀναγωγὴν, θυσίαν ἱερὰν, προσαγαγεῖν τῷ Θεῷ.

[3] *De Abstinent.*, ɪɪ, 34.

[4] Ibid., ɪɪ, 54. Περὶ ὧν δὲ ζητεῖ, μάντις μὲν οὐδεὶς, οὐδὲ σπλάγχνα ζώων μηνύσει τὸ σαφὲς· αὐτὸς δὲ δι' ἑαυτοῦ προσιὼν τῷ Θεῷ, ὃς ἐν τοῖς ἀληθινοῖς αὐτοῦ σπλάγχνοις ἵδρυται.

tin ne se montre-t-il pas tout entier dans ces belles paroles? Mais si on veut voir combien le mysticisme de Porphyre, si ardent d'ailleurs, est dégagé des superstitions et des formes du culte populaire, il faut lire la lettre à Marcella. Qu'on nous permette encore de détacher une page de ce beau livre de morale antique, et de la mettre tout entière sous les yeux du lecteur. « Le meilleur culte que tu puisses rendre à Dieu, c'est de former ton âme à sa ressemblance. On n'atteint à cette ressemblance que par la vertu; car seule la vertu élève l'âme vers la patrie d'où elle est issue. Il n'est rien de grand après Dieu que la vertu; mais Dieu est plus grand que la vertu. Ce ne sont pas les discours du sage qui ont du prix auprès de Dieu, mais ses œuvres[1]: car le sage, même sans parler, honore Dieu, tandis que la foule ignorante, même en priant et en sacrifiant, outrage la divinité. Ainsi le sage seul est prêtre, seul il est religieux, seul il sait prier [2]. Celui qui pratique la sagesse pratique la science de Dieu; sans être toujours en prières et en sacrifices, il montre sa piété par ses œuvres. Car on ne se rend pas agréable à Dieu en se réglant sur les préjugés des hommes et sur les vaines déclamations des sophistes; c'est l'homme lui-même, par ses propres œuvres, qui se rend agréable à Dieu, qui se divinise en conformant son âme à l'Être qui jouit d'une

---

[1] *Epist. ad Marcellum*, 16. Καὶ τιμήσεις μὲν ἄριστα τὸν θεὸν ὅταν τῷ θεῷ τὴν σαυτῆς διάνοιαν ὁμοιώσεις. Ἡ δὲ ὁμοίωσις ἔςαι διὰ μόνης ἀρετῆς· μόνη γὰρ ἀρετὴ τὴν ψυχὴν ἄνω ἕλκει, καὶ πρὸς τὸ συγγενές. Καὶ μέγα οὐδὲν ἄλλο μετὰ θεὸν, ἢ ἀρετή.

[2] Ibid., 16. Μόνος οὖν ἱερεὺς ὁ σοφός, μόνος θεοφιλής, μόνος εἰδὼς εὔξασθαι.

incorruptible béatitude [1]. C'est, dis-je, par ses propres œuvres qu'il est pieux et aussi qu'il est impie. Dieu ne lui envoie pas le mal (la Divinité ne fait que le bien); c'est lui-même qui cause ses maux par ses fausses croyances sur Dieu. L'impie n'est pas tant celui qui n'honore pas les statues des Dieux que celui qui mêle à l'idée de Dieu toutes les superstitions du vulgaire [2]. Pour toi, persuade-toi qu'on ne peut se faire une idée assez élevée de Dieu, de sa béatitude et de son incorruptibilité. Le plus grand fruit de la piété, c'est d'honorer la Divinité et notre patrie céleste; non que Dieu ait besoin de notre culte, mais sa sainte et bienheureuse majesté nous invite à lui offrir nos hommages. Il ne peut être nuisible de sacrifier sur les autels; il ne peut être utile de s'en abstenir. Mais celui qui honore Dieu, dans la pensée qu'il a besoin de nos hommages, déclare, sans le savoir, qu'il est supérieur à Dieu [3]. Ce qui nous fait tort, c'est d'ignorer les Dieux, non d'irriter leur colère : car la colère est étrangère à leur nature; elle est le fait de l'irréflexion : or, il n'y a rien d'irréfléchi en Dieu. N'altère donc pas la notion de la divinité par ces préjugés de l'homme : tu ne blesserais pas par là l'Être qui jouit d'une éternelle béatitude, dont la nature incorruptible repousse tout outrage : ce ne sont pas certains rites, certaines croyances qui donnent du mérite à notre culte. Ni les larmes ni les supplications

---

[1] Ibid., 17. Καὶ ὁ σοφίαν ἀσκῶν, ἐπιστήμην ἀσκεῖ τὴν περὶ θεοῦ.

[2] Ibid., 17.

[3] Ibid., 18.

n'émeuvent Dieu ; les victimes ne leur sont point un honneur, ni la multitude des offrandes un ornement : mais l'âme bien réglée et pleine de l'esprit divin entre en union avec Dieu [1] ; car le semblable s'unit nécessairement au semblable. Quant aux victimes de la foule insensée, ce sont des aliments pour la flamme, et ses offrandes une proie pour les sacriléges. Mais toi, comme je te l'ai dit, fais de ton propre cœur le temple de Dieu [2]. » De telles pensées ne sentent guère la superstition.

Porphyre condamne formellement la magie, en ne lui attribuant qu'une influence purement naturelle et toujours malfaisante. « Toute la magie n'est qu'un effet des opérations des mauvais Génies [3]...... Un homme prudent et sage se gardera donc bien de faire de ces sacrifices qui les attireraient. Il s'empressera de purifier son âme de toutes manières. Car les puissances de ce genre n'ont aucune action sur une âme pure [4]. » Mais c'est surtout dans sa lettre sur les mystères que Porphyre révèle le caractère sévère et exclusivement rationnel du mysticisme alexandrin. Dans ce petit traité, il exprime des doutes sur tous les points : pratiques théurgiques, invocations, évocations, enchantements, prières, sacrifices, intervention des démons; distinction des Dieux et des démons, divination, il met tout en question. En supposant qu'il y ait des

---

[1] Ibid., 19. Καὶ οὐχ ὅτι τινὰ ποιοῦντες ἢ δοξάζοντες περὶ θεοῦ καλῶς τοῦτον σίδομεν.

[2] Ibid., 19. Σοὶ δὲ, νεὼς μὲν ἔςω τοῦ θεοῦ ὁ ἐν σοὶ νοῦς.

[3] Porphy., *De Abst.*, II, 41. Διὰ μέντοι τῶν ἐναντίων καὶ ἡ πᾶσα γοητεία ἐκτελεῖται.

[4] Ibid., II, 43. Καθαρᾷ γὰρ ψυχῇ οὐκ ἐπιτίθενται.

Dieux, comment les distinguer soit entre eux, soit des démons ? Comment la théurgie peut-elle invoquer des Dieux célestes et des Dieux terrestres, puisque tous les Dieux habitent le ciel [1] ? Est-il possible que les Dieux occupent un lieu déterminé, étant indivisibles, incompréhensibles et ayant une puissance d'expansion infinie ? Est-il possible de les fléchir, eux dont la nature est impassible [2] ? Et si les Dieux se distinguent des démons par l'absence d'un corps, dès lors le soleil et les astres ne seront plus des Dieux [3] ? Comment distinguera-t-on les démons des héros et des âmes proprement dites ? Comment, d'un autre côté, concilier l'impassible enthousiasme du vrai théosophe avec les fureurs du prêtre de Bacchus, avec les ardeurs lascives du prêtre de Cybèle [4] ? Porphyre montre d'ailleurs peu de confiance dans la vertu prétendue des images. Enfin qu'est-ce que la divination ? Est-ce l'œuvre des Dieux ou des démons ? La tradition nous la représente comme ayant lieu de mille manières. Quelle est la part de l'âme dans la divination ? Y est-elle active ou passive ? L'art de la divination produit-il réellement dans l'âme la faculté de connaître l'avenir, ou bien ne fait-il que l'y provoquer [5] ? Si la vertu divinatoire est une passion de la sensibilité, on comprend l'efficacité des pratiques

---

[1] *Lettre de Porphyre sur les mystères.* Διὰ τί ἐν οὐρανῷ κατοικούντων τῶν Θεῶν μόνον, χθονίων καὶ ὑποχθονίων εἰσὶ παρὰ θεουργικοῖς κλήσεις.

[2] Ibid. Ἀλλὰ καὶ αἱ κλήσεις ὡς πρὸς ἐμπαθεῖς Θεοὺς γίγνονται.

[3] Ibid.

[4] Ibid. Πῶς ἐμπαθεῖς οἱ θεόσοφοι παρίστασι (οἷς διὰ τοῦτο φασὶ φαλλοὺς ἱστάναι, καὶ ποιεῖσθαι αἰσχρορρημοσύνας);

[5] Ibid. Ὡς ἡ ψυχὴ ταῦτα λέγει τε καὶ φαντάζεται, καὶ ἐπὶ ταύτης πάθη ἐκ μικρῶν αἰθυγμάτων ἐγειρόμενα.

matérielles ; mais si elle est un acte pur de l'intelligence, quel peut être l'effet d'un art qui s'adresse aux sens [1] ? D'ailleurs comment supposer que les Dieux si augustes et si élevés au-dessus de ce monde puissent obéir aux injonctions d'un prêtre et se prêter aux artifices d'une science tout humaine [2] ? Comment supposer qu'ils se laissent intimider par des menaces ? Enfin n'y a-t-il pas d'autres moyens de connaître l'avenir que la théurgie, et quand il n'y en aurait pas d'autres, la théurgie nous découvre-t-elle la vraie félicité ? Tels sont les doutes que Porphyre expose dans sa lettre, en laissant clairement percer la répugnance qu'il éprouve à croire à toutes ces choses. Rien de plus philosophique que les réflexions par lesquelles il termine. « Je demande si quelque autre voie du bonheur ne nous a point échappé, indépendamment de la théurgie. Je doute qu'il faille regarder aux opinions des hommes, en ce qui concerne l'art divinatoire et la théurgie, et que cette science soit autre chose que des imaginations étranges à propos du moindre accident. Mais il est possible que ceux qui possèdent cet art divin et provoquent l'avenir, n'en soient pas plus heureux. Je veux donc que vous me montriez le chemin du bonheur et en quoi il consiste essentiellement. Car nous autres Grecs, nous avons beaucoup agité cette question, comme si le bien pouvait être conjecturé par des raisonnements humains. Quant à ceux qui se sont créé par les opérations théurgiques un commerce avec les Dieux, s'ils négligent cette partie de leur recherche, c'est en

---

[1] Ibid. Καίπερ μηδεὶς Θεὸς, ἢ δαίμων ὑπ' αὐτῶν καθέλκεται.

[2] Ibid. Πάνυ δέ με θράττει, πῶς ὡς κρείττους παρακαλούμενοι ἐπιτάττονται ὡς χείρους.

vain que leur science s'exerce sur l'acquisition d'un terrain, sur un mariage ou sur un négoce, et qu'ils troublent de leurs prières l'intelligence divine. S'ils poursuivent au contraire le bonheur, et que, tout en arrivant à la certitude sur tout le reste, ils n'atteignent rien de sûr ni de prochain à cet égard, c'est en vain qu'ils seront occupés de méditations difficiles et inutiles aux hommes, ils n'auront eu affaire ni à des Dieux, ni même à des démons bienfaisants, mais seulement à ce qu'on appelle le démon du mensonge ; et tout ce prétendu commerce avec les Dieux se réduit à une invention des hommes et à la fiction d'une nature mortelle [1]. »

Mais si Porphyre hésite à embrasser toutes les superstitions du Polythéisme, il se montre apôtre dévoué de la civilisation hellénique, et poursuit de sa critique acérée la religion nouvelle. Cette ardente polémique dont malheureusement toutes les traces ont disparu, annonce moins un philosophe réfutant une doctrine qui répugne à sa raison, qu'un défenseur de la vieille société. S'il protège, s'il défend le Polythéisme, ce n'est pas qu'il ait une foi aveugle dans ses traditions. Plein de respect pour les mythes, il les interprète avec la plus grande liberté. Ce fut Porphyre qui engaga la philosophie alexandrine dans une lutte mortelle contre le Christianisme. Plotin, dans sa réfutation des Gnostiques, avait en vue les doctrines orientales plutôt que la religion nouvelle. Porphyre attaque directement le Christianisme. Il s'en prend surtout à la tradition judaïque et relève avec une exactitude impitoyable les invraisemblances et les contradictions des livres

---

[1] Ibid., 17.

saints [1]. Il consacrait dans son grand ouvrage de polémique un livre entier à l'examen des prophéties de Daniel [2]. L'Ancien Testament était le sujet de prédilection de la critique de Porphyre; Syrien de naissance, il savait l'hébreu et était très versé dans les doctrines judaïques et chaldéennes. D'ailleurs la doctrine du Christ était à ses yeux une nouveauté qui n'avait de valeur et d'autorité que par les origines auxquelles elle se rattachait. C'était donc à ces origines que toute polémique sérieuse devait remonter.

Jusqu'ici on a vu des philosophes interprétant librement les mythes, sans y plier leur système philosophique. Plotin et Porphyre sont disposés à croire qu'il y a un fond de vérité sous tous ces symboles, mais ils ne professent point une foi absolue, inébranlable, à la mythologie du Polythéisme. Il leur arrive quelquefois de juger sévèrement certains mythes, et partout ils subordonnent la religion à la science, dans leurs essais de conciliation. Ils interprètent plutôt en esprits élevés et religieux qu'en véritables croyants. Après Porphyre, la philosophie embrasse sans réserve le Polythéisme; elle ne montre plus seulement du respect et du goût pour les antiques croyances : elle affecte la foi. Elle avait été jusqu'ici simplement religieuse; maintenant elle se fait religion. Les Alexandrins vont croire désormais à l'existence positive des Dieux et des démons, et à la vertu des pratiques. On les verra sacrifier dans les temples, évoquer par des paroles sacrées les puissances invisibles, provoquer les oracles, chercher dans les

[1] Le traité de Porphyre contre les chrétiens comprenait 15 livres. Voy. Arnobe, Lactance, Eusèbe, saint Jérôme.

[2] Voy. saint Jérôme, *Comment. sur Daniel.*

entrailles des victimes les signes de la volonté des Dieux. Jamblique et surtout Maxime et Chrysanthe sont moins des philosophes pénétrés des idées de l'école d'Alexandrie que des prêtres convaincus avant tout de la vérité des mythes et des mystères, et de l'efficacité des pratiques.

Maintenant, comment et dans quelle mesure la philosophie adopta-t-elle la mythologie et le culte du Polythéisme? Qu'en crut-elle pouvoir prendre et assimiler à ses propres doctrines? Qu'en crut-elle devoir rejeter comme pure superstition? C'est ce qu'il importe de déterminer d'une manière précise. Plotin et Porphyre aimaient à faire ressortir sur les points essentiels l'identité de la religion et de la philosophie; mais ils n'érigeaient point en principe cette identité. Quant aux pratiques du culte, quant aux opérations théurgiques ou magiques, ils s'en souciaient assez peu, ne trouvant pas de meilleure voie que la science et la contemplation pour conduire au bonheur et à Dieu. Leurs successeurs dévient sensiblement de cette direction. Ce mysticisme spéculatif ne leur suffit plus; il leur faut déployer toute la pompe des sacrifices et toutes les ressources de la théurgie. Il leur faut, d'une autre part, confondre dans une foi commune le mythe et la science. Deux livres méritent particulièrement notre attention, comme témoignages décisifs de cette double tendance, le traité *de Diis et Mundo* et le traité *de Mysteriis*.

Le traité *de Diis*, qu'il soit l'œuvre de Salluste, l'ami de Julien, ou de tout autre contemporain, est un monument très curieux; c'est le premier livre où l'école d'Alexandrie ait exposé complétement une véritable philosophie des mythes. L'auteur y débute par une définition du mythe. Les mythes sont comme les oracles des Dieux ; ils cachent et révèlent tout à la fois la vérité. Ainsi le monde est un grand mythe, en tant qu'il renferme l'invisible et l'immatériel sous le visible et le corporel. Selon Sallusté, le mythe est la véritable expression des Dieux. Il ne dit pas de Dieu, faisant entendre par cette réserve que la véritable expression de Dieu, du Dieu suprême, n'appartient qu'à la philosophie. Déjà Porphyre avait dit que le philosophe s'occupe de Dieu et le prêtre des Dieux. Salluste montre d'une manière ingénieuse l'origine, la nature, l'utilité des mythes. Puisque tout ce qui est aime les semblables et repousse les contraires, il fallait qu'en parlant des Dieux on se servît d'un langage analogue à leur nature et digne de leur majesté [1]. Or les mythes imitent la bonté des Dieux, en ce qu'elle a d'exprimable et d'inexprimable, de clair et d'obscur, de perceptible et de mystérieux [2]. Ils imitent aussi les opérations des Dieux ; car on peut appeler mythe ce monde dans lequel les corps et les choses sensibles se manifestent extérieurement, tandis que les âmes et les intelligences qui l'habitent restent invisibles. En outre, vouloir enseigner à tous la vérité sur les Dieux d'une manière didactique, c'est provoquer le mépris de ceux qui ne peuvent comprendre et la paresse de ceux qui montrent du zèle pour cette

---

[1] *De Diis et mundo*, 3, éd. Orelli.

[2] Ibid., 3. Αὐτοὺς μὲν οὖν τοὺς Θεοὺς κατά τε τὸ ῥητὸν τε καὶ ἄρρητον, ἀφανὲς τε καὶ φανερὸν, σοφὸν τε καὶ κρυπτόμενον οἱ Μῦθοι μιμοῦνται τὴν τῶν Θεῶν ἀγαθότητα.

recherche [1]. L'enseignement voilé des mythes prévient le dédain des uns et force les autres à philosopher. Mais pourquoi les mythes parlent-ils d'adultères, de vols, de violences exercées sur des pères qu'on enchaîne (Saturne et Uranus), et d'autres forfaits absurdes, attribués aux Dieux? L'étonnement que fait naître l'absurdité de pareils récits engage à penser que ce ne sont que des symboles sous lesquels se cache une ineffable vérité [2].

Après avoir montré la nature et l'utilité des mythes, Salluste en fait l'énumération. Il y a diverses sortes de mythes ; les uns sont théologiques, les autres physiques, d'autres psychiques, d'autres purement matériels, et d'autres enfin mixtes. Le mythe théologique ne fait aucun usage des choses corporelles, et ne traite que de l'essence même des Dieux [3]. Ainsi le mythe de Saturne dévorant ses enfants indique l'Intelligence, dont l'essence est de rentrer sans cesse en elle-même. Le mythe physique traite des opérations des Dieux dans le monde ; c'est ainsi qu'on appelle le temps, Saturne, et les parties du temps qui rentrent

---

[1] Ibid., 3. Πρὸς δὲ τούτοις τὸ μὲν πάντας τὴν περὶ Θεῶν ἀλήθειαν διδάσκειν ἐθέλειν, τοῖς μὲν ανοήτοις, διὰ τὸ μὴ δύνασθαι μανθάνειν, καταφρόνησιν, τοῖς δὲ σπουδαίοις ῥαθυμίαν ἐμποιεῖ· τὸ δὲ διὰ Μύθων τ' ἀληθὲς ἐπικρύπτειν, τοὺς μὲν καταφρονεῖν οὐκ ἐᾷ, τοὺς δὲ φιλοσοφεῖν ἀναγκάζει.

[2] Ibid., 3. Ἦ καὶ τοῦτο ἄξιον θαύματος, ἵνα διὰ τῆς φαινομένης ἀτοπίας εὐθὺς ἡ ψυχὴ τοὺς μὲν λόγους ἡγήσηται προκαλύμματα, διὸ δὲ ἀληθὲς ἀπόρρητον εἶναι νομίσῃ. Origène exprime la même pensée dans ses commentaires des livres saints.

[3] Ibid., 4. Εἰσὶ δὲ θεολογικοὶ, μὲν οἱ μηδενὶ σώματι χρώμενοι, ἀλλὰ τὰς οὐσίας αὐτὰς τῶν Θεῶν θεωροῦντες· οἷον αἱ τοῦ Κρόνου καταπόσεις τῶν παίδων.

dans l'éternité, les enfants de Saturne dévorés par leur père [1]. Le mythe psychique parle des opérations de l'âme, par exemple de ses pensées, en tant qu'elles restent dans leur sujet, tout en agissant sur des objets inférieurs [2]. Le mythe matériel est celui dont se servaient les Égyptiens, appelant Dieu des choses sensibles ; ainsi la terre est Isis ; le germe humide, Osiris ; le feu, Typhon ; l'eau, Neptune ; les productions de la terre, Adonis ; le vin, Bacchus [3]. Le mythe mixte est celui qui en comprend d'autres : par exemple, dans le festin des Dieux, la Discorde jette la pomme d'or, et fait naître une dispute entre les Déesses ; alors Jupiter les envoie vers Pâris, qui adjuge la pomme à Vénus [4]. Salluste interprète ce dernier mythe d'une manière fort ingénieuse. Le festin indique la réunion des diverses puissances divines dans un même centre ; la pomme d'or figure le monde, séjour de la lutte et de la discorde ; Pâris, c'est l'âme vivant selon les sens et ne distinguant que la beauté parmi les divines puissances. Les mythes théologiques conviennent aux philosophes ; les psychiques et les physiques aux poëtes ; les mixtes aux prêtres et au culte. « Car, dit Salluste, toute pra-

---

[1] Ibid., 4. Φυσικῶς δὲ τοὺς Μύθους ἐςὶ θεωρεῖν, ὅταν τὰς περὶ τὸν κόσμον ἐνεργείας λέγῃ τίς τῶν Θεῶν · ὥσπερ ἤδη τινὲς χρόνον μὲν τὸν Κρόνον ἐνόμισαν.

[2] Ibid., 4. Ὁ δὲ ψυχικὸς τρόπος ἐςὶν, αὐτῆς τῆς ψυχῆς τὰς ἐνεργείας σκοπεῖν, ὅτι καὶ τῶν ψυχῶν αἱ νοήσεις, κἄν εἰς τοὺς ἄλλους προέλθωσιν, ἀλλ' οὖν ἐν τοῖς γεννήσασι μένουσιν.

[3] Ibid., 4. Ὑλικὸς δὲ ἐςι, καὶ ἔσχατος, ᾧ μάλιςα οἱ Αἰγύπτιοι δι' ἀπαιδευσίαν ἐχρήσαντο, αὐτὰ τὰ σώματα θεοὺς νομίσαντες, καὶ καλέσαντες · καὶ Ἴσιν μὲν τὴν γῆν, Ὄσιριν δὲ τὸ ὑγρόν.

[4] Ibid., 4. Τὸ δὲ μικτὸν εἶδος τῶν Μύθων ἐν πολλοῖς μὲν καὶ ἄλλοις ἐςὶν ἰδεῖν.

tique tend à nous rattacher à la fois au monde et aux Dieux [1]. »

Dans sa théorie des Dieux, Salluste n'oublie point les principes de la philosophie alexandrine. En tête des Dieux et à part, il pose le premier Dieu, le Bien [2]. Celui-là seul est Dieu ; toute autre puissance supranaturelle est un Dieu, mais n'est pas Dieu. Viennent ensuite trois ordres de Dieux hypercosmiques : le premier est principe d'essence ; le second, d'intelligence ; le troisième, de vie. Ces Dieux-là ne sortent pas du monde intelligible et n'ont aucun rapport avec le monde sensible. Salluste ne leur donne pas de noms. Viennent enfin quatre ordres de Dieux cosmiques : les uns créant le monde (lui donnent l'être) ; d'autres l'animent ; d'autres l'ordonnent ; d'autres enfin le conservent.

Dieux créateurs : Jupiter, Neptune, Vulcain.
Dieux animateurs : Cérès, Junon, Diane.
Dieux organisateurs : Apollon, Vénus, Mercure.
Dieux conservateurs : Vesta, Pallas, Mars [3].

Certains Dieux rentrent dans ceux que nous venons de citer. Ainsi, Bacchus rentre dans Jupiter. Esculape dans Apollon. les Grâces dans Vénus.

Les insignes et les attributs de chaque Dieu sont le

[1] Ibid., 4. Ἐπειδὴ καὶ πᾶσα τελετὴ πρὸς τὸν Κόσμον ἡμᾶς καὶ πρὸς τοὺς Θεοὺς συνάπτειν ἐθέλει.

[2] Ibid., 5. Παντὸς γὰρ πλήθους ἡγεῖται μονάς, δυνάμει τε καὶ ἀγαθότητι πάντα νικᾷ · καὶ διὰ τοῦτο πάντα μετέχειν ἐκείνης ἀνάγκη.

[3] Ibid., 6. Οἱ μὲν οὖν ποιοῦντες τὸν κόσμον, Ζεὺς καὶ Ποσειδῶν ἐστι, καὶ Ἥφαιστος, οἱ δὲ ψυχοῦντες Δήμητηρ καὶ Ἥρα, καὶ Ἄρτεμις · οἱ δὲ ἁρμόζοντες Ἀπόλλων, καὶ Ἀφροδίτη καὶ Ἑρμῆς · οἱ δὲ φρουροῦντες, Ἑστία, καὶ Ἀθηνᾶ, καὶ Ἄρης.

symbole de sa fonction. La lyre d'Apollon exprime le rôle d'organisateur. C'est parce que Vénus est la beauté qu'elle est de l'ordre des puissances divines qui forment le monde ; et comme l'essence même de la beauté est de se manifester et de se produire, on représente toujours Vénus à l'état de nudité [1].

Salluste passe ensuite aux démons : le mal ne vient pas des Dieux ; il ne peut venir non plus des démons qui tirent toute leur puissance des Dieux, dont ils ne sont que les organes et les ministres. La fonction des démons est subalterne ; ils purgent les âmes de leurs mauvaises passions, et les tourmentent par ordre des Dieux pour leur salut et en expiation de leurs fautes [2]. Les moyens que l'art, la science et le culte emploient pour concilier aux hommes la faveur des Dieux et des démons n'agissent en aucune façon sur ces êtres surnaturels : c'est l'âme humaine seule qui en ressent les effets salutaires ; ces moyens la rendent capable de recevoir l'action des Dieux et des démons, laquelle possède une vertu expiatoire et purifiante.

On peut voir par cette courte analyse combien la philosophie des mythes a fait de progrès de Plotin à Salluste. Plotin s'était borné à expliquer un certain nombre de mythes, sans ordre et sans autre dessein que de citer la tradition religieuse à l'appui de ses propres doctrines. Ici nous trouvons un système d'interprétations qui embrasse à peu près toute la my-

---

[1] Ibid., 6.
[2] Ibid., 12. Καὶ γὰρ Τέχναι, καὶ Επιςῆμαι καὶ Αρεταί, Ευχαί τε, καὶ Θυσίαι, καὶ Τελεταί, Νόμοι τε καὶ Πολιτεῖαι, Δίκαι τε καὶ Κολάσεις, διὰ τὸ κωλύειν ψυχὰς ἁμαρτάνειν ἐγένοντο · καὶ τοῦ σώματος ἐξελθούσας Θεοὶ καθάρσιοι καὶ Δαίμονες τῶν ἁμαρτημάτων καθαίρουσι.

thologie. L'identité du mythe et de la science est posée en principe ; ce ne sont pas deux pensées différentes, mais seulement deux formes diverses d'une même pensée, l'une s'adressant à l'imagination, et l'autre à l'intelligence. Chaque ordre de Dieux correspond à un ordre d'essences ou de puissances surnaturelles reconnues par l'idéalisme alexandrin ; l'Olympe de la mythologie est devenu le symbole populaire du monde intelligible, tel que l'a conçu le Néoplatonisme.

Le traité de *Mysteriis* est un monument plus curieux encore ; on y trouve toute la pensée des Alexandrins du temps de Jamblique, sur la vertu des pratiques du culte et des opérations théurgiques. Ce livre est une réponse aux doutes exprimés par Porphyre ; l'auteur y reprend et y résout successivement toutes les difficultés que le disciple de Plotin s'était plu à soulever. La croyance aux Dieux est posée dès le début comme le principe de toutes les doctrines ultérieurement développées ; rien n'est plus simple que cette croyance. Ce n'est ni une hypothèse gratuite, ni le fruit d'une démonstration ; c'est un sentiment intime, inné, inséparable de l'objet divin. Il ne dépend pas de nous de croire ou de ne pas croire aux Dieux ; nous y croyons parce que nous les possédons. Et cela est vrai des démons, des héros et des âmes, comme des Dieux [1].

Il faut distinguer divers ordres de principes dans le

---

[1] *De Myst.*, sect. 1, 3, éd. Thom. Gale. Συνυπάρχει γὰρ ἡμῶν αὐτῇ τῇ οὐσίᾳ ἡ περὶ θεῶν ἔμφυτος γνῶσις, κρίσεώς τε πάσης ἐπὶ κρείττων καὶ προαιρέσεως, λόγου τε καὶ ἀποδείξεως προϋπάρχει · συνήνωταί τε ἐξ ἀρχῆς πρὸς τὴν οἰκείαν αἰτίαν, καὶ τῇ πρὸς τ' ἀγαθὸν οὐσιώδει τῆς ψυχῆς ἐφέσει συνυφίστηκεν.

monde qui est au-dessus de nous, des puissances supérieures et des puissances inférieures, des Dieux et des démons : cette distinction est la base de toute théologie [1]. Après les démons viennent les héros, puis les âmes ; au sommet du monde surnaturel, les Dieux ; au plus bas degré, les âmes ; entre les deux, les démons et les héros ; tel est l'ordre des puissances du ciel. Chaque puissance intermédiaire participe particulièrement de celle qui l'avoisine ; les démons tiennent plus des Dieux, et les héros des âmes [2]. Mais comment distingue-t-on les Dieux des démons et ceux-ci des héros? Par l'essence d'abord, et ensuite par la faculté et l'opération qui en est l'acte [3]. Les Dieux ont tous les attributs des essences purement intelligibles, l'unité, la simplicité, l'immobilité, l'éternité ; les démons ont les propriétés des essences intermédiaires, la pluralité, le mouvement, le temps [4]. Il faut se garder de distinguer les Dieux des démons par l'absence d'un corps ; le corps ne fait l'essence ni des uns ni des autres. Les Dieux ont des corps ; autrement on ne concevrait point comment ils agissent sur le monde. Or supprimer l'action des Dieux sur les êtres d'ici-bas, c'est anéantir toute théurgie et toute religion [5] ; mais l'essence des Dieux reste pure et indé-

---

[1] Ibid., 4.

[2] Ibid., sect. 1, 7. Τὸ μὲν ἐςιν ἄκρον καὶ ὑπερέχον καὶ ἐντελὲς· τὸ δὲ τελευταῖον καὶ ἀπολειπόμενον καὶ ἀτελέςερον. Ceci s'applique à la distinction des Dieux et des Démons.

[3] Ibid., sect. 1, 4. Ἔδει μὲν γὰρ κατ᾿ οὐσίαν πρῶτον, ἔπειτα κατὰ δυνάμιν, εἶθ᾿ οὕτω κατ᾿ ἐνέργειαν πυνθάνεσθαι, τίνα αὐτῶν ὑπάρχει τὰ ἰδιώματα.

[4] Ibid., sect. 1, 6.

[5] Ibid., sect. 1, 8. Ὅλως δὲ τῆς ἱερᾶς ἁγιςείας καὶ τῆς θεουργικῆς

pendante des corps qu'ils habitent. Les Dieux sont partout ; leur nature est de tout contenir, sans être eux-mêmes contenus par rien [1]. Dire qu'ils pénètrent tout, sans se diviser, comme la lumière, c'est exprimer d'une manière grossière la présence et l'action des Dieux. Au vrai, il n'y a point de Dieux éthériens, aériens, terrestres, aquatiques : seulement les différents milieux les reçoivent chacun selon sa nature et ses propriétés [2]. C'est ce qui explique les distinctions en usage dans les sacrifices et les invocations.

Ce serait une erreur également d'attribuer l'impassibilité aux Dieux seulement ; tous les êtres supérieurs au monde sensible, les derniers comme les premiers, les âmes comme les Dieux, sont impassibles, par la raison que ce n'est ni le corps, ni le lieu, ni aucun accident physique qui fait leur essence [3]. Mais, dira-t-on, si les Dieux et autres puissances du ciel sont impassibles, comment entendent-ils nos prières, et se rendent-ils à nos invocations? Les Dieux ne descendent point vers l'âme qui les prie et les invoque ; c'est l'âme qui s'élève à eux [4]. Les pratiques de la théurgie agissent sur l'âme et non sur le Dieu. Non seulement

κοινωνίας θεῶν πρὸς ἀνθρώπους· ἀναίρεσίς ἐστιν αὕτη ἡ δόξα, τὴν τῶν κρειττόνων παρουσίαν ἔξω τῆς γῆς ἐξορίζουσα.

[1] Ibid., sect. I, 8. Ἀλλ' οἱ μὲν κρείττονες ἐν αὐτῷ ὡς ὑπὸ μηδενὸς περιέχονται, καὶ περιέχουσι πάντα ἐν αὐτοῖς.

[2] Ibid., sect. I, 9. Ἀλλ' οἶμαι τὰ μετέχοντά ἐστιν ἕκαστα τοιαῦτα, ὡς τὰ μὲν αἰθερίως, τὰ δὲ ἀερίως, τὰ δὲ ἐνυδρίως αὐτῶν μετέχειν.

[3] Ibid., sect. I, 10. Ὁπότε δὴ οὖν ἐπὶ τοῦ ἐσχάτου γένους τῶν κρειττόνων, ὥσπερ τῆς ψυχῆς, ἀδύνατον ἐπεδείξαμεν τὴν μετουσίαν τοῦ πάσχειν, τί χρὴ δαίμοσι καὶ ἥρωσιν αὐτὴν προσάπτειν.

[4] Ibid., sect. I, 12.

les Dieux ne changent point de place, mais ils ne changent pas de sentiment à l'égard de ceux qui les prient : impassibles qu'ils sont, ils ne ressentent ni colère, ni amour, ni joie, ni tristesse [1]. C'est l'âme seule qui se modifie sous leur puissante influence : leur colère signifie seulement que l'âme s'éloigne d'eux ; quand elle s'en rapproche, on dit qu'ils s'apaisent et se laissent fléchir. La prière n'est qu'un moyen de se rendre semblable aux Dieux ; ils sont présents par essence à tout ce qui leur ressemble. Rien n'est donc plus simple que la communication des Dieux avec l'âme humaine ; c'est la partie intelligible de cette âme qui s'unit à la nature intelligible des Dieux [2]. Quant à l'union des Dieux intelligibles et des Dieux sensibles, elle n'a pas d'autre principe ; c'est toujours par l'identité de nature qu'elle s'établit. Les premiers communiquent intelligiblement avec les Dieux sensibles, c'est-à-dire avec la partie intelligible seulement de ces Dieux [3]. L'union s'opère par la vertu de l'Unité suprême, qui embrasse tout et relie les puissances sensibles aux essences intelligibles [4].

L'auteur du livre des Mystères entre ensuite dans les détails de la science théurgique. Il déter-

---

[1] Ibid., sect. ι, 13. Αὕτη τοίνυν οὐχ ὡς δοκεῖ τισι παλαιά τις ἐςὶ τε ἔμμονος ὀργή, ἀλλὰ τῆς ἀγαθοεργοῦ κηδεμονίας περὶ θεῶν ἀποςτροφή.

[2] Ibid., sect. ι, 15. Τὸ γὰρ θεῖον ἐν ἡμῖν καὶ νοητὸν καὶ ἕν, ἢ εἰ νοητὸν αὐτὸ καλεῖν ἐθέλεις, ἐγείρεται τότε ἐναργῶς ἐν ταῖς εὐχαῖς ἐγειρόμενον δὲ ἐφίεται τοῦ ὁμοίου διαφερόντως, καὶ συνάπτεται πρὸς αὐτοτελειότητα.

[3] Ibid., sect. ι, 19.

[4] Ibid., sect. ι, 19.

mine la nature, la puissance, la fonction de chaque classe d'êtres surnaturels ; il énumère et décrit les signes extérieurs auxquels le véritable théurge reconnaît la présence des agents supérieurs. Les âmes, les héros, les démons diffèrent entre eux d'origine, d'essence, de facultés, d'opérations. Toutes les puissances surnaturelles viennent également des Dieux ; mais, dans cette commune origine, chacune a son origine particulière. Ce sont les puissances génératrices et démiurgiques des Dieux, qui, à leur dernière limite d'expansion, engendrent les démons. Les héros ont pour principe de génération les raisons vitales comprises dans la nature divine [1]. C'est ce qui fait que l'essence des démons est opérative et perfective, tandis que celle des héros est purement vitale et rationnelle ; que la puissance des premiers est génératrice, et la puissance des seconds seulement vivifiante ; enfin, que les opérations des démons embrassent la nature entière, tandis que celles des héros sont circonscrites au gouvernement des âmes [2]. L'âme humaine, inférieure aux uns et aux autres, peut cependant s'élever jusqu'à l'ordre des Anges, par la grâce et l'illumination divine. Quant au mode d'apparition des diverses puissances célestes, il est toujours conforme à leur nature [3]. Les images des Dieux sont absolument simples et immuables ; celles des Archanges et des Anges n'en sont que des imitations plus ou moins fidèles. Les images des démons ne sont que les ombres

---

[1] Ibid., sect. II, 4.
[2] Ibid., sect. II, 1, 2.
[3] Ibid., sect. II, 3. Ἐνὶ μὲν οὖν λόγῳ ταῖς οὐσίαις αὐτῶν καὶ δυνάμισι καὶ ἐνεργείας τὰς ἐπιφανείας ἀφορίζομαι εἶναι ὁμολογουμένας.

des apparitions divines, et changent de proportion, mais non de forme. Les héros imitent les images des Dieux, et les âmes celles des démons. Les Dieux se manifestent par une splendeur supérieure à la lumière ; les Archanges par une pure lumière ; les Anges par une lumière affaiblie ; les démons par un feu pur et agité ; les héros par un feu mixte ; les âmes par un feu impur [1]. Quant aux effets des apparitions surnaturelles, les Dieux produisent la santé du corps, la vertu de l'âme, la pureté de l'intelligence, en un mot, la conversion des facultés de la nature humaine en leurs principes. Les Archanges produisent les mêmes effets à un moindre degré ; les Anges à un degré plus faible encore. Les démons appesantissent le corps, et précipitent l'âme vers la nature et dans les régions du Destin. Les héros poussent aux actions courageuses. Les âmes pures relèvent et purifient l'homme ; les âmes impures le rabaissent aux désirs et aux œuvres de la génération [2]. Les apparitions des puissances célestes éveillent dans l'âme humaine divers sentiments analogues à leur essence. Les Dieux provoquent l'amour et une sainte ivresse ; les Archanges, la contemplation ; les Anges, la raison, la science et la vérité ; les démons, tout ce qui est appétit et désir charnel ; les héros, le courage et la vertu ; les âmes, particulièrement le souci du corps et le désir de la génération [3]. Ici le philosophe se perd dans les détails et les distinctions de la théurgie.

---

[1] Ibid., sect. II, 4.
[2] Ibid., sect. II, 6.
[3] Ibid., sect. II, 9.

Mais il se retrouve dans la théorie de l'art divinatoire : c'est la partie la plus élevée et la plus profonde de toute sa doctrine. L'art divinatoire ne vient ni de la nature ni de l'homme ; il est vraiment divin[1]. Ce n'est point par la magie, mais par la théurgie seulement qu'on parvient à la vraie divination. Cette science ne s'arrête point au côté extérieur et accidentel des choses ; elle en pénètre directement l'essence, sans tâtonner ni vaciller, comme la nautique, la médecine, ou encore la divination ordinaire[2]. C'est bien mieux qu'une divination ; c'est une communication intime, une possession de l'objet divin, un saint transport, une extase[3]. Alors l'homme ne s'élève plus, comme dans les actes humains, par la force qui est en lui : c'est le Dieu qui l'emporte. Les facultés et les opérations de l'âme sont les organes et non les causes de cet acte[4]. La vraie cause est une sorte d'obsession divine qui nous ôte jusqu'au sentiment de nous-mêmes[5]. L'âme ne peut produire d'elle-même ce merveilleux état, quelque vertu qu'on lui suppose, et à quelque degré de perfection qu'elle soit parvenue. Elle ne peut s'unir directement aux Dieux, ni par la science ni par l'exaltation de l'intelligence. Si cela était, tout culte, toute théurgie deviendrait inutile ; la philosophie suffirait pour opérer cette union. La vertu des actes théurgiques dépasse infiniment la portée de

---

[1] Ibid., sect. III, 1. Οὐδ' ὅλως ἀνθρωπικὸν ἔςι τὸ ἔργον, θεῖον δὲ καὶ ὑπερφυές, ἄνωθέν τε ἀπὸ τοῦ οὐρανοῦ καταπεμπόμενον.

[2] Ibid., sect. III, 26.

[3] Ibid., sect. III, 7.

[4] Ibid., sect. III, 7.

[5] Ibid., sect. III, 8.

toute faculté contemplative ; la puissance des symboles ineffables compris des Dieux seulement peut seule unir l'âme avec la nature divine [1]. Il faut se garder de confondre les sublimes opérations de la théurgie avec les artifices vulgaires de la magie. Parce que l'on se sert de mots tels que fureur, ivresse, folie, mélancolie, pour peindre l'état extraordinaire de l'âme, qu'on ne croie point que cet état ressemble en rien aux affections physiques ou morales auxquelles on donne ces noms [2]. La divination, telle que la produit la théurgie, est un état vraiment divin. La magie n'engendre rien qui en approche ; elle n'agit que sur l'imagination, c'est-à-dire sur la partie de l'âme qui est à jamais fermée au commerce avec la divinité ; loin d'y préparer l'âme, elle l'en détourne en l'offusquant par les images des choses sensibles [3] ; elle fascine l'âme ou la berce de songes fantastiques. Mais les songes divins n'ont rien de commun avec ces rêves [4]. Il est un signe auquel la vraie divination peut toujours être reconnue : c'est l'unité d'action. Dans les opérations humaines qui ont pour but l'union ou la génération, il y a concours et distinction des

---

[1] Ibid., sect. III, 14. Οὐδὲ γὰρ ἡ ἔννοια συνάπτει τοῖς Θεοῖς τοὺς θεουργούς· ἐπεὶ τί ἐκώλυε τοὺς θεωρητικῶς φιλοσοφοῦντας ἔχειν τὴν θεουργικὴν ἕνωσιν πρὸς τοὺς Θεούς; νῦν δὲ οὐκ ἔχει τόγε ἀληθὲς οὕτως. Ἀλλ' ἡ τῶν ἔργων τῶν ἀρρήτων ὑπὲρ πᾶσαν νόησιν θεοπρεπῶς ἐνεργουμένων τελεσιουργία, ἥτε τῶν νοουμένων τοῖς Θεοῖς, μόνοις συμβόλων ἀφθέγκτων δύναμις ἐντίθησι τὴν θεουργικὴν ἕνωσιν.

[2] Ibid., sect. III, 25.

[3] Ibid., sect. III, 20, 25.

[4] Ibid., sect. III, 2. Ἄνελε οὖν ἐκ τῶν θείων ὀνείρων ἐν οἷς δὴ καὶ μάλιστα ἐστὶ τὸ μαντικόν, τὸ καθεύδειν ὁπωσοῦν.

agents; dans l'acte théurgique, un seul agit, le Dieu [1].

L'auteur du livre des Mystères rattache fort ingénieusement la divination aux facultés supérieures de l'âme. La divination, bien qu'elle soit un état surnaturel de l'âme, est une conséquence nécessaire de la science, de la contemplation, de l'extase. Par cela seul que l'intelligence contemple les êtres, ou même que l'âme embrasse les raisons de tout ce qui se produit en elle, il y a déjà connaissance de l'avenir. L'âme le connaîtra mieux encore, si elle parvient à réunir à l'Ame universelle la partie d'elle-même qui en a été détachée. Enfin lorsqu'elle s'est unie aux Dieux par un suprême effort, c'est alors qu'elle puise dans ce commerce ineffable une vertu exubérante de pensée d'où découlent les songes divins [2].

L'auteur des Mystères revient encore sur la différence de la théurgie et de la magie. La première veut la suspension de toutes les opérations qui empruntent

---

[1] Ibid., sect. IV, 3. Πολὺ δὴ οὖν κρεῖττον ἐς' τὸ νυνὶ λεγόμενον, τὸ μὴ δι' ἐναντιώσεως ἢ διαφόρητος ἀποτελεῖουσθαι τὰ τῶν θεῶν ἔργα, ὥσπερ δὴ τὰ γινόμενα εἴωθεν ἐνεργεῖσθαι, ταυτότητι δὲ καὶ ἑνώσει καὶ ὁμολογίᾳ, τὸ πᾶν ἔργον ἐν αὐτοῖς κατορθοῦσθαι.

[2] Ibid., sect. III, 3. Ἐπειδὴ οὖν ὁ μὲν νοῦς τὰ ὄντα θεωρεῖ, λόγους δὲ ἡ ψυχὴ τῶν γινομένων ἐν αὐτῇ πάντων περιέχει, εἰκότως δὴ κατὰ τὴν περιέχουσαν αἰτίαν τασσόμενα, ἐν τοῖς προηγουμένοις αὐτῶν λόγοις προγινώσκει τὰ μέλλοντα. Καὶ ταύτης δ' ἔτι τελειοτέραν ποιεῖται μαντείαν, ἡνίκα ἂν τοῖς ὅλοις ἀφ' ὧν ἀπεμερίσθη, συνάπτει τὰς μοίρας τῆς ζωῆς καὶ νοερᾶς ἐνεργείας. — Ibid., sect. III, 3. Οὐ μὴν ἀλλ' ὁπόταν γε καὶ τοῖς θεοῖς ἐιωθῇ κατὰ τὴν τοιαύτην ἀπόλυτον ἐνέργειαν, αὐτὰ τὰ ἀληθέστατα δέχεται τηνικαῦτα πληρώματα τῶν νοήσεων, ἀφ' ὧν ἀληθῆ μαντείαν προβάλλει τῶν θείων ὀνείρων ἐντεῦθεν τὰς γνησιωτάτας ἀρχὰς καταβάλλεται.

le secours des organes; la seconde n'est que l'exaltation des sens et de l'imagination. La magie est sans efficacité en tout ce qui concerne la vraie divination, car elle atteint l'apparence et non l'essence même des choses ; elle est donc étrangère à la science de la vérité. La théurgie, au contraire, pénètre jusqu'aux raisons immuables des choses [1]. L'inspiration divine a des modes et des degrés divers : tantôt c'est une simple apparition de Dieu, tantôt c'est une communication intime ou même une véritable union. Les signes extérieurs de l'inspiration varient également; ou bien c'est une agitation soit totale, soit partielle du corps, ou bien c'est un repos absolu. Tantôt la présence du Dieu s'annonce par des harmonies, des concerts, des chœurs ; tantôt elle n'a d'autre signe que le silence. L'inspiré contracte une insensibilité absolue ; comme la vie animale a fait place en lui à une vie toute divine, les agents naturels, le fer, le feu, l'eau, n'ont plus de prise sur son corps. Ce corps est devenu semblable aux véhicules des Dieux ou des autres puissances surnaturelles; toutes ses fonctions se réduisent à servir d'organe à la vie divine qui a passé dans l'âme de l'inspiré [2].

---

[1] Ibid., sect. III, 26. Ἀτὰρ δὴ καὶ τὴν ἐναντίωσιν τῶν δοξασμάτων παταπλαγείη ἂν εἰκότως, εἰ τῆς ὅλης ὑποθέσεως φαινομένης μόνης παρὰ τοῖς γόησιν, οὔσης δὲ οὐδαμῶς, καὶ παρὰ τοῖς ἐκ πάθους ἢ νοσήματος ὡρμωμένοις, ἀπατηλῶς πάντα διακειμένοις τολμᾶν λέγειν, ὧν ἔνεστι καὶ τὸ ἀληθείας αὐτοὺς τυγχάνειν.

[2] Ibid., sect. III, 4. Πολλοὶ γὰρ καὶ πυρὸς προσφερομένου οὐ καίονται, οὐχ ἁπτομένου τοῦ πυρὸς αὐτῶν, διὰ τὴν θείαν ἐπίπνοιαν· πολλοὶ δὲ καιόμενοι, οὐκ ἀντιλαμβάνονται, διότι οὐ τὴν ζώου ζωὴν ζῶσι τηνικαῦτα.

Mais tout cela n'est que l'extérieur de la théurgie ; l'auteur des mystères pénètre enfin dans le fond de l'opération théurgique, et arrive à l'enthousiasme. « Il ne suffit point de connaître tout ce qui précède ; celui qui n'en saurait pas davantage ne serait point consommé dans la science divine. Il faut savoir, en outre, ce que c'est que l'enthousiasme, et comment il se produit. C'est à tort qu'on le suppose un ravissement de l'esprit sous l'action démonique ; car l'esprit ainsi possédé n'est pas susceptible de ravissement. L'inspiration propre à l'enthousiasme n'est pas l'œuvre des démons, mais des Dieux. D'ailleurs l'enthousiasme n'est pas, à proprement parler, une extase, c'est un retour et une conversion au meilleur, tandis que l'*extase* et le *ravissement* (démonique) ne sont qu'une chute vers le pire. Ne parler que de l'extase, c'est dire ce qui arrive accidentellement aux enthousiastes, mais ce n'est pas indiquer le caractère essentiel de l'enthousiasme : ce caractère, c'est la possession complète des inspirés par le Dieu, possession dont l'extase n'est que la suite. Que l'enthousiasme soit le fait de l'âme ou de quelqu'une de ses puissances, de l'intelligence ou de ses opérations, de la santé ou de la maladie du corps, c'est ce que personne ne pourrait supposer avec raison et avec quelque vraisemblance [1], car le ravissement divin n'est pas une œuvre humaine, et ne se fonde pas sur les facultés et les opérations humaines. Tout cela n'entre dans l'opération que comme sujet et organe au service du Dieu : c'est le Dieu qui

---

[1] Ibid., sect. III, 6. Ψυχῆς μὲν οὖν καὶ τινος τῶν ἐν αὐτῇ δυνάμεων, ἢ νοῦ. Ἢ ἐνεργειῶν, ἢ σωματικῆς ἀσθενείας ἢ ἄνευ ταύτης, οὐκ ἄν τις ὑπολάβοι δικαίως τὸν ἐνθουσιασμὸν εἶναι.

consomme l'œuvre divinatoire tout entier ; seul, sans le contact d'aucune substance, sans le secours d'aucun agent, sans l'intervention ni de l'âme, ni du corps, il opère par lui-même. C'est ainsi que se font les vraies et légitimes divinations ; lorsque l'âme, avant l'inspiration, est préoccupée ou intérieurement agitée, ou confondue avec le corps, et qu'elle trouble ainsi la divine harmonie, le désordre et le mensonge envahissent l'œuvre théurgique, et l'enthousiasme n'est ni vrai, ni divin. »

Mais si la vraie théurgie n'emprunte rien aux sens, comment expliquer la vertu des chants et des sons dans l'art divinatoire ? Pourquoi les cymbales et les tambours des corybantes ? L'auteur des Mystères répond d'abord à cette objection de Porphyre en invoquant les lois de l'harmonie universelle. Si tout conspire, si tout correspond dans l'univers, tout ordre de puissances surnaturelles doit avoir son analogue dans le monde sensible, et par suite doit y retrouver son symbole. De là la vertu des formes et des sons [1]. Mais cette raison générale ne suffirait point à expliquer la vertu extraordinaire des paroles sacrées. Si ces paroles produisent tant d'effet, si elles ont le privilége d'opérer la communication intime de l'âme avec le Dieu (ce que la contemplation la plus exaltée ne peut obtenir), c'est qu'elles sont un écho de la divine harmonie que l'âme avait entendue dans une vie antérieure et toute

---

[1] Ibid., sect. III. 9. Μᾶλλον οὖν ἐκεῖνα λέγομεν ὡς ἦχοί τε καί μέλη καθιέρωνται τοῖς Θεοῖς οἰκείως ἑκάστοις συγγένεια τε αὐτοῖς ἀποδέδοται προσφόρως, κατὰ τὰς οἰκείας ἑκάστων τάξεις καὶ δυνάμεις, καὶ τὰς ἐν αὐτῷ παντὶ κινήσεις, καὶ τὰς ἀπὸ τῶν κινήσεων ῥοιζουμένας ἐναρμονίους φωνάς.

céleste. Qu'y a-t-il d'étonnant à ce qu'elles la rappellent à son origine et lui ouvrent le chemin de cette vie toute divine que les passions de la vie sensible lui avaient fermé [1] ?

L'auteur des Mystères passe en revue les divers modes de divination. Il ramène les vrais oracles aux principes de l'art divinatoire, et les déclare indépendants du temps, du lieu, de tout accident du corps et de toute disposition de l'âme [2]. Il renvoie à la magie la divination qui se fait au moyen de certains caractères [3]. Il admet la divination *phantastique* (διὰ φαντασμάτων), par la raison que si les Dieux ont des corps, ils doivent se manifester par des formes qui saisissent l'imagination [4]. Quant à la divination obtenue par l'âme humaine, elle est légitime, pourvu que l'art humain imite l'art du suprême Démiurge, et que les symboles employés par le théurge soient les signes même des idées qui ont présidé à l'œuvre de la création universelle [5].

Pour l'auteur des Mystères, la théurgie est le seul culte qui convienne aux Dieux et le seul art qui produise la vraie divination. Cette science divine n'a point sa racine dans la nature [6]. Tout ce qui est matière ou

---

[1] Ibid., sect. III, 9. Οὐκοῦν καὶ ἐπειδὰν εἰς σῶμα ἀφίκηται, ὅσα ἂν μέλη τοιαῦτα ὀκούσῃ, οἷα μάλιϛα διασώζῃ τὸ θεῖον ἴχνος τῆς ἁρμονίας, ἀσπάζεται ταῦτα, καὶ ἀναμιμνήσκεται ἀπ' αὐτῶν τῆς θείας ἁρμονίας, καὶ πρὸς αὐτὴν φέρεται καὶ οἰκειοῦται.

[2] Ibid., sect. III, 11.

[3] Ibid., sect. III, 12.

[4] Ibid., sect. III, 14.

[5] Ibid., sect. III, 15. Καθάπερ οὖν (οἱ θεοὶ) δι' εἰκόνων γεννῶσι πάντα, καὶ σημαίνουσιν ὡσαύτως διὰ συνθημάτων.

[6] Ibid., sect. III, 27. Θείας ἄρα μαντικῆς οὐδέν ἐϛι σπέρμα ἐν ἡμῖν ἐκ φύσεως.

touche à la matière, tout ce qui est fini et déterminé, ne possède point la vertu divinatoire ¹. L'idolâtrie est pure superstition. La nature divine ne va point s'enfermer dans des formes extraites de la matière. Pourquoi le théurge s'attacherait-il à une vaine image du divin, lorsqu'il peut le contempler et le posséder directement ? Pourquoi l'homme se délaisserait-il lui-même pour courir après des idoles qui sont son ouvrage ² ? Est-ce que ces idoles ne changent pas avec le temps ? Est-ce qu'ils ne se dissipent pas comme une fumée sous l'influence des agents naturels ?

Vient enfin la description détaillée des pratiques du culte. Dans les sacrifices, les Dieux et les démons ne se nourrissent point, comme le croit le vulgaire, des parfums qui s'exalent de la fumée des victimes ; car leurs corps sont impassibles et immuables. Pour les Dieux, c'est une pure lumière ; pour les démons, c'est un feu subtil. Seulement, en vertu de l'harmonie universelle, il y a sympathie entre les victimes et les démons, entre les démons et les Dieux ³. Quant à prétendre que la fumée des victimes nourrit les puissances célestes, autant vaudrait dire qu'elle les engendre ; car ce qui peut nourrir peut également engendrer. Le feu des sacrifices ne fait que purifier les victimes et les rendre plus sympathiques aux corps des démons ⁴. C'est avec raison que le culte distingue divers ordres

---

¹ Ibid., sect. III, 27. Καὶ διὰ τοῦτο δὶ τῆς ῥευούσης ἐν ϛαθεροῖς πέρασι μαντῖκῆς θείας χωρὶς διέϛηκε.
² Ibid., sect. III, 29. Διὰ τί δὴ οὖν αὐτὸς μὲν ὁ ταῦτα δρῶν εἰδωλοποιὸς ἀνὴρ ἑαυτὸν ἀφίησι βελτίονα ὄντα καὶ ἐκ βελτιόνων γεγονότα.
³ Ibid., sect. v, 10.
⁴ Ibid., sect. v, 12.

de sacrifices, selon les ordres des Dieux. Il y a des Dieux qui n'ont aucun contact avec la nature ; il y en a d'autres qui l'habitent. C'est ce qui a fait distinguer des Dieux immatériels et des Dieux matériels, bien que tout Dieu soit par essence immatériel[1]. De là une distinction correspondante dans les sacrifices ; après les pratiques matérielles, les pratiques spirituelles. D'ailleurs, cette double opération convient à notre nature, qui est âme et corps[2]. Dans les sacrifices que nous faisons pour le bien et le salut du corps, l'opération sera toute matérielle, les Dieux immatériels ne s'occupant pas des corps[3] ; mais s'il s'agit du bien de l'âme, c'est aux Dieux immatériels seuls qu'il faut s'adresser, et les pratiques doivent être purement spirituelles. Mais il vaut mieux que le sacrifice soit comme la nature humaine et comme le monde, un et multiple, pensée et forme : il faut en outre que toutes les pratiques inférieures se rattachent à des opérations supérieures, et celles-ci à une opération suprême ; de même que les démons tiennent aux Dieux et les Dieux à un premier Principe. C'est alors que le sacrifice, représentant toutes les puissances de ce grand univers, en devient le symbole complet[4]. Du reste, tous les usages du culte ont un sens, toutes les pratiques ont un but. Si on s'y abstient des cadavres humains, c'est parce

---

[1] Ibid., sect. v, 14.
[2] Ibid., sect. v, 14, 15.
[3] Ibid., sect. v, 16, 17.
[4] Ibid., sect. v, 22. Ἀλλὰ μὲν οὗτος (κόσμος) εἴ γε πολὺς ἐστι, καὶ παντελὴς, καὶ κατὰ πολλὰς τάξεις συμφυόμενος, δεῖ τοίνυν καὶ τὴν ἱερουργίαν μιμεῖσθαι αὐτοῦ τὸ παντοδαπὸν δι' ὅλων τῶν προσαγομένων δυνάμεων.

que la vie divine les a habités[1] ; si on mêle les menaces aux prières, c'est pour chasser les puissances aveugles de la nature qui pourraient intercepter l'inspiration divine. Armé de la vertu des symboles divins, le prêtre commande aux esprits malfaisants ; ses injonctions ne s'adressent ni aux Dieux ni aux bons démons[2].

Ce livre nous révèle les principaux caractères de cette tendance théurgique à laquelle cède la philosophie alexandrine depuis Jamblique. On y voit ce qu'elle prend et ce qu'elle néglige des pratiques du culte. Elle aspire toujours, comme par le passé, à la contemplation, à l'extase, à la possession du divin. Mais ce but suprême, que Plotin et Porphyre voulaient atteindre par l'exaltation des forces de la nature humaine, elle le poursuit par de tout autres moyens. A l'énergie tout intérieure et toute spontanée de l'âme, elle substitue l'influence mystérieuse des puissances surnaturelles. L'extase n'est plus dans ce livre, comme dans les Ennéades, un effort surhumain, il est vrai, mais tenté par la nature humaine pour parvenir à Dieu ; c'est une œuvre toute divine, où l'homme n'a rien à faire, où le Dieu seul est acteur. Nos vertus, nos pensées peuvent préparer dans l'âme l'avénement du Dieu ; mais il n'y a que les symboles divins qui puissent éveiller la volonté divine[3]. Ces symboles ont la vertu d'unir l'âme à Dieu sans que l'âme ait besoin de les comprendre et de les méditer[4]. Le mysticisme des premiers Alexandrins

---

[1] Ibid., sect. vi, 1.

[2] Ibid., sect. vi, 5, 6.

[3] *De Myst.*, sect. ii, 11. Τὰ δ' ὡς κυρίως ἐγείροντα τὴν θείαν θέλησιν αὐτὰ τὰ θεῖά ἐστι συνθήματα.

[4] Julian. ap. Th. Gale, *de Myst.*, 213. Ἡ τῶν χαρακτήρων ἄῤῥητος φύσις ὠφελεῖ καὶ ἀγνοουμένη, καὶ ποιεῖ θεῶν παρουσίας.

entraînait la nature humaine hors de ses limites, mais par une voie toute rationnelle et toute psychologique. Dans le mysticisme des Jamblique, des Maxime, des Chrysanthe, tout est surnaturel, mystérieux, les moyens comme la fin. Plotin n'attribuait aux rites, aux paroles sacrées, aux prières même, qu'une vertu magique, laquelle, dérivant des sympathies naturelles des choses, pouvait agir sur le corps et même sur l'âme, mais nullement sur l'intelligence et encore moins sur la partie toute divine de notre nature [1]. Porphyre cherchait ailleurs que dans le culte divin le chemin de la vie bienheureuse. L'auteur des Mystères lui répond : « Et quelle autre voie que la théurgie pourrait conduire à ce but [2] ? » Toute la différence des deux doctrines est là. C'est la théurgie qui remplace la science et la pensée, comme préparation à la vie divine.

Un autre caractère nous frappe encore dans cette tendance nouvelle : c'est la ferme croyance à la manifestation extérieure, éclatante, des Dieux et des démons. Plotin et Porphyre croyaient à l'existence de puissances surnaturelles, indépendantes des essences du monde intelligible. Plotin a fait un traité spécial sur la démonologie. Mais, dans la pensée de ces philosophes, les Dieux et même les démons se communiquaient à l'âme sans se manifester. Plotin parle souvent de leur influence, jamais de leur apparition. Dans le livre des Mystères, les Dieux et les Démons se manifestent extérieurement ; chaque ordre de puissances

[1] Enn. IV, ɪɪɪ, 14.
[2] Ibid., sect. x, 4. Καὶ τίς ἂν γένοιτο ἑτέρα ἀφιςαμένη τῶν Θεῶν εὔλογος πρὸς αὐτὴν ἄνοδος.

surnaturelles a sa forme, son mode d'apparition, ses signes auxquels l'œil exercé d'un théurge ne manque jamais de le reconnaître.

D'un autre côté, la superstition se montre sans voile dans le livre des mystères. On y raconte comment le véritable enthousiaste est devenu insensible dans toutes les parties de son corps, comment le feu le touche sans le brûler, ou le brûle sans qu'il le sente. Plotin et même Porphyre n'avaient jamais accueilli de pareilles fables; ils maintenaient sévèrement la séparation de l'incorporel et du corporel, et posaient l'identité ou du moins la similitude d'essence comme la condition de toute influence et de toute action. Dans leur pensée, chacune des deux substances obéit aux lois qui lui sont propres; l'âme est indépendante des influences physiques, et nulle cause surnaturelle ne peut soustraire le corps à la nécessité qui l'enchaîne. Au contraire, l'auteur des Mystères mêle et confond l'ordre intelligible avec l'ordre naturel, croit à l'influence immédiate des Dieux sur le cours de la nature, et admet le merveilleux sans difficulté.

Enfin, le philosophe qui a écrit le Traité des Mystères professe le même mépris que Plotin et Porphyre pour le culte des idoles; comme eux il condamne l'intervention des procédés matériels dans les communications de l'âme avec la divinité. Autant il célèbre la théurgie, autant il proscrit les opérations magiques. Mais tout en les proscrivant, il y croit, il n'en met pas en doute l'efficacité physique; il croit même à la nécessité des évocations et des conjurations pour attirer les bons esprits et éloigner les mauvais. Plotin n'eût point avoué une pareille doctrine : il ne doutait pas de l'existence des démons ; mais il n'attribuait d'influence malfaisante à aucune puissance naturelle ou surnaturelle. Dans sa critique des doctrines gnostiques, il se prononce fortement contre l'opinion qui rapporte le mal aux démons, et attache à certaines paroles, à certains signes magiques, la vertu de chasser les mauvais esprits.

Voilà les principales différences qui nous paraissent distinguer le nouveau mysticisme de l'ancienne doctrine des Alexandrins. Toutefois, quelle qu'en soit la gravité, il ne faudrait pas en conclure que Jamblique et ses successeurs aient adopté sans réserve toutes les pratiques du Polythéisme. C'est une justice à leur rendre, qu'ils répugnent invinciblement à mêler le culte des idoles et la magie proprement dite à leur mysticisme. Julien, le plus exalté et le plus crédule de tous les Alexandrins, professe le plus profond mépris pour les hommes et les procédés de cette science [1]. Quant à leur théurgie, elle n'est pas sans doute exempte de superstition : mélange d'opérations mystiques et de pratiques empruntées à l'ancien culte, elle n'eût jamais convenu à l'enthousiasme sévère d'un Plotin. Mais enfin c'était quelque chose de plus que la théurgie toute matérielle de la religion ordinaire. Toute opération naturelle en est écartée ; l'inspiration divine en fait le fond. Il est vrai que

---

[1] *Disc.* de Julien (au cynique Héraclien), fragments d'un discours à un pontife payen, 294. Ἀφορῶντες οὖν εἰς τὰ τῶν θεῶν ἀγάλματα, μή τοι νομίζωμεν αὐτὰ λίθους εἶναι, μήτε ξύλα· μηδὲ μέντοι τοὺς θεοὺς αὐτοὺς εἶναι ταῦτα... Οὐκοῦν καὶ ὅστις φιλόθεος, ἡδέως εἰς τὰ τῶν θεῶν ἀγάλματα καὶ τὰς εἰκόνας ἀποβλέπει, σεβόμενος ἅμα καὶ φρίττων ἐξ ἀφανοῦς ὁρῶντας εἰς αὐτὸν τοὺς θεούς.

cette inspiration, fruit de la perfection intérieure et de la contemplation chez Plotin, est directement produite par la vertu des symboles sacrés dans le livre des Mystères. Pourtant il est permis de croire, sans méconnaître cette différence essentielle, que le véritable théurge arrive au temple, déjà préparé par la vertu et la méditation, et que ces signes mystérieux, auxquels la théurgie attribue tant de puissance, provoquent plutôt l'inspiration qu'ils ne la produisent. Ces paroles divines que l'initié écoutait dans le recueillement lui rappelaient de hautes vérités; c'étaient, selon le témoignage de l'auteur du livre des Mystères, les symboliques échos de la sagesse divine.

D'une autre part, la foi des derniers Alexandrins aux procédés magiques et aux pratiques du culte est au fond assez rationnelle. La magie, telle qu'ils la conçoivent et l'exercent, est fondée sur les lois de la nature. L'école d'Alexandrie avait de tout temps considéré le monde comme un tout sympathique dont les diverses parties correspondent et conspirent entre elles, de même que les organes d'un seul corps. A ce point de vue, il était non seulement raisonnable, mais nécessaire d'admettre que tous les êtres agissent les uns sur les autres par une attraction plus ou moins forte. Connaître et mettre en jeu les sympathies et les antipathies instinctives et naturelles des choses, telle était la partie solide et scientifique de cette science merveilleuse tant célébrée dans l'antiquité. La vertu des philtres, des figures, des chants, des simples invocations mentales reposait sur des affinités, mal définies, mal expliquées sans doute, mais réelles et profondes. L'amour qui, selon les plus antiques doctrines, règne dans l'univers avec la haine son contraire, qu'est-ce autre chose que la double loi des attractions et des répulsions naturelles? Que l'empirisme des magiciens et la superstition des prêtres aient mêlé à cette science féconde de la nature beaucoup de folies monstrueuses ou de fables ridicules, cela était inévitable. Quelle est la science dont le berceau n'ait été enveloppé de merveilleux? Il ne faut donc pas s'étonner qu'une école de philosophes ait embrassé très sérieusement des pratiques et des arts fondés sur une certaine expérience des phénomènes naturels. On voit, par le livre des Mystères, que la science tient beaucoup plus de place que la superstition dans leurs descriptions. Les explications de ces nouveaux croyants dissipent presque toujours ce que la religion positive enseignait d'absurde et d'impossible, et ne laissent guère subsister que ce qui ne choque ni les lois de la raison ni les lois de la nature. On ne connaît point assez les détails de leurs opérations pour juger jusqu'à quel point ils restent fidèles à la science et à la philosophie ; mais il n'est pas douteux que les Alexandrins n'aient compris le culte, aussi bien que les dogmes, dans leur œuvre de restauration. Ils ont essayé avec plus ou moins de succès de tout ramener à la science : les mythes à la philosophie, les procédés théurgiques à la psychologie, les arts magiques à la physiologie et à la physique. En se conformant aux pratiques du culte, ces philosophes n'abdiquent point entièrement leur indépendance et leur dignité. Ils sacrifient, ils invoquent, ils évoquent à leur manière. Leur théurgie ne dépasse guère les limites d'un mysticisme excessif; elle repousse les arts extérieurs et matériels et s'applique tout entière à exalter les puissances intérieures de l'âme, par des procédés tout psychologiques, tels que le recueillement et la méditation. L'apparition des Dieux, sauf les signes extérieurs dont Plotin et Porphyre se souciaient fort peu, n'est autre chose que la contemplation des puissances du monde intelligible. La divination se réduit à peu près à cette science supérieure des causes qui domine et comprend toute science particulière.

Toutefois, cette restauration des pratiques du culte par les Alexandrins fut loin d'être complétement rationnelle. Tel était le caractère de leur philosophie, qu'elle devait se prêter facilement aux coutumes superstitieuses du Polythéisme. Par son mysticisme exalté, elle inclinait naturellement aux opérations théurgiques; par sa démonologie, elle tombait dans tous les artifices de la magie. Le mysticisme sévère et tout spéculatif de Plotin et de Porphyre répugnait à ces conséquences pratiques; mais la pente était irrésistible, et la philosophie alexandrine se laissa bientôt entraîner aux extravagances et aux superstitions. Jamblique et les autres prêtres philosophes qui lui succédèrent ne lui firent point violence, en la précipitant dans cette voie. Nous avons peine à comprendre aujourd'hui comment une école philosophique peut se prêter sérieusement à un pareil rôle. C'est que nous jugeons la philosophie orientale d'après nos habitudes d'esprit moderne. Cette philosophie comblait par une multitude innombrable de puissances de toute nature et de tout rang l'abîme qui sépare le monde intelligible du monde sensible, et supposait entre l'homme et ces puissances une communication plus ou moins intime. Pourquoi donc n'eût-elle pas accepté la croyance aux Dieux, sauf les réserves nécessaires? Lui était-il si difficile de voir dans l'apparition d'un Dieu la communication de telle ou telle puissance ? L'âme humaine, dans la doctrine des Alexandrins, est distincte, mais non séparée de la divinité ; elle y touche par tous les côtés de sa nature. Elle possède des facultés qui la font communiquer avec tous les degrés de l'échelle du divin. Par l'extase, elle s'unit au Dieu suprême; par la pensée pure, elle entre en commerce avec le monde intelligible; par l'âme et l'imagination, elle correspond avec les démons, les génies, les héros et toutes les puissances intermédiaires qui transmettent à la nature la vie et la lumière du monde intelligible. Qu'y a-t-il donc d'étonnant à ce que le philosophe sacrifie, invoque, évoque même au besoin comme le prêtre? Toutes ces pratiques du culte ne sont-elles pas fondées sur la croyance à l'existence des Dieux inférieurs, et à l'action immédiate des ces Dieux sur la destinée des êtres mortels? Or cette croyance est inhérente à la démonologie des philosophes aussi bien qu'à la mythologie des prêtres. Le philosophe alexandrin, surtout à l'époque de Jamblique, devait naturellement se représenter les puissances invisibles de la théologie néoplatonicienne, sous la forme et avec les attributs des divinités du Polythéisme. C'est ce qui arriva. La philosophie put adopter les pratiques et défendre les dogmes de l'ancienne religion avec une certaine sincérité. Porphyre et Julien purent de bonne foi reprocher au Christianisme d'avoir méconnu l'existence des Dieux. Tout unitaire qu'elle était, la philosophie alexandrine tendait par sa démonologie à se confondre avec le Polythéisme; la spéculation métaphysique se trouvait d'accord avec l'imagination populaire. Cela explique ce qu'il y eut de sérieux dans ce retour de la philosophie aux vieilles traditions. Les Alexandrins ne sont ni des imposteurs ni de simples croyants. Leur croyance aux Dieux du Polythéisme n'est plus sans doute cette foi naïve des temps primitifs qui confond dans un égal respect l'esprit et la lettre du symbole. Il ne faudrait pas non plus y voir une pure tactique inspirée par des considérations politiques et professée publiquement pour le besoin d'une cause. La foi des Alexandrins s'appuie sur l'identité des croyances religieuses et des doctrines philosophiques ; elle s'attache à la pensée des mythes et en néglige les détails matériels ; elle adopte des pratiques du culte tout ce qui lui paraît posséder une vertu et une efficacité réelle, tout ce qui rentre dans ses propres opérations de théurgie. Ses extravagances et ses superstitions ont une origine purement philosophique. Quand Jamblique, ou tout autre Alexandrin, provoque des oracles ou des apparitions, ce n'est pas simplement le prêtre qui pratique son culte, c'est le philosophe qui s'égare. Le mysticisme le jette dans les expériences théurgiques, et la démonologie le conduit sans qu'il s'en doute aux artifices de la magie. Ainsi s'explique l'engouement de tous ces Alexandrins pour le Polythéisme et l'ardeur qu'ils mirent à le défendre. Ils n'y croyaient qu'en philosophes, mais en philosophes alexandrins. La foi aux traditions religieuses eût profondément répugné à la plupart des écoles grecques ; mais elle n'avait rien de contraire aux doctrines philosophiques du Néoplatonisme. Par sa théorie des essences divines, cette philosophie embrassait toute la mythologic du Polythéisme; par sa doctrine des Démons, elle pouvait en adopter le culte presque tout entier.

Au moment où l'école d'Alexandrie entreprit la restauration du Polythéisme, l'ancienne religion était sur le point de perdre ce qui l'avait soutenue jusque là, l'appui de la puissance impériale. La persécution de Dioclétien avait révélé la force de la nouvelle société religieuse. Les chrétiens poursuivis ne se cachaient plus comme autrefois pour célébrer leur culte dans les catacombes : ils mouraient encore sans se défendre ; mais ils défiaient par leur audace et leur nombre la violence de leurs persécuteurs. Dès lors la politique des empereurs devait comprendre que la persécution était désormais impuissante. Déjà Dioclétien l'avait senti : il inclinait naturellement à la tolérance, et ne se laissa arracher qu'après une longue résistance le dernier édit de persécution contre les chrétiens. Avant cet édit, telle avait été l'impartiale équité de cet empereur qu'un évêque avait pu dire de lui : Notre prince, qui n'est pas encore chrétien. Constance Chlore, père de Constantin, toléra la nouvelle religion par indifférence pour l'ancien culte, et la favorisa par politique tout en restant païen. Les évêques remplissaient son palais, et la conversion d'Hélène et de Fausta se fit sous ses yeux.

La révolution qui changea brusquement la persécution en faveur eut pour cause l'avénement de Constantin sur le trône. Mais déjà la tolérance était considérée comme une nécessité d'état par les adversaires mêmes du Christianisme. Constantin fit plus ; il embrassa la foi nouvelle, et en favorisa ouvertement les progrès. On démêle facilement les raisons politiques qui purent décider ce prince à cette conversion. Au moment où des rivaux redoutables lui disputaient l'empire, il s'assurait un parti puissant par l'enthousiasme et l'activité plus encore que par le nombre, qui, en même temps qu'il fortifiait le parti de Constantin, affaiblissait celui de ses adversaires en le divisant. Peu lui importait de s'aliéner par cette défection la vieille société païenne, désormais inerte et impuissante. Tous ces cultes si divers compris sous le nom de Polythéisme ne demandaient que repos et sécurité. D'une telle société la politique de Constantin n'avait rien à espérer, ni rien à craindre; pourvu que l'empereur en respectât et en fît respecter les croyances, il était sûr de ne trouver de ce côté aucune résistance sérieuse à la révolution qu'il préparait. Il conduisit la transition avec une prudence et une habileté consommée, sacrifiant encore officiellement aux anciens Dieux, et recommandant par des édits le culte de Jupiter à la foi chancelante des peuples, en même temps qu'il comblait les chrétiens de faveurs, et professait la religion nouvelle dans son palais. Eusèbe, évêque de Césarée, son confident, avoue naïvement les raisons qui décidèrent le prince à changer de religion. « Comprenant fort bien qu'il avait besoin d'un secours plus puissant que ses armes pour résister aux conjurations magiques et aux arts malfaisants employés avec ardeur par le tyran (Maxence), il cherchait un Dieu secourable [1]. Il ne vit dans la force militaire qu'une ressource de

---

[1] Eusèb., *Vita Constantini*, 1, 27. Εὖ δ' ἐννοήσας ὡς κρείττονος ἢ κατὰ στρατιωτικὴν δέοι αὐτῷ βοηθείας, διὰ τὰς κακοτέχνους καὶ γοητικὰς μαγγανείας τὰς παρὰ τῷ τυράννῳ σπουδαζομένας, Θεὸν ἀνεζήτει βοηθόν.

second ordre, et la puissance qui vient de Dieu lui parut seule invincible et inexpugnable. Il se demandait donc auprès de quel Dieu il trouverait appui. Pendant qu'il était livré à cette recherche, une pensée le frappa : tous ceux de ses prédécesseurs qui, se fiant à la multitude des divinités, avaient enrichi leurs temples et reçu d'elles des promesse trompeuses, avaient eu une fin malheureuse, et il ne s'était trouvé aucun de ces Dieux pour le sauver d'une ruine qui était elle-même un arrêt divin. Son père seul, qui avait suivi une voie opposée, qui avait condamné leurs erreurs et adoré toute sa vie le Dieu suprême, avait trouvé en lui le sauveur et le protecteur de l'empire, le maître de tout bien. Le Dieu de son père avait donné à Constance de nombreux et éclatants témoignages de sa puissance. Constantin voyait au contraire que ceux qui avaient marché contre le tyran, escortés d'une foule de divinités qui devait couvrir leur front de bataille, avaient fini misérablement [1]. L'un, après un échec, avait été réduit à une fuite honteuse ; l'autre, égorgé au milieu de son armée, était devenu une proie inutile de la mort. Récapitulant toutes ces choses, il conclut qu'il y aurait folie à poursuivre inutilement des Dieux qui n'existaient point, et à persister dans une telle erreur ; il pensa qu'il fallait n'honorer que le Dieu de son père [2]. » Il est fort douteux que des mo-

---

[1] Ibid. Ὁ δὲ πατρῷος αὐτῷ Θεὸς τῆς αὑτοῦ δυνάμεως ἐναργῆ καὶ πάμπολλα δείγματα εἴη δεδωκὼς τῷ αὐτοῦ πατρί· ἀλλὰ καὶ τοὺς ἤδη κατεςρατεύσαντας πρότερον τοῦ τυράννου διασκεψάμενος, σὺν πλήθει μὲν Θεῶν τὴν παράταξιν πεποιημένους, αἰσχρὸν δὲ τέλος ὑπομείναντας.

[2] C'était une opinion répandue parmi les chrétiens que Constance Chlore pratiquait secrètement le nouveau culte.

tifs d'un ordre plus élevé aient jamais eu beaucoup d'empire sur l'âme de ce prince. Dans le long règne de Constantin tout montre le grand politique, rien n'annonce le héros ou le saint. Guerrier intrépide non moins qu'expérimenté, il payait de sa personne dans les combats ; mais il n'eût jamais oublié, comme Julien, son bouclier devant le danger. Esprit peu cultivé, plus superstitieux que dévot, incapable de foi et d'enthousiasme, et ne connaissant de la religion que les pratiques extérieures, il avait conservé ses habitudes païennes depuis sa conversion ; il n'abandonna jamais le culte du soleil. Il fallait à son imagination des Dieux qu'elle pût se représenter : le Dieu de la Trinité chrétienne dépassait sa pensée ; il ne comprenait rien aux grandes discussions théologiques qui retentissaient autour de lui, et dans les conférences qu'il présidait, la longueur et la difficulté des débats provoquaient son impatience et même sa colère. S'il parut incliner vers l'arianisme, c'est uniquement parce qu'il trouvait de ce côté plus de complaisance et de docilité. Au fond il n'entendait pas mieux l'hérésie des uns que l'orthodoxie des autres. D'une autre part, les vices et les crimes de sa vieillesse ne permettent guère de croire que son âme ait été profondément touchée par le Christianisme.

Constance continua l'œuvre de Constantin avec la ferveur théologique d'un croyant plutôt qu'avec la sagesse politique d'un empereur. L'ancien culte fut persécuté sous son administration ; la destruction des temples par les populations chrétiennes fut tolérée, sinon encouragée. Le Polythéisme opprimé ne respira qu'à la faveur des divisions qui avaient éclaté dans l'Église, et de la lutte acharnée des Ariens et des Orthodoxes. C'est alors que l'avénement de Julien rendit à la vieille religion la faveur impériale, et que la philosophie tenta un effort désespéré pour relever les anciens autels.

Le Polythéisme était encore, sous les premiers empereurs chrétiens, la religion du grand nombre ; mais il ne formait point un parti qui pût agir avec énergie, promptitude et unité. C'était une masse inerte, encore capable de résistance, mais non d'initiative. La puissance impériale, appuyée sur l'armée et sur l'administration, n'avait jamais beaucoup compté avec lui. Après le règne de Dioclétien, elle pouvait le protéger ou le délaisser sans aucun péril pour elle-même. La défection des chefs de l'empire devait l'affliger et le décourager, mais non le soulever. Tout ce qu'il pouvait faire et tout ce qu'il fit pendant longtemps, c'était de résister à l'impulsion d'en haut. Il avait vu la foi nouvelle envahir ses plus belles provinces sans essayer d'arracher les âmes à ce prosélytisme dévorant ; il avait entendu, sans y répondre, les sarcasmes triomphants et les invectives des chrétiens contre ses Dieux. Il avait assisté, plutôt que présidé, aux persécutions. Spectateur passif et résigné de la révolution accomplie par Constantin, il n'avait point excité de tempêtes contre le déserteur de ses autels. Le Polythéisme ne fut jamais violent que par les passions populaires. Au temps de Constance et de Julien, tout ce qu'il comptait d'hommes éclairés dans son sein, les Thémistius, les Libanius, les Salluste, recommandent la tolérance aux pouvoirs politiques au nom de l'État, et aussi au nom de la raison et de la vérité. Écoutons Thémistius écrivant à

Valens sur la tolérance religieuse ; jamais la cause de la liberté, en matière de foi, n'a eu d'interprète plus éloquent ni plus élevé : « Il est des bornes où expire le pouvoir de la force. Les décrets et les colères des rois sont forcés d'avouer la liberté des vertus et par dessus tout du sentiment religieux. On commande, on impose les opérations du corps ; mais aux sentiments du cœur, aux actes et aux dispositions de la pensée appartiennent l'indépendance et la souveraineté... Un despotisme insensé a déjà osé cette violence sur les hommes, et méprisant leurs résistances, a prétendu imposer à tous les opinions d'un seul ; mais il aboutit à ceci, que tous, en face des supplices, dissimulaient leurs sentiments véritables, sans se convertir à sa doctrine... Ce qui est hypocrite ne saurait durer ; or une religion née de la crainte et non de la volonté, qu'est-ce autre chose qu'une hypocrisie [1] ? » Voilà l'homme d'État ; voici maintenant le philosophe : « Vous avez fait une loi pleine de sagesse, en assurant à chacun, avec la liberté de prendre une croyance de son choix, le calme et la paix de l'âme. Mais cette loi ne date pas de vous ; elle est contemporaine de l'humanité et l'éternel décret de Dieu. Il a déposé l'idée de sa divinité au fond de toute âme, même de celle du barbare et du sauvage, et cette idée est si souveraine en nous que la violence ou la persuasion ne peut rien contre elle. Quant à la manière de l'exprimer, il l'a laissée à la volonté de l'homme. En appeler à la force contre la conscience, c'est donc entrer en guerre avec Dieu, puisqu'on essaie d'arracher aux hommes un pouvoir

---

[1] Thémist., *Disc.*, 12.

qu'ils tiennent de Dieu même [1]... » Thémistius montre admirablement la portée providentielle de cette loi : « L'émulation, dit en beaux vers Hésiode, est la bienfaitrice de l'humanité. C'est la condition de la religion, des arts, des sciences, et de tout ce qui mérite notre admiration et notre étude. Il y a bien longtemps qu'il ne nous resterait plus même l'ombre d'une religion, s'il y avait parmi les hommes unité de dogme et de pratiques. C'est la variété des opinions religieuses qui a nourri et développé la piété ; c'est elle qui l'entretiendra éternellement. Les coureurs dans le stade se dirigent tous vers le même juge : mais ceux-ci d'un côté et ceux-là d'un autre ; de même, au terme de notre vie, il est un juge unique, souverain et juste ; mais différentes routes mènent à lui, routes tortueuses, droites, rudes, planes, qui toutes se réunissent au même lieu de repos. L'ardeur et l'émulation des athlètes s'éteindraient sans cette multiplicité de chemins ; intercepter ces mille sentiers, n'en laisser qu'un seul pour tous, ce serait étouffer le combat dans un étroit défilé. Enfin, s'il faut dire la vérité, l'accord de toutes les opinions, ce rêve des hommes ignorants, ne peut que déplaire à Dieu. Ne semble-t-il pas, en effet, interdire et condamner lui-même cette uniformité de culte? La nature, dit Héraclite, aime le mystère ; le Père de la nature l'aime encore davantage. Ainsi, en se tenant loin de nos regards et hors de la portée de la science humaine, ne nous déclare-t-il pas assez qu'il ne demande pas à tous le même culte, mais qu'il veut que nous le méditions chacun par notre intelligence et

---

[1] Thémist, *Disc.*, 12.

non par celle d'un autre [1] ? » Libanius exprime partout les mêmes principes dans ses ouvrages. Plein de respect et d'amour pour les institutions du Polythéisme, il recommande sans cesse la tolérance aux Païens, et trouve le zèle de Julien excessif pour un empereur. Malgré son admiration et sa tendresse pour le restaurateur des vieilles croyances, il avoue les fautes, les imprudences, la dévotion exaltée de son héros ; il blâme sans hésiter les rigueurs exercées contre les chrétiens [2]. Salluste, préfet de Constantinople, est tellement connu et respecté de tous pour la sagesse et l'impartialité de son administration, qu'à la mort de Julien tous les partis le pressent d'accepter l'empire. Thémistius, Libanius, Salluste, n'expriment point une opinion particulière ; ils ne sont que les interprètes les plus illustres d'un sentiment général. Tous les hommes d'État, de l'empire, tous les sages du Paganisme, à cette époque, parlent le même langage ou tiennent la même conduite. Bien des causes ont concouru à ce progrès des opinions. La philosophie y conduisait naturellement les esprits ; mais il faut reconnaître que l'expérience des affaires, le défaut de foi, le sentiment de l'impuissance du Polythéisme n'y ont pas peu contribué. Les sages du temps sont encore plus des politiques que des philosophes ; c'est plutôt la pratique des affaires que la science des écoles qui leur enseigne la tolérance et le respect de toutes les doctrines. Chose remarquable ! la foi, l'ardeur de prosélytisme qui anime encore la vieille société, ont

---

[1] Thémist., *Disc.*, 12.

[2] Liban., *Panégyr.* de Julien.

leur foyer dans les écoles philosophiques. C'est là que le prêtre vient puiser l'enthousiasme qu'il portera ensuite dans l'exercice du culte restauré et régénéré. C'est là que le païen apprend à détester les idées nouvelles. C'est de là que partira le signal de la guerre au Christianisme triomphant.

Et en effet, sans la philosophie, jamais le Polythéisme n'eût rendu son dernier combat. Il eût résisté par cette force d'inertie que conservent toutes les vieilles institutions, protestant contre la domination des chrétiens tantôt par la parole élevée, mais calme, de ses beaux esprits, tantôt par l'explosion des passions populaires. C'est la philosophie qui relève son courage et ranime sa foi, qui organise ses forces, qui le mène au combat, surveille tous les mouvements et dirige toutes les opérations de la lutte. Les hommes d'État, les sages du Polythéisme se réjouissent sans doute de l'avénement de Julien ; mais ils ne portent pas dans la restauration de l'ancien culte la même ferveur et la même passion que les philosophes. Les Thémistius, les Libanius, les Salluste montrent peu de goût pour le mysticisme et la théurgie des Maxime et des Chrysanthe.

Toutefois, bien que la réaction contre le Christianisme ait été préparée et conduite par la philosophie, il est douteux qu'elle eût éclaté, sans l'avénement de Julien à l'empire. Ce serait mal comprendre ce prince que de ne voir dans son entreprise que le calcul d'un homme d'État. Il est très vrai que de puissantes considérations ont dû frapper son esprit politique. Il avait vu le gouvernement impérial aux prises avec les chefs de l'Église nouvelle, impuissant à résister à leurs prétentions aussi bien qu'à calmer leurs querelles théologiques dont ils troublaient l'empire et le palais. Le Polythéisme, au contraire, n'avait jamais porté ombrage ni imposé de joug à la puissance des empereurs. Le prince était à la fois le chef de l'empire et du culte ; il réunissait en sa personne tous les pouvoirs de la terre et du ciel. En revenant aux Dieux de l'empire, Julien émancipait le gouvernement impérial de la tutèle hautaine des évêques chrétiens et le fortifiait par l'adjonction d'un titre et d'un pouvoir spirituel. D'une autre part, la restauration du Polythéisme était un retour aux traditions qui avaient fait la force et la gloire de l'empire. Au moment où les barbares d'Orient et d'Occident menaçaient toutes les frontières, n'était-il pas opportun de leur montrer ces vieilles insignes de la victoire, ces images des Dieux qui les avaient tant de fois frappés d'épouvante? Pour relever l'empire, n'était-il pas nécessaire de relever ses vieux autels? Enfin les querelles des Orthodoxes et des Ariens étaient, il faut le dire, un grand scandale pour l'empire. Elles avaient divisé la société chrétienne en deux camps et rallumé le feu des persécutions. Qu'était-ce donc qu'une société qui se déchirait avec tant de fureur de ses propres mains? Qu'était-ce donc qu'une doctrine qui ne savait pas rallier et retenir toutes les opinions dans son symbole? Le Christianisme promettait au monde la paix, l'amour, l'harmonie universelle au sein de l'unité religieuse, et le voilà qui, à peine parvenu à l'empire, sème partout la division, la haine et la guerre! Avait-il encore le droit de déclamer contre l'anarchie et les violences du Polythéisme, après les tristes scènes du règne de Constance? Et les amis de l'empire pouvaient-ils bien augurer de la nouvelle re-

ligion pour l'ordre et l'unité de la société future [1] ?
Toutes ces raisons pouvaient faire impression sur le
génie politique du jeune César. Mais ce n'est point là
qu'il faut chercher l'explication de son *apostasie*; c'est
dans sa nature enthousiaste, dans les persécutions auxquelles son enfance et sa première jeunesse furent en
butte, enfin dans son éducation toute classique [2]. Élevé
dans les pratiques de la religion nouvelle, lecteur de l'é-
glise de Nicomédie [3], il n'a pas plus tôt touché l'antiquité
qu'il a reconnu sa mère. La foi aux mythes du Polythéisme pénètre dans son âme avec le goût des Muses. Le
jeune rhéteur des écoles d'Athènes laisse déjà percer des
répugnances et des sympathies qui n'échappent point
aux compagnons chrétiens de ses études, à saint Basile,
à saint Grégoire de Nazianze. Bientôt du commerce des
Muses, il passe aux écoles philosophiques. C'est alors
que la philosophie qui l'attendait s'empare du futur
empereur pour l'accomplissement de ses desseins.
Eunape nous fournit les détails les plus intéressants
sur le séjour de Julien au milieu de cette société de
philosophes alexandrins [4]. Il faut voir avec quel empressement on l'accueille, avec quel art on éveille sa
curiosité et on irrite cette soif du mystérieux qui le

---

[1] Jul., *Epist.* VII. Διὰ γὰρ τῶν Γαλιλαίων μωρίαν ὀλίγου δεῖν, ἅπαντα ἀνετράπη.

[2] LXVI· *Lett.* (Gallus à Julien).

[3] Voy. Mysop.

[4] Eunap., *Vie de Maxime*. Καὶ συνουσίας ἀξιωθεὶς τοῦ Αἰδεσίου, ὃ καὶ ἐν μειρακὶ πρεσβύτης Ἰουλιανός, τὴν μὲν ἀκμὴν καὶ τὸ θεοειδὲς τῆς ψυχῆς καταπλαγείς, οὐκ ἐβούλετο χωρίζεσθαι · ἀλλ' ὥσπερ οἱ κατὰ τὸν μῦθον τῆς διψάδος δηχθέντες, χανδὸν καὶ ἀμυστὶ τῶν μαθημάτων ἕλκειν ἐβούλετο.

dévore. C'est d'abord Édésius qui est chargé de l'instruire, Édésius dont la vieillesse ne peut suffire à l'infatigable activité du jeune adepte. Quand il connaît tous les secrets de la science, on lui fait entrevoir une sagesse supérieure dont tout ce qu'il vient d'apprendre n'est que l'ombre. On le laisse longtemps, frémissant d'impatience et d'amour, dans le vestibule du temple. Enfin on le conduit à Athènes, où un vieux prêtre d'Éleusis l'initie à tous les mystères du sanctuaire. Puis il apprend auprès de Maxime et de Chrysanthe le détail des opérations théurgiques, comment on invoque les Dieux, comment on évoque les démons, comment on devine l'avenir dans les sacrifices [1]. Ainsi formé, il entre aux affaires. Nommé César et préposé par Constance au gouvernement des Gaules, il déploie tout-à-coup les talents d'un grand capitaine et les qualités d'un habile administrateur. Bientôt la mort de Constance le rend maître de l'empire. C'est alors qu'il révèle au monde sa foi et ses desseins, connus seulement jusque là d'un petit nombre d'amis. Autant la sincérité de la conversion de Constantin paraît équivoque, autant l'*apostasie* de Julien est facile à expliquer. Julien est une âme ardente, spontanée, héroïque, exagérant la foi jusqu'à la superstition, l'enthousiasme jusqu'au fanatisme, le courage jusqu'à la témérité. On a trop vu en Julien le politique et pas assez le prêtre et l'apôtre. Il est très vrai qu'il montra dans son rôle toutes les ressources, toutes les ruses d'un politique consommé ; mais il ne fit qu'employer les ressources de son esprit à préparer et à accomplir une restauration qu'il avait

---

[1] Eunap., *Vie de Maxime.*

rêvée avec la ferveur d'un initié. Chrétien, il eût été martyr; empereur, il fut un héros. Une fois sur le trône, il fut à la hauteur de sa destinée, et gouverna comme les plus grands empereurs de Rome. Dans la courte durée de son règne, il réforma l'armée, la justice, les finances, le palais, toutes les parties de l'administration impériale. Son activité rappelle César; sa douceur, Marc-Aurèle. Et pourtant, malgré ces éminentes qualités, on peut douter s'il fut réellement né pour l'empire. On voit que le pouvoir n'est pas son but et que la politique n'est qu'un épisode de sa destinée. Sa mission de prêtre et d'apôtre lui tient à cœur beaucoup plus que sa dignité d'empereur; il porte mal le vêtement impérial; le manteau de philosophe lui sied bien autrement. Sous ce vêtement, il marche, il agit, il parle, il écrit librement. Il n'a nul souci de son rang; il remplit dans les temples les fonctions les plus humbles du divin ministère; un jour il descend brusquement du tribunal où il rendait la justice pour courir au-devant de Maxime [1]. Ses ennemis se moquent, ses amis rougissent d'un tel oubli de la majesté impériale. Pour Julien, il est indifférent aux sarcasmes des uns, aux conseils des autres; il renvoie ironiquement à Constantin le goût et le mérite de la représentation [2]. C'est très sincèrement qu'il se plaint de sa destinée, qu'il parle des ennuis et des dégoûts de la vie impériale, qu'il regrette sa vie d'études et de méditations. Julien eût vécu dans une école comme un sage ou dans un

---

[1] Ce fait est rapporté par Libanius et par Ammien Marcellin.

[2] Voy. Misopogon, 342, éd. Spanheim, 1696. Ἡ δὲ εἰρωνεία πόση; Δεσπότης εἶναι οὐ φῄς, οὐδὲ ἀνέχῃ τοῦτο ἀκούων, ἀλλὰ καὶ ἀγανακτεῖς· δουλεύειν δ' ἡμᾶς ἀναγκάζεις ἄρχουσι καὶ νόμοις.

temple comme un dévôt[1]. Cette destinée eût suffi à son génie, bien supérieur à son ambition. Il ne désira le pouvoir que comme un moyen de rétablir et de restaurer les croyances qui lui étaient chères avant tout. Les historiens qui n'ont vu dans Julien que le génie politique s'étonnent qu'un homme aussi supérieur se soit dévoué avec tant de zèle et de constance à une tâche aussi ingrate; ils regrettent qu'il n'ait pas élevé la politique impériale au-dessus des partis ni appliqué à l'administration des affaires publiques ce système de haute neutralité et de tolérance universelle dont nous avons vu l'éloquente expression dans une lettre de Thémistius. Rien n'était moins dans le caractère de Julien qu'un tel rôle. Il avait horreur de la violence et de la persécution; il pouvait être et il fut tolérant par bienveillance et par humanité, mais jamais par la neutralité d'un juge indifférent. C'est un prêtre alexandrin sur le trône; seulement il se trouve que ce prêtre a le génie d'un grand empereur et le courage d'un héros. On s'étonne de le voir sans cesse occupé de sacrifices et de théurgie; mais il ne fait que suivre sa vocation. Il accepte et il remplit comme un devoir ses fonctions politiques; mais si les affaires de l'empire lui laissent un moment de liberté, avec quelle joie il retourne à ses études et à ses pratiques de prédilection! Quand on le voit présider publiquement aux sacrifices et aux cérémonies du culte, on peut croire qu'il est là pour l'exemple. Mais lorsqu'on le surprend la nuit dans

---

[1] *Disc. à Thémistius*, 264. Julien met le philosophe fort au-dessus du prince. Ἐγὼ μὲν οὖν Ἀλεξάνδρου φημὶ μείζονα τὸν Σωφρονίσκου κατεργάσασθαι.

les endroits les plus secrets de son palais, invoquant les Dieux, évoquant les démons, passant de longues heures dans la contemplation et dans l'extase, on a le spectacle d'un mysticisme sincère et d'une vraie dévotion [1].

C'est cet héroïsme et cet enthousiasme religieux qui font de Julien un personnage à part au milieu de ces figures impassibles de la politique impériale; c'est là ce qui jette un intérêt si dramatique sur la destinée de cet homme extraordinaire, indépendamment des grandes choses qu'il a faites. S'il n'était qu'un grand politique, comme Dioclétien ou Constantin, on ne lui pardonnerait pas d'avoir déployé tant de rares qualités au service d'une mauvaise cause; mais on plaint tant de génie et de vertu aux prises avec le faux et l'impossible. On plaint cet enthousiasme solitaire qui rencontre si peu d'échos, ce dévouement infatigable qui trouve si peu de secours dans cette société indifférente ou livrée à un esprit contraire. Quelle ardeur, quelle activité, quelle constance dans l'accomplissement de ses desseins! Avec quelle sollicitude, avec quelles angoisses il suit les vicissitudes diverses, les bonnes ou les mauvaises fortunes de l'entreprise! Quelle joie il ressent du triomphe! quelle tristesse de l'impuissance! Il se fait illusion tout d'abord; parce que l'armée, l'administration, la cour, reviennent, à sa voix, au culte des vieux autels, il se croit sûr de la victoire. Mais cette

---

[1] Julien, XVIIe *Lett.* (à Arsace), raconte un songe, dans lequel il a vu deux arbres : l'un, vieux, penché vers la terre; l'autre, sortant à peine des racines du premier. Le grand arbre (c'est Constance) est renversé; le jeune (c'est Julien), au contraire, grandit et se développe.

réaction se renferme dans la société officielle ; elle n'a point gagné la grande société de l'empire. Là le Polythéisme est toujours mort, et le Christianisme de plus en plus vivant. L'un reste insensible à l'enthousiasme de Julien et de ses prêtres, l'autre se rit de leurs efforts. Julien trouve des obstacles de tous côtés : il n'avait compté que sur la résistance de ses ennemis ; il découvre, à mesure qu'il poursuit sa restauration, les faiblesses et les misères de son propre parti. Il est forcé de recommander à ses prêtres la vie pure, la charité, les vertus des Chrétiens. « Si l'Hellénisme ne fait pas autant de progrès que nous l'espérions, c'est la faute de ceux qui le professent aujourd'hui. Ne tournerons-nous point nos regards sur les causes qui ont favorisé l'accroissement de la religion impie de nos adversaires, je veux dire sur leur philanthropie envers les étrangers, sur leur sollicitude à ensevelir et à honorer les morts, sur la sévérité (quoique feinte et affectée) de leurs mœurs? Voilà en effet autant de vertus qu'il nous appartient, ce semble, de mettre réellement en pratique. Il ne te suffit pas de tendre à ce but sublime ; mais il est de ton devoir d'y ramener pour toujours tous les prêtres répandus dans la Galatie, soit par la persuasion, soit par les menaces, soit même en les destituant de leur ministère sacré, s'ils ne donnent pas, eux, leurs femmes, leurs enfants et leurs serviteurs, l'exemple du respect envers les Dieux ; s'ils n'empêchent point les serviteurs, les enfants et les femmes des Galiléens, d'insulter aux Dieux en substituant leur athéisme (ἀθεότητα) au culte qui leur est dû. Ne manque pas, en outre, de défendre à tout prêtre de fréquenter les spectacles, de boire dans les tavernes, et d'exercer aucun métier vil ou ignoble. Honore ceux qui t'obéiront ; bannis ceux qui oseront te résister ; établis dans chaque cité des hospices pour que les gens sans asile, ou sans moyens de vivre, y jouissent de nos bienfaits, quelle que soit d'ailleurs la religion qu'ils professent. Il serait par trop honteux que nos sujets fussent dépourvus de tout secours de notre part, tandis qu'on ne voit aucun mendiant, ni chez les Juifs, ni même parmi la secte impie des Galiléens, qui nourrit non seulement ses pauvres, mais souvent les nôtres [1]. » Julien nous raconte lui-même comment il est dupe de ses illusions. Enfermé dans le fond de son palais avec ses chers philosophes, il rêve aux beaux jours du Polythéisme ; il croit voir la foule remplir la demeure des Dieux ; il entend les chants des peuples. Pures illusions qui s'évanouissent devant la réalité ! Quand Julien visite les temples, il n'y trouve que silence et solitude : « Vers le dixième mois arrive l'ancienne solennité d'Apollon, et la ville devait se rendre à Daphné pour célébrer cette fête. Je quitte le temple de Jupiter Casius, et j'accours, me figurant que j'allais voir toute la pompe dont Antioche est capable. J'avais l'imagination remplie de parfums, de victimes, de libations, de jeunes gens revêtus de magnifiques robes blanches, symbole de la pureté de leur cœur ; mais tout cela n'était qu'un beau songe. J'arrive dans le temple, et je n'y trouve pas une victime, pas un gâteau, pas un grain d'encens. J'en suis étonné ; je crois pourtant que les préparatifs sont au dehors, et que, par respect pour ma qualité de sou-

---

[1] *Epist.* LI (Jul. à Arsace).

verain pontife, on attend mes ordres pour entrer. Je demande donc au prêtre ce que la ville offrira dans ce jour si solennel : « Rien, me répondit-il ; voilà seulement une oie que j'apporte de chez moi, *car la ville n'a rien offert aujourd'hui* [1]. » L'indifférence de son parti ne décourage point cet infatigable athlète; seulement les obstacles finissent par l'irriter. Toujours tolérant pour les sarcasmes qui s'adressent à sa personne, il ne répond aux insultes des habitants d'Antioche que par une satire plus triste encore qu'amère, où perce le sentiment de sa défaite bien plutôt que le dépit d'une vanité blessée. Mais il ne pardonne pas les outrages à ses Dieux ; il punit sévèrement les chrétiens convaincus ou seulement soupçonnés d'avoir détruit les temples. Il ne persécute point les partisans de la religion nouvelle ; il ne leur interdit ni l'exercice de leur culte, ni la prédication de leur doctrine : mais il les écarte des fonctions publiques [2]. Cette partialité, blâmable dans l'homme d'État, était bien naturelle au dévot. L'apôtre de la restauration du Polythéisme pouvait-il moins faire dans l'intérêt de sa cause? Il interdit aux chrétiens l'enseignement des lettres grecques ; mais n'est-ce pas autant la piété pour ses Dieux que la politique qui lui inspire cette mesure ? Il faut bien reconnaître, du reste, que Julien oublia plus d'une fois sa tolérance et son humanité dans l'en-

---

[1] Misopog., 362, éd. Spanheim.

[2] *Lett*. VII. « Par tous les Dieux ! il n'entre point dans ma pensée d'égorger les Galiléens, ni de les maltraiter sans raison, ni de leur faire aucune violence. Mais je suis entièrement d'avis qu'on leur préfère des hommes pieux; car la folie de ces Galiléens a failli tout perdre. »

traînement de la lutte. Il ferme les yeux sur les sanglantes représailles du peuple d'Alexandrie ; il poursuit, sous prétexte du repos public, le héros de l'Église, le grand Athanase ; il dépouille les chrétiens d'Alexandrie de leurs biens, et ajoute la raillerie à la confiscation. On voit que les succès des chrétiens l'irritent encore plus que leurs violences ; les passions du prêtre l'emportent sur la sagesse de l'empereur. Julien, indifférent à tout ce qui s'attaque à sa personne, perd toute mesure quand il s'agit de venger les offenses faites à ses Dieux. Enfin son génie se ressent des tristes nécessités de son rôle. Toute cause désespérée force plus ou moins le caractère de ses héros. L'éloquence de Démosthène s'échappe trop souvent en invectives ; la vertu politique de Brutus et de Caton a quelque chose de roide et d'étroit. L'ardeur de Julien manque de mesure, et, comme la violence lui répugne, il descend quelquefois à la ruse pour vaincre ses ennemis.

Malgré tout cela, Julien n'en fut pas moins un prince plein de douceur et d'humanité dans un temps où ces vertus étaient fort rares sur le trône. La politique de Constantin fut quelquefois cruelle ; la violence était habituelle à Constance ; Valentinien aimait à verser le sang ; on sait combien la colère du grand Théodose fut terrible. L'ame des Antonins se retrouve dans Julien ; il ne lui manqua que d'avoir vécu dans les beaux jours de l'empire. Il tient sans doute du prêtre et du sophiste ; il a toute la ferveur de l'un et toute la subtilité de l'autre : mais sous le prêtre et le sophiste se révèle toujours le héros. Sa vie est un combat perpétuel : empereur, il lutte contre les ennemis de l'empire ; païen, il lutte contre le Christianisme ; homme, il lutte contre les passions de son caractère mobile et ardent ; il lutte sans relâche avec une activité infatigable et une indomptable énergie jusqu'à la mort. Sa fin fut digne de sa vie : au moment du péril, tout préoccupé du salut de l'armée, il néglige le soin de sa défense personnelle, et quand il est frappé, il oublie sa blessure pour voler au plus fort de la mêlée. Quels nobles et touchants adieux à ses compagnons d'armes ! quelle résignation, quelle douce sérénité dans ses derniers moments ! Julien fut le dernier grand empereur de Rome ; il eut beaucoup des vertus du sage et toutes les qualités du héros. Profondément étranger par son esprit et son caractère à la société nouvelle, il ne put ni la comprendre ni l'aimer : son âme était toute païenne, en ce sens qu'elle fut le type vivant des vertus et des qualités de la vieille société qui allait faire place au Christianisme ; il fut le dernier fils de cette noble antiquité qu'il défendit avec tant de dévouement. Julien a le double malheur, en ce qui concerne sa mémoire, d'avoir été calomnié par ses ennemis ou flatté outre mesure par ses panégyristes. Saint Grégoire de Nazianze et Zosime sont également suspects, l'un pour ses déclamations violentes, l'autre pour son aveugle admiration. Libanius est plus modéré : le rhéteur connaît et avoue les fautes de son héros ; mais enfin c'est un panégyriste. Ammien Marcellus est le seul historien dont le témoignage mérite confiance : homme de guerre et d'administration ; il ne voit en Julien que l'homme politique, et le juge avec beaucoup de sens et de mesure. Grand admirateur de ses exploits militaires et de son génie politique, il

n'aime en lui rien de ce qui sent le prêtre et le sophiste.
Il lui reproche sa superstition et sa loquacité, un goût
excessif pour les louanges et la popularité, un oubli
trop fréquent de la dignité impériale. Il loue générale-
ment la tolérance et la justice de son gouvernement,
sans approuver la défense faite aux chrétiens d'enseigner les lettres anciennes. Ammien Marcellus a bien
jugé cet empereur. Julien fut un grand prince, en dépit
de son temps et de son éducation. Il eut le génie du
gouvernement; il n'en eut pas la noblesse et la dignité
extérieure. C'est un disciple de la philosophie qui passe
brusquement sur le trône, et qui y conserve tous ses
goûts et toutes ses allures sous la pourpre impériale.
Il se délasse des affaires publiques dans le commerce
des muses et le culte des Dieux; il passe ses nuits en
prières, en sacrifices, en extases, ou bien il se livre à
sa verve de composition. Écrivain plein de grâce et
de naturel, il laisse rarement échapper des traits de
mauvais goût ou des mouvements déclamatoires. Il a
plus d'esprit que d'imagination, plus de vivacité que
d'éloquence, plus de finesse que d'élévation et de grandeur. Aucun auteur du temps ne peut lui être comparé
pour la simplicité de la composition, pour la clarté et
l'élégance du style. On sait qu'il avait écrit des commentaires de ses campagnes en Germanie, à l'exemple
de César : s'il était permis de juger de cet écrit, qui
nous manque, par le caractère général de ses œuvres
littéraires, il semble qu'on devait y retrouver la simplicité et la précision de César avec plus de grâce,
mais avec moins de nerf et de concision. Sa satire des
Césars est un petit drame étincelant de verve et d'esprit, riche de portraits fidèles et piquants. Son Miso-

pogon fait moins de plaisir à lire : toute cette ironie est sans dignité comme sans gaieté ; elle livre la majesté impériale à la risée publique, et révèle la profonde blessure de cette âme païenne, atteinte dans ses plus chères affections par les sarcasmes triomphants des *Galiléens*. Dans ses traités et ses lettres sur la mythologie, il montre moins la foi d'un prêtre que l'esprit libéral d'un philosophe; seulement il use timidement de l'interprétation alexandrine. Il aime à tout conserver, la forme aussi bien que le fond ; il ne sacrifie la tradition qu'autant qu'elle répugne à la saine morale et à la vraie théologie.

De son grand ouvrage de polémique contre les chrétiens, il ne nous est resté que des fragments cités par saint Cyrille, qui le réfute. Cette polémique contenait un parallèle suivi et systématique entre la nouvelle religion et le Polythéisme. La défense de l'*Hellénisme*, pour nous servir de l'expression même de Julien, y tenait autant de place que la critique des dogmes chrétiens : c'est là surtout ce qui paraît distinguer l'œuvre de Julien de la polémique de Porphyre. Celui-ci est un philosophe qui, connaissant les misères et les faiblesses de l'ancienne croyance, se sent moins porté à la défendre qu'à attaquer au nom de la philosophie ce qu'il appelle la *superstition chrétienne*. Julien, restaurateur ardent du Polythéisme, est plein de confiance dans les traditions mythologiques; il les cite et les oppose avec orgueil aux *impiétés* de la secte chrétienne. Du reste, dans cet habile parallèle, il appelle à son secours tous les oracles de la sagesse antique ; il invoque les doctrines de la philosophie plus souvent que les croyances populaires. Il parcourt tous les points importants de théologie, de morale, de législation, et partout il oppose les idées et les institutions helléniques aux idées et aux institutions de la *secte chrétienne* [1]. C'est ainsi que sur la notion de la divinité il compare le Timée à la Genèse. Les chrétiens font remonter à Moïse le dogme de la création ; mais le Dieu de la Genèse ne crée pas toutes choses. Moïse ne dit point que Dieu ait créé l'abîme, les ténèbres, l'eau ; il paraît au contraire considérer tout cela comme une matière préexistante que Dieu n'aurait fait qu'arranger. Il ne dit pas un mot des anges ; en sorte que, dans son opinion, Dieu n'aurait produit aucun être incorporel. Quant à l'esprit, Moïse se borne à dire vaguement qu'*il était porté sur les eaux*. Cet esprit est-il créé ou incréé, est-il matériel ou immatériel ? Moïse ne s'explique ni sur sa nature, ni sur son origine. Maintenant, qu'on ouvre les livres des Grecs [2]. Il ne faut point s'arrêter aux fables ridicules ou absurdes inventées par les poëtes, et adoptées par l'imagination des peuples, telles que les monstrueux festins de Saturne, les mariages incestueux et les amours illégitimes de Jupiter, le *démembrement* de Bacchus [3]. Qu'on interroge Platon, et on trouvera dans ses livres

---

[1] S. Cyril., *cont. Jul.*, II, éd. de Spanheim, 43.

[2] Ibid., II, 49. Ἐν δὴ τούτοις, οὔτε τὴν ἄβυσσον φησι πεποιῆσθαι ὑπὸ τοῦ Θεοῦ, οὔτε τὸ σκότος, οὔτε τὸ ὕδωρ. Καίτοι χρῆν δήπουθεν εἰπόντα περὶ τοῦ φωτός, ὅτι προςάξαντος Θεοῦ γέγονεν, εἶπειν ἔτι καὶ περὶ τῆς νυκτὸς, καὶ περὶ τῆς ἀβύσσου, καὶ περὶ τοῦ ὕδατος. Ὁ δὲ οὐδὲν εἶπεν ὡς περὶ γεγονότων ὅλως, καίτοι πολλάκις μνησθεὶς αὐτῶν. Πρὸς τούτοις οὔτε τῆς τῶν ἀγγέλων μέμνηται γενέσεως ἢ ποιήσεως.

[3] Ibid., II, 44. Οὐκοῦν Ἕλληνες μὲν τοὺς μύθους ἔπλασαν ὑπὲρ τῶν Θεῶν, ἀπίστους καὶ τερατώδεις. Καταπιεῖν γὰρ ἔφασαν τὸν Κρόνον τοὺς παῖδας. Εἶτ' αὖτις ἐμέσαι. Καὶ γάμους ἤδη παρανόμους.

une sagesse bien supérieure à celle de Moïse. Celui-ci n'avait rien vu dans l'univers au-delà du monde sensible; Platon distingue en outre le monde intelligible. Le Dieu du Timée ne crée que les essences pures, les Dieux incorporels; il laisse à ces Dieux le soin de former les corps. Pour lui, il ne touche point à la matière ; il ne crée, ne conserve, ne gouverne dans ce monde que les âmes [1]. Le Dieu de Moïse, au contraire, est condamné à subir le contact des êtres corporels, par le défaut d'intermédiaires placés entre lui et le monde. Les juifs et les chrétiens n'ont jamais compris la beauté de cet univers, et combien il est divin ; ils n'ont pas vu qu'il est plein de Dieux de toute nature et de tout rang qui s'échelonnent sans interruption entre le Dieu suprême et notre misérable monde, et transmettent aux dernières limites de la création les effets de la puissance et de la bonté divines. Cette croyance à un Dieu unique, dont les juifs et les chrétiens sont si fiers, n'est donc que l'erreur d'une théologie impuissante et incomplète qui n'a pas su comprendre, comme la philosophie et la religion des Grecs, la coexistence et le concours harmonieux des puissances divines dans le sein de l'Unité suprême.

Voilà pour la conception générale de la divinité. Maintenant quelle idée nous donnent de ce Dieu unique leurs livres sacrés? Ne lui prêtent-ils pas les passions et les affections humaines? Que dire du jardin d'Éden et de la création d'Adam et d'Ève [2]? Que dire de la fable du serpent tentateur [3]? Y a-t-il rien de

[1] Ibid., ii, 65.
[2] Ibid., iii, 75.
[3] Ibid., iii, 86.

plus absurde dans les fables populaires des Grecs? Comment Dieu a-t-il pu interdire à ses créatures la connaissance du bien et du mal? Que deviendrait la nature humaine réduite à ignorer l'un et l'autre [1]? D'ailleurs Dieu n'est pas sujet à l'envie [2]. On ne peut expliquer une pareille fable qu'en n'y voyant (ce que pense Julien) qu'une allégorie qui couvre un sens secret. D'un autre côté, si l'envie répugne à la nature de Dieu, la prédilection exclusive pour une seule race ne convient pas davantage à sa providence universelle. Comment supposer que Dieu, qui a tout créé dans l'univers, délaisse tous les peuples pour ne s'occuper que d'un seul [3]? Les Grecs ont des idées plus saines sur le gouvernement de la Providence : ils reconnaissent que le Dieu suprême, le Dieu créateur est le roi et le père commun de tous les hommes; qu'il a distribué toutes les nations de l'univers à des Dieux qui les dirigent chacune selon sa nature, de la manière la plus convenable [4]. Cette pluralité de Dieux inférieurs n'explique pas seulement l'universalité de la Providence, mais encore la diversité des races. Les juifs, avec leur dogme d'un

---

[1] Ibid., III, 89. Τί γὰρ ἂν ἡλικιώτερον γένοιτο, τοῦ μὴ δυναμένου διαγινώσκειν καλὸν καὶ πονηρόν;

[2] Ibid., III, 94. Καὶ προσέτι τὸ ζηλοτυπῆσαι μὴ τῆς ζωῆς μεταλαβὼν, ἀθάνατος ἐκ θνητοῦ γένηται, φθονεροῦ καὶ βασκάνου λίαν ἐςίν.

[3] Ibid., III, 99. Εἰ γὰρ πάντων ἡμῶν ἐςι θεός, καὶ πάντων δημιουργὸς ὁμοίως, εἰς τί περιεῖδεν ἡμᾶς;

[4] Ibid., IV, 115. Οἱ γὰρ ἡμέτεροι φασὶ τὸν Δημιουργὸν ἁπάντων μὲν εἶναι κοινὸν πατέρα καὶ βασιλέα, νενεμῆσθαι δὲ τὰ λοιπὰ τῶν ἐθνῶν ὑπ' αὐτοῦ ἐθνάρχαις καὶ πολιούχοις θεοῖς, ὧν ἕκαςος ἐπιτροπεύει τὴν ἑαυτοῦ λῆξιν οἰκείως αὐτῷ. Ἐπειδὴ γὰρ ἐν μὲν τῷ πατρὶ πάντα τέλεια, καὶ ἓν πάντα, ἐν δὲ τοῖς μεριςοῖς, ἄλλη παρ' ἄλλῳ κρατεῖ δύναμις.

Dieu unique, en sont réduits, pour rendre compte de cette diversité, à inventer la fable de la tour de Babel et de la confusion des langues [1]. Rien n'est moins philosophique qu'une pareille explication ; c'est la nature même du génie préposé au gouvernement de chaque peuple qui est le principe de la différence du caractère, de l'esprit, des mœurs, des croyances, des lois. Répondre, comme le font les livres des juifs, que cela arrive par la volonté de Dieu, c'est ne rien apprendre. Il ne suffit pas d'écrire dans un livre : *Dieu a dit, et les choses ont été faites*; car il faut voir si ce qu'on dit avoir été fait par la volonté divine n'est pas contraire à l'essence même des choses [2]. Dieu ne viole jamais l'ordre de la nature, lequel n'est que l'expression de sa volonté. Si Dieu avait voulu que les langues, les mœurs, les lois des nations, d'abord identiques, devinssent subitement diverses, comme cela est contraire à l'essence des choses, il n'aurait pu le faire par sa seule volonté. La nature des êtres résiste invinciblement à une brusque métamorphose. Il est donc beaucoup plus raisonnable de chercher l'origine de la diversité des races dans l'essence même des choses, c'est-à-dire dans l'influence des Dieux inférieurs jointe à celle du climat, de l'air, du ciel [3]. Enfin le Dieu des juifs a toutes les faiblesses de l'humanité : il est jaloux et impuissant tout à la fois; il dit à son peuple : tu n'adoreras point les Dieux des autres nations, et il souffre que l'univers créé tout en-

---

[1] Ibid., IV, 134.
[2] Ibid., IV, 143. Καὶ γὰρ οὐδὲ ἀπόχρη λέγειν, εἶπεν ὁ Θεὸς, καὶ ἐγένετο. Ὁμολογεῖν δὲ χρὴ τοῖς ἐπιτάγμασι τοῦ Θεοῦ τῶν γινομένων τὰς φύσεις... Πῶς γὰρ ἂν ἡ φύσις τῷ προςάγματι μάχοιτο τοῦ Θεοῦ;
[3] Ibid., IV. 143.

tier par lui adore d'autres Dieux [1]. Il s'indigne, il se venge, il punit les enfants des fautes de leurs pères [2]. Quel est le législateur de l'antiquité qui n'est pas supérieur à un tel Dieu en justice, en sagesse, en modération [3] ?

Voilà pour l'ancienne loi ; quand Julien s'attaque à la nouvelle, il est évident que sa polémique devient plus faible et plus pauvre. Le Christianisme se rapprochait davantage de la théologie de Platon et des Néoplatoniciens. Tout en maintenant l'unité de Dieu, il professait la Trinité, c'est-à dire la pluralité des personnes divines dans l'unité; il parlait explicitement des anges, des âmes, des démons, les considérant, il est vrai, autrement que les Alexandrins. La critique avait peu de prise sur une doctrine aussi riche et aussi complète. Restait la question du surnaturel : la philosophie eût bien pu attaquer le mystère de l'incarnation ; mais cette critique retombait sur le Polythéisme, qui avait reconnu un si grand nombre d'incarnations. Aussi est-il à remarquer que les adversaires païens du Christianisme, Celse, Porphyre, Julien, n'ont jamais touché ce point délicat. Julien se trouve réduit à relever les contradictions de l'ancienne et de la nouvelle loi ; sur ce terrain, il triomphe facilement. Ainsi, tandis que Moïse n'admet qu'un seul Dieu, les Galiléens parlent du Verbe et du Saint-Esprit [4]. Ils diront

---

[1] Ibid., viii, 261.

[2] Ibid., v, 155.

[3] Ibid., v, 464.

[4] Ibid., v, 169. Ἄξιόν γε ἐςὶ παραβαλεῖν αὐτὸν, τῇ Λυκούργου πρᾳότητι, καὶ τῇ Σόλωνος ἀνεξικακίᾳ ἢ τῇ Ῥωμαίων πρὸς τοὺς ἠδικηκότας ἐπιεικείᾳ καὶ χρηςότητι.

peut-être qu'ils n'en reconnaissent pas moins comme
Moïse un Dieu unique ; mais comment accorderont-ils
cette prétention avec les paroles de Jean l'évangéliste :
*au commencement était le Verbe, et le Verbe était en
Dieu et il était Dieu*[1] ? Il s'agit donc ici d'un second
Dieu. D'ailleurs les Galiléens ne donnent-ils pas à
Marie le nom de mère de Dieu [2] ? On cite les paroles
d'Isaïe ; est-ce qu'Isaïe a écrit que celui qui naîtrait
d'une vierge serait le fils unique engendré de Dieu, et
le premier-né de toutes les créatures ? Il est vrai que
les Galiléens prétendent ne reconnaître ni un second,
ni un troisième Dieu dans le Fils et dans le Saint-Esprit ; mais quand on leur accorderait ce point, il n'en
serait pas moins vrai qu'aucun des prophètes n'a rien
dit de semblable à ces paroles de Jean : *Toutes choses
ont été faites par lui, et rien n'a été fait sans lui*[3].
Bien plus, les Galiléens n'ont pas seulement abandonné
la tradition de Moïse, ils ne sont pas même restés
fidèles à la doctrine des premiers Apôtres. Ni Paul,
ni Matthieu, ni Luc, ni Marc, n'ont osé dire que Jésus fût Dieu. Jean est le premier qui ait professé la
divinité du Christ dans le chapitre où il dit que le
Verbe est Dieu, et que Jésus-Christ est le Verbe fait
chair [4].

Voilà pour le dogme ; quant aux pratiques, pourquoi
les Galiléens ont-ils abandonné la circoncision, les

[1] Ibid., viii, 264.
[2] Ibid., viii, 276.
[3] Ibid , ix, 290.
[4] Ibid., x, 327. Τὸν γοῦν Ἰησοῦν οὔτε Παῦλος ἐτόλμησεν εἰπεῖν
Θεὸν, οὔτε Ματθαῖος, οὔτε Λουκᾶς, οὔτε Μάρκος· ἀλλ' ὁ Χρηστὸς
Ἰωάννης... Πρῶτος ἐτόλμησεν εἰπεῖν.

sacrifices, la Pâque, pour des usages étrangers aux juifs et à toute l'antiquité [1]? Pourquoi ce respect superstitieux des tombeaux et ce culte des morts? Saint Paul se tient satisfait de la *circoncision du cœur*. Mais il est en contradiction avec le Christ, qui a maintenu toutes les prescriptions de la loi [2]. En vain les Galiléens répondront-ils que la nouvelle loi a détruit l'ancienne. Jésus a dit : Je ne suis pas venu détruire la loi, mais l'accomplir. D'ailleurs, Moïse n'avait-il pas annoncé cette loi comme immuable et comme perpétuelle? *Vous n'ajouterez rien aux commandements que je vous donne, et vous n'en ôterez rien.*

Cette courte analyse des fragments qui nous restent de la polémique de Julien contre les chrétiens, montre l'esprit de sa critique. Il se garde bien d'opposer le vrai Polythéisme au vrai Christianisme. Le titre même de son livre révèle toute l'habileté de sa méthode. C'est une défense de l'*Hellénisme* qu'il entreprend plutôt que du Polythéisme. Dans l'Hellénisme, il s'attache surtout aux doctrines philosophiques et ne prend jamais les mythes dans leur sens populaire. Quant au Christianisme, il aime mieux, et pour cause, le considérer dans son origine, dans sa tradition judaïque que dans les doctrines et les institutions qui lui sont propres. C'est du reste la tactique de tous les grands apologistes du Paganisme, de Celse, de Porphyre, aussi bien que de Julien. Les apologistes chrétiens usent d'une méthode analogue à l'égard de l'Hellénisme; ils laissent la philosophie grecque dans l'ombre et relèvent surtout les

---

[1] Ibid., ix, 305, 314.
[2] Ibid., ix, 309.

absurdités et les misères de la mythologie païenne. Quant à la tradition judaïque, ils la transforment en l'interprétant. Telle est l'exégèse d'Origène. Ainsi la philosophie et le Christianisme évitent de se combattre directement ; ils semblent comprendre qu'un même esprit les anime et que le fond de leurs pensées est commun. Dans la polémique violente et acharnée qu'ils engagent l'un contre l'autre, ce sont les vieilles traditions, ce sont les origines plutôt que les doctrines qui se heurtent et se contredisent.

Après la mort de Julien, la révolution religieuse qui devait assurer l'empire du monde au Christianisme reprit son cours. Le Polythéisme définitivement vaincu vit abattre ses temples, disperser ses écoles, persécuter ses derniers représentants. On connaît la tragique destinée d'Hypathie. Eunape nous a raconté la triste fin de Maxime et de quelques autres philosophes compromis dans la restauration tentée par Julien ; il nous a retracé en quelques pages pleines de regrets et d'amertume l'une de ces grandes scènes populaires qui marquèrent le triomphe du Christianisme, la destruction du temple de Sérapis [1]. La philosophie partagea le sort du Polythéisme : elle disparut de la scène politique et se retira dans les écoles, où elle put reprendre pour quelque temps encore, dans le silence et la solitude, le cours de ses spéculations.

Après avoir expliqué un peu longuement peut-être cette tentative de restauration, il nous reste à l'apprécier en quelques mots. L'histoire nous a rendu la tâche facile. Une religion appelée à de si hautes destinées ne

[1] Voyez Eunape, *Vie d'Édésius*.

pouvait rencontrer d'obstacle sérieux. Si le Polythéisme a été vaincu, c'est qu'il devait l'être. Ni les circonstances, ni les hommes ne lui ont fait défaut. Quand la lutte éclata, il avait pour lui le nombre, la science d'une grande école et le génie d'un héros, et avec tout cela il s'est brisé contre l'invincible nécessité. Jamais défaite plus éclatante ne manifesta le jugement de Dieu. Pour nous, à qui dix-huit siècles de domination universelle ont révélé l'incomparable vertu du Christianisme, cette restauration des vieilles croyances nous semble, à une telle distance, le rêve fantastique de quelques esprits égarés. Nous ne concevons pas qu'un grand homme y ait consumé son génie; nous concevons encore moins qu'une grande école s'y soit associée avec tant d'ardeur et d'espoir. Tel est l'effet que produisent toujours les restaurations sur une postérité un peu reculée. De loin, rien ne semble plus absurde ni plus impraticable. Et pourtant rien n'avait paru plus simple et plus facile à l'esprit conservateur qui les a conçues et exécutées. L'humanité s'arrache avec peine au passé; elle résiste longtemps à l'esprit qui la travaille et la pousse dans des voies nouvelles. La révolution la plus nécessaire et la plus légitime est encore une violence faite à ses habitudes et à ses préjugés. Il lui faut un grand effort pour se dégager de la tradition et se confier à l'inconnu. Il y a toujours un moment où elle flotte indécise entre le passé et l'avenir et où le parti du passé profite de ses regrets, de ses irrésolutions, de ses incertitudes pour tenter une restauration. Il est si doux à une société de rentrer dans le repos! Une révolution détruit, une restauration conserve. La sagesse du présent est toujours pour la seconde entreprise; ce n'est que plus tard que l'humanité en reconnaît la vanité, à mesure que le temps manifeste l'impuissance des vieilles institutions et la vertu des nouvelles. Alors la sagesse des restaurations lui semble folie, et la folie des révolutions lui paraît la vraie sagesse. C'est ainsi que l'entreprise de Julien et des Alexandrins a dû être fort diversement jugée par les contemporains et la postérité. Nous avons peine à la prendre au sérieux, même en nous représentant l'état du monde à cette époque. Et cependant cette chimère séduisit les politiques et les philosophes du temps. La politique y crut trouver le repos et le salut de l'empire, troublé à l'intérieur par la querelle des Ariens et des orthodoxes, et menacé à l'extérieur par l'invasion des barbares. Quant à la philosophie, elle avait toujours protesté contre les superstitions du Polythéisme, mais elle n'avait jamais prétendu le remplacer dans la croyance des peuples. Elle avait fondé de nombreuses et puissantes écoles; elle était devenue la source unique où l'élite de la société païenne puisait sa foi et ses vertus, à tel point qu'on pouvait la regarder comme la religion des grandes âmes de l'antiquité ! Mais elle se sentait profondément incapable de devenir la religion du peuple. Pour cela il lui eût fallu changer à la fois le fond et la forme de ses doctrines. Son idéalisme abstrait était d'une essence trop subtile pour être saisi par des intelligences grossières; son mysticisme exalté ne pouvait jamais devenir une règle populaire. Bien peu d'esprits étaient en mesure d'embrasser cette science si vaste et de comprendre cet éclectisme si ingénieux. Tout ce que la philosophie alexandrine pouvait faire, c'était de reprendre les croyances populaires pour les expliquer, les purifier, les élever, et de les proposer ainsi transformées à la foi du monde. Fille de l'esprit nouveau, comme le Christianisme, de cet esprit universel qui depuis quatre siècles agitait et entraînait la société dans un spiritualisme austère, la philosophie crut pouvoir conjurer la révolution religieuse qui se développait, par une restauration du Polythéisme. Elle put le croire d'autant mieux que cette restauration, telle que la poursuivaient les Alexandrins, était elle-même une révolution. La philosophie comprenait comme le Christianisme que le règne des Dieux de la nature était passé; comme lui, elle avait deviné les nouvelles tendances religieuses du monde et n'entendait pas enseigner autre chose, sous forme mythologique, que la foi à l'invisible et le culte de l'esprit. Seulement la prétention des Alexandrins était de rattacher l'esprit nouveau à la tradition, et de l'enfermer dans les mythes du Polythéisme. De cette manière, on ouvrait à la société des voies nouvelles sans rompre avec le passé, on conservait la tradition en la régénérant, on rendait la révolution religieuse inutile en satisfaisant aux besoins nouveaux. On purifiait le culte, on idéalisait les mythes, on ramenait cette diversité confuse de légendes populaires ou de fictions poétiques à un système harmonieux et bien coordonné dans ses parties. Dans l'interprétation toute philosophique des Alexandrins, le Polythéisme puisait un esprit, un sentiment, un ordre, une unité qu'il n'avait jamais eus. Il devenait le symbole de l'avenir, tout en rappelant le passé. Le monde n'avait point à brûler ce qu'il avait adoré. Il gardait ses temples et toutes les merveilles des arts qui représentaient ses anciennes croyances; il gardait ses Dieux transfigurés par la lumière de la vérité nouvelle ; la langue de la littérature et de la poésie restait toujours la langue de la théologie. Comment une pareille entreprise n'aurait-elle pas séduit les meilleurs esprits ?

Et pourtant grande était l'erreur de la philosophie. Fort indifférente elle-même aux formes, elle renouvelait la pensée et l'esprit même du Polythéisme. Toute forme lui était bonne pour exprimer les vérités métaphysiques et morales qui faisaient le fond de sa propre doctrine. La riante mythologie des Grecs lui convenait comme les sombres mystères de l'Orient. La chaste et sévère imagination des Alexandrins avait purifié les symboles les plus voluptueux. La nudité des formes était pour elle l'emblème de la pureté des essences. Mais l'imagination populaire n'entendait rien à ces subtiles transformations ; elle s'obstinait à conserver leur sens antique aux symboles et aux fêtes du Polythéisme. A ses yeux, Bacchus, Vénus, Cybèle, et beaucoup d'autres divinités, étaient toujours les diverses personnifications de la nature, considérée dans sa puissance, dans sa beauté, dans sa fécondité. Elle ne pouvait voir dans Bacchus le type de l'intelligence, ni dans Vénus le type de l'âme. Les symboles du Paganisme répugnaient d'ailleurs aux interprétations de la philosophie. La philosophie, tout entière à son œuvre de restauration, ne comprit point que toute pensée a son symbole naturel et nécessaire, et qu'un symbole n'est pas, comme une simple matière entre les mains de l'artiste, propre à tout exprimer. Les symboles qui avaient servi à représenter le culte de la nature pouvaient-ils représenter le culte de l'esprit ? Les images de Bacchus et de Vénus devaient-elles trouver place dans les sanctuaires de l'idéalisme? Que pouvait-il y avoir de commun entre les bruyantes démonstrations de la chair et les extases de l'âme recueillie et solitaire? C'est ce qui fit qu'aucun des partis ne comprit la restauration tentée par la philosophie. La vieille société religieuse n'y reconnaissait point ses Dieux, et la nouvelle y retrouvait les détestables idoles de la superstition païenne. L'esprit nouveau voulait de nouveaux symboles. La mythologie ne pouvait indifféremment exprimer des doctrines opposées, le culte de l'*esprit* aussi bien que le culte de la *nature*.

D'ailleurs, rien n'était moins simple que ce vieux symbolisme, composé d'une infinité de mythes dont le sens n'avait jamais été nettement défini. Les Alexandrins avaient essayé d'y introduire un peu d'ordre et de clarté; mais leur esprit si savant, si ingénieux, si subtil, avait peine à se retrouver dans les mille détours de ce labyrinthe. Comment la foule des esprits vulgaires ne s'y serait-elle pas perdue? La philosophie avait beau faire; elle ne pouvait comprendre toutes les traditions dans son système mythologique, si complet qu'il fût. Elle en éliminait les contes populaires et beaucoup de fictions poétiques; elle y faisait surtout entrer tout ce qui avait paru tenir directement ou indirectement à la théologie des mystères. Et pourtant combien toute cette symbolique semble encore compliquée et ténébreuse! combien peu elle est accessible à l'intelligence des peuples! Que devenait l'esprit nouveau, étouffé sous cet amas de traditions? Enfin toute cette science mythologique était le fruit des interprétations individuelles. Chaque philosophe entendait les mythes à sa manière et suivant la direction particulière de sa pensée. Les esprits spéculatifs trouvaient un sens métaphysique aux symboles ; les moralistes leur attribuaient un sens moral ; les physiciens les invoquaient à l'appui de leurs hypothèses cosmogoniques. Le Polythéisme renouvelé était livré à toutes les fantaisies de l'interprétation philosophique, de même que l'ancienne croyance avait été abandonnée à tous les caprices de l'imagination poétique ou populaire. C'était toujours une religion sans code et sans Église ; les livres des philosophes ne pouvaient être considérés comme des monuments religieux authentiques ; leurs écoles n'avaient point aux yeux du peuple l'autorité des conciles. On voit que les docteurs de cette religion nouvelle n'étaient pas d'accord sur tous les points ; Julien, malgré son respect pour Jamblique, avoue les dissidences qui le séparent du premier restaurateur de l'Hellénisme.

Ainsi, d'une part, la philosophie, à cause de son caractère abstrait, ne pouvait devenir une croyance populaire ; de l'autre, le Polythéisme, même régénéré, ne pouvait le redevenir, ses vieux symboles répugnant à exprimer l'esprit nouveau. Le Christianisme convenait seul à cette grande mission. Nouveau par la doctrine et par le symbole, il répondait à toutes les facultés de la nature humaine. Sa théologie était tout à la fois à la hauteur des plus grands esprits et à la portée des plus simples. Tout ce que l'idéalisme platonicien avait conçu de plus élevé et de plus profond sur Dieu et sur ses diverses hypostases, se retrouvait dans le dogme de la Trinité, mais sous une forme populaire et vivante en quelque sorte. Les principes abstraits de la philosophie y étaient devenus des personnes, personnes divines, il est vrai, mais accessibles, malgré leur perfection, à la nature humaine dont elles étaient l'idéal. Dans le monde divin des Alexandrins, rien ne rappelait les formes de l'humanité. Leur Dieu suprême est un abîme où toute faculté humaine va se perdre, l'amour aussi bien que la pensée ; leur Intelligence divine n'a pas la conscience de ses intuitions ; leur Ame universelle n'a pas le sentiment de ses actes. Dans le monde divin de la théologie chrétienne, on retrouve encore la pensée, l'amour, la liberté, la justice, tels que les révèle à l'homme la conscience de sa propre nature. Le Père, le Fils, le Saint-Esprit, sont des puissances qu'il peut comprendre, aimer et prier, puisqu'il leur reconnaît le caractère de la personnalité. Ce sont des natures qui pensent, qui veulent, qui aiment, qui sentent, de même que l'humanité. Entre la nature divine et la nature humaine, il n'y a que la différence du parfait et de l'imparfait. Le ciel chrétien se réfléchit dans la conscience comme dans un miroir fidèle ; la Trinité a son image dans la nature humaine ; la théologie n'est qu'une psychologie transcendante. Dans ses plus hautes conceptions, dans ses plus sublimes extases, le Christianisme ne franchit jamais les limites de l'humanité. C'est du fond même de la nature humaine qu'il atteint la nature divine. La théologie alexandrine a aussi la prétention d'atteindre Dieu à travers l'humanité ; mais, quand elle se croit en possession de son objet, elle oublie son point de départ. La théologie chrétienne s'en souvient toujours.

Voilà une doctrine autrement claire et accessible que l'idéalisme néoplatonicien. Ce n'est pas tout. Le Christianisme ne se contente point d'assimiler l'homme à Dieu ; il confond les deux natures dans le mystère ineffable de l'incarnation. La nature divine ne se reflète pas seulement dans l'âme de l'homme ; elle se fait chair. Les hommes l'ont vue vivre, souffrir, mourir, ressusciter sous forme humaine, sous la sublime figure de Jésus de Nazareth. Le naturalisme mythologique ne voyait rien au-delà du monde sensible ; l'idéalisme platonicien s'élevait si haut, qu'il perdait de vue le monde sensible et l'humanité. Le Christianisme rapproche et rattache les deux mondes l'un à l'autre ; il les rattache par un lien visible et vivant, par l'humanité. Ce qui est propre à cette grande religion, ce n'est pas l'idée de l'incarnation en général. Toute religion affecte une origine divine et fait descendre Dieu dans le monde plus ou moins directement. Mais les incarnations du Polythéisme ne faisaient que confondre les puissances idéales de la nature avec la réalité naturelle. Les incarnations des religions orientales réunissaient les deux mondes, mais par un lien indirect et inférieur ; c'est toujours une puissance divine d'un ordre subalterne, un ange ou un génie, qui sert d'organe à cette communication. Dans le Christianisme, c'est le Verbe de Dieu lui-même qui vient révéler au monde les puissances et les perfections ineffables du Père de la création. Le Christ n'est pas une puissance quelconque de la hiérarchie divine, comme le voulaient les Gnostiques ; c'est le Fils unique de Dieu, le Verbe divin lui-même incarné ; c'est l'image vivante et visible de ce monde intelligible que la philosophie plaçait si haut et si loin des regards vulgaires. Dans sa personne, dans sa parole, dans sa vie, dans sa mort, l'humanité a le spectacle de toutes les beautés et de toutes les vertus du ciel. Ainsi toute la science des choses divines se résume dans la foi au Verbe fait chair, comme l'a dit saint Paul. Qu'a besoin désormais l'humanité d'aller chercher Dieu dans les systèmes religieux ou philosophiques de l'antiquité? Le Polythéisme ne contient que le côté extérieur en quelque sorte de la nature divine, qu'il dissémine dans une multitude de symboles ; la philosophie la convertit en abstractions ; les religions de l'Orient la relèguent dans une région inaccessible, à une distance infinie du monde, qui ne la reçoit qu'à travers une immense série d'émanations. C'est dans le Christ, c'est dans la nature humaine dont il est le type, que le Christianisme cherche Dieu. Dans sa pensée, l'humanité n'est point une forme accidentelle du Verbe. Avant de descendre sur terre et de s'incarner dans un homme, le Verbe avait déjà revêtu dans le ciel la forme de l'humanité. C'était, ainsi que le dit la tradition judaïque, l'*Homme idéal.* L'humanité devient, dans la théologie chrétienne, le vrai sanctuaire de l'esprit, et la pure image du Verbe divin. La nature, avec ses splendeurs et ses puissances, ne nous révèle qu'une ombre légère du divin ; c'est dans l'esprit pur, c'est dans la conscience, ce miroir de l'esprit, que Dieu peut être aperçu directement. Où trouver un symbole plus simple et plus profond, plus sublime et plus populaire tout à la fois, que ce mystère du Verbe divin s'incarnant dans l'humanité pour la racheter par ses vertus et ses souffrances, pour la guider par ses enseignements? Où trouver une doctrine qui réunisse également toutes les conditions d'une religion universelle ? La nature humaine tout entière, à tous ses degrés, pour tous ses instincts, y trouve pleine satisfaction. L'imagination est frappée par les terribles tableaux de la puissance de Jéhovah ; l'intelligence contemple, à la lumière du dogme de la Trinité, le divin dans toute son étendue et dans ses profondeurs ; l'amour embrasse de ses mystiques étreintes ce Christ adorable, dont les Évangiles retracent la vie et la mort. Il n'est pas jusqu'aux passions vulgaires de l'âme humaine auxquelles le Christianisme ne sache parler ; loi d'amour pour les âmes tendres et généreuses ; il est une loi de terreur pour les âmes serviles, par la perspective des supplices éternels. Voilà pour la doctrine. Puissant par le dogme, le Christianisme l'est plus encore par ses livres saints et son Église. Il possède un code religieux, l'ancien et le nouveau Testament ; il trouve dans ses conciles une autorité souveraine qui fixe le dogme et réprime l'hérésie. Nulle puissance ne devait prévaloir contre une telle religion. La philosophie et la politique eurent beau unir leurs efforts, et lui opposer le Polythéisme ranimé par un esprit nouveau, le Christianisme n'eut qu'à souffler sur cet échafaudage de restauration tout artificielle pour le détruire et en jeter au vent les débris. Tel est le sort de toutes les restaurations. L'esprit nouveau veut toujours une forme nouvelle ; s'il accepte le passé, c'est comme tradition, jamais comme symbole de la pensée de l'avenir.

D'ailleurs au triomphe du Christianisme était attaché le salut du monde. Cette vieille société que la philosophie avait entrepris de régénérer était condamnée à périr. Nulle puissance, pas même le Christianisme, ne pouvait la sauver. Les Barbares approchaient ; une société nouvelle allait s'établir sur les ruines de l'empire. Que serait devenue cette société sous le Polythéisme restauré des Alexandrins ? Où était la lumière qui devait éclairer ses aveugles instincts ? Où était la règle qui pouvait diriger sa sauvage énergie ? Dans cette vieille religion transformée par les subtiles et savantes explications du Néoplatonisme, la grossière sensualité des races barbares n'eût compris, n'eût goûté que le culte de la chair : elle n'eût embrassé que les superstitions du Polythéisme. Et alors comment ces natures vierges, mais ardentes, eussent-elles résisté à l'influence énervante et corruptrice de la civilisation grecque et romaine ? Quel spectacle pour leur jeune imagination que ces fêtes voluptueuses de Vénus et de Bacchus ! Quelle source de foi que cette mythologie à laquelle la vieille société ne croyait plus sérieusement ! Avec le Polythéisme, les invasions des Barbares eussent passé en vain sur le vieux monde ; il n'en fût jamais sorti une société nouvelle. Pour que cette société vînt à naître, deux choses étaient nécessaires : une autre race d'hommes et une nouvelle religion. Il fallait que cette religion fût le culte simple, sévère de l'esprit ; car l'esprit seul pouvait toucher et pénétrer l'âme des générations barbares. Les cultes de la nature qui avaient régné jusque là ne s'adressaient qu'aux yeux et à l'imagination des peuples. Il fallait que cette doctrine de l'esprit pur répondît à tous les nobles instincts de la nature humaine ; qu'elle s'adressât à la fois à l'intelligence, à l'amour, à la sensibilité : tel était le Christianisme. En même temps qu'il enseignait à l'âme la foi au Verbe immatériel, invisible, il montrait à l'imagination le type vivant et visible de ce Verbe divin. Jamais la métaphysique n'avait conçu de plus profonde pensée ; jamais la poésie n'avait imaginé de symbole aussi sublime et aussi touchant. Quel enseignement eût valu pour l'éducation des races nouvelles l'histoire de la vie du Christ et le récit de sa passion ! Quel ardent amour, quelle immense pitié de tels tableaux ne devaient-ils pas exciter dans des âmes naïves et passionnées ! Quel barbare, à la lecture des Évangiles, ne se serait écrié comme Clovis : « Que n'étais-je là avec mes Francs ! »

LIVRE III.

CHAPITRE PREMIER.

École d'Athènes.

Son origine. Son caractère. Syrianus.

Par sa double victoire sur le Polythéisme et sur la philosophie, la religion nouvelle avait définitivement conquis la société et le gouvernement. Elle était parvenue à posséder sans partage la faveur des princes aussi bien que le cœur des peuples. Elle régnait partout, dans les cours, dans les temples, dans les écoles publiques. Maîtresse absolue à Constantinople, elle étendait sa domination sur toutes les provinces de l'empire. La philosophie vaincue ne pouvait pas même se dérober, dans l'ombre de ses écoles, au triste spectacle du Christianisme triomphant; l'outrage et la persécution l'atteignaient dans ses plus secrets asiles. Elle s'était vue frapper au centre de sa puissance, dans le sanctuaire même de ses doctrines, à Alexandrie. La ruine de ses temples, la dispersion de ses écoles, le sang de ses martyrs témoignaient à la fois de son héroïsme et de son impuissance. Où fuir et que faire? C'est alors que la philosophie, exilée du centre de l'empire, se réfugie en Grèce et revient finir sa destinée près de son berceau. Là au moins elle devait retrouver pour quelque temps le repos et la sécurité. Athènes n'avait pas cessé d'être le séjour des Muses. Toutes les révolutions qui avaient passé sur elle avaient respecté ses monuments, ses traditions et ses écoles. Le Christianisme lui-même n'avait pu la détacher de ses souvenirs. En Orient, la révolution morale et religieuse opérée par la nouvelle doctrine avait été radicale. L'étoile du Christ y avait dissipé, comme de vains fantômes, les traces de la civilisation grecque. C'est que cette civilisation, rapidement semée sur la surface de l'Orient, n'avait point poussé de profondes racines, et que son influence, quelque puissante qu'elle fût, n'alla jamais jusqu'à transformer la nature même de l'esprit oriental. Aussi le Christianisme n'eut-il, en quelque sorte, qu'à souffler sur cette empreinte légère de l'esprit grec, pour retrouver partout le vieux génie de l'Orient, toujours identique à lui-même, toujours enthousiaste et mystique. En Grèce, au contraire, et surtout à Athènes, la nouvelle religion, en pénétrant dans les âmes, n'avait point détourné les esprits du culte de l'antiquité. Chrétiens et païens s'y confondaient dans une commune admiration pour les merveilles de l'art et de la science grecque. La restauration du Polythéisme, qui avait soulevé de si violentes tempêtes, et avait comme ébranlé le sol de l'Orient, s'était accomplie, en Grèce, sans effort et sans réaction ; et de même le triomphe définitif du Christianisme n'y fut point suivi de ces tristes représailles qui éclatèrent partout en Orient après la mort de Julien. Cette modération et cette sécurité profonde ne font pas seulement honneur à la sagesse du pontife préposé par Julien à l'administration des cultes de ce pays ; elles témoignent surtout de l'état philosophique et religieux de la Grèce. Le plus habile gouvernement eût été impuissant à maintenir l'harmonie et la paix partout ailleurs, en Orient par exemple, où la force des choses entraînait irrésistiblement la volonté des hommes. Mais la Grèce, même devenue chrétienne, était restée le sanctuaire des Muses ; l'amour de l'antiquité y rapprochait tous les esprits. Après comme avant la tentative de Julien, la philosophie y cultivait ses traditions dans une pleine sécurité. L'école d'Athènes formait une petite république où la sanction impériale ne faisait que confirmer les choix sortis de l'élection. On y enseignait, comme dans le Musée d'Alexandrie, toutes les sciences et tous les arts. Jusqu'à Justinien, les empereurs chrétiens respectèrent cette république, étrangère à la politique et vouée tout entière au culte de l'antiquité. La nouvelle religion, souveraine absolue en Orient, se contentait pour le moment d'avoir détruit les écoles de la philosophie et du Polythéisme au centre de l'empire, et laissait provisoirement subsister l'école d'Athènes dans son isolement et son impuissance.

C'est là que vient se réfugier la philosophie néoplatonicienne après les agitations et les malheurs qui avaient troublé les derniers temps de son séjour en Orient. Cette retraite convenait singulièrement à sa condition nouvelle et à la tâche qu'elle devait remplir dans sa dernière période. La philosophie, après le règne de Julien, n'avait plus de destinée politique ; elle devait se renfermer dans la science, et ne plus dépasser l'enceinte des écoles. Et dans la science elle-même, la plus difficile et la plus importante partie de sa mission était consommée. Ammonius, Plotin,

Porphyre, Jamblique, avaient fondé la doctrine. Le Néoplatonisme, tel qu'ils l'avaient constitué, réalisait dans une puissante synthèse l'alliance de tous les grands principes de la philosophie grecque. Dans cette vaste combinaison se retrouvaient le Péripatétisme, le Stoïcisme, admirablement fondus avec le Platonisme; la Trinité alexandrine contenait à la fois le Dieu de Platon, le Dieu d'Aristote et le Dieu des Stoïciens, et résumait dans une pensée supérieure toute la théologie des écoles et des temples. Mais le Néoplatonisme n'avait accompli que la moitié de sa tâche. Plotin avait créé une doctrine complète, en ce sens qu'il avait éclairé tous les problèmes fondamentaux d'une forte et profonde lumière. Mais il s'était plus préoccupé de l'ensemble que des détails ; il avait plutôt indiqué le principe et la substance de la démonstration en toute chose qu'il n'avait poursuivi régulièrement le développement de la thèse à démontrer. Porphyre, Jamblique, avaient insisté davantage sur quelques points, mais sans embrasser l'ensemble de la doctrine.

D'un autre côté, le système de Plotin ne réalisait pas toutes les prétentions éclectiques de l'école. Il ne suffisait point de combiner dans une synthèse supérieure les divers éléments de la philosophie antérieure ; il fallait en outre ramener à l'unité et à l'harmonie d'une même doctrine, par une interprétation ingénieuse des textes, les pensées si diverses et si contraires en apparence de Pythagore, de Platon, d'Aristote, de Zénon. En un mot, il ne s'agissait pas seulement d'une combinaison, mais d'une conciliation. Plotin, de son regard profond, avait tout d'abord discerné les parties vraies du Péripatétisme et du Stoïcisme, et les avait fondues avec le Platonisme ; mais l'éclectisme alexandrin devait tenter davantage. Partant de ce principe, que tout est vrai dans la tradition, il avait à effacer bien des divergences, à concilier bien des contradictions, à expliquer bien des difficultés. Ainsi Plotin avait bien pu réunir dans sa théologie, dans sa théorie des idées, et dans sa physique, les points de vue de Platon et d'Aristote. Mais il s'agissait en outre de montrer que Platon et Aristote avaient également dit vrai, l'un en développant, l'autre en réfutant la théorie des idées. La conciliation entre les grands systèmes est toujours possible pour un esprit supérieur comme Plotin, qui dégage les principes et néglige les détails. Mais quand il faut accorder des textes et non plus simplement des doctrines, la méthode toute philosophique des premiers Alexandrins ne suffit plus ; il est nécessaire de recourir à l'érudition, à toutes les subtilités de l'interprétation, à tous les artifices du commentaire.

Enfin, l'école d'Alexandrie avait manifesté dès le principe son respect et sa sympathie pour toutes les traditions du Polythéisme. Mais elle avait procédé à l'égard des dogmes religieux comme envers les doctrines philosophiques ; elle s'était bornée à expliquer les grands mythes, et à en dégager les profondes vérités qui y sont cachées, négligeant les détails poétiques et dédaignant les superstitions. Plotin retrouve tous les principes de sa théologie, le Bien, l'Intelligence, l'Ame divine, dans les mythes d'Uranus, de Saturne, de Jupiter ; mais il s'en tient aux grands Dieux. Porphyre et surtout Jamblique descendent déjà dans la Démonologie et dans tout le système des Dieux inférieurs. Mais la philosophie de la mythologie restait encore à faire après leurs ingénieuses explications. Il fallait trouver la place, le rang, la valeur de tous ces Dieux, de tous ces démons, de toutes ces puissances surnaturelles, et ramener cette infinie variété de conceptions mythologiques à un vrai système, correspondant dans toutes ses parties à la philosophie elle-même ; en sorte que la religion et la science pussent être considérées comme les deux expressions d'une même pensée.

Ainsi, tout comprendre, tout concilier, tout expliquer, tout confondre dans une seule et même vérité, tel était l'idéal du Néoplatonisme. L'école d'Alexandrie n'en avait point dit le dernier mot ; elle laissait l'œuvre imparfaite ; il fallait que l'érudition achevât ce que le génie avait commencé. Ce fut la tâche de l'école d'Athènes, de Plutarque, de Syrianus, de Proclus, de Damascius, d'Olympiodore. Le séjour d'Athènes était favorable à ce travail d'interprètes et de commentateurs. L'influence des lieux, le prestige des souvenirs, entretenaient et vivifiaient dans ces grands esprits la méditation des chefs-d'œuvre de l'antiquité. Sans doute ils conservent au milieu de cette science toute grecque les vastes conceptions et les grandes images du génie oriental. Pourtant il est facile de voir que si l'érudition n'a pas glacé leur enthousiasme, elle l'a singulièrement tempéré. A vrai dire, on ne sent plus sous ces conceptions et sous ces images le souffle de l'Orient, et il semble que l'école d'Athènes ait gardé plutôt le souvenir que le sentiment de cet ardent mysticisme qui inspire Plotin, Porphyre et Jamblique. L'école d'Athènes excelle à tout expliquer ; elle possède une science incomparable ;

elle est douée d'un sens critique bien supérieur à tout ce qui la précède. Mais elle manque d'inspiration et de puissance créatrice; elle perd même jusqu'à un certain point, dans la subtilité de ses explications philosophiques et mythologiques, le sens intime, vivant, fécond de la vérité. C'est toujours la grande lumière de l'école d'Alexandrie, mais la lumière sans cette flamme intérieure qui pénétrait la pensée de Plotin.

Le lien qui rattache la seconde de ces deux écoles à l'autre est évident : Syrianus et Proclus procèdent de Plotin, de Porphyre, de Jamblique, qu'ils citent sans cesse, et dont ils adoptent les doctrines en tout ce qu'elles ont d'essentiel; même méthode au fond, mêmes principes, mêmes résultats. Les philosophes d'Athènes puisent plus souvent et plus directement aux sources que les philosophes d'Alexandrie, et connaissent beaucoup mieux les détails et les textes de la philosophie de Platon et d'Aristote; mais ils ne la comprennent et ne l'expliquent qu'à travers le mysticisme alexandrin. On sait donc d'une manière certaine que l'école d'Athènes vient de l'école d'Alexandrie ; mais il serait difficile de déterminer tous les intermédiaires qui l'y rattachent. Proclus remonte à Syrianus, celui-ci à Plutarque, fils de Nestorius ; mais quel fut parmi les Alexandrins le maître de Plutarque? On reconnaît bien le disciple de Jamblique, mais un disciple assez éloigné. Le séjour de Chrysanthe à Athènes, et ses relations assez intimes avec Plutarque, ont pu faire supposer que le théurge alexandrin avait été le maître immédiat de Plutarque : cette hypothèse est peu probable. Chrysanthe nous apparaît dans le récit d'Eunape plutôt comme un grand pontife qui restaure et administre les cultes du Polythéisme que comme un philosophe enseignant et dogmatisant dans une école [1]. On sait qu'il avait beaucoup écrit ; mais tout porte à croire qu'il a dû se renfermer dans ses études de prédilection. Ce prêtre, qu'Eunape nous représente vivant dans le temple, sans cesse occupé de la célébration des mystères et d'opérations magiques, ne paraît avoir rien de commun avec cette école savante dont Plutarque est le premier organe. Du reste, il importe peu de savoir quel fut le maître de Plutarque, pourvu qu'on connaisse parfaitement l'origine philosophique et l'origine historique de l'école d'Athènes. Or, on peut s'assurer, par la simple comparaison des doctrines et par les citations nombreuses de Syrianus et de Proclus, que l'école d'Athènes n'est que la dernière phase d'une même pensée, laquelle naît et se développe à Alexandrie, se propage dans tout l'Orient, et vient se recueillir et se ranimer à Athènes avant de mourir. D'un autre côté, il est bien évident que cette direction nouvelle du Néoplatonisme ne doit être attribuée ni au génie d'un homme, ni aux tendances particulières d'une certaine école. L'école d'Athènes est le dernier effort d'une philosophie que le triomphe du Christianisme a réléguée, loin du centre de l'empire, dans l'inviolable asile des Muses. Eût-elle vécu dans d'autres lieux, elle n'eût pas porté d'autres fruits ; elle était nécessairement vouée au culte de l'antiquité et des traditions philosophiques. Si les circonstances politiques eussent permis au Néoplatonisme de continuer son

---

[1] Voyez Eunape, *Vies de Chrysanthe et de Maxime*.

enseignement en Orient et à Alexandrie, il n'en eût pas moins changé de caractère et de direction; car après l'œuvre de l'inspiration devait venir le travail de l'érudition. Déjà au sein même de l'école d'Alexandrie, Porphyre et Jamblique avaient imprimé cette direction au Néoplatonisme, après les puissantes méditations de Plotin. L'école s'engagea de plus en plus dans la voie du commentaire; et nous voyons l'un des derniers Alexandrins, Hiéroclès, s'attacher presque exclusivement à l'interprétation et à l'explication des antiques doctrines [1]. Ainsi, sauf l'influence toute particulière des lieux, le Néoplatonisme devait se modifier comme il l'a fait ; la nouvelle forme qu'il revêtit dans l'école d'Athènes n'eut pour cause ni le génie des hommes, ni même l'influence locale : en changeant de caractère, il ne fit qu'obéir à une nécessité tout intérieure de développement.

Plutarque eut pour disciple d'abord Syrien, et vers la fin de son enseignement, Proclus. Des nombreux traités de Syrien, il n'est resté qu'un commentaire sur

---

[1] Hiéroclès est un philosophe alexandrin, déjà pénétré de l'esprit de l'école d'Athènes. Contemporain des premiers philosophes de cette école, il se voue comme eux au commentaire de la philosophie ancienne et à l'explication systématique des mythes. Cette tendance doit-elle être attribuée à l'influence directe de l'école d'Athènes ou à la nécessité commune, universelle, d'une transformation? c'est ce qu'on ne peut décider. Quoi qu'il en soit, les idées d'Hiéroclès sur les rapports de la religion et de la philosophie, sur la prière, sa doctrine des nombres, offrent une remarquable analogie avec les théories de Proclus. Voyez le *Commentaire sur les vers dorés de Pythagore*, 6, 10, 18, 222, 230, 233, 236.

la Métaphysique d'Aristote[1]. Ce traité fort important est digne de la réputation du maître de Proclus. Il commence sérieusement l'œuvre de conciliation entre Platon et Aristote, que Proclus doit consommer. L'école d'Alexandrie avait combiné, mais non concilié les doctrines de Platon et d'Aristote. La première chose à faire, pour parvenir à une vraie conciliation, était de réduire à sa juste valeur la critique dirigée par Aristote contre la théorie des idées, et d'examiner si la lutte des deux systèmes ne tient pas plutôt à une différence de points de vue qu'à une opposition radicale de principes. Au premier abord, les deux doctrines apparaissent comme essentiellement contraires. Platon sépare les principes des choses elles-mêmes; Aristote les y rattache intimement. Platon attribue surtout l'être au genre; Aristote l'attribue exclusivement à l'individu. Comment concilier des pensées aussi contradictoires? Si les deux mondes sont réellement séparés, ainsi que l'affirment Platon et les Alexandrins, que devient la critique d'Aristote contre les idées? Si l'être pur, l'être vrai, l'être par excellence, existe en dehors des individus, que devient toute la doctrine péripatéticienne? On ne concilie jamais des prétentions contraires qu'avec un terme moyen. Quel est ce terme moyen, quel est ce principe intermédiaire qui servira de lien entre les deux doctrines? C'était là une recherche dont l'école d'Alexandrie proprement dite ne s'était point occupée, et à laquelle Syrien consacre son commentaire tout entier.

[1] Le manuscrit grec de ce traité se trouve à la Bibliothèque royale. Il n'a encore été publié de Syrien que la traduction latine de Bagolini.

Il professe une profonde estime pour toutes les parties de la philosophie d'Aristote, pour sa physique, sa logique, sa morale et même sa théologie; mais il n'admet aucune de ses objections contre les doctrines de Platon et de Pythagore [1]. Selon Syrien, la critique d'Aristote n'atteint pas jusqu'à la hauteur de ces grandes spéculations [2]. L'idée n'est point une abstraction ; c'est un principe réel et substantiel, distinct à la fois des choses et de l'entendement, type idéal et immatériel de toute réalité sensible [3]. L'idée ne diffère pas seulement de l'individu par l'éternité, comme le prétend Aristote; elle en diffère encore substantiellement [4]. Qu'y a-t-il d'absurde à supposer l'existence d'un ciel, d'un soleil autre que le ciel et le soleil sensible? Comment au contraire serait-il possible qu'il n'y eût pas un ciel, un soleil plus vrai que les objets de ce nom qui nous apparaissent dans le monde sensible? Entre le sensible et l'intelligible n'y a-t-il pas

---

[1] Man. 1893, 38, tr. Bagol., 41. Οὐκ εἰμὶ τῶν φιλαπεχθημόνων, οὐ μὴν οὐδὲ τῶν ἐν λόγοις ἢ τοῖς τυχοῦσι τὸν Ἀριστοτέλην διδάσκαλον ἐπιγραψαμένων, ἀλλὰ τῶν τὰς λογικὰς αὐτοῦ μεθόδους ὡς ἐπίπαν τεθαυμακότων, καὶ τῶν τὰς ἠθικάς τε καὶ φυσικὰς πραγματείας ὑπερφυῶς ἀποδεχομένων.

[2] Ibid. Καὶ ἐπιδεῖξαι τάς τε Πυθαγόρου καὶ Πλάτωνος περὶ τῶν ἀρχῶν θεωρίας ἀνελέγκτους καὶ ἀπτώτους διαμεμενηκυίας Ἀριστοτέλους κατὰ τούτων ἐπιχειρήσεις τὰ πολλὰ μὲν παρὰ θύρας ἀπαντώσας, καὶ οὐδὲν τοῖς θείοις ἀνδράσιν ἐκείνοις προσήκοντα σκέμματα διερευνωμένας.

[3] Man., 17, trad. Bagol., 17. Οὐ γὰρ ἐπειδὴ ἄνθρωπος τῇδε κἀκεῖ ὁ αὐτὸς ἄνθρωπος ἀϊδιότητι μόνῃ διαφέρειν.

[4] Man., 17, trad., 18. Καὶ τί ἄτοπον, εἶναι ταῦτα καὶ νοητὰ καὶ αἰσθητά; πῶς δὲ οὐκ ἀναγκαῖον, εἶναι μὲν ἐν τῷ δημιουργῷ τὴν αἰτίαν τοῦ οὐρανοῦ καὶ τοῦ ἡλίου, εἶναι δὲ καὶ ἐν ταῖς ψυχαῖς τῶν ἄστρων ἀληθέστερον οὐρανὸν καὶ ἥλιον τῶν φαινομένων,

toute la différence de l'apparence à la réalité [1] ? L'argument du troisième homme n'atteint pas les substances purement intelligibles. On conçoit sans aucune difficulté la coexistence de plusieurs idées dans un même sujet. La multiplicité et l'unité des idées se concilient dans le système de Platon tout aussi bien que la multiplicité et l'unité des causes dans la doctrine d'Aristote. De même que les causes, les idées se subordonnent sans s'effacer. Elles coexistent et produisent de concert, chacune dans sa sphère, selon sa nature et son rang, sans confusion et sans contradiction, comme les causes dans l'univers, tel que l'a conçu Aristote [2]. Aristote se trompe quand il sacrifie le genre à l'espèce, la dialectique à la définition. En pressant le principe de son argumentation, on arriverait à la destruction des espèces aussi bien que des genres, et à ne reconnaître d'existence substantielle qu'aux individus [3]. Car, si, comme le prétend Aristote, le genre contient moins d'essence que l'espèce, parce qu'il est plus général, il s'ensuit que l'être est en raison inverse du général, et que le type de l'être est l'individu. Aristote soutient que les espèces sont plutôt principes que les genres, parce qu'elles ont un caractère plus prononcé d'unité; mais il se trompe sur la nature du genre, dans lequel il ne voit qu'un simple composé d'espèces. Le genre constitue par lui-même une unité permanente et indi-

---

[1] L. II, ms., 57, Bagol., 59. Εἰ γὰρ καὶ χωρίζουσιν αὐτὰς τῶν ἐν τοῖς αἰσθητοῖς κοινοτήτων, ἀλλ' ὅμως οὐ χρὴ συμφορεῖν εἰς ταὐτὸ τοὺς τῆς ψυχῆς λόγους, καὶ τὸν ἐν ὕλον καλουμενον νοῦν τοῖς παραδειγματικοῖς καὶ ἀύλοις εἴδεσι καὶ ταῖς δημιουργικαῖς νοήσεσιν.

[2] Man., 60, trad. Bagol., 63.

[3] Trad. Bagol., 19, 20, 21.

visible, qui contient virtuellement la multiplicité des espèces sans cesser d'être une unité [1]. Le genre subsiste par lui-même indépendamment des espèces, tandis que le composé ne subsiste point à part de ses éléments. C'est le genre qui impose son caractère et son essence propre à toutes les espèces, et partant à tous les individus. D'un autre côté, plus une essence est éloignée de la matière, plus elle est principe ; ce qui fait que le genre est plutôt principe que l'espèce, et l'espèce plutôt que l'individu [2]. D'ailleurs la dialectique, en nous initiant à la connaissance des genres supérieurs, ouvre à l'intelligence le monde des choses divines [3]. C'est à tort également qu'Aristote a relégué parmi les abstractions les principes les plus élevés de la dialectique, comme le repos, le mouvement, le même, l'être, l'un. Sans doute tous ces principes, appliqués aux choses sensibles, n'ont aucune réalité substantielle ; ce sont de purs attributs des choses. Mais Platon les considère d'un point de vue supérieur ; il les applique au monde intelligible aussi bien qu'au monde sensible [4]. Comprises ainsi, l'identité et la différence en soi ne sont point des accidents propres à tels ou tels êtres ; ce sont les premiers principes des choses, dominant à la fois les essences purement in-

[1] Trad. Bagol., 25.

[2] Trad. Bagol., 26.

[3] Man., 24, trad., 28. Ταχὺ ταύτῃ τῇ ὑποθέσει τὰ θειότατα τῶν ὄντων ἀνάρπαστα γίγονε, καὶ ἡμεῖς, ὡς ἔοικε, μάτην παρὰ τοῦ Θεοῦ τὸν νοῦν εἰλήφαμεν, ἐπιστήμη τε οὐκ ἔστιν οὔτε παρ' ἡμῖν οὔτε παρὰ τοῖς Θεοῖς, εἰ μή τις κατὰ τὸν Θεαίτητον ἢ κατὰ τὸν Πρωταγόραν τὴν αἴσθησιν ἐπιστήμην ὀνομάζειν ἐπιθυμεῖ.

[4] Trad. Bagol., 5.

telligibles, les âmes, les natures, les corps, auxquels elles communiquent à des degrés divers, l'identité et la différence, l'égalité et l'inégalité. Quant à l'Être et à l'Un, ce sont les principes suprêmes et universels des choses. « Nous disons que toutes choses n'aspireraient point vers le premier être si elles n'en recueillaient, comme un fruit nécessaire, toute leur perfection. C'est le principe de leur dépendance pendant tout le temps, qui est aussi le principe de leur existence pendant tout le temps [1]. Si donc le premier être est l'objet du désir de tous, il est par cela même pour tous cause d'existence. Les êtres n'en ont pas d'autres que le premier. C'est ainsi qu'il produit le nombre substantiel (ὑποϛάτικον) et les formes intelligibles. Mais comme, tout en étant le principe de tous les êtres, le premier être est coordonné aux êtres qu'il crée, il n'existe point absolument sans le multiple qu'on y rattache. Toutefois, il faut considérer le principe hypersubstantiel (ὑπερυποϛάτικον), l'Un dans sa simplicité et son excellence, en le concevant comme absolument séparé des autres êtres. Ce principe, dont aucune détermination ne peut exprimer la nature, reçoit plutôt le nom d'unité que tout autre, parce qu'il est cause d'unité pour tous les êtres, c'est-à-dire de ressemblance avec lui-même. C'est donc nécessairement que les Pythagoriciens ont posé l'Un et l'Être en tête de toutes choses, l'Un comme principe d'unité et cause de tout

---

[1] L. ιι, ms., 7 bis, Bagol., 8 bis. Καὶ δὴ λέγομεν ὡς οὐκ ἂν πάντα τὰ ὄντα τοῦ προτέρου ὄντος ἐφίεται, εἰ μὴ παρ' αὐτοῦ ἐκαρποῦντο τελειότητα, καὶ πρὸς ὃ διὰ παντὸς τοῦ αἰῶνος ἀνήρτηται παρὰ τούτου, καὶ τοῦ εἶναι δι' αἰῶνος ὑπεδέχετο.

bien, l'Être comme principe de l'être et de l'essence propre [1]. »

On voit que Syrien est essentiellement et avant tout Platonicien. Est-ce à dire qu'il n'accueille dans aucun sens ni dans aucune mesure la critique et la doctrine d'Aristote? Syrien reconnaît la vérité de la critique péripatéticienne, pourvu qu'on en restreigne la portée à l'ordre des choses naturelles et sensibles. Ainsi, quand Aristote prétend que les principes n'existent que dans les choses, et que les genres n'ont de réalité qu'au sein des individus, il a raison, s'il veut parler de ces principes intermédiaires qui n'appartiennent point tout-à-fait au monde intelligible. Mais cette critique n'atteint ni les idées de Platon ni les nombres de Pythagore [2].

Voilà comment les deux doctrines de Platon et d'Aristote, en apparence contradictoires, sont au fond également vraies. Tous deux ont traité des principes dans un point de vue différent. Platon les a considérés en regard du monde intelligible, et Aristote en regard du monde sensible. Le premier s'est préoccupé des conditions de l'idéal; le second a surtout recherché les conditions de la réalité. Tout ce que dit Platon des principes est vrai par rapport au monde intelligible et faux par rapport au monde sensible. Au contraire tout ce que dit Aristote des principes, essentiellement vrai pour le sensible, est inapplicable à l'in-

---

[1] Ibid., ibid. Ἀναγκαίως ἄρα καὶ ἓν καὶ ὄν οἱ Πυθαρόγειοι προυπο-τέθεντο τῶν ὅλων πραγμάτων, τὸ μὲν ἐνώσεως καὶ τῶν ἀγαθῶν ἁπάντων αἴτιον τοῖς οὖσι, τὸ δὲ τοῦ εἶναι καὶ τοῖς ἄλλοις τῶν εἰδῶν τὴν κυρίαν ἀρχὴν παρεχόμενον.

[2] L. II, ms., 44, Introd., Bagol., 43, 44.

telligible. Les deux doctrines semblent se contredire et s'exclure parce qu'elles partent de points de vue opposés et qu'elles ne se rencontrent point dans un terme moyen. Mais quel sera ce terme moyen? Syrien croit l'avoir découvert. Toute forme extérieure et sensible n'est que le développement d'une essence intérieure, d'une raison primitive dont le type appartient à un monde plus élevé [1]. Ce principe est distinct à la fois de l'idée proprement dite et de la réalité individuelle ; il vient de l'idée, mais il réside dans le monde sensible ; il est éternel et immuable comme l'idée, mais il est multiple comme la réalité elle-même. Ainsi il n'y a qu'une *idée* pour tous les triangles réels, mais il y a autant d'*essences* ou de *raisons* triangulaires qu'il y a de triangles. Cette essence de la réalité, considérée d'une manière abstraite, est précisément ce que les Stoïciens appellent la raison séminale (λόγος σπερμάτικος) des choses ; c'est aussi ce que Platon entendait par l'être mathématique, τὰ μαθηματικα, τὰ μέταξυ. Il suit de là qu'il faut distinguer trois ordres de substances : 1° les substances purement intelligibles, telles que les idées ; 2° les substances simplement intellectuelles, telles que les êtres mathématiques ; 3° les substances purement sensibles. Les premières sont perçues par l'intelligence proprement dite, les secondes par l'entendement (c'est pour cela que Syrien les nomme intellectuelles), les troisièmes par la sensation et l'imagination. Si on appliquait cette division à l'exemple qui vient d'être cité, on trouverait que le triangle idéal est purement intelligible, le triangle

---

[1] *Sur les êtres mathématiques*, l. I, Bagol., 19, 20, 21. — L. II, *Introd.*, Bagol., 43, 44. — L. II, Bagol., 45, 47, 48, 54.

abstrait simplement mathématique ou intellectuel, et le triangle concret purement sensible. Syrien combine très ingénieusement les deux conceptions platonicienne et stoïcienne, et les fond en un seul et même principe. L'être mathématique, tel qu'il le comprend, n'est pas seulement une essence abstraite et immobile ; c'est encore une force vivante dont le développement engendre la réalité. En vertu de ce double caractère, le principe intermédiaire explique le rapport des deux mondes et la participation du sensible à l'intelligible. Si on le supprime, ou bien les idées n'ont plus rien de commun avec la réalité, ou elles se confondent avec la réalité elle-même, deux hypothèses également absurdes. Ce principe est le seul point commun par où les doctrines de Platon et d'Aristote puissent se rapprocher et se concilier. Platon et Aristote ont tous deux raison, l'un de séparer des choses les principes intelligibles, l'autre de réunir à la réalité les principes purement naturels. La théorie des idées et la doctrine d'Aristote sont deux points de vue également vrais de la science. Seulement Platon regarde le monde intelligible, tandis qu'Aristote ne voit que la nature. L'erreur d'Aristote est de n'avoir point élevé ses regards au-delà du monde sensible ; ses objections sont comme les flèches des Thraces qui n'atteignent pas les Dieux [1].

Voilà comment Syrien essaie d'accorder Platon et Aristote. On voit qu'il ne se contente pas de réunir diverses théories empruntées aux deux philosophes, mais qu'il concilie véritablement les deux

---

[1] L. ι, ms., 17, Bagol., 18. Ὅτι τῶν θείων Πλάτωνος δογμάτων οὐχ ἅπτεται, ὡς οὐδὲ παρὰ Θρᾳκῶν τοξεύματα τῶν αἰθερίων ἐφικνεῖτο θεῶν.

doctrines au moyen d'un principe intermédiaire. Cette méthode est nouvelle; l'éclectisme alexandrin ne l'avait point appliquée jusque là. Elle est propre à l'école d'Athènes, et Syrien est le premier néoplatonicien qui en ait donné l'exemple. Considéré sous ce rapport, le commentaire sur la métaphysique offre un grand intérêt. Quant aux autres parties de sa doctrine, on sait par le témoignage souvent répété de Proclus qu'elle était identique, sur les points capitaux, à celle de son illustre disciple. Il avait commenté le Timée et le Parménide dans le même esprit que Proclus, substituant partout les idées alexandrines à la doctrine de Platon [1]. Ainsi, comme Proclus, il voit toute la philosophie de Platon dans deux dialogues, le Parménide et le Timée. Dans le Parménide, il renferme toute la théologie, et dans le Timée la philosophie seulement. Selon sa méthode d'explication, chacune des hypothèses que Platon discute dans le Parménide correspond à un ordre d'essences. La première porte sur le Dieu suprême, la seconde sur l'Intelligence et l'ordre entier des intelligibles, la troisième sur l'Ame [2]. Proclus nous apprend que Syrien avait essayé de résoudre les solutions contradictoires du Parménide sur l'Un et l'Être dans la distinction de l'*Un simple* et de l'*Un être*, supposant que Platon niait de celui-là tout ce qu'il affirmait de celui-ci, et réciproquement. Nous retrouverons dans Proclus la même méthode d'explication et les mêmes résultats, en ce qui concerne le Timée et le Parménide. On voit par l'ouvrage qui nous est resté

---

[1] Com. Procl., *sur le Parmén.*, édit. Cousin, IV, 4, 33, 34.
[2] Ibid., VI, 31, 57, 93, 98.

du maître et par les nombreux témoignages du disciple que tous les procédés de méthode et tous les principes de doctrine qui caractérisent l'école d'Athènes et la distinguent des Alexandrins, se retrouvent déjà dans Syrien. Proclus n'a fait évidemment que suivre la voie tracée par son maître. Mais faut-il rapporter à Syrien, outre la méthode et l'esprit, toute la doctrine de Proclus ? Faut-il lui attribuer ces développements profonds, ces démonstrations ingénieuses, toute cette érudition et toute cette science qui viennent aboutir au système le plus complet et en même temps le mieux lié dans toutes ses parties qui ait jamais été conçu ? Enfin, le disciple n'aurait-il été qu'un interprète intelligent de la pensée du maître ? C'est ce qu'il est difficile de croire, bien qu'on ne sache pas d'une manière précise où finit l'œuvre de Syrien et où commence celle de Proclus dans l'école d'Athènes.

CHAPITRE II.

Proclus. Théologie.

Méthode. Théorie de l'Un. Théorie des Dieux ou unités divines.
Démonstration de la Providence.

Proclus, au témoignage de Marinus, son disciple et son biographe, étudia d'abord en Lycie, chez un grammairien, puis à Alexandrie, chez le rhéteur Léonas. Bientôt il abandonna la rhétorique pour la philosophie et la science, et prit pour maîtres le péripatéticien Olympiodore et le mathématicien Héron. Bientôt ses maîtres d'Alexandrie n'eurent plus rien à lui apprendre. Les commentaires ne lui suffisant plus, il rechercha avidement les livres originaux du péripatétisme, dont Olympiodore lui avait inspiré le goût, et dévora les écrits d'Aristote. Mais l'esprit du temps et les instincts profondément mystiques de Proclus devaient l'emporter dans une région plus haute. L'éclectisme affaibli des écoles d'Alexandrie ne répondait ni aux élans de sa pensée, ni aux ardeurs de son âme. Épris du Platonisme, c'est à l'école d'Athènes qu'il voulut connaître Platon ; il y trouva Plutarque et Syrien. Marinus raconte que le vieux Plutarque, frappé du génie de Proclus, reprit pour cet adepte de si grande espérance un enseignement que l'âge avait interrompu, commenta avec Proclus plusieurs dialogues, et lui fit rédiger ces commentaires en disant : « La postérité les connaîtra sous ton nom. » Il devint bientôt l'idole et l'espoir de l'école d'Athènes. Telle était son ardeur pour le travail et la vie ascétique, que ses maîtres lui recommandaient sans cesse la modération. Mais Proclus leur répondait : « Que mon corps me mène jusqu'où je veux aller, et puis qu'il meure[1]. » Après la mort de Plutarque, il passe sous la direction de Syrien, qui le reçoit dans sa maison et le traite comme un fils. Sous ce maître habile, Proclus reprend les études péripatéticiennes et apprend à considérer la doctrine d'Aristote comme une introduction à la philosophie de Platon ; puis il entre dans le sanctuaire, s'inspire et se nourrit de la parole du Dieu lui-même. La doctrine d'Aristote n'est pour lui qu'une méthode et un instrument ; la philosophie de Platon seule est la vérité. A la mort

---

[1] Maxim., *Vit. Procl.*

de Syrien, Proclus devient le chef de l'école d'Athènes.

Proclus avait écrit un très grand nombre de traités : parmi ceux qui nous ont été conservés, les plus importants sont la Στοιχείωσις θεολογική, la Théologie selon Platon, les commentaires sur le Timée, sur le Parménide, et sur l'Alcibiade. Les livres de Proclus ne rappellent en rien l'exposition des idées et le style des Ennéades. La manière de Plotin se ressent de la nature même de son esprit; elle est brusque, rapide, ferme et incisive. Le philosophe alexandrin n'expose jamais ses théories avec ordre et gradation. Sa pensée, toujours forte, mais confuse, s'échappe tout entière à la fois, impétueuse et désordonnée; elle éclate en images, ou se concentre en formules. Quand elle insiste sur un point, c'est pour l'affirmer avec une nouvelle force plutôt que pour le développer. La manière de Proclus, au contraire, est lente, régulière, facile et parfaitement claire, expansive jusqu'à la diffusion. L'intuition première se développe et se disperse dans ses traités au point de perdre en partie sa force et son éclat. Mais, d'un autre côté, la lumière est partout, égale et uniforme, éclairant les détails comme l'ensemble. Si Plotin fait sentir plus vivement et plus fortement la vérité, Proclus la fait mieux comprendre. D'ailleurs il est le premier parmi les Néoplatoniciens qui ait essayé de recueillir toute la science dans une série de propositions, s'enchaînant et se déduisant rigoureusement les unes des autres. Porphyre, dans ses *sentences*, avait présenté un résumé substantiel de la doctrine de son maître ; mais il n'avait pas entrepris la tâche difficile de démontrer successivement ses propositions les unes par les autres. La Στοιχείωσις θεολογική est une application rigoureuse et persévérante de la méthode géométrique à l'exposition des idées philosophiques.

La philosophie de Proclus ne contient ni une doctrine nouvelle ni même une véritable transformation de la pensée alexandrine ; mais il ne faut point y voir non plus un simple commentaire du système de Plotin. Le Néoplatonisme doit à Proclus trois grands résultats : 1° il a fondé sur des démonstrations ingénieuses et profondes les vérités que Plotin avait conçues par une puissante intuition, substituant partout la méthode à l'inspiration et la science à l'enthousiasme ; 2° il a développé sur certains points essentiels, modifié sur d'autres, la doctrine des Alexandrins, élargissant et approfondissant encore l'éclectisme déjà si vaste et si profond des Plotin, des Porphyre, des Jamblique ; 3° il s'est particulièrement appliqué à faire rentrer dans le vaste cadre de la philosophie alexandrine toute la science soit philosophique, soit religieuse du passé, interprétant et commentant le plus souvent avec imagination, mais aussi épurant par la critique les traditions qu'il veut accorder soit entre elles, soit avec son propre système. Proclus fut, plus qu'aucun autre philosophe de cette époque, pénétré de l'esprit alexandrin, de cet esprit qui aspire à tout comprendre, tout expliquer, tout concilier ; il n'est pas une tradition du sens commun, quelles qu'en soient la nature et l'importance, dont il n'ait tenu compte. Toute la philosophie alexandriné d'abord, et en outre toute la science du passé, vient se résumer dans ce système, qu'on pourrait définir avec raison la synthèse universelle des nombreux éléments de la sagesse antique élaborée sous l'influence du Platonisme. Proclus exprimait énergiquement le caractère de sa mission quand il s'appelait le pontife de toutes les religions ; il aurait pu ajouter : et le philosophe de toutes les écoles [1].

Quand nous avons présenté une analyse du système de Plotin, nous avons dû insister sur tous les points, parce que tout y est le développement d'une pensée neuve, originale et profonde. Mais Proclus, venant clore l'école d'Alexandrie, ne fait souvent que résumer et reproduire des doctrines connues. Nous n'exposerons donc avec détail que les parties de sa philosophie qui lui sont propres, soit par les principes, soit par les démonstrations neuves et les développements féconds dont il appuie les principes déjà connus.

I. MÉTHODE. La doctrine de Proclus sur la nature et la portée de la philosophie, et sur la méthode qu'il convient d'appliquer à l'étude de cette science, ne diffère pas essentiellement de celle de Plotin. Toutefois elle s'en distingue assez pour qu'il soit bon de la faire connaître. La vie humaine, dans le système de Proclus, se résume en trois points : le but, le point de départ et le moyen. Le but, c'est le souverain bien ; le point de départ, c'est la vie sensible ; le moyen, c'est la philosophie qui nous retire de l'abîme de la sensation et nous élève graduellement jusqu'au souverain bien, mais sans nous y faire participer. La sensation est comme le monde dont elle atteste l'existence, variable, fugitive, trompeuse [2]. Non seulement elle n'est pas la

---

[1] Maxime, *Vie de Proclus*.
[2] *Com. Alc.*, édit. Cousin, III, 103 ; II, 235, 236. — *Com. Par.*, V, 273.

philosophie, mais elle n'est aucune science. L'imagination n'est que la reproduction de la sensation. L'opinion n'est qu'une notion vague [1], une connaissance sans cause, produit de la sensation et de l'imagination. Mais l'âme se dégage bientôt des pures impressions des sens pour arriver au raisonnement [2]. Raisonner, c'est entrevoir déjà, mais confusément, l'immuable dans le changement, l'être dans le phénomène, l'unité dans la variété : c'est donc franchir les limites de l'apparence pour entrer dans la vraie réalité. L'âme va plus loin. Négligeant les choses sensibles elles-mêmes [3], elle s'élève aux genres et aux espèces, et de ce point domine tout le monde de l'apparence. Les genres et les espèces sont les vrais éléments de la science qui se forme, tantôt par leur distinction, tantôt par leur réunion. Mais ce n'est encore là qu'un degré inférieur de la vie intellectuelle. Il y a un autre mode de connaissance plus simple que le raisonnement, et qui n'exige pas, comme la science proprement dite, l'emploi de l'analyse et de la synthèse. L'âme, par une pure intuition, atteint la vérité, la voit de ses propres yeux pour ainsi dire. C'est ce qu'entend Aristote lorsqu'il définit l'intelligence, *la faculté de définition*. L'acte intellectuel ou pensée n'est pas une simple notion de l'accident ou de l'apparent [4] ; il atteint l'être et l'essence ; il est la conception persistante et uniforme de l'universel. C'est cette fa-

---

[1] *Com. Alc.*, III, 104. — *Com. Tim.*, 21.

[2] *Provid. et dest.*, XXI, XXII. — *Com. Tim.*, 121, 79, 76, 75.

[3] *Com. Tim.*, 236.

[4] *Provid. et dest.*, XXIII. — *Com. Parm.*, V, 450. Καὶ οὔτε νόησις ἐςι ψιλὴ γνῶσις, ἀλλ' ὄντος τινός. — Plat., *Théol.*, IV, 16.

culté qui constitue le suprême degré de la science, la philosophie, par rapport à laquelle les autres opérations intellectuelles, raisonnement, analyse, synthèse, division, classification, ne sont que des instruments. Mais si toute science finit à la philosophie, là ne s'arrête point l'essor de l'âme [1]. Au-delà de l'intuition de l'universel est la contemplation pure et silencieuse de l'intelligible, l'enthousiasme qui ravit l'âme en Dieu. La philosophie est donc l'intermédiaire [2] placé à égale distance de la sensation et de la contemplation, par lequel l'âme arrive au souverain bien. Quant à la valeur et à la portée de la science philosophique, Proclus ne se fait aucune illusion à ce sujet. La science et la vérité peuvent être notre partage ici-bas [3] : notre âme apporte avec elle, en descendant de son premier séjour, une science qui tient à la partie la plus intime de son être ; mais nous ne saurions voir la vérité dans tout son éclat, ni la posséder dans toute sa plénitude. La vérité première, la vérité pure est en Dieu seul ; notre science n'est qu'un pâle reflet de la sagesse divine.

Telle est, selon Proclus, la nature et la portée de la philosophie. La science suprême n'est appelée philosophie qu'autant qu'on la considère par rapport au but vers lequel elle conduit l'âme ; considérée en elle-même et dans les procédés qu'elle emploie, elle se nomme la dialectique. Les procédés de la dialectique sont au nombre de quatre [4] : la définition, la division,

[1] *De provid. et fat.*, 24. Ἡ δὲ διὰ φιλοσοφίας (κάθαρσις).
[2] *Com. Alc.*, III, 10. — *Com. Tim.*, 68.
[3] *Com. Alc.*, III, 10. — *Com. Tim.*, 68. Οὐ γὰρ ἐν ἡμῖν αὐτῶν κεῖται τὸ τέλος.
[4] *Com. Parm.*, V, 254, 255, 256, 257.

la démonstration, l'analyse. L'analyse et la démonstration reposent sur la définition; la définition suppose la division, laquelle a nécessairement pour principe l'intuition de l'universel. Proclus trouve ces quatre procédés réunis dans la méthode que Platon a empruntée aux Éléates[1] et qu'il appelle *méthode dialectique*. Voici en quoi consiste cette méthode. La question une fois énoncée, on en pose la solution affirmativement, puis négativement. L'hypothèse[2] de l'affirmative donne lieu à quatre problèmes : si la chose existe, 1° qu'en résulte-t-il pour elle-même? 2° qu'en résulte-t-il pour les autres? 3° qu'arrive-t-il aux autres dans leurs rapports réciproques? 4° qu'arrive-t-il aux autres relativement à la chose en question? Chacun de ces quatre problèmes comprend encore trois recherches bien distinctes : 1° conséquences positives de l'hypothèse donnée; 2° conséquences négatives; 3° conséquences positives et négatives à la fois, selon le sens qu'on y attache. Dans l'hypothèse de la négative, le problème se divise et se subdivise de la même manière : seulement, parmi toutes ces questions, il en est une qui peut paraître étrange : comment peut-on demander ce qui résulte d'une chose qu'on suppose ne point exister? On le peut, parce que, quand nous supposons qu'une chose n'existe pas, nous n'entendons pas la nier d'une manière absolue; nous voulons dire seulement qu'elle n'existe pas sous tel rapport qu'on a supposé d'avance. Nous pouvons donc chercher ce qui en résulte, car nous n'avons pas fait l'hypothèse du néant.

[1] *Com. Parm.*, v, 254, 255, 256, 257.
[2] *Ibid.*, iv, 10, 12; v, 279, 281.

Présentons pour exemple [1] de cette importante méthode la question de la nature de l'âme.

Première hypothèse. *L'âme existe.*

Si l'âme existe,
> 1° Qu'en résulte-t-il pour elle-même ? elle est cause de ses propres actions, principe de sa propre vie ; elle est un être véritable, un être en soi.
> 2° Que n'en résulte-t-il pas ? qu'elle est mortelle, incapable de connaître.
> 3° Qu'est-ce qui tout ensemble en résulte et n'en résulte pas ? que l'âme est indivisible et éternelle ; car, étant principe intermédiaire entre l'ordre intelligible et l'ordre sensible, si elle est indivisible et éternelle en essence, elle est en action divisible et soumise au temps.

Si l'âme existe,
> 1° Que s'ensuit-il pour les corps ? ils deviennent, par la présence de l'âme, des êtres animés ; car ils en reçoivent la forme, le mouvement et la fin.
> 2° Que n'en résulte-t-il pas ? que le mouvement vient au corps de l'extérieur.
> 3° Qu'est-ce qui tout ensemble en résulte et n'en résulte pas ? que l'âme est présente au corps ; car si elle est présente par son action, elle ne l'est point par son essence.

Si l'âme existe,
> 1° Que s'ensuit-il pour les corps relativement à eux-mêmes ? qu'ils éprouvent une sympathie réciproque.
> 2° Que n'en résulte-t-il pas ? qu'ils sont insensibles ; car un corps habité par une âme a de la sensibilité.
> 3° Qu'est-ce qui tout ensemble en résulte et n'en résulte pas ? que les corps habités par une âme se meuvent eux-mêmes.

---

[1] *Com. Parm.*, v, 251, 329.

Si l'âme existe,

1° Que s'ensuit-il pour les corps relativement à l'âme? que les corps sont mus, organisés, conservés par l'âme.

2° Que n'en résulte-t-il pas? que les corps sont privés de vie, désorganisés, détruits par l'âme.

3° Qu'est-ce qui tout ensemble en résulte et n'en résulte pas? qu'ils participent à l'âme; car ils en participent dans un sens, et dans un autre n'en participent pas.

DEUXIÈME HYPOTHÈSE. *L'âme n'existe pas.*

Si l'âme n'existe pas,

1° Que s'ensuit-il pour elle-même? qu'elle n'a ni l'essence, ni la vie, ni l'intelligence.

2° Que ne s'ensuit-il pas? qu'elle existe en soi, qu'elle se meut et se conserve d'elle-même.

3° Qu'est-ce qui tout ensemble en résulte et n'en résulte pas? qu'elle est privée de raison et de toute connaissance de soi-même.

Si l'âme n'existe pas,

1° Que s'ensuit-il pour elle relativement au corps? qu'elle ne le produit pas, ni ne s'unit à lui.

2° Que n'en résulte-t-il pas? qu'elle communique au corps le mouvement, la forme et la vie.

3° Qu'est-ce qui tout ensemble en résulte et n'en résulte pas? qu'elle n'a pas de rapport avec le corps.

Si l'âme n'existe pas,

1° Que s'ensuit-il pour les corps relativement à eux-mêmes? qu'ils n'ont pas de mouvement, de vie et de forme qui les distingue entre eux ni de sympathie réciproque qui les unisse.

2° Que n'en résulte-t-il pas? qu'ils se meuvent mutuellement.

3° Qu'est-ce qui tout ensemble en résulte et n'en résulte pas? qu'ils font impression les uns sur les autres. Il y aura bien impression corporelle, mais non sensation

Si l'âme n'existe pas. { 1° Que s'ensuit-il pour les corps relativement à l'âme? qu'ils ne reçoivent d'elle ni le mouvement ni la fin.

2° Que n'en résulte-t-il pas? qu'ils sont organisés et maintenus par elle.

3° Qu'est-ce qui tout ensemble en résulte et n'en résulte pas? qu'ils sont assimilés à elle.

Cette méthode, inventée par les Éléates, n'a été rigoureusement pratiquée que par Platon [1]. Aristote, en réduisant toutes ces questions à deux, savoir : si telle chose est, qu'en résulte-t-il et que n'en résulte-t-il pas, dénature la méthode qu'il veut simplifier. Il faut la conserver tout entière; car la science ne saurait imaginer assez de procédés pour se garantir de l'erreur.

Voilà pour la forme extérieure et le mécanisme même de la méthode dialectique. Il reste à dire le principe interne qui en est comme l'âme. Proclus considère la conscience comme le point de départ de la philosophie tout entière. A ceux qui pénétraient dans l'enceinte sacrée d'Éleusis, on montrait d'abord l'ordre de ne point entrer dans le sanctuaire s'ils n'étaient initiés et purifiés. De même le γνῶθι σεαυτὸν, inscrit sur le front du temple de Delphes, indiquait la manière de s'élever vers les Dieux et proclamait pour ainsi dire que la connaissance de soi-même est la vraie voie pour arriver à Dieu [2]. Mais comment la conscience peut-elle

---

[1] *Com. P...*, v, 289.
[2] *Com. Alcib.*, II, 12, 13. Ὡς γὰρ τοῖς εἰς τὸ τῶν Ἐλευσινίων τέμενος εἰσιοῦσιν ἐδηλοῦτο τὸ πρόγραμμα, μὴ χωρεῖν εἴσω τῶν ἀδύτων ἀμυήτοις οὖσι καὶ ἀτελέστοις, οὕτω δὴ καὶ πρὸ τοῦ νεὼ τοῦ Δελφικοῦ τὸ

initier l'âme à la science des êtres et à la contemplation de Dieu ? L'âme, se repliant sur elle-même, contemple sa propre substance [1], ses attributs, le système harmonieux des puissances invisibles qu'elle contient, et s'aperçoit qu'elle forme déjà un monde intelligible, reflet d'un monde supérieur dont elle est sortie, type d'un monde inférieur qu'elle domine. Le semblable est connu par le semblable. Le sens [2] saisit le sensible, la perception le perceptible, l'intelligence l'intelligible, l'unité l'Un. Socrate a raison de dire, dans l'Alcibiade, que l'âme rentrant en elle-même, contemple tout en Dieu. Car alors elle se replie jusqu'à son centre, se dégage de tout commerce avec le multiple, et s'élève jusqu'à la contemplation des êtres. Ainsi l'initié entre d'abord en communication avec un grand nombre de Dieux ; puis admis au sanctuaire même de l'initiation, il se sent possédé par un seul. De même l'âme, par sa réflexion sur elle-même, se connaît d'abord ; puis son regard, affermi par cette contemplation, plonge

γνῶθι σεαυτὸν ἀναγεγραμμένον ἐδήλου τὸν τρόπον, οἶμαι, τῆς ἐπὶ τὸ θεῖον ἀναγωγῆς, καὶ τῆς εἰς κάθαρσιν ὁδοῦ τῆς ἀνυσιμωτάτης.

[1] *De provid. et fat.*, 12. Post hanc autem video alteram et meliorem eà quæ in nobis rationali animà motum, quiescentibus jam inferioribus, et nullum tumultum, veluti consuevit, exhibentibus, secundum quam conversa est ad seipsum, et videt sui ipsius substantiam et virtutes quæ in ipsâ, et harmonicas rationes ex quibus consistit, et multas vitas quarum est complementum, et reinvenit seipsam entem mundum rationalem, imaginem fidem eorum quæ ante ipsam, a quibus egressa est.

[2] Plat., *Théol.*, I, 3. Τῷ γὰρ ὁμοίῳ πανταχοῦ φημὶ τὰ ὅμοια γινώσκεσθαι. Τῇ μὲν αἰσθήσει, δηλαδὴ τὸ αἰσθητόν. Τῇ δὲ δόξῃ, τὸ δοξαστόν. Τῇ δὲ διανοίᾳ, τὸ διανοητόν, τῷ δὲ νῷ, τὸ νοητόν. Ὥστε καὶ τῷ ἑνὶ, τὸ ἑνικώτατον, καὶ τῷ ἀρρήτῳ, τὸ ἄρρητον.

dans les profondeurs de son essence, et découvre l'Intelligence suprême, les essences divines et les unités, principes de tous les êtres[1]. Car tout cela se retrouve en nous sous la forme, il est vrai, que comporte l'âme; et c'est ce qui fait que, pour tout connaître, il nous suffit d'éveiller les puissances et les images qui sont en nous. Nos âmes ne recueillent pas les idées[2] dans le sensible, ni le tout et l'un dans ce qui est partiel et divisible, mais elles tirent de l'intérieur la connaissance du monde sensible, et, par la vertu de cette connaissance, corrigent l'erreur et l'imperfection du sens. Ainsi le principe même de la dialectique, c'est la conscience prise comme point de départ de toute science; et ce principe a sa raison dans l'identité du sujet et de l'objet de la pensée.

Un dernier caractère de la méthode de Proclus, c'est l'appel au sens commun dans toute recherche scientifique. Il faut prendre pour guide[3] Mercure, cet instituteur du genre humain, qui, dit-on, grave dans les

---

[1] Plat., *Théol.*, I, 3. Εἰς μὲν τὰ μεθ' ἑαυτὴν βλέπουσαν τὴν ψυχὴν, τὰς σκίας, καὶ τὰ εἴδωλα τῶν ὄντων βλέπειν. Εἰς ἑαυτὴν δὲ ἐπιστρεφομένην τὴν ἑαυτῆς οὐσίαν, καὶ τοὺς ἑαυτῆς λόγους ἀνελίττειν. Καὶ τὸ μὲν πρῶτον ὥσπερ ἑαυτὴν μόνον καθορᾶν. Βαθύνουσαν δὲ τῇ ἑαυτῆς γνώσει, καὶ τὸν νοῦν εὑρίσκειν ἐν αὐτῇ, καὶ τὰς τῶν ὄντων τάξεις. Χωροῦσαν δὲ εἰς τὸ ἐντὸς αὐτῆς, καὶ τὸ οἷον ἄδυτον τῆς ψυχῆς, ἐκείνῳ γὰρ τὸ θεῶν γένος, καὶ τὰς ἑνάδας τῶν ὄντων μύσασαν θεάσασθαι. Πάντα γὰρ ἐςι καὶ ἐν ἡμῖν ψυχικῶς, καὶ διὰ τοῦτο τὰ πάντα γινώσκειν πεφύκαμεν, ανεγείροντες τὰς ἐν ἡμῖν δυνάμεις, καὶ τὰς εἰκόνας τῶν ὅλων.

[2] *Com. Alcib.*, III, 199, 110.

[3] *Dix Doutes*, introd. Donec enim placentia dicimus nobis ipsis nostra utique et hæc dicere et scribere videbimur; aliterque et communem Mercurium ducem habentes, qui indocibiles præac-

âmes ces conceptions inapprises qu'on appelle le sens commun.

Il est facile de voir que, sur la nature, le principe, le critérium et la méthode de la science, Proclus pense à peu près comme Plotin. Tous deux recommandent et pratiquent le γνῶθι σεαυτὸν ; tous deux fondent ce précepte sur l'identité du sujet et de l'objet de la connaissance. Seulement on pourrait dire, ce semble, que Plotin procède plus synthétiquement et Proclus plus analytiquement. Plotin, ayant établi l'identité de l'âme et du monde intelligible, s'élance brusquement dans l'intelligible et le divin, et de là plane sur l'Ame, sur la nature, sur le monde sensible tout entier. Ce n'est pas dans la nature sensible qu'il cherche les idées tout d'abord, c'est dans l'âme, au plus profond de son essence. La marche de Proclus est plus lente et en apparence au moins plus régulière, sinon plus scientifique. « Le vrai philosophe, dit-il, remonte des choses sensi- » bles aux idées, et ne s'arrête pas là : il faut qu'il » atteigne les causes intelligibles et distinctes des » idées [1]. » Voilà pour la méthode.

La science a pour objet deux mondes, l'un qui nous est révélé par les sens, l'autre, principe et type du premier, qui est conçu par l'intelligence [2]. Il y aura donc deux parties dans la science : l'une, étudiant la

---

ceptiones communium conceptuum (κοινῶν ἐννοίων) omni animæ imponere dicitur.

[1] *Com. Répub.*, 423. Καὶ τούτων διώρισε τοὺς φιλοσόφους, οἳ καὶ ἀναβαίνουσιν ἀπὸ τῶν αἰσθητῶν εἰς τὰ εἴδη, καὶ οὐδὲ ἐν τούτοις ἵςανται μόνοις, ἀλλ' ἐπ' αὐτὰς χωροῦσι τὰς νοητὰς αἰτίας καὶ χωριςὰς τῶν εἰδῶν.

[2] *Com. Tim.*, IV, 12, 16, 29.

cause première et la série des causes qui en dérivent, sera la *théologie;* l'autre, qui suivra dans la nature l'action des causes et des essences intelligibles, sera la *physiologie*[1].

II. THÉORIE DE L'UN. Plotin avait atteint l'unité absolue, en se fondant sur l'insuffisance de l'Ame et de l'Intelligence, considérées comme principe suprême des choses; il avait plutôt posé que démontré l'existence du premier principe. Ce n'est pas à dire que sa méthode se réduise à une construction arbitraire; Plotin s'élève à Dieu par trois voies également légitimes, par l'idée de l'unité, par l'idée du bien, par le principe de causalité. Proclus n'avait donc point à découvrir les éléments d'une démonstration, mais seulement à convertir en arguments les conceptions qui avaient servi de base et de point de départ à l'école d'Alexandrie. Tel est le caractère de la théorie suivante.

Proclus s'applique à établir : 1° qu'avant tout participant à l'unité est l'Unité en soi; 2° qu'avant tout participant au bien est le Bien en soi; 3° qu'il faut remonter à une cause première, laquelle ne peut être que l'Un et le Bien en soi [2].

Premier point. Tout être, soit du monde sensible, soit du monde intelligible, est conçu comme plus ou moins multiple, c'est-à-dire comme un *nombre*. Tout

[1] Plat., *Théol.*, 1, 3. — *Com. Tim.*, 4, 5.

[2] Cette analyse des démonstrations de Proclus n'étant le plus souvent qu'une traduction, nous nous dispenserons de citer le texte, dont il serait d'ailleurs impossible de détacher des fragments. L'enchaînement des idées y est tel qu'il faut ou tout reproduire ou ne rien citer.

nombre [1] participe en quelque chose de l'unité ; car, s'il n'en participe en rien, ce nombre ne sera un ni dans sa totalité, ni dans aucune de ses parties. Dès lors chaque partie sera elle-même un nombre, lequel, à son tour, ne participant en rien de l'unité, sera partout et en tout infini. En effet, quelque partie que vous en détachiez, elle sera une ou non-une : or, elle ne peut être une, ne participant point de l'unité. D'une autre part, si elle est non-une, il faudra qu'elle soit multiple ou nulle. Dans le premier cas, elle se composerait d'une infinité d'infinis ; dans le second, chaque partie étant nulle, le tout serait nul aussi : deux conséquences également absurdes, puisque, d'un côté, il ne peut y avoir d'êtres composés d'une infinité d'infinis, et que de l'autre, en ajoutant le néant au néant, on ne compose rien. Donc, en définitive, tout nombre participe, en quelque façon, de l'unité [2].

En vertu de cette participation, tout nombre est à la fois un et non-un, mais non pas simplement un ; car pour être simplement un, il ne faudrait pas seulement qu'il participât de l'unité, mais qu'il fût l'unité elle-même. Or, tout ce qui participe de l'unité ne peut être l'unité proprement dite ; la nature propre du nombre est donc d'être en même temps un et non-un [3]. Mais, puisque le nombre est un, ne pourrait-il pas être considéré comme un principe qui se suffit à lui-

---

[1] Dans tout le cours de cette démonstration, le mot *nombre* traduit πλῆθος, et signifie simplement le multiple. Ce n'est pas le nombre ἀριθμὸς, tel qu'on l'entend habituellement dans la philosophie grecque.

[2] Procl., *Élém. théol.*, prop. 1.

[3] Ibid., prop. 2.

même? Proclus démontre qu'il n'en peut être ainsi. En effet, le nombre participe de l'unité, mais ne la possède pas en propre; il n'est donc pas l'unité en soi. Or l'unité en soi ne saurait être une et non-une; autrement on pourrait toujours concevoir une unité simple au-delà de cette unité multiple. Donc le nombre, en sa qualité d'unité multiple, ne peut être considéré comme le premier principe [1].

Proclus arrive encore à la même conclusion par une autre voie. Non seulement le nombre diffère de l'unité en soi, mais il lui est évidemment postérieur. En effet, si c'était le nombre qui fût antérieur à l'unité, il ne pourrait en participer, l'unité n'existant point encore. D'une autre part, le nombre ne peut être conçu comme indépendant et contemporain de l'unité; car alors ni l'unité en soi ne deviendrait multiple, ni le nombre ne deviendrait un. Pour qu'il y ait communication du nombre avec l'unité, et communication de l'unité avec le nombre, le rapprochement et l'union des deux termes devient nécessaire. Or cela suppose un troisième terme antérieur et supérieur qui les unit; quand deux choses se rapprochent et se confondent d'elles-mêmes, c'est qu'elles ne sont réellement pas distinctes l'une de l'autre. Les opposés ne s'attirent pas mutuellement : si le nombre et l'unité sont deux choses distinctes, le nombre en tant que nombre n'est pas unité; l'unité en tant qu'unité n'est pas nombre. Le nombre et l'unité ne peuvent participer mutuellement l'un de l'autre qu'en vertu d'un principe antérieur. Mais que sera ce principe? Un ou non-un. Si non-un, il sera nul ou multiple.

[1] Procl, *Élém. théol.*, prop. 4.

Il ne sera point multiple, car alors le nombre serait antérieur à l'unité; il ne sera point nul, le néant ne pouvant unir quelque chose. Il sera donc un et d'une unité qui n'admet point le multiple, sans quoi nous irions ainsi jusqu'à l'infini. Donc il est l'unité en soi, et tout nombre lui est postérieur; donc tout nombre suppose nécessairement l'unité simple et absolue, en tant qu'il en participe et en vient [1].

Deuxième point. Le premier Bien est antérieur à tout être participant au bien. En effet, si tous les êtres désirent le bien, il est clair que le premier Bien est supérieur à tous les êtres ; car, si on le suppose sur la même ligne qu'un autre être, ou le Bien en soi ne fera qu'un avec cet être, ou ils feront deux êtres distincts et indépendants [2]. S'ils ne font qu'un, l'être confondu avec le premier Bien cessera de désirer ce *Bien*, puisqu'il sera le Bien lui-même. Si le premier Bien et l'être qui le désire sont deux êtres distincts et indépendants, l'être participera du bien. Alors, le bien ainsi participé [3] n'est plus le premier Bien ; il est un certain bien déterminé dans un certain être participant au Bien, objet du désir de l'être seulement qui y participe. Mais il n'est plus le Bien en soi, objet du désir de tous les êtres ; car le propre du Bien en soi est d'être désiré par tous. Donc le premier Bien n'est autre

---

[1] *Élém. théol.*, prop. 5.

[2] Ibid., prop. 8.

[3] Μετεχόμενος, *participé*. Je hasarde ce mot et beaucoup d'autres qui n'ajouteront rien à l'étrangeté de cette langue, plutôt que de chercher une périphrase qu'il faudrait répéter partout avec la certitude de n'être jamais concis et la crainte d'être souvent obscur.

chose que le Bien en soi ; si vous lui ajoutez un attribut, vous le diminuez et vous le détruisez, car du Bien en soi vous faites un bien déterminé.

Troisième point. Tous les êtres proviennent d'une cause première. En effet, s'il n'en est pas ainsi, ou il n'existe aucune cause d'aucun être, ou les causes des êtres forment un cercle véritable, ou enfin il y a une progression à l'infini, chaque être étant l'effet de celui qui le précède, sans qu'on rencontre nulle part un être préexistant à tous les autres [1]. S'il n'existe aucune cause d'aucun être, il n'y a plus d'ordre parmi les êtres, plus de rapport d'inférieur à supérieur, de perfectionnants à perfectionnés, d'engendrants à engendrés, d'actifs à passifs. Il n'y a plus de science d'aucun être ; car la connaissance des causes est le caractère de la science, et nous disons *savoir* quelque chose quand la cause d'un être nous devient connue. Si les causes sont enchaînées de manière à former un cercle, les mêmes êtres seront à la fois antérieurs et postérieurs, plus puissants et plus faibles. Or, tout être producteur est supérieur à la nature de son produit ; et il n'importe pas que la cause produise immédiatement son effet, ou qu'elle ait à passer, pour arriver à l'effet, par beaucoup d'opérations intermédiaires. Car c'est le grand nombre d'opérations qui révèle la vertu de la cause. Enfin, si les causes forment une progression à l'infini, en sorte qu'avant une cause on trouve toujours une autre cause, il n'y aura science de quoi que ce soit, puisqu'il n'y a pas de science de l'infini. Or, la cause étant ignorée, il ne peut y avoir science

---

[1] *Élém. théol.*, prop. 11.

de l'effet. Puis donc qu'il y a une science des êtres, que les causes sont distinctes de leurs effets, et qu'il n'y a pas progression de causes à l'infini, il existe une cause première de laquelle, comme d'une source commune, émanent tous les êtres.

Maintenant, que cette cause soit une et non multiple, qu'elle soit absolument une, qu'elle soit une en soi et non par participation, c'est ce qui résulte des démonstrations par lesquelles on a établi que tout nombre est inférieur à l'unité et qu'il en provient [1]. D'une autre part, cette cause, qui est l'Un en soi, est aussi le Bien en soi, ou un être supérieur au Bien en soi. Supposons d'abord qu'elle est supérieure au Bien en soi : puisqu'elle est une cause, il faudra qu'elle produise ; puisqu'elle est supérieure au Bien en soi, il faudra qu'elle produise quelque chose de supérieur à la bonté. 'Mais, au contraire, tout ce qui n'est pas bon est inférieur à la bonté. Donc la cause de tous les êtres n'est pas supérieure au *Bien;* donc elle est le Bien lui-même [2]. Enfin, le Bien en soi est identique à l'Un en soi. En effet, si le Bien conserve tous les êtres, en tant qu'il est la fin que tous désirent, l'Un aussi les conserve, en tant qu'il est la condition indispensable de leur essence ; car sans essence point d'être, et sans unité point d'essence. Le bien est pour les êtres un principe d'unité, et l'unité est un principe de bien. Toute bonté est un retour (ἐπιστροφή) de l'être vers l'Un ; toute unité est une aspiration vers le Bien. Mais si la participation à l'Unité produit le bien, et que la participation au Bien

---

[1] *Élém. théol.*, prop. 12.
[2] Ibid., prop. 12.

produise l'unité, il s'ensuit que le Bien en soi et l'Unité en soi sont une seule et même cause, produisant également le bien et l'unité pour tous les êtres.

C'est ainsi que Proclus réunit dans une seule démonstration les trois grandes conceptions de la raison pure, l'idée du bien, l'idée de l'unité, et le principe de causalité. L'existence du premier principe étant démontrée, il en recherche la nature et les attributs. Mais une difficulté grave l'arrête tout d'abord : un tel problème ne répugne-t-il pas à l'essence même du principe qui en est l'objet? Il est évident que l'Un est ineffable et inaccessible. La science ne peut en parler que par analogie ou par négation[1]. L'analogie est un mode de connaissance très inférieur et tout-à-fait trompeur, en ce qui concerne Dieu. Quant à la négation, c'est la seule méthode qu'il convient d'appliquer à la recherche de la nature divine et de ses attributs. Il ne faut pas croire que ce soit l'impuissance où se trouve l'esprit de connaître Dieu directement qui le force à procéder par négation. On connaît les êtres en tant qu'êtres par l'affirmation ; mais l'Un n'est pas l'être, il ne peut donc être connu en tant qu'il est ; au contraire, c'est en tant qu'il n'est pas qu'on peut le connaître. Si la connaissance de Dieu est toute négative, c'est que la nature divine le veut ainsi ; ce n'est point

---

[1] *Com. Parm.*, vi, édition de Cousin, 53, 54. Καὶ πᾶσαι μὲν αἱ ἄλλαι γνώσεις αὐτῶν (ψυχῶν) εἰσι καταφατικαί· τὰ γὰρ ὄντα ὡς ἔςι γιγνώσκουσι, τοῦτο δὲ ἐςι καταφάσεως ἴδιον τῇ δὲ ἐνθεαςικῇ περὶ τὸ ἕν ἐνεργείᾳ τὸ ἀποφατικὸν ἔςι καὶ ἐν ταύταις τῆς γνώσεως · οὐ γὰρ ὅτι ἐςὶ τὸ ἕν γιγνώσκουσιν, ἀλλ' ὅτι οὐκ ἔςι κατὰ τὸ κρεῖττον τοῦ ἔςιν. Ἡ δὲ τοῦ ὅτι οὐκ ἔςι νόησις, ἀπόφασίς ἐςιν.

parce que la faiblesse de l'esprit humain ne peut aller au-delà. Platon l'a dit dans ses lettres [1] : la cause de toutes les erreurs pour l'âme, c'est de se représenter le Premier comme une essence, et de chercher à le définir. Il faut d'ailleurs remarquer que chaque degré supérieur dans la hiérarchie universelle des êtres nie la qualité distinctive du degré inférieur [2]. Au-dessus des corps est l'essence incorporelle; au-dessus des engendrés, l'âme inengendrée; au-dessus des mobiles, l'intelligence immobile. Donc, pour parvenir au principe suprême, il est nécessaire de nier toutes les qualités et tous les attributs qui caractérisent les êtres [3]. Ce genre de négation n'exprime pas le défaut pur et simple d'une qualité ; il implique, au contraire, dans l'être dont on nie telle qualité, la puissance de la produire [4]. Ainsi, c'est parce que l'Un n'est pas le mul-

---

[1] *Plat.*, *théol.*, II, 8.

[2] *Plat.*, *théol.*, II, 4. Καὶ ἡ μὲν πρόοδος τῶν πάντων, τὴν διὰ τῶν ἀποφάσεων ἡμῖν ἐξέφηνεν ἐπὶ τὸ πρῶτον ἄνοδον. Ἡ δὲ ἐπιςροφὴ, τὴν διὰ τῶν ἀναλογιῶν.

[3] *Plat.*, *théol.*, II, 11. Τρίτον δὲ αὖ πρὸς τοῖς εἰρημένοις, περὶ τοῦ τρόπου διορίζομαι τῶν ἀποφάσεων, ὡς οὐκ εἰσὶ ςερητικαὶ τῶν ὑποκειμένων, ἀλλὰ γεννητικαὶ τῶν οἷον ἀντικειμένων. Τῷ γὰρ οὐ πολλὰ τὶ πρῶτον ὑπάρχειν ἀπ' αὐτοῦ πολλὰ πρόεισι, καὶ τῷ μὴ ὅλον, ἡ ὁλότης, καὶ ἐπὶ τῶν ἄλλων ὁμοίως. Καὶ ὡς μένειν ἐπὶ τῶν ἀποφάσεων προςήκει τῷ Πλάτωνι πειθομένους, καὶ μηδὲν τῷ ἑνὶ προςτιθέντας · ὅ τι γὰρ ἂν προσθῇς, ἐλαττοῖς τὸ ἕν, καὶ οὐχ ἓν αὐτὸ λοιπὸν ἀποφαίνεις, ἀλλὰ πεπονθὸς τὸ ἕν.

[4] *Plat.*, *théol.*, II, 4. Καί μοι μηδεὶς μήτε τὰς ἀποφάσεις ταύτας οἷον ςερήσεις εἶναι τιθέμενος, ἀτιμαζέτω τὸν τοιοῦτον τῶν λόγων τρόπον, μή τε τὴν ἀναλόγως ἐν λόγοις ταυτότητα, τοὺς δὲ λόγους ἐν σχίσεσιν ἀφοριζόμενος, διαβάλλειν ἐπιχειρείτω τὴν ἀναγωγὸν ταύτην πορείαν ἐπὶ τὴν πρωτίςην ἀρχήν. Αἱ μὲν γὰρ ἀποφάσεις, τριπλῆν (ὡς

tiple qu'il le produit: c'est parce qu'il n'est ni l'intelligence, ni l'âme, qu'il les engendre; c'est parce qu'il n'est aucun être que tout être vient de lui. Donc, au fond, nier une détermination quelconque de l'Un, c'est affirmer sa nature. On la nie et on la détruit, au contraire, quand on en affirme quoi que ce soit de déterminé. Voilà pour quelle raison il convient de procéder négativement dans la science de Dieu.

Le Premier n'est pas l'Être. L'Être, il est vrai, existe en soi et par soi; il est le premier des intelligibles [1]; il est cause et non simplement type des êtres inférieurs; mais il n'est pas encore Dieu, il n'en est que la première hypostase. Le Premier n'est point la Vie, essence supérieure à l'intelligence, type de l'éternité, laquelle, selon l'expression de Plotin, qui ne fait que reproduire la pensée de Platon, est une vie infinie qui se manifeste tout entière à la fois. Or l'Un est supérieur même à l'Éternité. D'ailleurs la vie éternelle n'est qu'une émanation de l'être, qui vient lui-même après l'Un [2]. Le Premier n'est pas l'Intelligence supérieure à l'Ame; car l'Intelligence, même suprême, n'est pas absolument simple, puisqu'elle se comprend, ni immobile, puisqu'elle agit sur elle-même. D'une autre part,

ἐμοὶ δοκοῦσιν) ἐν τοῖς πράγμασιν ἰδιότητα προτείνουσι. Καὶ ποτὲ μὲν ἀρχοειδέςεραι τῶν καταφάσεων οὖσαι, γεννητικαὶ, καὶ τελειοτικαὶ τῆς ἀπογεννήσεως αὐτῶν ὑφεςήκασι.

[1] Plat., théol., II, 4. Ὅτι μὲν οὖν οὐ ταυτὸν οὐσία, καὶ ἕν, δῆλον. Οὐ γὰρ ταυτὸν ἕν τε, καὶ ἓν εἰπεῖν, καὶ τὴν οὐσίαν ἕν... καὶ γάρ ἐν οὐσίᾳ τὰ πολλὰ, καὶ ἐν μὴ οὐσίᾳ τὸ ἕν.

[2] Plat., théol., III, 17. Εἰ τοίνυν ὁ αἰὼν μήτε ἐν ἑαυτῷ δύναται μένειν, μήτε ἐν τῷ πρὸ αὐτῶν ἑνὶ, δῆλον ὅτι κατὰ τὸν Τίμαιον ἐν ἑνὶ μένων, ἐν τῷ τῆς πρώτης ἵδρυται τριάδος ἑνὶ, μᾶλλον δὲ ἐν τῇ πάτῃ τριάδι. Cette première triade est celle de l'être en soi.

tous les êtres participent à l'Un, sans participer tous à l'Intelligence [1] : donc l'Intelligence n'est pas le premier universel. L'Intelligence, d'ailleurs, diffère essentiellement de l'Un, en fonction comme en nature ; elle voit et contemple, tandis que l'Un produit et conserve. L'Intelligence n'en est pas même l'image [2] ; car il répugne à la nature du Premier d'être le type des êtres qu'il produit. Le Premier est encore moins l'Ame, laquelle, bien qu'éternelle, est engendrée [3]. L'Ame est à la fois être, vie, intelligence, mais seulement par participation et non en elle-même. Enfin toute action de l'âme est mesurée par le temps ; or il est clair que le Premier est supérieur au dernier. Quant aux modes inférieurs de l'existence, la nature, le corps, etc., il est inutile de démontrer que l'Un n'est rien de semblable. Le Premier n'est donc rien de déterminé, ni Ame, ni Intelligence, ni Vie, ni Être. Mais alors ne serait-il point simplement l'universalité des êtres? Nullement. Le Premier est l'Unité sans doute, mais l'Unité préexistant à toute multiplicité [4]. Enfin ne serait-il pas le Tout, non pas le Tout en tant que simple collection des êtres, mais l'Unité elle-même dans son expansion et son développement universel? Cela est encore impos-

---

[1] *Élém. théol.*, prop. 20. Ἀλλὰ μὴν καὶ πρὸ τοῦ νοῦ τὸ ἕν, νοῦς γάρ εἰ καὶ ἀκίνητον, ἀλλ' οὐχ ἕν. Νοεῖ γὰρ ἑαυτὸν, καὶ ἐνεργεῖ περὶ αὐτόν. — Ibid. Καὶ τοῦ μὲν ἑνὸς πάντα μετέχει τὰ ὁπωσοῦν ὄντα. Οἷς γὰρ παρῇ νοῦς μετουσία, ταῦτα γνώσεως ἀνάγκη μετέχειν. — *Com. Parm.*, vi, 244.

[2] *Com. Tim.*, 248. Νοῦς μὲν γὰρ ὁ παντελὴς, οὐ κυρίως εἰκὼν λέγεται τοῦ πρώτου. Τί γὰρ ἀφωμοιοῦτο τῷ πάντῃ ἀνιδέῳ;

[3] *Élém. théol.*, prop. 192. Πᾶσα ψυχὴ μεθεκτὴ τῶν τε ἀεὶ καὶ ὄντως ὄντων ἐστὶ, καὶ πρώτη τῶν γεννητῶν.

[4] *Com. Tim.*, 53. Οὐχ ἓν τῶν πολλῶν ὄν, ἀλλ' ἓν πρὸ πολλῶν.

sible. L'Un qui se développe devient l'Un multiple, l'Un-Être. C'est le principe de Parménide, la première hypostase; ce n'est pas encore l'Un en soi [1]. L'Un-Être est divin, il n'est pas Dieu [2]; il n'est pas l'Un, mais la transition de l'Un à l'Être. Le nom de Père ne convient pas davantage à la nature divine, parce qu'il suppose la division en Dieu de la force et de l'intelligence.

On voit donc qu'il est impossible de rien affirmer de la nature de l'Un. De même on ne peut rien affirmer de ses rapports avec les êtres. On peut bien dire qu'il produit tout ce qui est; mais comment? c'est ce qu'on ne peut déterminer. Toute communication entre la cause et l'effet répugne à la nature de la cause. Ici encore, il faut procéder par négation, et se borner à dire que Dieu est inaccessible, incommunicable, imparticipable (ἀμέθεκτὸς) [3]. On ne peut affirmer de Dieu aucune qualité ou manière d'être, ni mouvement, ni forme, ni existence, ni vie, ni pensée. Il ne faut pas même lui attribuer les facultés des autres principes supérieurs, la pensée pure, la volonté, la liberté, la con-

---

[1] *Com. Parm.*, IV, 34. Καὶ γὰρ τὰς ὑποθέσεις ἄρξασθαι μὲν ὄντως ἀπὸ τοῦ κατὰ Παρμενίδην ἑνός, ὅπερ ἦν τὸ ὄν· ἐντεῦθεν δὲ ὁρμηθείσας, ἐκφῆναι τὸ ὡς ἀληθῶς ἓν παντὸς πλήθους καθαρεῦον.

[2] *Plat., théol.*, III, 4. Ἀλλὰ οὔτε τῷ Παρμενίδῃ πεισόμεθα, τὸ ἓν μετὰ τοῦ ὄντος παράγοντι, καὶ τοσαύτας εἶναι μοίρας τοῦ ἑνός, ὅσας καὶ τοῦ ὄντος ἀποδεικνύντι.

[3] *Plat., théol.*, II, 11. Εἰ γὰρ μηδὲ εἷς ἐςι τοῦ ἑνὸς λόγος; οὐδὲ αὐτὸς οὗτος ὁ ταῦτα διατεινόμενος λόγος τῷ ἑνὶ προσήκει. Καὶ θαυμαςὸν οὐδὲν, τὸ ἄρρητον τῷ λόγῳ γνωρίζειν ἐθέλοντας, εἰς τὸ ἀδύνατον περιάγειν τὸν λόγον. — Ibid., III, 4. Μετὰ δὲ τὴν ἀμέθεκτον ταύτην, καὶ ἄρρητον, καὶ ὡς ἀληθῶς ὑπερούσιον αἰτίαν ἀπὸ πάσης οὐσίας, καὶ πάσης δυνάμεως, καὶ πάσης ἐνεργείας κεχωρισμένην.

science de soi-même [1]. Mais parce que la nature de Dieu ne se prête à aucune qualification et à aucune définition, n'en concluons pas qu'il est le pur néant. C'est parce qu'il n'est aucune chose qu'il est le principe et la fin de tout ; tel est le caractère du vrai Dieu [2]. Nous pouvons dire avec Platon qu'il est l'Un ou qu'il est le Bien ; mais nous ne prétendons par là rien affirmer de sa nature, car c'est encore par rapport aux êtres créés que nous concevons Dieu comme l'Un et le Bien. Il est l'Un en tant que tout vient de lui [3] ; il est le Bien en tant que tout y retourne. Mais qu'il soit pour nous le principe ou la fin des êtres, il n'en est pas moins en soi le Dieu ineffable.

III. Théorie des Unités. Dieu produit, puisqu'il est le Bien. Mais si la production est propre au Bien, ne répugne-t-elle pas d'une autre part à l'Unité ? Toute production ne suppose-t-elle pas dans le producteur la transition de l'Un au multiple ? Comment concilier en Dieu l'unité et la bonté ? Comment Dieu peut-il produire sans cesser d'être l'Unité simple et absolue ? Plotin avait cru expliquer le mystère de la création divine par une simple analogie : « La nature du Bien est de produire,

---

[1] *Com. Tim.*, 110.

[2] *Com. Parm.*, vi, 87. Δεῖ τὸ πρῶτον μὴ νοεῖν ἑαυτὸ, ὡς κρεῖττον τοῦ νοεῖν καὶ δεῖ μὴ πολλὰ εἶναι, ὡς κρεῖττον τοῦ πολλὰ, καὶ δεῖ μὴ ὅλον εἶναι, μήτε μέρη ἔχειν, ὡς κρεῖττον καὶ τούτων. Τὸ γὰρ δέον οὐκ ἔστι στερήσεως, ἀλλ' ὑπεροχῆς σημαντικόν.

[3] *Com. Parm.*, iv, 86. — *Élém. théol.*, prop. 25, 26. — *Élém. théol.*, prop. 34, 33. Οὕτως ἄρα καὶ τὸ ἕν, ἡ πηγὴ θεότητος πάσης, καὶ ὁ ἐστιν αὐτὸ θεός · πᾶς γὰρ θεὸς, καθὸ θεὸς, ἀπὸ τοῦ ἑνὸς ὑφίστηκεν.—*Com. Parm.*, iii, 246. Πᾶν οὖν τὸ ἐφετὸν ἀγαθὸν ἐστι · καὶ εἰ μὲν ἐφετὸν κυρίως, καὶ ἀγαθὸν κυρίως.

avait-il dit, comme la nature du feu est de brûler. »
Quant à concilier l'unité de Dieu avec l'acte de la création, l'école d'Alexandrie avait essayé de résoudre le problème par son système d'émanations successives, dont le premier degré est l'Intelligence et le dernier la matière. Cette solution ne pouvait satisfaire des esprits aussi subtils que les derniers Néoplatoniciens. Le système de Plotin comblait bien des abîmes par cette vaste hiérarchie d'essences plus ou moins parfaites, jetées entre Dieu et le monde ; mais, aux yeux de Proclus, il en laissait subsister encore un qu'il fallait chercher à remplir. De Dieu à l'Intelligence quelle distance et quelle chute ! Comment rattacher immédiatement une unité multiple à l'Unité en soi ? Entre Dieu et le premier des intelligibles, pouvait-on concevoir un rapport de génération et une communication directe ? La philosophie alexandrine, qui avait déjà tant fait pour réduire et simplifier le problème, avait donc encore laissé quelque chose à faire. Proclus sentit la difficulté, et essaya de la résoudre par la théorie des Unités divines.

Dieu ne produit point par lui-même et directement le monde intelligible. Entre ce monde et Dieu, Proclus conçoit un intermédiaire[1]. Pour bien saisir ici toute la pensée de Proclus, il faut revenir un peu en arrière, et reprendre une théorie très ancienne et très célèbre dans la philosophie grecque, la doctrine des nombres. Platon avait toujours eu en grande estime les traditions pythagoriciennes et particulièrement la doctrine des nombres. Il s'était même efforcé d'adapter

[1] Com. Parm. iv, 193 ; v, 309 ; vi, 6.

sa propre théorie aux formules de cette école, et avait fini par en emprunter le langage. Il ne faudrait pas croire toutefois que sa théorie des nombres n'est que la reproduction des idées pythagoriciennes. Le nombre pythagoricien est l'unique principe des choses; il comprend toutes les catégories de l'être; principe vague et mal défini, il explique tout, il suffit à tout; il est à la fois la raison, la loi, la substance et l'essence des choses sensibles au sein desquelles il existe. Le nombre platonicien est une véritable idée, c'est-à-dire un principe distinct et séparé de la réalité; il n'est pas toute idée, mais seulement le premier ordre des intelligibles, par cela même qu'il a pour principe l'idée des idées, l'Unité. Ainsi, dans Platon, la théorie des nombres ne contredit point la théorie des idées; elle la complète et la couronne. De même, chez tous les Platoniciens, comme Xénocrate, Speusippe, Numénius, la théorie des nombres n'est pas un retour pur et simple aux idées de Pythagore; c'est une transformation de la théorie des nombres dans la théorie des idées, d'après la méthode du chef de l'école.

La théorie de Plotin rappelle beaucoup plutôt Platon que Pythagore. On en pourra juger par l'analyse suivante. L'Unité absolue est le Bien en soi et le principe du bien pour toute chose. Donc le contraire de l'Unité, la diversité indéfinie, est le mal. Plus on s'éloigne de l'Unité, plus on fuit le Bien. De même l'Unité est le principe du Beau, comme la diversité est le principe du laid [1]. Le produit pur et immédiat de l'Unité est le nombre, non pas le nombre concret, lequel n'est qu'une

---

[1] Enn. VI, vi, 1.

image du vrai nombre [1]. Ainsi un, deux, trois, dix, ne sont que des représentations imparfaites de la monade, de la dyade, de la triade, de la décade. Le vrai nombre, le nombre idéal, n'est pas un simple prédicat, ni même un attribut essentiel des choses; il subsiste par lui-même et indépendamment de toute réalité [2]. Il est, par rapport aux choses sensibles, comme l'idée elle-même. Il faut bien se garder de confondre le nombre avec l'infini. En soi l'infini n'est susceptible d'aucune détermination et n'a aucune essence; il n'est pas plus le multiple que l'un, pas plus le mouvement que le repos. Le nombre, au contraire, est essentiellement fini [3]. Ce qui ne veut pas dire qu'il soit mesuré et mesurable par quoi que ce soit : le nombre ne connaît pas de mesure ; c'est lui-même qui est la mesure de toute chose : en ce sens, il est dit avec raison infini. Il est l'infini en tant que principe de mesure et de limitation [4]. Le nombre est une idée; il est le premier des intelligibles; il domine l'ordre de la vie et même l'ordre de la pensée. Il est supérieur aux autres idées, comme l'Un est supérieur aux deux autres principes des choses, l'Intelligence et l'Ame [5]. Cette priorité du nombre sur l'idée en général n'est point restreinte à l'unité; elle s'étend à tous les nombres. Le nombre ne comprend pas seulement la quantité; le nombre *quantitatif* n'est qu'une imitation du vrai nombre, lequel, comme tous les êtres purement intelligibles, ne réside

---

[1] Enn. VI, vi, 9.
[2] Enn. VI, vi, 5.
[3] Enn. VI, vi, 2, 3.
[4] Enn. VI, vi, 18.
[5] Enn. VI, vi, 9, 6.

nulle part. La quantité est si peu le nombre en soi qu'elle n'est même pas un nombre. Elle a son principe dans le mouvement de l'âme. C'est celle-ci qui engendre la quantité par la succession ; or le nombre est essentiellement indépendant de l'âme [1]. Le nombre est le principe de tout être, sensible ou intelligible, corporel ou incorporel ; l'être vient du nombre, il est le nombre en développement. Le nombre idéal est propre au monde intelligible ; le nombre réel au monde sensible. Le premier est absolument pur ; le second est mêlé d'infini [2]. Au nombre idéal seulement appartient la vie pure et parfaite.

On le voit, la théorie de Plotin sur le nombre est conçue exactement dans le même esprit que celle de Platon : ce n'est ni un retour à la doctrine de Pythagore, ni une simple reproduction de la théorie des idées, sous forme pythagoricienne. Plotin, à l'exemple de Platon, pose le nombre comme le premier intelligible, et considère la théorie des nombres comme le sommet de la théorie des idées. Le nombre, tel que l'entendent Platon et Plotin, n'est pas une certaine idée, laquelle correspondrait spécialement à la catégorie de la quantité ; c'est l'idée par excellence, celle qui engendre et domine toutes les autres. Plotin le dit formellement, le nombre est principe et source de tout dans le monde sensible, dans l'âme et dans l'intelligence [3]. Et la raison qu'il en donne,

---

[1] Enn. VI, vi, 16.
[2] Enn. VI, vi, 18.
[3] Enn. VI, vi, 15. Ἀρχὴ καὶ πηγὴ ὑποστάσεως τοῖς οὖσιν ὁ ἀριθμὸς ὁ πρῶτος καὶ ἀληθής.

c'est que l'Unité préexiste à l'Ame, à l'Être lui-même [1].

Porphyre ne semble point avoir attribué aux nombres la même valeur. Dans sa vie de Pythagore, il rapporte, en paraissant la partager, l'opinion d'un nouveau Pythagoricien, Modératus de Gadès, d'après laquelle la théorie des nombres ne serait qu'un simple langage. De même que les géomètres recourent aux figures, dans l'impuissance où ils sont d'exprimer par des mots les formes purement incorporelles, de même les Pythagoriciens trouvant le langage ordinaire impropre à exprimer les principes métaphysiques des choses, auraient fait servir les nombres à cet usage [2].

Jamblique revient à la théorie des nombres, telle que l'entendent Platon et Plotin, et soutient la priorité des nombres sur tous les autres intelligibles. Il paraît même qu'il était allé plus loin ; Syrien lui attribue la théorie des nombres divins, considérés à part et au-dessus du monde intelligible [3]. On voit déjà que Jamblique, grand partisan de la théorie des triades, multiplie indéfiniment les essences divines, les Dieux, à l'aide des principes numériques.

Syrien expose très clairement cette nouvelle doctrine : il ne se borne point à poser la priorité des nombres, il en fait voir la raison. Il relègue les idées sur un plan inférieur ; il ne considère plus

---

[1] Enn. VI, vi, 5.

[2] Voyez *Vie de Pythagore* par Porphyre, édit. Holstein, 32. Opinion de Modératus. Καὶ ἐπὶ τῶν πρώτων οὖν λόγων καὶ εἰδῶν τὸ αὐτὸ ἐποίησαν οἱ Πυθαγόρειοι· μὴ ἰσχύοντες λόγῳ παραδοῦναι τὰ ἀσώματα εἴδη καὶ τὰς πρώτας ἀρχὰς, παρεγένοντο ἐπὶ τὴν κατὰ τῶν ἀριθμῶν δήλωσιν.

[3] Syr., *Com. métaph.*, édit. Bagol., 83.

seulement les nombres comme le premier ordre des intelligibles, il en fait un ordre à part, un ordre vraiment divin. Les nombres ou unités divines se groupent autour de l'Un, comme les idées proprement dites autour de l'Intelligence. Citons un passage décisif : « Quiconque s'appliquera à connaître les doctrines théologiques des Pythagoriciens et le Parménide de Platon, verra clairement qu'avant les idées sont les nombres, lesquels brillent à part parmi tous les ordres des choses divines. Les idées sont les principes de formation des choses ; elles ne sont point absolument les premières essences, car elles ne précèdent pas les premiers genres de l'être, mais seulement les genres qui comprennent le monde sensible. Les choses sensibles ont pour principes immédiats, non la première unité, ni la première dualité dont procède le mystérieux ternaire, mais simplement les essences qui résident dans l'intelligence la plus simple du Démiurge (les idées) [1]. »

Tel était l'état de la question avant Proclus. Ce grand esprit voulant concilier le développement des puissances de Dieu avec l'unité et l'immobilité de sa nature, et cherchant un intermédiaire qu'il puisse interposer, dans le système des émanations divines, entre Dieu et l'Intelligence, se servit de la théorie des nombres qu'il trouvait sous sa main. La priorité du nombre sur l'idée, étant un principe universellement admis dans l'école néoplatonicienne, Proclus en tira naturellement ses essences supra-intelligibles et toute cette hiérarchie de Dieux qui gravitent autour du

[1] Syr., Com. Métaph., vers. Bagol., 73.

Dieu suprême. Sa théorie des unités divines est déjà contenue tout entière en germe dans la doctrine des nombres, telle que l'entendent Platon, Plotin, Jamblique, Syrien. Du moment que Proclus avait compris la nécessité d'un monde supérieur au monde intelligible, il n'avait qu'à en puiser les éléments dans une doctrine toute faite. Ici la relation des deux théories est intime et nécessaire; les unités divines (ἑνάδες θεῖαι) sont évidemment filles des nombres[1]. Dans l'épanchement de sa bonté, Dieu ne descend pas tout d'abord jusqu'à l'être. Sa première production est une image pure et parfaite de sa nature, c'est-à-dire une unité, ou plutôt un ordre d'unités[2]. L'unité (ἕνας) n'est pas simplement le premier être du monde intelligible; c'est une nature à part qui n'a aucun des caractères de l'être, ni la multiplicité, ni la participation à un principe supérieur, ni la séparation vis-à-vis de l'Unité suprême. Quand l'Un passe à l'être, il tombe dans le multiple; mais de l'Un aux unités, il y a développement et nombre, il n'y a pas pluralité. Et qu'on ne croie pas que ce mot unités, ordre des unités, implique la moindre distinction, la moindre variété dans cette première émanation de l'Un. Par cela même que chaque unité comprend toutes les autres, l'ordre entier des

---

[1] *Plat. théol.*, III, 4. Μετὰ δὲ τὴν ὀμεθεκτὸν ταύτην, καὶ ἄρρητον, καὶ ὡς ἀληθῶς ὑπερούσιον αἰτίαν ἀπὸ πάσης οὐσίας, καὶ πάσης δυνάμεως, καὶ πάσης ἐνεργείας κεχωρισμένην, συνεχής ἐστιν ὁ περὶ τῶν Θεῶν λόγος. Τί γὰρ ἄλλο τῷ ἑνὶ συνάπτεσθαι πρὸ τῶν ἑνάδων θεμιτὸν, ἤ τί τῷ ἑνιαίῳ θεῷ συνήνωται μᾶλλον τῶν πολλῶν Θεῶν;

[2] *Plat. théol.*, III, 4; II, 2; I, 29. — *Com. Parm.*, IV, 172, VI, 17.

unités est parfaitement un [1]. Comme l'Un dont elles procèdent, elles sont parfaitement simples, immobiles, supérieures à l'essence et à l'éternité, vraiment ineffables [2]. Si l'Un est le Bien, l'unité est bonté; si tout émane de l'Un, il n'est rien que l'unité ne produise, ne conserve et n'ordonne.

Mais alors, en quoi l'ordre des unités diffère-t-il de l'Un? D'abord tout Dieu, c'est-à-dire toute unité est participable, excepté l'Un [3]. En effet, si l'Un était participé, il deviendrait la cause de tel ou tel, et ne serait plus la cause universelle et des premiers êtres et de tous les autres. Quant à l'unité qui émane de l'Un, si elle est aussi imparticipable, en quoi diffère-t-elle du premier? En effet, ou elle est identique en tout à l'Un, et alors pourquoi vient-elle après? ou elle n'est pas tout-à-fait identique à l'Un, et alors elle sera l'Un et le non-Un tout ensemble. Mais le non-Un participera nécessairement de l'Un. Donc toute unité distincte de l'Un en soi est participable; elle devient par la participation le principe d'une série différente, tandis que l'Un réside en lui-même et ne sort jamais des profondeurs de sa nature. Les unités subsistent en Dieu, dont elles émanent directement [4], mais elles s'en séparent pour agir sur toute la hiérarchie des êtres qui composent cet univers. C'est ainsi qu'elles font arriver les êtres au contact de

---

[1] *Com. Parm.*, vi, 14. — *Com. Tim.*, 6, 12, 16. Πᾶσαι γὰρ αἱ ἑνάδες ἐν ἀλλήλαις εἰσὶ, καὶ ἥνωνται πρὸς ἀλλήλας.

[2] *Élém. théol.*, 119, 121. — *Plat. théol.*, II, 5; I, 27.

[3] *Élém. théol.*, prop. 116.

[4] *Plat. théol.*, II, 1.

l'Un. Tout Dieu est une Unité qui produit le bien, ou une Bonté qui produit l'unité [1], mais il n'est qu'un certain bien et qu'une certaine unité. Toutes les Unités divines réunies ne sauraient égaler l'Un ; tant il s'élève au-dessus du nombre des Dieux [2]. La nature de Dieu ne souffrant aucune espèce de relation avec le monde, on ne peut la considérer [3], ni par rapport au lieu, ni par rapport à l'être. Absolument parlant, il n'est ni partout ni nulle part ; il n'est ni présent à l'être, ni distinct de l'être. Il n'est ni tout ce qui est produit, ni rien de ce qui est produit ; car alors il s'en distinguerait. Les Dieux, au contraire, sont à la fois partout et nulle part, ils sont présents à tout et distincts de tout. Ils sont tout ce qu'ils produisent et ne sont rien de ce qu'ils produisent. L'Un contient tout, mais sans aucune distinction, ni différence [4]. Dans l'ordre des unités aussi, tout est dans tout ; mais chaque unité ne se confond pas identiquement avec les autres, elle y participe sans s'y mêler ; en s'unissant aux autres, elle reste soi-même [5]. Ainsi toute unité divine est simple sans doute, mais moins indéfinissable, moins ineffable, moins éloignée du monde que l'Un en soi. Le Dieu suprême est un Dieu solitaire et caché ; les Dieux qui en émanent, intermédiaires placés entre le monde et Dieu,

---

[1] *Élém. théol.*, prop. 133.

[2] Ibid., prop. 133. Οὐ γὰρ αἱ πᾶσαι τῶν Θεῶν ὑπάρξεις ἅμα παρισοῦνται τῷ ἑνί. Τοσαύτην ἐκεῖνο πρὸς τὸ πλῆθος τῶν Θεῶν ἔλαχεν ὑπερβολήν.

[3] *Plat. théol.*, v, 39.

[4] *Com. Parm.*, iv, 193.

[5] *Com. Parm.*, vi, 15. Καὶ πᾶσαι ἐν πάσαις αἱ ἑνάδες; καὶ ἑκάστη χωρίς.

nous échappent sans doute dans leur rapport avec le Dieu suprême, mais ils se révèlent à nous dans leur rapport avec le monde.

Après avoir caractérisé d'une manière générale la nature propre des Unités divines et leur rapport avec Dieu, Proclus en expose et démontre successivement les divers attributs.

Unité des Dieux [1]. Tout nombre divin a la forme de l'unité. Si le nombre divin a pour cause et pour chef l'Un, comme le *nombre intellectuel* a pour cause l'Intelligence, le *nombre animé* l'Ame, et que le nombre conserve toujours de l'analogie avec sa cause, il est évident que le nombre divin a la forme de l'unité, puisque l'Un est le Dieu suprême.

Perfection des Dieux [2]. Tout Dieu est une unité parfaite par soi-même. S'il y a deux ordres d'unités, comme on l'a démontré plus haut, dont l'un est parfait par lui-même et dont l'autre arrive à la perfection par illumination de l'ordre supérieur, il est nécessaire que toute unité divine, semblable par nature à l'Un, c'est-à-dire au Bien, soit parfaite par elle-même.

Suprématie des Dieux [3]. Tout Dieu est supérieur à l'être, à la vie, à l'intelligence. En effet, cela doit être, si tout Dieu est une unité parfaite par soi-même, et que l'être, la vie, l'intelligence ne soient pas des Unités, mais simplement des *unifiés* [4]. Or aucune de ces trois choses n'est simplement une ; chacune, au

---

[1] *Élém. théol.*, prop. 113.
[2] Ibid , prop. 113.
[3] Ibid., prop. 115.
[4] Ibid. Ἕκαστον δὲ τούτων (θεῶν) οὐχὶ ἑνὰς, ἀλλ' ἡνωμένον.

contraire, renfermant les deux autres, dans des proportions, il est vrai, différentes, est triple.

Indépendance des Dieux [1]. Tout être réellement indépendant, doit l'être à la fois, comme essence, comme cause et comme unité qui ne participe point. Tout Dieu est indépendant sous ce triple rapport, car il est supérieur à l'essence, à l'action et à la participation.

Bonté des Dieux [2]. Tout Dieu est bon par soi-même, et ne doit sa bonté, ni à la participation, ni à l'essence. Posséder la bonté par essence ou par participation, est propre aux unités d'un ordre inférieur. Si le premier Un est aussi le Bien, en tant qu'Un, et l'Un en tant que Bien, et si toute la série des Dieux est semblable à l'Un et au Bien, chaque Dieu est unité et bonté, unité en tant que bonté, et bonté en tant qu'unité, unité et bonté pures.

Providence des Dieux [3]. Tout Dieu est naturellement providence, et providence première pour tous les êtres. Tout ce qui vient après les Dieux, ne tient cet attribut que de sa participation aux Dieux. Les Dieux seuls sont providentiels, en vertu de leur propre nature. En effet, si communiquer le bien est la fonction de la providence ; et si chaque Dieu est naturellement bonté, du moment qu'il se communique à un autre être, il devient pour cet être, providence. Or il est nécessaire qu'il se communique ; autrement, d'où viendrait la bonté dans les êtres inférieurs aux Dieux ?

Puissance et Sagesse des Dieux [4]. Tout Dieu pos-

---

[1] *Élém. théol.*, prop. 118.
[2] Ibid., prop. 119.
[3] Ibid., prop. 120.
[4] Ibid., prop 121.

sède une puissance uniforme [1], une sagesse cachée et inintelligible à des inférieurs. En effet, toute providence suppose dans le Dieu une connaissance assez compréhensible pour embrasser les êtres qui doivent subir son action, et une puissance irrésistible et infinie pour les pénétrer et les subjuguer. Mais cette connaissance est supérieure à l'Essence, dans un ordre d'unités supra-essentielles, et par suite à l'Intelligence. Il en est de même de la puissance divine, dont rien ne peut donner un exemple dans le monde. Mais comment les Dieux connaissent-ils [2]? Ils connaissent indivisiblement le divisible, éternellement le temporel, nécessairement le contingent, immuablement le passager, toute chose sensible enfin d'une manière intelligible. Cette science est une véritable sagesse.

Maintenant, selon quelles lois se développe la puissance créatrice des Dieux? Tout Dieu, à partir du premier ordre dans lequel il se manifeste [3], s'avance par tous les ordres qui suivent, toujours divisant et multipliant ses communications sans jamais rien perdre des propriétés de sa propre nature; car les séries, se formant par une procession (πρόοδος) décroissante, multiplient les produits à mesure qu'elles descendent vers les degrés inférieurs. Chaque Dieu se manifeste donc d'une manière conforme à l'ordre qu'il traverse dans sa marche, multipliant ses communications à mesure qu'en descendant il rencontre des groupes plus nombreux et plus variés; mais il se con-

---

[1] Ἑνοειδῆ, *uniforme*, qui a la forme de l'Un; encore un mot hasardé pour éviter une périphrase.

[2] *Élém. théol.*, prop. 124.

[3] Ibid., prop. 125.

serve le même à tous les points de la série, en vertu de la similitude continue des termes successifs avec la cause première de la série. Le divin est plus universel[1], selon qu'il est plus près du Dieu suprême ; plus particulier, selon qu'il est plus éloigné ; et le nombre de ses effets est en raison directe de l'universalité, en raison inverse de la particularité de son action. Tout Dieu commence de soi-même l'action qui lui appartient[2] ; car c'est sa propre nature qu'il communique par surabondance. Ce qui n'est que plein se suffit à soi-même, mais n'est pas encore prêt à se communiquer. Les Dieux exercent également leur providence sur tous les êtres[3] ; mais tous les êtres ne la reçoivent pas également. Chaque être y participe selon son ordre et sa puissance : chez les uns, la participation est uniforme, éternelle, incorporelle ; chez les autres, elle est multiple, temporaire, corporelle. En effet, puisqu'ils ne participent pas tous de la même manière, il faut que la différence vienne du participant ou du participé. Mais le divin conserve invariablement la même nature et le même ordre. Reste donc que la différence vienne du participant. Si ces êtres inférieurs ne reçoivent que les plus faibles rayons de la lumière divine, ce n'est point parce que les Dieux s'arrêtent et se tiennent à distance ; c'est qu'en raison de leur propre infériorité ces êtres s'éloignent d'eux-mêmes des Dieux[4]. Mais même alors ils en reçoivent la lumière ; elle ne leur vient point faible et obscure : seulement, sa force se

---

[1] *Élém. théol.*, prop. 126.
[2] Ibid., prop. 131.
[3] Ibid., prop. 142.
[4] Ibid., prop. 143.

dissimule, et sa clarté s'éclipse dans la faiblesse ou l'obscurité des êtres inférieurs [1]. Les ordres des Dieux descendent dans les dernières profondeurs de l'être [2]. Il n'est pas un rudiment d'être, si informe qu'il soit, auquel ils ne communiquent toutes leurs propriétés, la perfection, l'ordre, la mesure, la forme, la vie. Il n'en est pas qu'ils n'aillent chercher dans le rang infime qu'il occupe, pour le ramener graduellement vers le Bien. Tout être se relie aux Dieux d'abord, puis aux intermédiaires, mais aux Dieux avant tout ; et c'est ce lien divin qui le fait être et le conserve. Tout ce qui s'éloigne des Dieux et perd leur appui tombe dans le non-être et disparaît. La propriété de chaque Dieu passe d'abord aux ordres immédiatement inférieurs, et successivement à tous les genres de l'être [3]. Par exemple, s'il y a une propriété divine de purification ou de conservation, ou de conversion, ou de perfection, elle se retrouve à la fois dans les âmes, dans les animaux, dans les plantes, dans les pierres. La pierre participe corporellement de la puissance purifiante ; la plante en participe d'une manière plus claire par la vie ; l'animal en participe par le mouvement et la sensation ; l'âme rationnelle par la raison ; l'intelligence par la

---

[1] Ibid. Ἐκείνης δὲ ἀμυδρουμένης ἄλλο τι δοκεῖ τὴν ἐπικράτειαν μεταλαμβάνειν, οὐ κατὰ τὴν αὐτοῦ δύναμιν, ἀλλὰ κατὰ τὴν τοῦ μετέχοντος ἀδυναμίαν κατεξανίςασθαι δοκοῦν τοῦ θείου τῆς ἐλλάμψεως εἴδους.

[2] Ibid., prop. 144. Πάντα τὰ ὄντα καὶ πᾶσαι τῶν ὄντων αἱ διακοσμήσεις ἐπὶ τοσοῦτον προεληλύθασιν, ἐφ' ὅσον καὶ αἱ τῶν θεῶν διατάξεις. Καὶ γὰρ ἑαυτοῖς οἱ θεοὶ τὰ ὄντα συμπαρήγαγον, καὶ οὐδὲν οἷόν τε ἦν τάξεως τυχεῖν ἔξω τῶν θεῶν.

[3] Ibid., prop. 145.

pensée. Enfin, la propriété purifiante apparaît, dans les Dieux, uniforme et supra-essentielle, comme leur nature même dont elle fait partie [1]. Il en est de même des autres propriétés. Tous les êtres sont liés aux Dieux, les uns immédiatement, les autres par des intermédiaires plus ou moins nombreux. Tout est plein des Dieux, et ce que chaque être possède même essentiellement, il le tient d'eux. Il ne faut pas croire que la puissance divine, qui se divise à mesure qu'elle descend, arrive à s'éparpiller et à se perdre dans une expansion indéfinie [2]. C'est une loi nécessaire que les extrémités de toutes les progressions divines soient semblables à leurs principes, et forment un cercle sans commencement et sans fin, par leur mouvement de conversion (ἐπιστροφή). Si en effet tout se replie vers le principe d'où il est parti, à plus forte raison les ordres divins, partis de leur sommité, y retourneront par conversion.

On vient de voir avec quel soin Proclus fait ressortir la loi de continuité, selon laquelle la puissance divine parcourt tous les êtres qui appartiennent à un même ordre. Mais cela ne lui suffit point ; il s'attache à montrer que cette même loi de continuité ne comprend pas seulement les êtres du même ordre, mais les différents ordres entre eux. L'extrémité supérieure de tous les êtres divins est semblable à la fin de l'ordre supérieur [3]. Car si toute la progression divine doit être cohérente, si chaque ordre doit être enchaîné au tout par des intermédiaires qui lui soient propres, il est né-

---

[1] *Élém. théol.*, prop. 145.
[2] Ibid.
[3] Ibid., prop. 147.

cessaire que le commencement du suivant se rattache à la fin du précédent. Mais tout lien ne peut être qu'une similitude ; donc il y aura similitude entre l'ordre inférieur et les dernières unités de l'ordre supérieur. Chacune des trois parties dans lesquelles tout ordre divin se divise [1], le premier, l'intermédiaire, le dernier, produit l'unité à sa manière. Le premier, qui a une puissance très uniforme, communique l'unité à tout l'ordre, sans sortir de lui-même. L'intermédiaire, qui tend vers les deux extrêmes, relie tout l'ordre autour de lui, en transmettant au dernier les communications du premier ; comme centre et comme point d'union, il fait que tout se tient et se ressemble dans l'ordre entier. Le dernier, retournant par conversion au principe, y ramène les forces qui tendaient par une progression indéfinie à sortir du cercle divin, et les fait arriver par l'union à la similitude. C'est ainsi que, par la réunion des extrêmes au sein de l'intermédiaire, et par la conversion du dernier au premier, l'ordre tout entier devient un.

Mais de ce que le producteur se communique à tous les termes de la série dans les ordres divins, il n'en faudrait pas conclure que tout produit est apte à recevoir toutes les puissances du producteur [2]. Tous participent, sans doute ; mais les seconds à un moindre degré que les premiers, et les derniers à un plus faible degré encore que les seconds. En effet, si les propriétés des Dieux diffèrent entre elles, celles des Dieux supérieurs qui sont universels ne se retrouvent pas

---

[1] *Élém. théol.*, prop. 148.
[2] Ibid., prop. 150.

dans les inférieurs. On a démontré que l'universalité des nombres divins croît et décroît, selon qu'ils se rapprochent ou s'éloignent de l'Un. Or, la puissance étant en raison directe de l'universalité, les derniers ne peuvent comprendre toute la puissance des premiers, ni en participer complétement. Ainsi la puissance créatrice étant plus universelle que la cause vivifiante, et plus voisine du premier, tout principe créateur comprend la cause vivifiante; mais tout principe vivifiant ne comprend pas la puissance créatrice. Dans l'action complexe du producteur, il faut distinguer le principe de l'essence et le principe de la forme des êtres, le Père et le Démiurge. Tous les deux, en effet, sont de l'ordre du fini, puisque l'essence, le nombre, la forme, ont tous les caractères du fini. Mais le Père produit les progressions des êtres ; le Démiurge ne fait que déterminer la forme de chacune [1].

Telle est la théorie des unités divines ou des Dieux. On voit que Proclus y a très habilement fondu deux conceptions bien distinctes : la théorie purement philosophique des nombres, et la doctrine mythologique des Dieux. Proclus (et en général l'école d'Athènes) se préoccupe beaucoup plus que les premiers Alexandrins des dogmes religieux. Il saisit toute occasion d'expliquer philosophiquement les croyances populaires, et il érige constamment en théorie les mythes de la religion nationale. On peut trouver dans la doctrine qui vient d'être exposée un exemple frappant de cette tendance, ainsi que de la méthode ingénieuse et profonde qui préside à ce genre d'explications. En

[1] *Élém. théol.*, prop. 150.

vertu de sa doctrine des unités, Proclus ramène sans effort toute cette multitude de Dieux à l'unité du Dieu suprême, et couvre d'une théorie spécieuse la théologie insoutenable du Polythéisme. Dans cette théorie, les Dieux ne sont plus que les diverses puissances de la bonté divine, et l'Olympe prend place immédiatement au-dessous du Dieu suprême, et avant le monde intelligible. Proclus concilie par là la science et la religion, en même temps qu'il comble une grande lacune dans le système des émanations.

IV. Théorie de la Providence. Dieu étant le Bien a pour attribut nécessaire la bonté; or, en tant que bonté, il est cause, cause première et universelle de tous les êtres. La cause première peut être envisagée sous trois aspects, selon la triple fonction qu'elle remplit. Elle produit d'abord, c'est-à-dire qu'elle constitue l'essence des êtres; puis elle conserve, c'est-à-dire qu'elle comprend et distingue en même temps les essences qu'elle a constituées, en fixe le caractère propre et le rang; enfin elle rappelle à elle-même et fait rentrer dans son unité les êtres qu'elle en avait fait sortir pour les distinguer et les déterminer. Ainsi produire, maintenir dans sa nature propre l'être produit, et le ramener à la cause première de toute production, telles sont les trois fonctions de la puissance créatrice [1]. Chaque fonction suppose un attribut dans cette puissance : la Bonté produit, la Sagesse conserve, et la Beauté ramène [2]. Cette division n'existe point en Dieu même; elle n'existe même pas dans l'acte simple de la création;

[1] *Plat. théol.*, 1, 21, 24, 25.
[2] Ibid., 22.

mais elle est nécessaire pour concevoir comment Dieu crée. Du reste, produire, conserver, ramener, se confondent dans l'acte simple, indivisible, immanent de la création; de même que la Bonté, la Sagesse, la Beauté, se perdent dans l'unité de la nature divine [1].

Plotin s'était borné à démontrer l'existence de la Providence par la considération générale de l'ordre du monde. Proclus fait plus ; il établit la distinction de la Providence et de la Fatalité, et s'applique à résoudre les principales difficultés relatives au dogme de la Providence. Il se demande comment la Providence agit sur les êtres, comment elle la connaît, et si son action et sa connaissance ne diffèrent point selon la nature des êtres qu'elle embrasse. Passant de là au redoutable problème de la présence du mal au sein d'un monde gouverné par la Providence, il recherche comment le mal peut se concilier avec la bonté providentielle; il explique les désordres du monde physique et les anomalies du monde moral, pourquoi le juste est opprimé tandis que le méchant triomphe, pourquoi les fautes des pères retombent sur les fils. Nous ne connaissons pas de doctrine moderne où la thèse de la Providence soit traitée avec plus d'étendue, de clarté et de précision que dans le livre *De Fato et Providentia*. L'analyse qui va suivre mettra le lecteur à même d'en juger [2].

L'opinion commune sur la Providence et la Fatalité [3] est que la première est cause de tout bien pour toute

---

[1] *Plat. théol.*, 21, 24, 25.

[2] Cette analyse est souvent une traduction.

[3] *De Fato et Providentia*, v.

chose, tandis que la seconde est seulement cause de l'enchaînement et de la dépendance des mouvements soumis à l'action providentielle. C'est la distinction qu'on exprime sans cesse dans les jugements sur les actes ordinaires de la vie. Qu'un homme fasse du bien aux autres, on dit qu'il a été la providence de ceux qui ont reçu son bienfait. Une chose arrive-t-elle en vertu de l'action complexe de causes inconnues, on la rapporte à la fatalité. La même distinction se retrouve dans l'étymologie des mots. Providence (πρόνοια) désigne l'acte d'un principe supérieur à l'intelligence; or, la bonté en soi est encore plus divine que l'intelligence, puisque celle-ci désire le bien en tout et avant tout. Fatalité (είμαρμένη) rappelle l'idée d'enchaînement; c'est ce que les théologiens nous donnent à entendre par leurs fuseaux symboliques, voulant signifier par là l'enchaînement de toutes les choses soumises à l'empire du Destin [1]. La Providence n'est autre que la cause divine, en tant qu'elle est le bien. Car d'où pourrait venir le bien, si ce n'est de Dieu? Voilà ce qui fait qu'elle gouverne l'univers tout entier, tandis que la Fatalité ne régit que le corps. L'enchaînement des choses ayant sa raison dans le bien, la Fatalité relève nécessairement de la Providence. Tout ce qui est soumis à la Providence ne l'est pas à la Fatalité [2]; au contraire, celle-ci n'embrasse rien que celle-là n'enveloppe et ne contienne d'une manière supérieure. L'intelligence est l'attribut essentiel de la Providence; la nécessité est le caractère

---

[1] Ibid., v.
[2] Ibid., viii.

propre de la Fatalité. Tout corps en effet agit, pâtit, communique ou reçoit nécessairement : par lui-même, il est incapable de choix ; c'est l'être supérieur qui réside en lui, l'âme proprement dite qui choisit. Certains corps se meuvent circulairement dans leur orbite ; d'autres, comme le feu, sont poussés par une force centrifuge ; d'autres, comme la terre, gravitent vers le centre ; quel que soit le genre de mouvement, tous obéissent à une même nécessité [1]. D'un autre côté, la Providence diffère de la Fatalité, comme Dieu diffère d'une chose qui est divine, par essence et non par participation. La Fatalité ne produit le bien que par emprunt ; tout bien émane de la Providence, de même que toute lumière vient du soleil. La Providence est Dieu en soi ; la Fatalité vient de Dieu, mais n'est pas Dieu ; elle n'est qu'une image de la nature divine et de la Providence [2]. Enfin, la Providence est à la Fatalité dans le même rapport que l'intelligence est au corps.

Cette distinction nettement établie, Proclus aborde les difficultés relatives à la question de la Providence. D'abord l'action de la Providence s'étend-elle à tout, aux parties de l'univers comme à l'ensemble, aux individus comme aux espèces, au périssable comme à l'éternel ? Pour cela, il faut que la Providence connaisse parfaitement la valeur de chacun des êtres qu'elle gouverne. Mais comment les connaît-elle ? C'est un principe évident que chaque être connaît selon qu'il est [3]. Or, la

[1] *De Fato et Providentiâ*, VIII.
[2] Ibid., IX. Et Providentia differt à Fato, quâ differt Deus à divino quidem, sed participatione divino, et non prime... (Fatum) dependat à Providentiâ, et velut imago est illius.
[3] *Dix doutes* (ἀπορίαι).

Providence, étant l'Unité absolue, connaît toutes choses dans l'unité, c'est-à-dire dans une mesure incomparablement supérieure à l'imagination, à l'entendement et même à l'intelligence. Si la Providence ne connaissait les êtres que dans la mesure de l'intelligence, elle n'embrasserait pas l'universalité des choses; car, si tout participe de l'unité, tout ne participe pas de l'intelligence. Par cela même que la Providence connaît tout en vertu de l'unité, sa science exclut toute diversité et toute succession; elle est uniforme et identique, quel qu'en soit l'objet, intelligible ou sensible, général ou particulier, incorporel ou corporel.

Si la Providence connaît toutes choses, elle connaît le contingent. Mais, en ce cas, comment concilier la Providence avec la contingence des choses? Les uns, acceptant la Providence, ont nié le contingent; les autres, ne pouvant nier le contingent, l'ont relégué hors de la portée de la Providence. Tous reconnaissent que la Providence ne prévoit point l'indéterminé, en tant que tel. Et en effet c'est là le principe qui domine toutes les difficultés du problème. Quel que soit l'objet sur lequel agisse la Providence, déterminé ou indéterminé, nécessaire ou contingent, intelligible ou sensible, elle le connaît toujours d'une manière déterminée, nécessaire, intelligible; car elle connaît la cause même de l'indéterminé. Elle connaît donc l'indéterminé lui-même, en tant qu'il résulte de sa cause. Or, la relation de l'effet à la cause étant nécessaire, elle connaît le contingent d'une manière nécessaire[1]. De même, elle a du corporel une connais-

[1] *Dix doutes*, II.

sance tout incorporelle, tout corps ayant pour cause une essence incorporelle. Dieu ne connaît le corporel que dans sa cause et par sa cause ; il connaît d'autant mieux toute chose qu'il est, d'une manière prochaine ou éloignée, la cause de tout ce qu'il connaît. Il sait donc à l'avance la génération de l'indéterminé, et la manière dont la cause fera passer l'indéterminé à l'état d'être déterminé, sans que cette prévision entrave ou modifie en rien la détermination spontanée et quelquefois volontaire des êtres placés sous sa dépendance.

Mais voici une bien autre difficulté [1]. Si la Providence est la cause du déterminé et de l'indéterminé, est-elle, de la même manière, cause de l'un et de l'autre? Ou bien est-elle cause déterminée du déterminé, cause indéterminée de l'indéterminé? Proclus résout la difficulté au moyen d'une distinction ingénieuse et profonde. La Providence doit être conçue tout à la fois comme unité absolue avec pouvoir de se communiquer et comme puissance infinie. Dès lors ce qu'elle produit et dirige participe de son unité et de sa puissance. Or, l'indéterminé vient de l'infini, qu'il imite, comme le déterminé vient de l'unité, dont il est l'image. Un exemple pris dans le monde intelligible éclaircira cette distinction. On sait que l'Intelligence, qui produit les êtres corporels et incorporels, les produit tous incorporellement et les connaît de même, c'est-à-dire qu'elle produit et connaît conformément à sa nature. Dans le premier cas, elle a engendré un produit similaire ; dans le second, un produit modelé

---

[1] *Dix doutes*, III.

sur une nature inférieure à la sienne. L'un et l'autre produit sortent également de son sein : seulement elle engendre l'essence, en tant qu'Intelligence; le mouvement et le corps, en tant qu'Ame. C'est donc par la diversité des vertus qui sont en elle qu'il faut expliquer la différence de ses produits. De même la Providence, en tant qu'unité, est la cause du déterminé; en tant que puissance infinie, elle est la cause de l'indéterminé; mais, comme l'Intelligence, elle engendre de la même manière tous ses produits. Ainsi tout ce qui se produit se produit ou d'une manière déterminée en vertu de l'unité, ou d'une manière indéterminée en vertu de l'infinité. Néanmoins le nécessaire peut participer de l'infinité et le contingent de l'unité. Seulement, dans un cas, c'est l'unité qui domine, enchaîne et fixe le contingent; dans l'autre, c'est l'infini qui l'emporte et entraîne le nécessaire hors de sa sphère. En résumé, la Providence produit en vertu de principes divers tout ce qu'elle produit; mais elle connaît tous ses effets d'une manière uniforme et toujours conforme à sa propre nature. Ce qui varie seulement, c'est la manière dont les êtres participent de la Providence. La participation est plus ou moins directe, plus ou moins intime, plus ou moins constante, plus ou moins efficace. Tous les êtres, animés ou inanimés, rationnels ou irrationnels, éternels ou périssables, participent de la Providence, chacun dans la mesure de leur capacité. Tel participe de l'être seulement, tel de la vie, tel de la connaissance, tel enfin de la perfection. Si un être ne participe que par intervalle des dons de la Providence, c'est sa propre faiblesse qui en est cause et non la Providence elle-même. Ce n'est pas la bonté de la Providence qui s'épuise; c'est l'être qui ne peut conserver toujours. Ainsi le soleil éclaire constamment ce qui ne peut le voir que par intervalle. De même un miroir réfléchit toujours les objets qui sont en face de lui ; s'il ne les réfléchit plus, c'est l'absence des objets qui en est cause. Enfin, lorsque les oracles s'arrêtent, ce n'est pas que l'inspiration ait cessé, c'est que l'être qui la recevait perd son aptitude à la recevoir de nouveau.

Mais si la Providence existe, comment expliquer la présence du mal dans l'univers[1]? Les uns ont résolu la difficulté en niant la Providence, les autres en niant l'existence du mal. Proclus ne cherche point la vérité dans ces solutions extrêmes. Il reconnaît en même temps l'existence de la Providence et du mal. Voici comment il essaie de les concilier. Le mal est de deux espèces, à savoir : le mal pour les corps, c'est la non-conformité à la nature ; le mal pour les âmes, c'est la non-conformité à la raison. En ce qui concerne le mal des corps, Platon en a dit la vraie raison. Le mal n'est autre chose que la corruptibilité. Or, pour que les corps périssent, il est nécessaire qu'ils soient corruptibles. Mais pourquoi faut-il que les corps périssent? Pour qu'il n'y ait pas seulement des corps éternels. Autrement, ceux-ci seraient les derniers dans l'ordre universel. C'est l'existence des corps périssables qui relève les corps éternels à un rang supérieur et par là complète la perfection du Tout. Ce mal a donc pour fin un plus grand bien. Le Tout a besoin de corruption et de génération ; sans quoi la nature ne pourrait se re-

---

[1] *Dix doutes*, v.

nouveler. Quant au mal des âmes, il provient de l'union de l'âme immortelle avec l'âme mortelle. De cette union peut naître quelque chose d'opposé à la raison. Si l'âme mortelle prévaut, il y a mal dans l'âme ; c'est le cas de la passion, de la colère, par exemple, ou de la concupiscence. Le mal n'est pas pour l'âme mortelle, laquelle ne fait en cela qu'obéir à sa nature, mais bien pour l'âme immortelle dont il contrarie les tendances, en violant les lois de la raison. Le mal de l'âme a pour cause nécessaire l'union des deux âmes. La difficulté se réduit donc à voir si cette union importe ou non à la perfection du Tout. Or n'est-il pas nécessaire que le bien pénètre jusqu'à l'autre bout de la chaîne des êtres, et l'âme jusqu'à la matière, pour que le Tout soit parfait, qu'il n'y ait pas seulement d'un côté des âmes rationnelles et immortelles, de l'autre des âmes irrationnelles et mortelles, mais encore entre ces deux ordres d'âmes, des âmes intermédiaires, rationnelles et mortelles à la fois? Le Tout, s'il manquait d'âmes de cette nature, ne serait-il pas imparfait? Or, dès que l'âme divine descendait jusqu'à la matière, ne fallait-il pas qu'auparavant l'âme mortelle fût dans le corps, pour préserver l'âme divine du contact immédiat du corps? Sans quoi, comment le corps, cette matière inerte et composée, serait-il entré en communication directe avec l'âme incorporelle et immortelle? Que serait devenu le corps lui-même, sous l'action immédiate de l'âme divine? Comment aurait-il pu recevoir cette action? Toute communication eût été impossible entre deux substances de nature si différente. Toutes ces facultés qui ont leur principe dans l'âme intermédiaire, la sensation, l'appétit, le désir, l'imagination n'eussent point existé. Or, qui pourrait nier que ces facultés ne soient les conditions de la santé et de la vie du corps? Donc l'âme intermédiaire importait à la perfection du Tout. Or le mal en est un accident nécessaire. Donc le mal des âmes, comme le mal des corps, a pour fin un plus grand bien, et ne fait en cela qu'augmenter la perfection du tout.

Autre difficulté [1]. Si la Providence existe, n'est-il pas nécessaire que chaque être soit traité selon son mérite? D'où vient donc cette différence entre les hommes quant à la somme des biens? D'où vient le triomphe du méchant et la misère du juste? L'explication que donne Proclus de cette anomalie n'est pas nouvelle ; on la trouve fort éloquemment exposée chez les Stoïciens. Mais Proclus, en la reproduisant, la développe sous une forme plus précise et plus scientifique. Il ne faut pas dire que la Providence ne sait point répartir ses faveurs proportionnellement aux mérites, elle dont les desseins profondément harmoniques assurent à chaque être l'accomplissement de sa destinée, donnant aux uns les vrais, aux autres les faux biens. Qui ne sait que l'homme qui veut atteindre la vertu y parvient toujours, tandis que ceux qui recherchent les biens extérieurs échouent quelquefois? D'ailleurs la privation de ces biens apparents n'est qu'un stimulant pour les sectateurs de la vertu, excitant chez les uns l'énergie de l'âme, chez d'autres aiguillonnant l'intelligence, accoutumant l'âme par la pratique à mépriser le corps et tous les avantages qui s'y rattachent, et à estimer la vertu et les biens de l'âme à leur prix. Ce n'est point quand la mer est

---

[1] *Dix doutes*, vi.

calme et le ciel serein que nous admirons l'art du pilote; c'est quand l'orage a soulevé les flots en courroux. De même la vertu nous paraît plus admirable dans les rigueurs que dans les faveurs de la fortune. D'une autre part, la Providence, par l'inégale répartition des biens, veut instruire ceux qui ne vivent pas selon ses lois. En montrant la vertu dans sa noble simplicité, et le vice au milieu de ses vains ornements, elle nous fait comprendre la vraie beauté de la vertu et la vraie laideur du vice. Enfin l'homme est une âme, mais une âme ayant à son service un corps qui empêche souvent l'âme de se livrer, comme elle aimerait à le faire, à la contemplation du vrai bien. Or le mal physique devient dans certains cas un secours pour l'accomplissement de la vertu : la souffrance, par exemple, invite l'âme au recueillement et à la méditation; la santé et la vigueur des organes, au contraire, provoquent souvent l'abus des plaisirs sensuels. N'a-t-on pas vu Platon se condamner à l'obscurité politique, et Cratès renoncer à ses richesses, pour se soustraire à l'esclavage du corps? Au lieu d'accuser la Providence de cette inégale répartition des biens, il faudrait y voir plutôt un châtiment des méchants; car toute cette prospérité fait ressortir une perversité qui eût été cachée dans la médiocrité de fortune. Et qu'on n'aille pas croire qu'en accordant ainsi ce luxe et cette influence aux méchants, la Providence augmente leur perversité; l'excès du mal est quelquefois le seul moyen de guérison. D'ailleurs la Providence, en variant les conditions de la vertu, la fait apercevoir sous son véritable jour; elle montre aux hommes cette vertu toujours la même, à travers les situations les plus diverses de la nature humaine, arrivant par toutes les voies au même but, la contemplation des Dieux. Il faut dire encore que la Providence ne devait pas réunir tous ses dons sur un seul être. Ainsi Platon, organisant sa république idéale, ne veut pas que tous les biens soient le partage d'une seule classe, mais les distribue entre les diverses classes de citoyens. Cette conception est l'image de l'ordre qui règne dans l'univers : à chaque espèce sa destinée propre ; à chacun le genre de bien qui convient à sa nature. Mais enfin, pourrait-on dire, pourquoi des hommes inégaux en mérite éprouvent-ils un sort parfaitement semblable ; pourquoi, par exemple, dans le sac d'une ville, bons et méchants périssent de la même mort? On peut répondre qu'ils éprouvent différemment la fin commune, c'est-à-dire que les uns supportent avec colère, les autres avec résignation, la mort qui les frappe, et qu'après la séparation, ceux-ci vont dans le séjour des méchants, et ceux-là dans le séjour des bons. D'ailleurs, ces catastrophes qui enveloppent indistinctement une foule d'hommes ont souvent lieu en vertu de quelque loi générale, conforme ou même nécessaire à l'ordre universel. Or, si cet ordre universel est l'œuvre de la Providence, comment les mouvements qui y concourent, comment les conséquences naturelles de ces mouvements ne feraient-elles pas partie de l'œuvre providentielle?

Proclus ne s'en tient pas à ces difficultés[1]. Lorsque la Providence juge à propos de punir, pourquoi la

---

[1] *Dix doutes*, VII.

punition ne suit-elle pas immédiatement le crime ? Il semble qu'une punition tardive ne sert qu'à faire murmurer à la fois les bons et les méchants contre la Providence. La réponse de Proclus est remarquable. D'abord on peut contester l'efficacité de la punition immédiate, quand on voit le méchant poursuivre sa voie d'iniquités sous le coup même du châtiment. Mais ici le dessein de la Providence est manifeste. En vrai médecin des âmes et des corps, elle attend pour les ramener au bien le moment favorable. Comme le dit Platon, avec les Dieux, la fortune et le temps gouvernent les choses humaines, soit qu'il faille opérer le bien ou guérir le mal. La Providence sait quand elle doit attaquer le mal sans délai ou attendre. Il est d'un art supérieur de ne point chercher à charmer les spectateurs par la promptitude de la cure, mais de prendre tout le temps nécessaire pour la rendre parfaite. D'ailleurs le châtiment réhabilite l'âme et la retire de sa misère ; donc plus il est différé, plus le méchant est puni. Ce n'est pas indulgence, mais sévérité de la part de la Providence, de ne pas punir immédiatement ; le plus grand châtiment que puisse éprouver le coupable, c'est de rester dans la souillure de sa faute sans l'expier. Dieu remplace alors une peine extérieure par une peine intérieure bien plus grave ; le remords de la conscience est un châtiment que le méchant traîne partout avec lui. C'est là un bel exemple que la justice divine montre à la justice humaine ; elle lui apprend à suspendre ses coups dans le moment de la passion, et à chercher moins une satisfaction personnelle que le salut du coupable. La sagesse de la Providence est impénétrable dans ses profondeurs; mais combien ce que nous en comprenons n'est-il pas admirable! On s'étonne de l'inégalité des châtiments pour les mêmes fautes; mais la vie humaine est longue et mélangée de bien et de mal : tel homme commet de grandes fautes qui plus tard se recommandera par de grandes vertus. La Providence se garde bien de l'accabler pour le punir de ses fautes : elle le conserve pour ce qu'il doit faire de bien; d'autant plus que ses belles actions le disposeront mieux à l'expiation. En sorte que le bonheur qu'elle leur laisse est pour leurs vertus, et la punition qu'elle leur inflige est pour leurs crimes. Si la loi égyptienne ordonne qu'une femme enceinte, condamnée à mort, ne soit exécutée qu'après son enfantement, faut-il s'étonner que la Providence, ayant à châtier une âme pervertie, mais encore destinée à de grandes choses, attende pour punir que cette âme ait porté ses fruits? Si une jeunesse peu honorable de Thémistocle lui eût valu une punition immédiate, qui eût délivré Athènes de l'invasion des Perses? Mais que parle-t-on de lenteurs à propos de la justice divine? Qu'est-ce que la vie humaine, qu'est-ce que le temps pour la Providence?

Autre anomalie apparente [1]. Pourquoi le châtiment mérité par les pères est-il supporté par leurs enfants? Proclus en donne une explication très ingénieuse. En premier lieu, un État est, pour ainsi dire, un grand corps animé d'une même vie dans toutes ses parties, inspiré par une influence commune, dirigé par un même chef; en sorte que, malgré la diversité de qualités corporelles ou de positions sociales, l'État est véritablement

---

[1] *Dix doutes*, IX.

un. C'est en quelque sorte un être et après tout un être plus élevé que nous dans la chaîne des êtres, plus vivace, plus divin, plus semblable au Tout. Alors qu'y a-t-il d'étonnant à ce que les crimes d'une génération soient payés par une autre? La Cité est une; c'est elle qui mérite et qui démérite; c'est donc elle que la Providence frappe dans tels ou tels de ses membres. Dans la Cité, dans l'État, dans l'Humanité tout entière, tous les individus sont sympathiques entre eux comme les membres d'un même corps; en vertu d'une solidarité réciproque, tous partagent la responsabilité et sont passibles de la peine. Proclus n'admet toutefois ce principe que dans certaine mesure et ne va pas jusqu'à étendre la responsabilité également à tous. Autre argument. A ceux qui admettent la métempsycose, on peut dire que les âmes sont honorées ou punies pour des actes de leurs vies antérieures. D'où est venue à Apollonius (de Tyane) cette puissance divine que les hommes lui ont connue, si ce n'est d'avoir, dans une vie antérieure, sauvé une vierge? Les âmes, dans cette succession d'états, sont au fond les mêmes, quoique le changement de vêtements les fasse paraître tout autres aux yeux des hommes. Notre vie peut se comparer à un drame dont l'auteur est le Destin et les acteurs sont des âmes. Les divers rôles sont remplis tantôt par des âmes différentes, tantôt par les mêmes âmes qui ont changé de costume. Enfin, en punissant une âme qui n'a point fait le mal; la Providence ne considère pas seulement la communauté d'origine; elle coupe, pour ainsi dire, la racine d'une plante qu'elle savait devoir être mauvaise. Avec le scorpion naît le dard, avec la vipère le venin. Nous ne connaissons ce dard et ce venin qu'après en avoir été atteints, mais Dieu les connaissait d'avance.

Dernière difficulté : si la Providence connaît et produit tout, comment peut-on attribuer l'action providentielle aux anges, aux démons et même aux héros et aux âmes qui partagent avec les Dieux le gouvernement de ce monde [1] ? Ils ne peuvent l'exercer en tant qu'unités, puisque c'est là le caractère propre des Dieux ; mais ils l'exercent en tant qu'ils participent de l'unité et dans la mesure même de cette participation. Toutes les puissances inférieures aux Dieux tiennent d'eux à la fois leur unité providentielle et leur action. Toute la hiérarchie des êtres repose sur l'unité ; c'est par elle qu'ils se classent et s'échelonnent, quant à leur essence et quant à leurs opérations. Cela posé, on peut dire que tous les Dieux exercent la Providence, en tant qu'unités, mais que les anges, les démons, les héros et les âmes n'exercent qu'une certaine providence, en tant qu'il n'y a en eux qu'une parcelle d'unité.

CHAPITRE III.

Proclus. Théologie.

Hiérarchie des hypostases. Rapport du producteur et des produits. Théorie du Ternaire. Succession des Triades. Théorie de l'Intelligence. Théorie de l'Ame.

Plotin avait réduit à la Trinité de l'Un, de l'Intelligence, de l'Ame, tous les principes des choses. L'Être, la Vie, le Paradigme, le Démiurge rentraient dans cette division. Porphyre est le premier qui ait

---

[1] *Dix doutes*, x.

posé ces essences intelligibles comme des hypostases distinctes, soit de l'Intelligence, soit de l'Ame. Jamblique exagéra cette distinction et multiplia indéfiniment les hypostases. Il restait à convertir en une théorie vraiment systématique cette doctrine vague et incohérente des premiers Alexandrins. C'est ce que fait Proclus. Il expose la hiérarchie complète des hypostases émanées de l'Un, indiquant avec précision les différences qui séparent et les rapports qui rapprochent chaque principe supérieur du principe inférieur, et n'omettant aucun intermédiaire[1]. Tout corps est inférieur à l'âme; toute âme est inférieure à l'Intelligence; toute intelligence vient après l'Un. Tout corps peut être mû par un autre, et ne peut, par sa nature, se mouvoir soi-même; mais quand le corps participe à l'âme, il se meut, il vit par l'âme, et tant que l'âme est présente en lui, il est en quelque sorte mobile par lui-même; si l'âme en sort, il ne peut plus être mû que par un autre; mais le mouvement que l'âme communique au corps, en vertu de son essence, est inférieur à cette essence même, laquelle est d'être une puissance mobile. Donc le corps est inférieur à l'âme. A son tour, l'âme qui se meut elle-même occupe une place inférieure à l'intelligence qui meut tout en restant immobile. C'est en effet de l'intelligence que l'âme, par participation, reçoit la faculté de toujours penser, comme le corps reçoit de l'âme la faculté de se mouvoir. Car si la faculté de penser toujours était essentielle à l'âme comme la faculté de se mouvoir, la pensée serait commune à toute âme, aussi bien que le mouvement. Donc

---

[1] *Élém. théol.*, prop. 20.

l'âme participe de l'intelligence, donc elle lui est inférieure.

Après avoir indiqué la hiérarchie des hypostases, Proclus les considère à part, et montre comment chacune contient un ordre tout entier d'intelligibles semblables à elle-même. Il étend à tous les principes du monde intelligible et du monde sensible la méthode qu'il a tout d'abord appliquée au Principe suprême, et remplit le monde intelligible d'essences pures, comme il avait peuplé le monde divin de Dieux de toute espèce[1]. Tout ordre, ayant pour principe l'unité, se développe en un nombre qui s'ordonne avec l'unité, et tout ordre développé en nombre se ramène à l'unité. Toute unité supposée principe engendre un nombre qui lui est propre. Ainsi une seule série, un seul ordre. Il n'y aurait ni ordre ni série, si l'unité restait inféconde et stérile en soi. Tout nombre de son côté se ramène à l'unité, seule cause commune de tous les êtres coordonnés sous elle. En effet, ce qui, dans tout nombre, reste le même, ne tire pas son origine de l'une des unités qui entrent dans ce nombre. Ce qui découlerait d'une partie de tel nombre ne saurait être commun à tous les nombres, et ne peut qu'être attribué particulièrement à l'individu qui l'a fourni. Puis donc que, dans tout ordre, il existe une certaine communauté, une certaine cohésion, une certaine identité en vertu de laquelle on peut dire : voici des êtres du même ordre, ou bien : ces êtres sont d'un ordre différent; il est clair que c'est l'unité seule qui communique à cet ordre son identité. Donc, avant tout nombre, dans

---

[1] *Élém. théol.*, 21.

tout ordre, il y a une unité qui fait que tous les êtres qui entrent dans ce nombre participent à une même nature, ont une certaine place dans la série, et dépendent de la série qui les enveloppe tous. Chacun des êtres qui sont dans la même série peut bien avoir une cause différente ; mais la cause qui fait qu'ils sont tous de la même série est nécessairement antérieure à eux tous ; elle les engendre tous en tant qu'êtres de la même série, mais non en tant qu'ils sont tels ou tels en particulier.

De tout cela, il est facile de conclure que l'essence corporelle renferme l'unité et le nombre, une unité d'essence remplissant la pluralité des êtres, une pluralité d'êtres impliquant l'unité d'essence. De même l'essence animée suppose une Ame première qui se développe en une pluralité d'âmes, et une pluralité d'âmes qui se ramène à cette Ame. L'essence intellectuelle a pour principe une Intelligence première qui se développe, et pour développement une pluralité d'intelligences qui se ramènent à cette Intelligence. Enfin l'Unité en soi se développe en un nombre d'unités qui reviennent s'y confondre. Ainsi, après l'Un en soi, les unités ; après l'Intelligence première, les intelligences ; après l'Ame première, les âmes ; après la Nature universelle, les *natures*.

Chaque ordre inférieur s'engendre de l'ordre supérieur par la participation. La Nature s'engendre de l'Ame, l'Ame de l'Intelligence, l'Intelligence de Dieu. Mais ce n'est point du principe même de l'ordre inférieur que l'être inférieur participe, c'est d'un terme quelconque de l'ordre supérieur. Le principe, quel que soit l'ordre auquel il appartienne, reste *impartici-*

pable[1]. Ainsi, ce n'est pas *de Dieu*, mais d'*un Dieu* que l'Intelligence participe ; ce n'est pas de l'Intelligence, mais d'une intelligence que l'Ame aussi participe. La Nature, l'Ame, l'Intelligence, l'Un, en tant que principes d'un ordre, sont imparticipables[2]. Seulement il y a cette différence entre l'Un en soi d'une part, et l'Intelligence, l'Ame, la Nature de l'autre, que l'Un ne peut ni participer ni être participé, tandis que l'Intelligence, l'Ame et la Nature participent, tout en restant imparticipables.

Tout imparticipable est principe d'hypostase pour les participants[3] ; tout participant est inférieur au participé, lequel lui-même vient après l'imparticipable. En effet, l'imparticipable qui, de sa nature, est unité, puisqu'il existe par lui-même et non par un autre, engendre les hypostases capables de participer, en vertu de sa fécondité naturelle. Or toute hypostase engendrée d'une autre par participation est inférieure à l'hypostase participée, puisque d'imparfaite qu'elle était, elle est devenue parfaite par la participation. D'un autre côté[4], l'hypostase qui se communique à tel être et non à tous, est inférieure à celle qui se fait sentir à tous sans se communiquer ; car celle-ci n'est plus voisine de la cause universelle. Donc l'imparticipable est supérieur aux hypostases participées et celles-ci aux hypostases participantes. En d'autres termes, l'imparticipable est l'unité simple ($\tau\grave{o}$ ἕν) qui précède le nombre ; l'hypostase participée une

---

[1] *Élém. théol.*, prop. 23.
[2] Prop. 99.
[3] Prop. 23.
[4] Prop. 23.

unité multiple (ἕν ἅμα καὶ οὐχ ἕν) et toute substance participante une multiplicité une (οὐχ ἕν ἅμα καὶ ἕν)[1].

Proclus ayant surabondamment expliqué la distinction et le rapport des participants, des participés et des imparticipables, expose les principes de la génération des êtres dans la hiérarchie universelle. Il n'est pas difficile de découvrir la raison de la création en Dieu. Il produit parce qu'il est le Bien ; voilà tout ce qu'il faut dire. Mais ce qui vient après Dieu n'est pas le Bien. Comment a-t-il la vertu de produire ? Tout parfait produit, en tant que parfait, à l'imitation du Bien dont il émane[2]. De même que l'Un, en vertu de la bonté qui lui est propre, est la cause productrice de la substance de tous les êtres et de leur unité, de même les êtres qui viennent après le premier principe, en vertu de la perfection qui leur est propre, engendrent des êtres inférieurs à leur essence. Or la perfection est comme une partie du bien, et le parfait, en tant que parfait, imite le Bien en soi[3]. Donc le parfait aussi produit, en vertu même de sa nature, les êtres qu'il est apte à produire. Il y a plus ; dans tout producteur, la puissance productrice est en raison directe de la perfection. La cause en est facile à comprendre. Plus le producteur est parfait, plus il participe du Bien en soi ; or, étant plus voisin du Bien en soi, il touche de plus près à la cause de tous les êtres et par cela même produit un plus grand nombre d'essences. D'où il résulte que l'être

---

[1] *Élém. théol.*, prop. 23.
[2] Prop. 25.
[3] Prop. 25.

le plus éloigné de la cause universelle est absolument infécond [1].

Toute cause productrice produit en restant soi-même et en soi-même [2]. Car, si cette cause imite l'*Un* (*en soi*), elle fera comme l'Un qui produit tout, sans sortir de son repos et sans changer de nature. Le producteur, quel qu'il soit, produit de même, sans sortir de soi et sans rien perdre de son essence. Mais alors comment peut-il produire? Il produit en vertu de sa perfection et d'une surabondance de puissance [3]. Si ce n'était pas en vertu de sa perfection, mais au contraire en vertu de son imperfection, il ne conserverait ni sa nature ni son rang dans la hiérarchie des êtres. Car tout ce qui engendre par défaillance et par faiblesse change et s'altère dans la génération. Or, le producteur restant ce qu'il est dans l'acte de production, il est clair que ce n'est qu'en vertu de sa perfection et de sa plénitude qu'il produit. Le produit, en effet, n'est ni une partie séparée du producteur, ni une transfusion du producteur, lequel deviendrait alors la matière de son produit. Le producteur reste en soi, et le produit subsiste en dehors [4]. Mais que produit le producteur immédiatement? Il produit les êtres semblables à lui, avant de produire les dissemblables [5]. Puisque tout producteur est nécessairement supérieur à son produit, jamais ils ne pourront être absolument identiques en essence ni égaux en puissance; ils sont donc diffé-

---

[1] *Élém. théol.*, prop. 26.
[2] Prop. 25.
[3] Prop. 26.
[4] Prop. 26.
[5] Prop. 28.

rents et inégaux. Mais d'un autre côté cette différence et cette inégalité ne peuvent être absolues ; car l'être participé communique toujours au participant quelque chose de lui-même. L'effet ressemble donc à la cause, sans lui être identique, et cette ressemblance est la mesure et le signe de la participation immédiate. Le produit semblable et différent, annonce une participation à la fois directe et indirecte ; le produit différent, une participation indirecte seulement [1]. Ce n'est pas seulement à un individu que le producteur participé communique sa ressemblance [2], c'est à l'ordre tout entier ; car ce qui constitue la série, c'est précisément la ressemblance entre eux des êtres qui la composent ; or, cette ressemblance vient du producteur ; donc le producteur communique sa ressemblance à chacun des individus du même ordre et dans la mesure même de la perfection de chacun [3].

Il reste à voir comment le produit se comporte vis-à-vis du producteur. Tout produit immédiat reste dans le producteur et en sort tout à la fois [4]. En effet, puisque le produit a quelque chose de commun avec le producteur, il faut bien qu'il y demeure au moins en partie. Mais s'il y demeure sans en sortir, il ne diffère plus en rien de sa cause et n'en est pas distinct. Or, il est nécessaire qu'il en diffère et s'en distingue. Donc, en tant que le produit est semblable au producteur, il y demeure ; en tant qu'il est différent, il en sort. Mais

[1] *Élem. théol.*, prop. 28.
[2] Prop. 29.
[3] Prop. 29.
[4] Prop. 30.

comment y peut-il rentrer, après en être sorti ? Tout être qui tire son essence de l'être dont il sort [1] peut se replier sur cet être. Car le principe d'où il vient étant le Bien en soi ou le bien par rapport à lui, il est nécessaire que le produit désire le producteur, c'est-à-dire le bien, et par cela même qu'il se replie vers l'objet de son désir. Cette conversion se fait par la ressemblance [2], dont la vertu est d'unir, tandis que la différence sépare et divise. Elle a pour loi le mouvement circulaire propre à tous les êtres qui remontent vers leur cause. Ainsi tout produit demeure dans son producteur [3], en sort et y rentre.

Mais parmi les êtres qui se replient vers leur principe, il en est qui le font sous l'influence d'une cause étrangère; il en est d'autres qui se replient d'eux-mêmes. Il importe donc de savoir quels sont les êtres qui ont la vertu de se replier spontanément, d'où cette vertu leur vient, et quelle est l'essence et la nature propre de ces êtres [4]. Tout être (sauf l'Un qui n'est ni l'Être ni un être) est subsistant ou non subsistant par soi-même. Tout être subsistant par soi-même (αὐτάρκης) n'a besoin d'aucun sujet; il se contient, s'engendre et se conserve lui-même. Quand nous disons qu'il s'engendre, il faut entendre par là qu'il est le principe de son hypostase, c'est-à-dire qu'il se développe par lui-même, mais non qu'il est le principe de son essence [5]. Car nul être ne se donne l'essence; tous la reçoivent

---

[1] *Élém. théol.*, prop. 31.
[2] Prop. 33.
[3] Prop. 35.
[4] Prop. 35.
[5] Prop. 41.

d'un principe supérieur [1]. L'être αὐτάρκης n'est donc pas celui qui se suffit quant à l'essence, mais quant à l'hypostase seulement. Voilà pourquoi l'Un n'est pas simplement αὐτάρκης, mais supérieur à l'être qui a ce caractère. Maintenant tout être qui subsiste par soi-même a la puissance de se replier vers soi-même. Car s'il se bornait à sortir de soi, sans y revenir, il n'aspirerait jamais à son propre bien [2]. Or, toute cause qui se donne l'être peut aussi se donner le bien, lequel est identique à l'être. Réciproquement, tout être qui se replie vers soi-même, subsiste par soi-même [3]. Car s'il se donne son bien, il faut aussi qu'il se donne son être. Il est donc le principe de sa propre hypostase. Mais l'être qui se replie vers soi-même le peut-il selon son action seulement ou en outre selon son essence [4] ? S'il pouvait se replier selon son action et non selon son essence, l'action serait en lui supérieure à l'essence ; ce qui est impossible, puisque ce qui est par soi-même est supérieur à ce qui est par un autre.

Pour achever la théorie de l'être αὐτάρκης, Proclus énumère les attributs essentiels qui lui sont propres [5]. Il est inengendré, car la génération implique l'imperfection et le besoin d'être perfectionné par un autre. Il est incorruptible, car tout être qui se corrompt ne se corrompt que parce qu'il est séparé de sa cause [6]. Or, pour l'être qui subsiste par soi, être séparé de sa

---

[1] *Élém. théol.*, prop. 40.
[2] Prop. 42.
[3] Prop. 43.
[4] Prop. 44.
[5] Prop. 45.
[6] Prop. 46.

cause, c'est être séparé de lui-même. D'ailleurs, quelle cause étrangère pourrait opérer cette séparation ? Il est indivisible [1], car par cela seul qu'il subsiste par soi-même, aucune cause étrangère ne peut le diviser. Il est simple, car s'il était complexe, il y aurait du pire et du meilleur en lui [2]. Mais le meilleur viendrait du pire, et le pire du meilleur, puisqu'il sort de soi tel qu'il est, c'est-à-dire tout entier. Il est éternel [3]; car ce qui fait qu'un être n'est pas éternel, c'est qu'il est un composé, ou bien qu'il existe dans un autre. Or, l'être subsistant par soi-même est simple, et n'a point d'autre sujet que lui-même.

Proclus, après avoir considéré la cause par rapport à son effet immédiat, la suit dans ses effets indirects et ultérieurs. Le monde intelligible forme une chaîne non interrompue d'êtres, disposée hiérarchiquement; dans cette chaîne, chaque être qui précède engendre toujours l'être qui le suit immédiatement. Mais là ne se borne point son action productrice; elle embrasse la série entière des êtres qui suivent. En sorte que si l'on considère une série entière, on verra que le premier terme et le dernier comprennent chacun d'une manière différente tous les termes de la série. Le dernier les comprend en raison de sa complexité; le premier les comprend en raison de l'étendue de son action productrice. Tout être produit par les seconds l'est aussi, à plus forte raison, par les premiers, causes plus énergiques des seconds [4]. Si le producteur est

[1] *Élém. théol.*, prop. 47.
[2] Ibid.
[3] Prop. 49.
[4] Prop. 56.

un second, il tient toute son essence de celui qui le précède : et de là vient sa puissance de produire ; car dans les producteurs, les puissances productrices produisent selon l'essence, et communiquent aux produits leur essence. Si donc c'est d'une cause supérieure qu'il a reçu la faculté de produire, c'est d'elle qu'il tient d'être la cause des êtres dont il est la cause, puisque c'est ce qu'il a reçu d'elle qui détermine la quantité de puissance qu'il possède. Ce qui fait que les produits du producteur immédiat sont aussi les produits des êtres supérieurs à ce producteur.

Maintenant, si toute cause donne quelque chose à son effet, plus l'effet aura de causes, plus il recevra de dons, plus il sera complexe ; moins il aura de causes, moins il en recevra, plus il sera simple[1]. Mais d'un autre côté, plus l'être produit aura de causes, plus il sera inférieur ; moins il en aura, plus il sera supérieur, en sorte que la supériorité et l'infériorité sont en raison inverse de la complexité et de la simplicité. Toutefois cette simplicité de l'être peut être entendue autrement. Le dernier des êtres est sans doute le plus complexe, en tant qu'il résume toutes les puissances des êtres qui le précèdent ; mais il est aussi le plus simple, en ce qu'il les résume au plus faible degré. Car alors il est la moins riche, la moins féconde, la moins énergique des hypostases ; et il est vrai de dire[2], en ce sens, que plus un être est simple, plus il est inférieur dans la hiérarchie.

Il suit de là que la vraie supériorité a pour mesure,

---

[1] *Élém. théol.*, prop. 58.
[2] Prop. 59.

non la complexité des éléments que réunit un être dans son sein, mais l'étendue et le nombre des effets qu'il produit, et par conséquent la généralité de l'essence et de l'action productrice [1]; car plus un être a de puissance, plus il se rapproche de la cause universelle et du bien [2]. Ainsi tout producteur, c'est-à-dire tout imparticipable (puisque l'imparticipable seul, en tant qu'il subsiste par soi-même, est essentiellement producteur), produit deux sortes d'effet, un effet immédiat et un effet ou plutôt une série d'effets ultérieurs. L'effet immédiat est un ordre d'hypostases existant en soi. L'effet ultérieur est une variété d'illuminations appartenant à des ordres différents, mais ayant toutes leur hypostase en d'autres êtres. Et il est nécessaire qu'il en soit ainsi ; car dans la hiérarchie des êtres, c'est toujours le terme immédiatement supérieur qui engendre l'hypostase même du terme inférieur [3]. Les causes supérieures et plus générales qui projettent leur action jusque sur les derniers êtres, trouvant une hypostase déjà créée, ne peuvent plus que lui communiquer leurs illuminations.

Toute cette théorie, si compliquée et si subtile sur les rapports du participant au participé, du produit au producteur, paraît nécessaire à Proclus pour expliquer le système de la génération des êtres. Elle nous conduit enfin au point le plus important de la théologie de Proclus, à la célèbre Théorie du ternaire qu'aucun Alexandrin n'avait conçue nettement avant lui. Jus-

---

[1] *Élém. théol.*, prop. 62.

[2] Cette doctrine de Proclus est bien plus conforme à la philosophie de Platon qu'à celle de Plotin.

[3] Prop. 64.

qu'ici l'école néoplatonicienne avait traité de l'être et du devenir, sans chercher la loi nécessaire et universelle qui préside à tout être et à tout devenir. Elle avait bien distingué nombre de triades dans le monde intelligible; mais elle n'avait pas su rattacher toutes ses distinctions à un principe unique. Elle n'avait pas vu que tout être intelligible ou sensible est complexe, et qu'en le décomposant on arrive toujours à y reconnaître trois principes, dont la nature et la fonction ne varient point, quel que soit le sujet de cette trinité. Voilà ce que va établir Proclus [1].

Toute puissance est parfaite ou imparfaite. La puissance qui fait passer à l'acte est parfaite. En effet, par sa propre action, elle perfectionne d'autres êtres; or, ce qui perfectionne a en soi-même le principe de perfection. Quant à la puissance qui a besoin d'un autre être en acte auquel il lui faut participer pour être une puissance quelconque, elle est imparfaite. En d'autres termes, la puissance parfaite est celle de l'être en acte ; la puissance imparfaite est celle de l'être en puissance [2]. Cela posé, tout ce qui arrive à l'être est engendré par les deux puissances. Il faut, en effet, que le produit ait aptitude à être, qu'il ait la puissance imparfaite. Il faut, d'un autre côté, que le producteur, qui est en acte par cela même que le produit est en puissance, ait la puissance parfaite. Si le producteur n'avait pas la puissance parfaite, comment entrerait-il en acte [3] ? Comment agirait-il sur un autre ? Et si ce qui arrive n'avait pas l'aptitude à devenir, comment

[1] Prop. 78.
[2] Prop. 78
[3] Prop. 79.

deviendrait-il ? Le producteur n'agit point sur un être quelconque, mais sur celui qui est prédisposé naturellement à recevoir son action. Cette distinction nécessaire de la puissance parfaite et de la puissance imparfaite se retrouve également dans le rapport du participant au participé. Le participé ne communique l'être au participant qu'autant qu'il est lui-même l'être en acte, c'est-à-dire une puissance parfaite. Le participant ne reçoit l'être du participé qu'autant qu'il est déjà l'être en puissance, c'est-à-dire une puissance imparfaite. Ainsi, pour expliquer, soit le rapport de création, soit le rapport de participation, il faut toujours reconnaître deux termes concourant à produire ce rapport, la puissance parfaite et la puissance imparfaite [1].

Maintenant, quel est le rôle de chacun de ces termes dans le rapport ? Il est clair que la puissance parfaite dans le producteur ou le participé agit comme principe d'essence, d'unité, de forme, c'est-à-dire comme fini; que la puissance imparfaite, au contraire, intervient comme principe de substance et de réceptivité, de variété, d'expansion, c'est-à-dire comme infini. Le fini et l'infini, dyade mystérieuse reconnue par Pythagore, par Platon, est la loi de toute génération dans le monde sensible, de toute hypostase dans le monde intelligible [2]. Le fini et l'infini ne sont point des hypostases proprement dites, mais les principes constants et universels des êtres. Ils n'ont point une nature propre et déterminée ; ils sont partout où l'être paraît,

---

[1] Prop. 78.
[2] *Com. Parm.*, vi, 98.

et revêtent les formes les plus diverses [1]. L'infini est caractérisé dans la matière par l'indétermination, l'absence de forme et d'idée [2]; dans le corps, par la divisibilité [3]; dans la catégorie de qualité, par le plus ou le moins; dans la connaissance, par la diversité et la succession des pensées [4]; dans la cyclophorie céleste, par la force infinie du moteur; dans l'âme, par son mouvement éternel [5]; dans le temps qui mesure les révolutions de l'Ame, par la puissance et le nombre illimité de ses périodes; dans l'intelligence, par son éternité, par sa haute puissance [6]; dans l'éternité même, par sa compréhension, qui embrasse toute l'infinité *intellectuelle* [7]. On remonte ainsi jusqu'à l'infini en soi, c'est-à-dire, à la simple puissance ou possibilité (δύναμις) [8]. Le fini, à son tour, se manifeste dans la matière par l'idée qui la contient et la détermine [9]; dans le corps (abstraction faite de ses qualités), par la propriété

---

[1] *Com. Parm.*, VI, 99, 104.

[2] Ibid. Τὴν τοίνυν ἀπειρίαν, ἵνα κάτωθεν ποιησώμεθα τὴν ἀρχὴν, θεατέον μὲν καὶ ἐπὶ τῆς ὕλης, διότι ἀόριςὸς καθ' αὑτὴν καὶ ἄμορφος καὶ ἀνείδεος.

[3] Ibid. Θατέον καὶ ἐπὶ τοῦ ἀποίου σώματος κατὰ τὴν διαίρεσιν.

[4] Ibid. Θεατέον δὲ κατὰ τὰς περὶ τὸ ἄπειρον πρώτας ὑφιςαμένας ποιότητας, ἐν αἷς τὸ μᾶλλον ἐςι καὶ ἧττον πρώταις.

[5] Ibid., 100. Ἐπὶ τῆς ψυχῆς τὸ ἄπειρον ληπτέον· μεταβατικῶς γὰρ νοοῦσα, δύναμιν ἀπταίςου κινήσεως ἔχει.

[6] Ibid. Θεῶ μοι τὸ ἄπειρον ἐπ' αὐτοῦ τοῦ νοῦ καὶ τῆς νοερᾶς ζωῆς· αὕτη γὰρ ἀμετάβατος καὶ ἀεὶ πᾶσα καὶ ἀθρόα πάρεςιν, αἰώνιος δὲ καὶ ἀπειροδύναμος.

[7] Ibid. Ὅς (αἰὼν ἄπειρος) καὶ πᾶσαν περιέχει τὴν νοερᾶν ἀπειριαν.

[8] Ibid., 101. Ἐπ' αὐτὴν δὴ τὴν πρωτίςην πηγὴν τῆς ἀπειρίας ἀνάδραμε λοιπὸν, τοιοῦτον γὰρ, τὸ αὐτὸ ἄπειρον

[9] Ibid., 102.

qu'il lui donne d'être un tout (ὅλον); dans les éléments du corps, par la limitation de leur nombre (πόσον); dans les idées prises à l'état de pureté et d'indépendance, par la persistance de leur *hypostase;* dans le tout, par la constance des révolutions de son cercle supérieur; dans l'âme, par la régularité de son mouvement circulaire, qui est la mesure du mouvement de tous les phénomènes; dans le temps, dans l'intelligence, dans l'éternité, il est tout ce que ces divers actes contiennent d'un, d'immuable, de déterminé. On peut remonter ainsi jusqu'au fini en soi (τὸ αὐτοπέρας). En résumé, au sommet de l'être, le fini en soi, principe de toute détermination; à l'extrême limite de l'être, l'infini en soi, principe de toute indétermination [1].

L'Essence (l'Être en soi) est le premier mixte. Plotin dit que l'être résulte de la forme et de la matière intelligible, rapportant le nombre à l'unité et à l'essence, et la variété et le développement à la matière. Au sens de Platon, dans le monde intelligible, l'infini n'est pas la matière du fini, mais sa puissance; le fini n'est pas la forme de l'infini, mais son essence : l'être résulte des deux [2]. L'Éternité elle-même (non pas l'éternel)

---

[1] *Com. Parm.*, vi, 104. Τὸ δὲ χάος πρώτως ἄπειρον, καὶ μόνως ἄπειρον, καὶ πηγὴ πάσης ἀπειρίας, νοητῆς, νοερᾶς, ψυχικῆς, σωματικῆς, ὑλικῆς. — Ibid., 102. Πρῶτον μὲν οὖν πέρας τὸ αὐτοπέρας, πηγὴ καὶ στιγμὰ πάντων ἐςὶ τῶν περάτων, νοητῶν, νοερῶν, ὑπερκοσμίων, ἐγκοσμίων, μέτρον αὐτὸ τῶν πάντων καὶ ὅρος προϋπάρχον.

[2] Plat., *Théol.*, iii, 9. Εἰ δὲ τὸ πέρας τῶν ὄντων ἦν πέρας, καὶ τὸ ἄπειρον τῶν ὄντων ἄπειρον, καὶ ἔςι τὰ ἐξ ἀμφοῖν ἔχοντα τὴν σύςασιν τὰ ὄντα, καθάπερ αὐτὸς σοφῶς ὁ Σωκράτης ἀναδιδάσκει, δῆλον ὅτι τὸ πρώτιςον τῶν μικτῶν, πρωτιςόν ἐςι τῶν ὄντων. Τοῦτο δὲ οὐδὲν ἄλλο

participe du fini et de l'infini ; du fini, en tant que mesure intelligible ; de l'infini, en tant que puissance incessante de durer [1]. L'Intelligence est finie, en ce qu'elle comprend en soi tous les paradigmes de ses inférieurs, et possède une vie simple, unique, toujours la même ; elle est infinie, en ce qu'elle produit, vivifie, ordonne tous les êtres dont le type est en elle [2]. L'Ame, en tant que sa vie est mesurée par des retours périodiques, tient au fini ; en tant que le mouvement de cette vie est incessant et illimité, elle tient à l'infini [3]. Le ciel doit la mesure de ses mouvements, l'ordre et le nombre de ses périodes à sa participation au fini ; il doit la puissance et la variété de ses expansions à sa participation à l'infini [4]. Enfin la génération tout entière, grâce à l'unité des types qu'elle réalise, à la stabilité des lois qui président à son développement, est finie ; mais aussi par la variété des individus qu'elle produit, par l'instabilité des formes qu'elle parcourt, elle est une image de l'infini [5]. En outre, il faut ajouter que chaque

ἐςὶν ἢ τὸ ἀκρότατον ἐν τοῖς οὖσι, καὶ ὃ ἐςιν αὐτοόν, καὶ οὐδὲν ἄλλο ὅν.

[1] Plat., *Théol.*, III, 8. — *Com. Parm.*, VI, 102. Αἰὼν γὰρ ὁμοῦ καὶ ἄπειρός ἐςιν, καὶ πέρας· καθὸ μὲν γὰρ ἀνεκλείπτου ζωῆς ἐςιν αἴτιος, καὶ ὡς δύναμις τοῦ ἀεὶ χορηγὸς, ἄπειρός ἐςι· καθὸ δὲ μέτρον ἐςὶ πάςης νοερᾶς ἐνεργείας, καὶ ὅρος τῆς τοῦ νοῦ ζωῆς, ἄνωθεν αὐτὴν ὁρίζων, πέρας ἐςι.

[2] Plat., *Théol.*, III, 8. — *Com. Parm.*, VI, 103. Τὸ πέρας ἐν τῷ νῷ θεατέον· καθὸ γὰρ ἐν αὐτῷ μένει κατὰ τὴν νόησιν, καὶ μίαν καὶ ἀεὶ καὶ τὴν αὐτὴν ἔχει ζωὴν, ὥρισαι καὶ πεπέρασαι.

[3] *Com. Parm.*, 103. Πέμπτον ἐπὶ τούτοις ἡ τῆς ψυχῆς περίοδος, καὶ ὁ κύκλος ὡσαύτως ἀποτελούμενος, μέτρον ἐςὶν ὀφανὲς πασῶν τῶν φαινομένων κινήσεων.

[4] Plat., *Théol.*, III, 17.

[5] *Élém. phys.*, II, 11, 12, 13.

produit de la nature, par sa forme, tient du fini, et par sa matière, de l'infini.

Mais la dualité du fini et de l'infini, qui est la loi de tout être dans le monde intelligible, et de toute génération dans le monde sensible, ne suffit pas pour produire tout ce qui est, ou engendrer tout ce qui devient. Il faut remonter à un troisième principe. En effet, nul fini ne peut subir l'action d'un infini [1]; nul infini ne peut revêtir la forme d'un fini. Donc il faut, au moins pour le monde sensible, un principe supérieur, au sein duquel s'opère cette communication. Le fini et l'infini par leur union produisent le mixte, non comme causes, mais comme éléments et comme conditions [2]. La vraie cause du mixte est au-dessus du fini et de l'infini [3]; c'est ce que Platon a clairement exprimé. Timée, enseignant que le Démiurge fit l'Ame du monde d'un mélange du divisible et de l'indivisible, distingue par là même le fini et l'infini. Si le Démiurge forma l'âme d'un mélange du même et du divers qui préexistaient, il est donc vrai de dire que l'Un forme la première essence d'un mélange de fini et d'infini. Ainsi tout être est triple; il participe du fini qui lui donne son essence, de l'infini qui lui donne sa puissance, et de l'unité qui fond en un seul être l'essence et la puissance. Le principe supérieur qui opère leur union n'est pas un principe distinct et différent soit de l'infini, soit du fini; c'est la cause d'où ils découlent tous deux, et qui, par cela même qu'elle les contient virtuellement

---

[1] *Élém. phys.*, II, 11, 12, 13.

[2] Plat., *Théol.*, III, 9. Καλεῖται μὲν οὖν πανταχοῦ μικτὸν, ὡς ἐκ πέρατος, καὶ ἀπειρίας ὑπογόν.

[3] Plat., *Théol.*, III, 7. Καὶ ἡ μὲν ἕνωσις τοῖς πᾶσιν ἐκ τοῦ πρώτου.

d'abord dans son sein, les combine et les unit dans l'acte de production. Le résultat du mélange est un produit mixte, à la fois fini et infini, mais qu'il ne faut pas confondre avec le principe d'où il vient. Le principe et le résultat ont tous deux un caractère mixte, fini et infini ; mais ce caractère, le résultat le tient de la participation au fini et à l'infini, tandis que le principe ne le tient que de sa propre nature. Il faut ajouter toutefois que dans la doctrine de Proclus, et en général des Alexandrins, le mixte est considéré tantôt comme le résultat, tantôt comme le principe même du mélange, et souvent comme le résultat et le principe tout ensemble. C'est qu'en effet le mixte est résultat en tant qu'il est l'œuvre de l'Un combinant le fini et l'infini ; mais en tant qu'il manifeste l'Un, il est principe par rapport au fini et à l'infini [1].

Il y a donc ici à distinguer : 1° deux principes constituants, le fini et l'infini ; 2° le mixte ; 3° un principe supérieur au fini et à l'infini, qui, en les réunissant, forme le mixte. Telle est l'explication complète du Ternaire, objet mystérieux des méditations de tous les sages et de tous les inspirés des anciens temps. Après avoir défini la nature des principes du Ternaire, Proclus indique la fonction propre de chacun. Quel est le rôle du fini, de l'infini, et du mixte ? Proclus s'explique très clairement sur ce point ; dans le fini, l'être se détermine et se pose ; dans l'infini,

---

[1] Plat., *Théol.*, III, 9. Οὐσία τοίνυν ἐςὶ νοητὴ τὸ μικτὸν, καὶ ὑφίςαται πρώτως μὲν ἀπὸ τοῦ Θεοῦ, παρ' οὗ καὶ τὸ ἄπειρον, καὶ τὸ πέρας. Δευτέρως δὲ, ἀπὸ τῶν μετὰ τὸν ἐνιαῖον Θεὸν ἀρχῶν, τοῦ ἀπείρου λέγω, καὶ τοῦ πέρατος. Ἡ γὰρ τετάρτη αἰτία, ἡ τῆς μίξεως ποιητικὴ, πάλιν αὐτός ἐςιν ὁ Θεός.

il se distingue et se détache de son principe; dans le mixte, il y revient. L'existence propre et indépendante, la séparation, la conversion (ὕπαρξις, πρόοδος, ἐπιστροφή), ou bien encore l'unité, le développement, la concentration, tels sont les trois moments de l'être considéré sous toutes ses formes; et même il ne serait pas exact de dire que la loi du ternaire n'atteint que l'être ou le devenir. Le ternaire n'est pas plus que le fini et l'infini, et l'unité qui les comprend, l'être, ou tel ou tel être. Il est la loi de tout *être* et de tout *devenir*. Et même il ne serait pas exact de dire que cette loi n'atteint que l'être et le devenir. Qu'elle n'atteigne pas l'Un en soi, c'est ce qui est évident, puisque l'Un est absolument simple. Mais l'unité divine, la bonté, première émanation de l'Un, n'y rentre-t-elle pas jusqu'à un certain point? Sans doute, quand l'Un passe à l'Unité divine, il n'y a point encore pluralité, mais il y a déjà nombre et développement. L'unité divine n'est plus qu'une image de l'Un en soi; donc, tout en étant une et simple par elle-même, elle est déjà multiple par rapport à l'Un. Dès lors, elle subit la loi de tout multiple, et devient une triade [1] dans laquelle on peut déjà distinguer le fini, l'infini et le mixte. Proclus le dit formellement : « Tout ordre des Dieux est composé des premiers principes, le fini et l'infini [2]. » La différence et l'inégalité des ordres divins tient à ce que dans tel ordre

---

[1] Les mots *ternaire* et *triade* sont employés ici dans un sens différent. *Ternaire* exprime la loi constante, uniforme, universelle du *fini*, de l'*infini* et du *mixte*; *triade* exprime les diverses applications de cette loi.

[2] *Élém. théol.*, 159. Πᾶσα τάξις θεῶν ἐκ τῶν πρώτων ἐστὶν ἀρ-

domine le fini, tandis que dans tel autre, c'est l'infini. A parler rigoureusement, ce n'est donc pas l'être en soi qui forme la première triade ; c'est le nombre divin. Dans la triade divine [1], le fini, c'est l'existence substantielle de Dieu; l'infini, c'est la puissance d'engendrer ; le mixte, c'est le rapport de la puissance à la substance divine, ainsi que l'essence qui en résulte. Cette triade est exprimée tantôt par les mots de *bonté*, de *volonté* et de *Providence*, tantôt par ceux de *bonté*, de *sagesse* et de *beauté*. En outre, chacun des termes de la triade, considéré à part, est multiple lui-même (puisque tout est multiple en dehors de l'Un), et devient une triade.

La théorie du ternaire est, en quelque sorte, la clef de la philosophie de Proclus. Elle explique cette myriade de triades qu'il a semées dans son vaste système. On comprend alors pourquoi la triade est partout, dans l'ensemble et dans les détails. Rien de plus simple ; toute essence, par cela même qu'elle est complexe, tombe sous la loi du ternaire, et par suite peut être conçue comme une triade. Les éléments eux-mêmes du composé étant jusqu'à un certain point complexes, il arrive qu'une triade peut en engendrer beaucoup d'autres. Vue de ce côté, qui est le seul sérieux, la doctrine de Proclus a plus de sens et de portée qu'on ne serait tenté de lui en attribuer au premier abord.

χῶν, πέρατος καὶ ἀπειρίας. Ἀλλ' ἡ μὲν πρὸς τῆς τοῦ πέρατος αἰτίας μᾶλλον · ἡ δὲ, πρὸς τῆς ἀπειρίας.

[1] Plat., *Théol.*, III, 25, 26, 27. Τοῦ μὲν πέρατος, τὴν ὕπαρξιν τὴν θείαν, τῆς δὲ ἀπειρίας, τὴν γεννητικὴν δύναμιν, τοῦ δὲ μικτοῦ, τὴν οὐσίαν τὴν ἀπ' αὐτῆς ἐνδεικνυμένου.

I. Théorie du monde intelligible. La triade qui vient immédiatement après la triade divine est l'Essence intelligible, l'Être en soi, la première, la plus complète, la plus pure image de Dieu. Ce principe touche aux unités divines, mais il n'appartient plus au monde divin, par cela même qu'il est une essence, c'est-à-dire une unité déjà complexe [1]. Quels sont, dans ce premier ternaire, les deux principes constituants, et quel est le principe qui les unit, c'est ce qu'il importe avant tout de déterminer. L'un des principes constituants [2], l'Être, c'est la nature toujours une et immobile, uniforme, compréhensive de l'Un ; l'autre, la Vie, c'est la puissance surabondante de l'Un qui s'épanche et se divise en s'épanchant ; quant au mixte, l'Intelligence, c'est ce qui résulte de l'union des deux autres. Le principe de cette union est l'Un en soi [3]. Dans l'Être proprement dit, l'essence se tient dans son unité, toujours immuable et uniforme ; dans la Vie, elle se répand et se développe ; dans l'Intelligence, elle se recueille et revient à son principe.

Mais cette première triade en comprend beaucoup d'autres. Il faut donc rechercher quel est le nombre et la nature des essences qu'elle contient. L'Être intelligible, en tant que manifestation de l'Un, est susceptible de degrés. Au premier degré, il est l'Être en soi ; au deuxième, la Vie ; au troisième, l'Intelligence. Dans

---

[1] *Élém. théol.*, 138. Πάντων τῶν μετεχόντων τῆς θείας ἰδιότητος, ἐκθεουμένων, πρώτιϲόν ἐϲι καὶ ἀκρότατον τὸ ὄν.

[2] Plat., *Théol.*, iii, 9. — *Élém. théol.*, prop. 103.

[3] Plat., *Théol.*, iv, 1. Ἐξῄρηται δὲ ἡ οὐσία τῶν λοιπῶν. Μέσην δὲ ἔλαχεν ἡ ζωὴ τάξιν. Τὸ δὲ πέρας τῆς τριάδος ταύτης, ἐπιϲρέφει πρὸς τὴν ἀρχὴν ὁ νοῦς.

l'essence comme dans l'action, l'intelligence suppose la vie, la vie l'être, et l'être vient de l'Un [1]. Du reste, il ne faut pas croire que l'être subsiste sans la vie et l'intelligence, la vie sans l'être et l'intelligence, l'intelligence sans l'être et la vie. Toute essence intelligible est à la fois être, vie, intelligence : être, en tant que permanente et identique ; vie, en tant que puissance expansive ; intelligence, en tant qu'elle revient sur elle-même. C'est ainsi que l'essence intelligible est une dans sa triplicité et triple dans son unité. L'être en fait le fond, la vie le centre, l'intelligence le terme [2]. L'être est donc, pour toute essence intelligible, principe d'unité comme la vie est principe de variété, comme l'intelligence est principe du retour de la variété à l'unité. Les proportions de l'être [3], de la vie, de l'intelligence varient dans chaque triade. Dans l'Être en soi, c'est l'essence qui prédomine ; dans la vie, c'est la vie ; dans l'intelligence, c'est l'intelligence. Mais il n'y a dans le monde intelligible, ni être pur, ni vie pure, ni pure intelligence, parce que tout être intelligible est une triade. Donc l'être est vie et intelligence, comme la vie est essence et intelligence, comme l'intelligence est essence et vie : seulement, chaque triade convertit en sa propre nature les deux autres. Ainsi l'essence est vie et intel-

---

[1] Plat., *Théol.*, III, 1, 9, 11, 12, 13. — *De mal.*, 1. Ἀλλὰ τὰ μὲν ζῶντα πάντα, καὶ οὐσίαν ἔχει. καὶ τὸ ὄν..Τὰ δέ ὄντα πολλαχοῦ καὶ ζωῆς ἐστιν ἄμοιρα.

[2] Plat., *Théol.*, III, 9. Πρώτως δὲ, καὶ οὐσιωδῶς; ἐν τῷ ὄντι πάντα προϋπάρχειν. Ἐκεῖ γὰρ καὶ ἡ οὐσία, καὶ ἡ ζωή, καὶ ὁ νοῦς, καὶ ἡ ἀκρότης τῶν ὄντων. Ἡ δὲ ζωὴ τὸ μέσον κέντρον τοῦ ὄντος. Ὁ δὲ νοῦς, τὸ πέρας τοῦ ὄντος.

[3] Plat., *Théol.*, III, 9.

ligence *essentiellement;* la vie est intelligence et essence *vitalement;* l'intelligence est essence et vie *intellectuellement*[1]. En résumé, la triade suprême, l'essence intelligible comprend une première, une seconde, une troisième triade. Première triade dont la nature propre est l'être, comprenant la vie et l'intelligence comme principes inférieurs; deuxième triade dont la nature propre est la vie, comprenant l'essence comme principe supérieur et l'intelligence comme principe inférieur; troisième triade dont la nature propre est l'intelligence, comprenant l'essence et la vie comme principes supérieurs. On voit que chaque triade comprend les trois termes, être, vie, intelligence, mais que ces termes changent de rôle suivant la nature de la triade. Dans la triade de l'être, la vie, principe supérieur à l'intelligence, est le fini, l'intelligence est l'infini, l'être est le mixte. Dans la triade de la vie, l'être est le fini, l'intelligence l'infini, la vie le mixte. Dans la triade de l'intelligence, l'être est le fini, la vie l'infini, l'intelligence le mixte. Ainsi l'être, la vie, l'intelligence sont les principes de toute nature intelligible, ils se retrouvent partout dans le monde intelligible avec des proportions infiniment diverses. Non seulement ils constituent les trois triades qui sont à la tête des essences, des vies et des intelligences, mais encore chaque essence, chaque vie, chaque intelligence particulière; ce qui donne lieu à un nombre infini de triades.

Après avoir déterminé le nombre, le rang et la na-

---

[1] *Élém. théol.*, prop. 103. Πάντα ἐν πᾶσιν· οἰκείως δὲ ἐν ἑκάστῳ· καὶ γὰρ ἐν τῷ ὄντι καὶ ἡ ζωὴ καὶ ὁ νοῦς, καὶ ἐν τῇ ζωῇ τὸ εἶναι καὶ τὸ νοεῖν, καὶ ἐν τῷ νῷ τὸ εἶναι καὶ τὸ ζῆν. Ἀλλ' ὅπου μὲν οἰκείως, ὅπου δὲ ζωτικῶς, ὅπου δὲ ὄντως ὄντα πάντα.

ture des triades contenues dans l'essence intelligible, Proclus en expose les propriétés.

1° Toute intelligence, c'est-à-dire toute essence intelligible [1], est uniforme et par conséquent parfaite. Mais en tant qu'elle participe immédiatement à la bonté divine, elle est la première Intelligence, et, comme telle, engendre les autres intelligences.

2° L'Intelligence première est imparticipable, par cela même qu'elle est première. Les intelligences qui viennent ensuite sont nécessairement participées [2]. Les unes illuminent l'Ame supérieure au monde et imparticipable elle-même, les autres l'Ame connexe au monde. Celle-ci ne saurait être immédiatement reliée à l'imparticipable; car les progressions se font du semblable au semblable et en passant par tous les intermédiaires.

3° Toute intelligence se comprend soi-même, mais la première Intelligence se comprend elle seule, et en elle l'intelligence et l'intelligible sont une même chose [3]. Chacune des intelligences qui viennent après se comprend elle-même, et en même temps ce qui est avant elle; pour elle l'intelligible est en partie ce qu'elle est, en partie ce dont elle vient. Car toute intelligence comprend ou soi-même, ou ce qui est au-dessus, ou ce qui est au-dessous d'elle [4]. Pour

---

[1] *Élém. théol.*, prop. 160. Il y a dans le texte νοῦς θεός; mais il est évident qu'ici Proclus n'entend plus l'intelligence comme troisième terme de la grande triade intelligible, mais comme l'essence intelligible en général, comprenant l'être en soi, la vie, l'intelligence.

[2] Prop. 161. Πᾶν τὸ ὄντως ὂν, τὸ τῶν θεῶν ἐξημμένον, θεῖόν ἐστι καὶ ἀμέθεκτον.

[3] Prop. 167. Πᾶς νοῦς ἑαυτὸν νοεῖ, ἀλλ' ὁ μὲν πρώτιστος ἑαυτὸν μόνον.

[4] Prop., ibid.

comprendre ce qui est au-dessous, il faut qu'elle se tourne par conversion vers l'inférieur, toute intelligence qu'elle est. Mais elle ne peut connaître ce vers quoi elle a fait sa conversion, n'étant point en lui, et ne pouvant d'ailleurs connaître que ce qu'elle est ou ce qu'elle éprouve. Si elle connaît ce qui est au-dessus d'elle, elle ne pourra le connaître que par l'intermédiaire de sa propre pensée, et alors elle se connaîtra en même temps qu'elle connaîtra ce principe supérieur [1]. Autrement il faudrait dire que, connaissant autre chose qu'elle-même, elle ne se connaîtra pas même en tant qu'intelligence, ce qui est impossible. D'ailleurs, puisqu'elle est supposée connaître entièrement ce qui est avant elle, elle sait qu'il est cause et de quoi il est cause; car si elle ne sait pas cela, elle ne connaît vraiment pas ce qui est avant elle, elle ne sait pas ce qu'il produit en vertu même de son être. Si elle connaît de quoi est cause ce qui est avant elle, elle saura qu'elle-même vient de cette cause; elle se connaîtra. Ainsi toute intelligence est intelligible, et tout intelligible est intelligence : seulement, l'Intelligence première est absolument identique à l'Intelligible, tandis que toute intelligence inférieure est identique à son intelligible en tant qu'elle en vient, mais en diffère en tant qu'elle lui est inférieure [2].

[1] *Élém. théol.*, prop. 167.

[2] Prop. 167. Ὅλως δὲ τὸ πρὸ αὑτοῦ γινώσκων, οἶδεν ἄρα ὅτι καὶ αἴτιόν ἐστιν ἐκεῖνο, καὶ ὧν αἴτιον. Εἰ γὰρ ταῦτα ἀγνοήσει, κᾀκεῖνο ἀγνοήσει τὸ, τῷ εἶναι παράγον, ἃ παράγει, καὶ ἃ παράγει, μὴ γινώσκων· ὃ δὲ ὑφίστησι, καὶ ὧν αἴτιον τὸ πρὸ αὑτοῦ γινώσκων, καὶ ἑαυτὸν ἐκεῖθεν ὑποστάντα γνώσεται. Πάντως ἄρα τὸ πρὸ αὑτοῦ γινώσκων γνώσεται καὶ ἑαυτόν.

4° Toute intelligence est éternelle en essence, en puissance et en action [1]. En effet, si l'intelligence et l'intelligible sont identiques, l'acte intellectuel qui est l'intermédiaire entre ces deux termes, sera identique avec eux. Il sera donc éternel comme l'intelligence elle-même. Et si l'acte est éternel, à plus forte raison la puissance le sera également.

5° Toute intelligence connaît tout en même temps; mais l'Intelligence imparticipable connaît simplement, et les intelligences qui viennent après connaissent individuellement [2]. En effet, si toutes les intelligences comprenaient semblablement, elles ne différeraient pas les unes des autres, elles seraient toutes semblables, puisqu'elles sont ce qu'elles comprennent. Si elles étaient toutes semblables, il n'y aurait pas une intelligence participable et une Intelligence imparticipable, puisque dans toute intelligence l'essence est identique à l'acte. Reste donc que chaque intelligence, ou ne comprenne pas semblablement toutes choses, mais seulement une ; ou en comprenne plusieurs, mais non toutes ; ou enfin les comprenne toutes, mais particulièrement. Or, si l'Intelligence première ne comprend pas tout à la fois, elle est transitoire et successive, elle n'est plus l'Intelligence pure et immobile [3]. Mais si toute

---

[1] Prop. 169. Πᾶς νοῦς ἐν αἰῶνι τήν τε οὐσίαν ἔχει, καὶ τὴν δύναμιν, καὶ τὴν ἐνέργειαν.

[2] *Élém. théol.*, 161. Πᾶς νοῦς πάντα ἅμα νοεῖ. Ἀλλ' ὁ μὲν ἀμέθεκτος ἁπλῶς πάντα. Τῶν δὲ μετ' ἐκείνων ἕκαστος καθ' ἓν ἅπαντα.

[3] Prop. 170. Εἰ γὰρ μεταβήσεται καὶ νοήσει, οὐχ ἅμα, ἀλλὰ πρότερον καὶ ὕστερον, ἀκίνητος ὤν (καὶ) ἔσται ψυχῆς χείρων, τῆς ἐν τῷ κινεῖσθαι πάντα νοούσης, διὰ τὸ μένειν ἓν μόνον νοῶν. Πάντα ἄρα νοήσει καθ' ἕν.

intelligence connaît tout en même temps comme l'Intelligence première, et que pourtant elle doive en différer par quelque côté, il reste à dire qu'elle connaît toutes choses dans leur variété et leur singularité, tandis que l'Intelligence première les connaît dans leur unité et leur identité [1].

6° Toute intelligence est une essence indivisible [2]. Tout divisible l'est en raison de sa grandeur, de son nombre ou de son mouvement. Or, l'intelligence est un nombre sans doute, mais un nombre unifié, antérieur au nombre divisé, incorporel et immobile.

7° Toute intelligence est contiguë aux éternels, et constitue en substance les essences immuables [3]. En effet, tout ce qui est produit par une cause immobile est immuable dans son essence. Or l'intelligence, étant éternellement immobile, produit toujours et uniformément ; elle n'est donc point cause d'êtres qui tantôt sont et tantôt ne sont pas, mais d'êtres qui sont toujours.

8° Toutes les essences intellectuelles sont les unes dans les autres, et chacune en soi séparément [4]. En effet, si l'ordre intellectuel est simple et indivisible, toutes les

---

[1] Prop. 170.

[2] *Élém. théol.*, prop. 171. Πᾶς νοῦς ἀμέριςός ἐςιν οὐσία. Εἰ γὰρ ἀμεγέθης καὶ ἀσώματος καὶ ἀκίνητος, ἀμέριςόν ἐςι. Πᾶν γὰρ τὸ ὁπωςοῦν μεριςὸν, ἢ κατὰ μέγεθος, ἢ κατὰ πλῆθος, ἢ κατὰ τὰς ἐνεργείας ἐςὶ μεριςὸν ἐν χρόνῳ φερομένας· ὁ δὲ νοῦς κατὰ πάντα αἰώνιος, καὶ ἐπέκεινα σωμάτων, καὶ ἥνωται τὸ ἐν αὐτῷ πλῆθος. Ἀμέριςος ἄρα ἐςίν.

[3] Prop. 172.

[4] Prop. 176. Πάντα τὰ νοερὰ εἴδη καὶ ἐν ἀλλήλοις εἰσὶ καὶ καθ' αὑτὸ ἕκαςον. Εἰ γὰρ ἀμέριςος πᾶς νοῦς, καὶ ἡνωμένον διὰ τὴν νοερὰν ἀμέρειαν τὸ ἐν αὐτῷ πλῆθος, ἐν ἑνὶ πάντα, καὶ ἀμερῆ ἥνωται ἀλλήλοις· καὶ φοιτᾷ πάντα διὰ πάντων.

essences qui le composent sont dans chacune, et réciproquement. Mais, d'un autre côté, si toutes sont immatérielles, elles ne peuvent se mélanger les unes avec les autres ; elles existent séparément, et chacune, conservant sa pureté, demeure ce qu'elle est. Ce qui annonce certainement que les essences intellectuelles ne se mélangent pas, c'est la participation toute spéciale et toute singulière des êtres participants ; car, si les participés n'étaient distincts et séparés les uns des autres, ceux qui participent à chacun d'eux n'y participeraient pas d'une manière distincte et particulière, et il y aurait dans les participants encore plus de confusion que dans les principes qui sont d'un ordre plus élevé.

9° Dans l'ordre intellectuel [1], telle intelligence comprend les formes les plus universelles, telle autre les formes les plus particulières, en raison de leur supériorité ou de leur infériorité ; et ce que comprennent le plus universellement les intelligences supérieures, les intelligences inférieures le comprennent aussi, mais plus particulièrement [2]. En effet, les plus élevées ont des forces plus grandes, étant plus semblables à l'Un que leurs inférieures. Les moins élevées, étant plus divisées en nombre, énervent les forces qui leur ont été transmises. Les premières peuvent donc produire des effets plus nombreux et plus énergiques, en vertu de la concentration de leur puissance sur un plus petit nombre

---

[1] *Élém. théol.*, prop. 177.
[2] Prop. 177. Πᾶς νοῦς, πλήρωμα ὢν εἰδῶν, ὁ μὲν ὁλικωτέρων, ὁ δὲ μερικωτέρων ἐστὶ περιεκτικὸς εἰδῶν · καὶ οἱ μὲν ἀνωτέρω νόες ὁλικώτερον ἔχουσιν, ὅσῳ μερικώτερον οἱ μετ' αὐτούς · οἱ δὲ κατωτέρω μερικώτερον, ὅσῳ ὁλικώτερον οἱ πρὸ αὐτῶν.

de formes. Au contraire, les secondes produisent des effets plus rares et plus faibles, par la dispersion de leur puissance en un plus grand nombre de formes. Or, dans ceux qui produisent plus, par moins de formes, les formes sont plus universelles ; dans ceux qui produisent moins par plus de formes, les formes sont plus particulières ; d'où il résulte que ce qui est engendré au moyen d'une seule forme par les supérieurs, l'est au moyen de plusieurs par les inférieurs, et réciproquement [1]. L'universel et le commun arrivent d'en haut à tous les participants ; l'individuel et le différent viennent d'en bas. En sorte que les intelligences secondes affaiblissent en quelque façon, par la destruction et la décomposition, les formes générales, pleines de vertu et d'énergie, des intelligences premières.

Cette théorie de l'intelligible ne diffère pas seulement quant aux détails de celle de Plotin ; elle en diffère encore quant au principe. Plotin considère l'intelligence comme le type le plus parfait de l'être et de la vie. S'il lui arrive d'identifier l'intelligence, soit avec l'être, soit avec la vie, c'est qu'alors il prend l'être et la vie à leur plus haut degré de perfection. Mais nulle part il ne reconnaît, sauf l'Un, de principe supérieur à l'Intelligence. Proclus, au contraire, dans sa première triade intelligible, relègue l'Intelligence au troisième rang, et s'applique à démontrer la supériorité de l'Être et de la Vie. Cette différence grave dans les résultats tient à une différence non moins grave dans les méthodes. Plotin et Proclus cherchent tous deux, à l'exemple de Platon et d'Aristote, ce qui constitue

---

[1] Prop. 177. Καὶ τὸ μὲν ὅλον καὶ κοινὸν πᾶσι τοῖς μετέχουσιν ἄνωθεν παραγίνεσθαι· τὸ δὲ μεμερισμένον καὶ τὸ ἴδιον ἐκ τῶν δευτέρων.

l'excellence des êtres; mais il est évident qu'ils ne s'arrêtent point aux mêmes caractères. Plotin, dans sa théorie de l'essence, s'attache à l'acte le plus pur et le plus parfait de l'être et de la vie, à l'intelligence. Proclus, dans cette même recherche, se préoccupe plus particulièrement de la vertu compréhensive des principes, et mesure leur valeur et leur dignité à leur degré de généralité. Pour Plotin, l'intelligence est supérieure à l'être et à la vie, parce qu'elle les surpasse en perfection ; pour Proclus, elle leur est inférieure en tant qu'elle y est comprise. La méthode du premier embrasse les êtres dans leur étendue ; la méthode du second les atteint dans leur point culminant. Dans le point de vue de Plotin, on pourrait retrouver l'esprit d'Aristote, et dans le point de vue de Proclus, l'esprit de Platon.

II. Théorie de l'Ame. Entre le monde intelligible et le monde sensible, entre l'intelligence et la nature, il n'y a nul rapport ; il ne peut y avoir qu'opposition, et dès lors toute communication devient impossible. Il faut donc qu'il y ait entre ces deux termes [1] extrêmes et entièrement contraires un terme intermédiaire qui ne soit ni l'un ni l'autre, et se rapproche de tous deux ;

[1] *Com. Tim.*, 179. Μέσα δ' οὖν τούτων ἐςὶ τῶν ἄκρων, τὸ οὐκ ὄντως ὄν, κρεῖττον μὲν ὂν τοῦ μὴ ὄντος, ὑφειμένον δὲ τοῦ ὄντως ὄντος. Τὸ κατ' οὐσίαν μὲν, πῆ ὂν αἰώνιον, τὰς τὲ ἐνεργείας ἐν χρόνῳ ποιούμενον ; τὸ ἀμέριςον μὲν, κατὰ τὸ ἐν αὐτῷ θειότατον. Μεριζόμενον δὲ κατὰ τὴν παντοίαν τῶν λόγων πρόοδον, τὸ αὐτὸ ἑαυτὸ κινοῦν, τῶν μὲν ἑτεροκινήτων δεσπόζον, τῶν δὲ ἀκινήτων ὑφειμένον. Τὸ μετὰ τῆς ὁλότητος καὶ τὸ μερικῶς ἐμφαῖνον. Κατὰ μὲν τὸ πάντας ἔχειν αὐτὸ λόγους ὅλον πως ὂν, κατὰ δὲ τὴν ὕφεσιν καὶ τὸ μερισμὸν, καὶ τὴν μετάβασιν τῆς ἐνεργείας μερικὸν φαινόμενον. Τὸ καὶ ἑαυτὸ τελειοῦν καὶ ὑπὸ τῶν πρὸ αὐτοῦ τελειούμενον.

qui soit inférieur à l'être véritable, et supérieur au non-être; qui ait une essence éternelle, et ne puisse agir que dans le temps; indivisible quant à sa nature toute divine, et divisible quant à ses opérations; cause de son propre mouvement, supérieur aux êtres qui ne peuvent se mouvoir, inférieur aux êtres qui sont naturellement immobiles; universel et particulier tout à la fois; universel en tant qu'il réunit en soi des facultés diverses, particulier en tant que le développement de son activité implique succession, division, changement de lieu; travaillant de soi-même à sa perfection, perfectionné aussi par les émanations de ses supérieurs, et plus parfait que les êtres qui ne peuvent se perfectionner eux-mêmes; essentiellement vivant, mais comme première émanation de la Vie en soi; supérieur à ceux qui ne font qu'y participer, mais inférieur à ceux qui la possèdent par eux-mêmes, sans l'avoir reçue; enfin entièrement distinct des êtres matériels, et pourtant coordonné avec eux. Ce principe intermédiaire est l'Ame. L'Ame représente avant tout l'Intelligence dont elle est fille; mais elle représente aussi tout ce qui est contenu dans l'Intelligence, la vie, l'être et même l'Un [1]. Elle est une certaine unité triple, une triade qui a son essence, sa vie, son intelligence, ou plutôt elle est tout à la fois essence, vie et connaissance [2].

Proclus énumère et démontre les attributs et les

---

[1] *Élém. théol.*, 194. — *De mal.*, 1. — *Com. Parm.*, vi, 224.

[2] *Élém. théol.*, prop. 197. Πᾶσα ψυχὴ οὐσία ἐστὶ ζωτικὴ καὶ γνωστική, καὶ ζωὴ οὐσιώδης καὶ γνωστική, καὶ ὡς γνῶσις οὐσία καὶ ζωή, καὶ ἅμα ἐν αὐτῇ πάντα τὸ οὐσιῶδες, τὸ ζωτικόν, τὸ γνωστικόν, καὶ πάντα ἐν πᾶσι, καὶ χωρὶς ἕκαστον.

propriétés de l'âme en tant qu'âme, sans considérer tel ou tel ordre d'âmes en particulier.

1° L'Ame est une substance incorporelle et séparée du corps [1]. Supposez qu'elle se connaît elle-même : tout ce qui se reconnaît soi-même se replie vers soi-même ; ce qui se replie vers soi-même n'est ni corporel (car aucun corps ne peut se replier vers soi-même), ni inséparable du corps (car ce qui serait inséparable du corps ne pourrait se replier vers soi-même, puisque en cela il se séparerait du corps) [2]. Maintenant qu'elle se connaisse elle-même, cela est évident ; car si elle connaît ce qui est au-dessus d'elle, elle est en mesure de se connaître bien mieux par la connaissance des causes qui sont avant elle.

3° L'Ame est immortelle et incorruptible [3]. En effet, tout ce qui peut se dissoudre est ou corporel et complexe, ou bien a sa substance dans un sujet différent. Ce qui se dissout se corrompt comme composé de parties. Ce qui est dans un autre sujet disparaît dans le non-être aussitôt qu'on le sépare de son sujet. Mais l'âme est incorporelle, et existe en elle-même, hors de tout sujet : elle est donc immortelle et incorruptible.

---

[1] Ibid., prop. 186.

[2] *Élém. théol.*, prop. 186. Πᾶσα ψυχὴ ἀσώματός ἐςιν οὐσία καὶ χωριςτὴ σώματος · εἰ γὰρ γινώσκει ἑαυτήν, πᾶν δὲ τὸ ἑαυτὸ γινῶσκον · πρὸς ἑαυτὸ ἐπιςρέφεται, τὸ δὲ πρὸς ἑαυτὸ ἐπιςρέφον οὔτε σῶμα ἐςι (πᾶν γὰρ σῶμα ἀνεπίςροφον πρὸς ἑαυτὸ) οὔτε σώματος ἀχώριςον. Καὶ γὰρ τὸ σώματος ἀχώριςον οὐ πέφυκε πρὸς ἑαυτὸ ἐπιςρέφειν · χωρίζοιτο γὰρ ἂν ταύτῃ σώματος. Πᾶσα ἄρα ψυχὴ οὔτε σωματικὴ ἐςιν οὐσία, οὔτε σώματος ἀχώριςος · ἀλλὰ μὴν ὅτι γινώσκει ἑαυτήν, φανερόν. Εἰ γὰρ καὶ τὰ ὑπὲρ αὐτὴν γινώσκει, καὶ ἑαυτὴν πέφυκε γινώσκειν, πολλῷ μειζόνως, ἀπ' αἰτίων τῶν πρὸ αὐτῆς γινώσκουσα ἑαυτήν.

[3] Prop. 187.

3° L'âme est la vie et tout ce qui vit [1]. Ce à quoi l'âme est présente vit nécessairement ; et ce qui vient à être privé de l'âme l'est en même temps de la vie. Or l'âme est participée par ce à quoi elle est présente, et le participant de l'âme est dit animé. Donc, ou l'âme est la vie elle-même, ou elle est le vivant, ou elle est tout à la fois la vie et le vivant. Si elle est seulement le vivant sans être la vie, elle sera composée de vie et de non-vie, ce qui l'empêchera de se replier vers elle-même et de se connaître ; car toute connaissance est vie, et réciproquement. Mais si l'âme est seulement la vie, elle ne participera point à la vie intellectuelle, toute participation supposant un sujet. Or l'âme, en tant que principe inférieur à la vie et à l'intelligence, y participe nécessairement. Elle est donc aussi le vivant ; elle est donc tout à la fois la vie et le vivant. Bien plus, l'âme pouvant se replier vers elle-même, subsiste par soi. Or, comme être et vivre sont pour elle une seule et même chose, il s'ensuit que l'âme est vivante par elle-même [2].

4° L'âme tient le milieu entre les essences indivi-

---

[1] *Élém. théol.*, prop. 188. Πᾶσα ψυχὴ καὶ ζωή ἐςι καὶ ζῶν · ᾧ γὰρ ἂν παραγένηται ψυχὴ, τοῦτο ζῇ ἐξ ἀνάγκης · καὶ τὸ ψυχῆς ἐςερημένον ζωῆς εὐθὺς ἄμοιρον ἀπολείπεται.

[2] *Élém. théol.*, prop. 189. Πᾶσα ψυχὴ αὐτόζως ἐςίν. Εἰ γὰρ ἐπιςρεπτικὴ πρὸς ἑαυτήν, τὸ δὲ πρὸς ἑαυτὸ ἐπιςρεπτικὸν πᾶν αὐθυπόςατον, καὶ ἑαυτὴν ὑφίςησιν. Ἀλλὰ μὴν καὶ ζωή ἐςι, καὶ ζῶν, καὶ ἡ ὕπαρξις αὐτῆς κατὰ τὸ ζωτικόν. Καὶ γὰρ, οἷς ἂν παρῇ, ζωῆς μεταδίδωσιν αὐτῷ τῷ εἶναι... Τὸ ἄρα εἶναι αὐτῆς ταὐτὸν τῷ ζῆν. Εἰ οὖν τὸ εἶναι παρ' ἑαυτῆς ἔχει, τοῦτο δὲ τῷ ζῆν ταὐτὸν, καὶ ἔχει κατ' οὐσίαν τὸ ζῆν, καὶ τὴν ζωὴν ἂν ἑαυτῇ παρέχοι καὶ παρ' ἑαυτῆς ἔχοι. Εἰ δὲ τοῦτο, αὐτόζως ἂν εἴη ἡ ψυχή.

sibles et les essences divisibles qui habitent les corps. En effet, si elle est vivante par elle-même, et que d'un autre côté elle ait une essence séparée du corps, elle est distincte de tous les principes divisibles qui sont dans les corps ; car ceux-ci sont tout-à-fait inséparables de leurs sujets. Ils subsistent dans la vie, dans la forme, dans l'essence ; mais ils n'ont ni vie, ni forme, ni essence propre [1]. L'âme, au contraire, a une vie, une essence, une intelligence à elle ; donc elle est différente et distincte des essences divisibles. Mais d'un autre côté elle a tout reçu de principes supérieurs ; elle n'est pas la vie, l'essence, l'intelligence en soi. Or tout participant est au-dessous du participé. Donc l'âme est inférieure aux substances indivisibles auxquelles elle participe ; donc enfin elle est intermédiaire entre les indivisibles intelligibles et les divisibles sensibles.

5° Toute âme susceptible de participation (μεθεκτή) est éternelle quant à l'essence, et temporelle seulement quant à l'action. En effet, ou bien elle est éternelle, ou bien elle est temporelle quant à l'essence et à l'action tout à la fois, ou bien elle est éternelle en un sens et temporelle en un autre. La première hypothèse est impossible ; car alors l'âme serait une essence indivisible, et ne différerait en rien de l'hypostase intellectuelle. La seconde hypothèse est également impossible ; car alors l'âme serait un être engendré, et non un être vivant et subsistant par lui-même. Reste donc la troisième hypothèse [2].

6° Toute âme participe des substances qui possèdent

[1] Prop. 190.
[2] *Élém. théol.*, prop. 190.

en propre l'être et l'éternité, et en même temps elle est le premier des êtres engendrés ; car, étant éternelle en essence, elle possède l'être substantiellement, et le possède éternellement. D'une autre part, par cela même qu'elle tombe dans le temps par son action, elle est engendrée ; mais comme c'est par son action et non par son essence qu'elle tombe dans le temps, elle n'est engendrée que quant à cette action : elle est donc le moins engendré de tous les êtres susceptibles de génération, et, en ce sens, le premier des êtres engendrés [1].

7° Toute âme vient immédiatement de l'intelligence. En effet, si l'âme a une essence immuable et éternelle, elle procède d'une nature immobile ; car ce qui sort d'une nature mobile change sans cesse quant à son essence. Le principe de toute âme est donc immobile [2]. Mais quel peut être ce principe, si ce n'est l'intelligence, puisque, entre l'essence immuable et éternelle de l'âme, et la nature immobile de l'intelligence, il n'y a pas d'intermédiaire? D'un autre côté, si l'âme est perfectionnée par l'intelligence, si elle en participe, si elle se replie vers elle, c'est qu'elle en tire son essence. Dès lors l'âme contient toutes les formes que l'intelligence possède premièrement. L'intelligence produisant l'âme lui communiquera l'empreinte essentielle de tout ce qui est en elle ; car tout être qui produit en vertu de son essence même transmet à son produit,

---

[1] Prop. 192. Πᾶσα ψυχὴ μεθεκτὴ τῶν τε ἀεὶ καὶ ὄντως ὄντων ἐςί, καὶ πρώτη τῶν γεννητῶν.

[2] *Élém. théol.*, prop. 192. Πᾶσα ψυχὴ προσεχῶς ἀπὸ νοῦ ὑφίςηκεν. Εἰ γὰρ ἀμετάβλητον ἔχει τὴν οὐσίαν καὶ αἰώνιον, ἀπὸ ἀκινήτου πρόεισιν οὐσίας.

sous forme inférieure, ce que lui-même contient à un degré supérieur [1].

8° L'âme susceptible de participation (il ne s'agit pas de l'âme imparticipable, ἀμέθεκτή, principe de l'ordre entier des âmes) se sert d'un corps éternel, ayant une substance éternelle et incorruptible [2]. En effet, si toute âme est éternelle quant à son essence, et que par son être même elle anime un corps, il faut qu'elle l'anime toujours ; car l'être de l'âme est immuable. Or, ce qui est toujours animé vit toujours, et ce qui vit toujours est éternel. Mais par cela même que le corps qui participe premièrement de l'âme est éternel, il est inengendré et incorruptible quant à son essence.

On a vu que l'âme, éternelle quant à son essence, appartient au temps par son action. Avant de la suivre dans le temps, il est nécessaire de définir la nature de l'éternité et la nature du temps, et de montrer le rapport de l'un à l'autre. L'éternité est la totalité de la durée concentrée en un point indivisible ; le temps se développe en une succession de points divisible et infinie. L'éternité est la mesure des êtres intelligibles ; le temps est la mesure des êtres sensibles. L'éternité et le temps ont des caractères absolument contraires ; tout ce qui peut être affirmé

---

[1] *Élém. théol.*, prop. 194. Πᾶσα ψυχὴ πάντα ἔχει τὰ εἴδη, ἃ ὁ νοῦς πρώτως ἔχει. Εἰ γὰρ ἀπὸ τοῦ νοῦ πρόεισι, καὶ νοῦς ὁ ὑποστάτης ψυχῆς, καὶ αὐτῷ τῷ εἶναι ἀκίνητος ὢν πάντα ὁ νοῦς παράγει, δώσει καὶ τῇ ψυχῇ τῇ ὑφιςαμένῃ τῶν ἐν αὐτῷ πάντων οὐσιώδεις λόγους. Πᾶν γὰρ τὸ τῷ εἶναι ποιοῦν, ὅ ἐςι πρώτως, τῷ γινομένῳ δευτέρως μεταδίδωσι. Τῶν νοερῶν ἄρα εἰδῶν ψυχὴ δευτέρως ἔχει τὰς ἐμφάσεις.

[2] *Élém. théol.*, prop. 196.

du temps doit être nié de l'éternité, et réciproquement. Mais s'il y a une telle opposition entre le temps et l'éternité, comment le temps peut-il être éternel? C'est ce que Proclus explique d'une manière subtile, mais très ingénieuse. Si toute série descendante va d'un être à son semblable [1] ; si, avant les êtres tout-à-fait dissemblables, se trouvent annexés aux premiers ceux qui leur sont plus semblables que dissemblables, il est impossible qu'aux êtres éternels soient rattachés immédiatement les êtres qui arrivent à l'existence dans telle ou telle partie du temps. Car, par le devenir, ils diffèrent en tout point des êtres éternels qui *sont*, et par l'*être* limité à tel ou tel temps, des êtres éternels qui *sont* toujours. Entre ces deux sortes d'êtres se trouve un être intermédiaire, semblable sous un aspect, différent sous un autre, et qui sera ou ce qui *devient* toujours, ou ce qui *est* pendant un temps limité, ou ce qui n'*est* pas réellement. Ce ne saurait être ce qui est pendant un temps limité, car l'être et le temps limité se contredisent. Ce ne pourrait être non plus ce qui n'*est* pas réellement, car ce qui n'*est* pas est ce qui *devient*, et il est impossible que l'être intermédiaire entre l'éternel et le passager soit un simple *devenant* (γινόμενον). Reste donc pour seul et véritable intermédiaire l'être qui *devient toujours*. Par son *devenir*, il ressemble aux êtres inférieurs; par son *toujours*, il imite les essences éternelles. Ainsi il faut distinguer deux éternités, l'éternité en soi, et l'éternité du temps, l'éternité en substance et l'éternité dans l'action et le devenir, l'une possédant l'être à l'état de concentra-

[1] *Élém. théol.*, prop. 55.

tion, et tout entier à la fois ; l'autre, étendue, complexe, coïncidant avec la durée successive du temps, et composée de parties dont chacune soutient avec les autres des rapports de priorité et d'infériorité [1]. La première éternité appartient aux êtres du monde intelligible, aux Dieux, aux intelligences, aux âmes mêmes prises dans leur essence. La seconde appartient aux âmes, en tant qu'elles agissent et se développent dans le monde, et au monde lui-même.

Après avoir énuméré et démontré les attributs essentiels et les propriétés générales de l'âme considérée en tant qu'âme, Proclus expose la hiérarchie des âmes. La première, dans l'ordre de dignité, est l'âme imparticipable (ἀμέθεκτὴ), simple, qui comprend et domine tous les ordres animés [2]. Puis vient l'âme participable (μεθεκτὴ), laquelle se divise en trois ordres bien distincts, à savoir, les âmes divines, les âmes non divines, mais participant toujours à l'intelligence, et les âmes qui passent alternativement de l'intelligence

---

[1] *Élém. théol.*, prop. 55. Λείπεται ἄρα τὸ ἀεὶ γινόμενον εἶναι τὸ μέσον ἀμφοῖν · τῷ μὲν γίνεσθαι συνάπτον τοῖς χείροσι, τῷ δὲ ἀεὶ μιμούμενον τὴν αἰώνιον φύσιν · ἐκ δὴ τούτων φανερόν, ὅτι διττὴ ἦν ἡ ἀϊδιότης, αἰώνιος μὲν ἄλλη, κατὰ χρόνον δὲ ἄλλη · ἡ μὲν ἑστῶσα ἀϊδιότης, ἡ δὲ γινομένη. Καὶ ἡ μὲν ἠθροισμένον ἔχουσα τὸ εἶναι καὶ ὁμοῦ πᾶν · ἡ δὲ ἐκχυθεῖσα καὶ ἐξαπλωθεῖσα κατὰ τὴν χρονικὴν παράτασιν. Καὶ ἡ μὲν ὅλη καθ' αὑτήν, ἡ δὲ ἐκ μερῶν, ὧν ἕκαστον χωρίς ἐςι κατὰ τὸ πρότερον καὶ ὕςερον.

[2] *Élém. théol.*, prop. 184, 185. — *Com. Parm.*, IV, 172. Πᾶσα ψυχὴ ἢ θεία ἐςιν, ἢ μεταβάλλουσα ἀπὸ νοῦ εἰς ἄνοιαν, ἢ μεταξὺ τούτων ἀεὶ μένουσα, καταδεεςέρα δὲ τῶν θείων ψυχῶν... φανερόν, ὅτι τρία γένη τῶν ψυχῶν εἰσιν. Καὶ πρῶται μὲν αἱ θεῖαι, δεύτεραι δὲ τῶν μὴ θείων, αἱ ἀεὶ νοῦ μετέχουσαι, τρίται δὲ αἱ ποτὲ μὲν εἰς νοῦν, ποτὲ δὲ εἰς ἄνοιαν μεταβάλλουσαι.

à la non-intelligence. Les premières, toujours illuminées d'en haut par la lumière divine, sont semblables aux Dieux. Les secondes, agissant toujours selon l'intelligence, et entretenant avec les âmes divines le même rapport que les intelligences avec les natures divines, se relient essentiellement aux Dieux. Les troisièmes, participant parfois à l'intelligence, mais ne pouvant toujours se replier par conversion vers les âmes divines, ne se relient aux Dieux qu'accidentellement. Les âmes divines ont une action triple [1], en raison de leur triple nature. Comme âmes proprement dites, elles meuvent les êtres qui ne sont pas mobiles par eux-mêmes, et vivifient ceux qui reçoivent la vie ; comme âmes intellectuelles, elles connaissent et ordonnent toutes choses ; comme âmes divines, elles exercent la Providence sur le monde, et y répandent les dons de la bonté [2]. Toute âme particulière peut descendre dans la génération jusqu'à l'infini, et remonter de la génération à l'être ; car en vertu de sa nature intermédiaire et de sa participation purement accidentelle à l'intelligence, tantôt elle suit les Dieux, et tantôt tombe dans la génération. Elle ne peut rester éternellement auprès des Dieux, puisqu'elle ne communique que par intervalle avec l'intelligence. Elle ne peut pas toujours rester dans la génération, puisque, ne commençant pas dans le temps, elle ne peut finir dans le temps. Elle est donc en mouvement et en révolution continuelle, descendant dans la génération, et remontant vers les Dieux incessamment.

---

[1] *Élém. théol.*, prop. 201.
[2] *Ibid.*, prop. 206.

CHAPITRE IV.

Proclus. Physiologie.

Cause finale. Paradigme. Démiurge. Idées. Nature.

Proclus a jusqu'ici considéré Dieu, les êtres divins et les êtres intelligibles ; en traitant des âmes, il est descendu jusqu'à l'extrême limite du monde intelligible, puisque l'âme, intelligible dans son essence, sensible dans son action, est le principe intermédiaire qui rattache les deux mondes l'un à l'autre. Il entre maintenant dans un autre ordre d'idées. Après l'Ame, le premier être que la science rencontre, c'est la Nature [1]. La Nature est dans le monde sensible ce que Dieu est dans le monde intelligible ; elle le pénètre et le remplit tout entier ; elle en est le premier principe sensible. Mais qu'est-ce que la Nature ? D'où vient-elle ? Jusqu'où s'étend-elle ? C'est ce qui fera l'objet de cette deuxième partie de la philosophie, qu'on nomme physiologie.

Parmi les anciens, Antiphon confondait la Nature avec la matière, Aristote avec la forme, quelques philosophes antérieurs à Platon avec le Tout [2]. Selon quelques Péripatéticiens, la Nature est l'ensemble des forces de pesanteur, de légèreté, de distension, de condensation ; d'autres définissent la Nature l'art de Dieu ; d'autres enfin l'identifient avec l'âme. D'après

Com. Tim., 4.
Com. Tim., 4.

les paroles de l'oracle, la Nature est une puissance infatigable à produire et à former, et qui entraîne le monde entier dans un mouvement rapide et perpétuel [1]. Platon la place entre l'âme et la force purement corporelle, et en fait ainsi un principe intermédiaire qui tient à l'âme par son essence et au corps par son action. En suivant l'opinion de Platon (ce qu'il entend toujours faire), Proclus la définit la dernière des essences incorporelles, la cause immédiate et sensible qui produit, conserve et dirige les êtres cosmiques. La science de la Nature, la physiologie, est la suite nécessaire de la théologie [2]. En effet, la Nature, si on la rattache à ses causes, c'est Dieu, l'Intelligence, l'Ame, sortant des profondeurs de leur essence et se réalisant extérieurement par la vie, la forme, le mouvement et l'étendue ; c'est le monde intelligible, devenant le monde sensible et se manifestant successivement par toutes ses puissances dans l'ordre même de leur dignité et de leur importance [3]. A ce point de vue, la science de l'intelligible et la science du sensible ont le même objet, l'intelligible, ici renfermé et comme condensé en lui-même, là répandu et développé dans le temps et dans l'espace : la physiologie n'est plus qu'une

---

[1] *Com. Tim.*, 4, 5.

[2] *Com. Tim.*, 1, 63. Δεῖ γὰρ τὴν ἀληθινὴν φυσιολογίαν, ἐξάπτειν τῆς θεολογίας, ὥσπερ καὶ ἡ φύσις ἐξήρτηται τῶν θεῶν, καὶ διῄρηται κατὰ τὰς ὅλας τάξεις αὐτῶν.

[3] *Com. Tim.*, 36. Λάβοις δ' ἂν ἀπὸ τούτων ὅτι καὶ τὰ πρῶτα αἴτια, ζωῆς ὄντα πλήρη καὶ γονίμου δυνάμεως, ἑαυτά τε συνέχει καὶ μένει διαιωνίως, καὶ τὰ ἄλλα διαρρέοντα καὶ σκεδαννύμενα, τῆς παρ' ἑαυτῶν ἀξιοῖ συνοχῆς, ὡς καὶ τὸ τοῦ σωτῆρος ὄνομα, θείαν καὶ ἐξῃρημένην, ἀπεικονίζεσθαι πρόνοιαν, ἀφ' ἧς καὶ ἐν θεοῖς πᾶσι τοῖς νοεροῖς καὶ δημιουργικοῖς αἰτίοις ἐλλάμπεται.

sorte de théologie [1]. Il faut donc bien se garder de renfermer la physiologie dans la sphère qui lui est propre, et de la réduire aux seuls principes du monde sensible, qui sont la matière, les *idées* engagées dans la matière, la force générale qui façonne la matière à l'image des *idées*. Il faut s'élever au-dessus de ces agents secondaires de la génération et de l'organisation du monde, et en atteindre la cause supérieure et purement intelligible, à savoir, la cause efficiente, le paradigme, la cause finale [2].

Selon Proclus, cette tendance à rattacher les causes purement physiques aux causes intelligibles et celles-ci aux causes divines, et en général à s'élever en toute recherche des causes à la cause suprême, caractérise essentiellement la philosophie de Platon, et la distingue de celle d'Aristote. Ce grand esprit embrasse la nature dans toute son étendue, et la pénètre dans toute sa profondeur, aussi bien que Platon ; mais il aime à s'arrêter aux causes physiques, tandis que Platon s'élance jusqu'au sommet du monde intelligible [3]. Aussi, tout ce que Platon attribue à l'Un, à savoir, le simple, le désirable, l'intelligible pur, Aristote l'attribue à l'Intelligence ; tout ce que Platon explique par l'Intelli-

---

[1] *Com. Tim.*, 67. Ἔςαι οὖν αὐτὸ περὶ τοῦ παντὸς ἡ θεωρία καθ' ὅσον ἀπὸ τῶν θεῶν παράγεται τὸ πᾶν. Ἐπεὶ καὶ πολλαχῶς ἄν τις τὸν κόσμον θεωρήσειεν, ἢ κατὰ τὸ σωματοειδὲς, ἢ καθ' ὅσον πλήρές ἐςι ψυχικῶν τε καὶ ὁλικῶν, ἢ καθ' ὅσον ἔννους ἐςίν. Ἀλλ' ὅ γε Τίμαιος, οὐ κατὰ τούτους μόνον τοὺς τρόπους ἐπισκέψεται τὴν τοῦ παντὸς φύσιν, ἀλλὰ διαφερόντως κατὰ τὴν ἀπὸ τοῦ δημιουργοῦ πρόοδον. Οὗ δὴ καὶ ἡ φυσιολογία φαίνεται θεολογία τις οὖσα. Διότι καὶ τὰ φύσει διεςῶτα καθ' ὅσον ἐκ θεῶν ἀπογεννᾶται, θείαν πως ἔχει τὴν ὕπαρξιν.

[2] *Com. Tim.*, 1, 80, 81.

[3] *Com. Tim.*, 90.

gence démiurgique, la Providence, la formation et l'organisation des êtres, Aristote le rapporte au ciel et aux Dieux célestes[1]. Il supprime donc l'Un d'abord, cause finale du monde, et l'Intelligible pur, principe supérieur à l'Intelligence, et qui doit être considéré comme le divin modèle, comme le Paradigme; il ne reconnaît d'autre principe du monde que l'Intelligence, simple cause efficiente, vrai Démiurge[2]. Il faut reconnaître avec Platon, pour principes cosmiques, l'Un comme cause finale, l'Essence intelligible comme Paradigme, l'Intelligence comme Démiurge. La science de la nature comprend donc l'Un, l'Essence intelligible et l'Intelligence; mais elle n'en parle pas comme la théologie, qui traite de ces principes en eux-mêmes. Elle ne peut les envisager que dans leur action sur le monde. Elle ne voit dans l'Un que la cause finale[3], dans l'Essence intelligible que le Paradigme, dans l'Intelligence que le Démiurge[4], dans l'Ame que le principe de vie qui anime l'univers[5].

Proclus explique très clairement par là l'accord de la théologie et de la physiologie dans son système. Les principes de sa théologie sont, on l'a vu, l'Un, l'Intelligible en soi, l'Intelligence proprement dite, l'Ame.

---

[1] *Com. Tim.*, 90. Ὅσα γὰρ τῷ ἑνί Πλάτων, ταῦτα τῷ νῷ περιτίθησι (ὁ Ἀριστοτέλης), τὸ ἀπλήθυντον, τὸ ἐρετὸν, τὸ μηδὲν νοεῖν τῶν δευτέρων. Ὅσα δὲ τῷ δημιουργῷ νῷ ὁ Πλάτων ταῦτα τῷ οὐρανῷ καὶ τοῖς οὐρανίοις θεοῖς Ἀριστοτέλης.

[2] *Com. Tim.*, 1.

[3] *Plat. théol.*, III, 15.

[4] *Plat. théol.*, V, 12.

[5] *Plat. théol.*, I, 14.

Proclus n'entend point poser de nouveaux principes dans sa physiologie quand il parle de la Cause finale, du Paradigme, du Démiurge, des Idées et de l'Ame du monde. Ce sont toujours les principes de sa théologie, mais seulement considérés sous un autre point de vue. Ajoutons que, dans la pensée de Proclus, ce point de vue est essentiellement inférieur au point de vue théologique. Les mots de Cause finale, de Paradigme, de Démiurge, d'Idées, d'Ame du monde, ne font qu'exprimer les fonctions de ces principes, dont la théologie a déjà contemplé la nature même.

I. Cause finale. On a déjà fait connaître, en traitant de la Providence, comment Dieu produit tout bien et toute perfection. Il est donc inutile d'insister. Il faut dire seulement que l'Un est pour l'être, en ce monde, un principe d'unité et de stabilité ; que toute loi, toute continuité, toute série, toute cause enfin d'ordre, de beauté et de vie, vient de lui. C'est ainsi qu'il est cause finale.

II. Paradigme (τὸ παράδειγμα, ou bien encore τὸ αὐτόζωον). La nécessité d'un Paradigme universel est évidente. Le monde sensible n'existe qu'en vertu de sa participation au monde intelligible. Tout être sensible correspond à un être intelligible dont il participe[1]. La relation du participant au participé est si intime qu'on

---

[1] *Plat. théol.*, v, 14. Δεῖ γὰρ προηγεῖσθαι τὸ ἓν παράδειγμα τῶν πολλῶν, καθάπερ δὴ καὶ τὸ ἓν ἀγαθὸν, τῶν μετεχομένων ἀγαθῶν προυφέστηκε, καὶ τὸν ὅλον κόσμον τοῦ ἑνὸς παραδείγματος εἰκόνα, πρὸ τῶν πολλῶν. — *Com. Alcib.*, III, 278. — *De sacrif. et magis.* Agnoverunt enim (sacerdotes) et in infimis suprema, et in supremis infima, in cœlo quidem terrena secundum causam modoque cœlesti ; in terrâ vero cœlestia, sed modo terreno.

peut les contempler l'un dans l'autre. Et en effet, si le participant, en tant qu'image, contient le participé, celui-ci, en tant que cause, contient le participant. L'être intelligible est donc le type du sensible. Toute chose sensible a son paradigme [1]. Toute idée est comprise dans une idée supérieure, laquelle se confond elle-même dans une idée principale, jusqu'à ce qu'on arrive à une Idée suprême qui soit le lieu et la substance des idées, comme le Tout est le lieu et la substance des corps. Seulement, tandis que les corps coexistent distincts et séparés dans la totalité de l'univers, les idées coexistent distinctes, mais non séparées, dans l'unité simple et indivisible de l'Idée suprême. C'est cette Idée qui est le Paradigme universel [2]. Le Paradigme est l'Essence intelligible inférieure à Dieu [3], mais supérieure à l'Intelligence ; il est unique, parfait, éternel [4], toujours identique à lui-même, immobile dans son action, inépuisable dans sa production [5]. Le Paradigme contient quatre idées, auxquelles peuvent se ramener toutes les autres : 1° l'idée des Dieux uniformes et célestes, produit de l'Un lui-même ; 2° l'idée des Dieux aériens, produit du fini ; 3° l'idée des Dieux

---

[1] *Com. Parm.*, v, 136. Εἰ δὲ δὴ τῶν κατὰ φύσιν ἐςὶν αἰτία παραδειγματικὴ συνεςώτων.

[2] *Com. Parm.*, v, 134. Ἔςι γάρ τις ἑνὰς μία τῶν ἰδεῶν ἀφ' ἧς πᾶσαι προῆλθον, ἧς ἐπέκεινα ζητεῖν ἄλλην οὐ δεῖ. Τί γὰρ ἀνωτέρω δύναται χωρεῖν τῆς οἰκείας ἑνάδος; οὔτε γὰρ σῶμα ἔξω τοῦ παντὸς, οὔτε πρὸ τῆς οἰκείας μονάδος, οὔτε ἰδέα πρὸ τῆς ἑνάδος τῶν ἰδεῶν.

[3] *Plat. théol.*, v, . Ὡς γὰρ τὸ πρώτιςον τῶν παραδειγμάτων, ἐν τῷ νῷ τῷ νοητῷ συνυφέςηκεν.

[4] *Plat. théol.*, III, 15, 22, 27.

[5] *Com. Parm.*, 20, 82.

aquatiques, produit de l'infini ; 4° l'idée des Dieux terrestres, produit du mixte [1]. Le Paradigme comprend dans son unité indivisible ces quatre idées, lesquelles contiennent en essence l'univers tout entier, les ordres *divins*, *démoniques*, *mortels*. Il ne faut pas s'étonner que du même Paradigme sorte un Dieu, un démon, un mortel ; car plus l'image est éloignée du Paradigme, plus elle est faible et obscure. De là la supériorité de certains êtres et l'infériorité des autres. Du reste, ces quatre causes n'agissent point séparément les unes des autres, et à part du Paradigme ; elles se confondent dans l'unité de leur principe, en sorte que c'est toujours le Paradigme qui est la seule cause du monde [2].

La priorité du Paradigme sur le Démiurge se trouve démontrée par l'existence des quatre *idées* dont on vient de parler. En effet, le Démiurge n'étant que l'intelligence qui contemple l'intelligible et illumine ensuite en vertu de cette contemplation la cause efficiente, le principe qui opère sur la matière suppose l'intelligible, c'est-à-dire les idées [3]. Or, les idées elles-mêmes supposent l'Idée suprême dans laquelle elles viennent se réunir, et qui n'est autre chose que le Paradigme. Le Paradigme est supérieur à l'Intelligence proprement dite, mais il n'est pas au-dessus de l'ordre des intelligibles. Il n'en est même que le dernier terme [4]. Quand Platon le nomme le plus beau des *intelligibles*, il parle des *intelligibles vivants* et non des *vrais intel-*

---

[1] *Plat. théol.*, III, 19. — *Com. Tim.*, 280.
[2] *Plat. théol.*, IV, 29 ; III, 19, 27.
[3] *Com. Tim.*, 98.
[4] *Plat. théol.*, V, 12.

ligibles [1]. Maintenant, que produit le Paradigme ? Il est évident qu'il produit des effets d'autant plus nombreux et d'autant plus énergiques qu'il est une cause plus générale [2]. C'est un principe qui a été suffisamment démontré ailleurs. Il concourt donc avec l'Un et avec l'Intelligence et l'Ame, avec ses supérieurs et avec ses inférieurs, à produire les différents ordres et les diverses parties du monde dans la mesure de puissance que lui assurent son rang et sa dignité. Mais en outre il a, par rapport au monde, une fonction qui lui est propre et qu'il ne partage avec aucune cause supérieure ou inférieure ; il est pour tout être le principe de la beauté [3]. L'unité du monde lui vient de Dieu ; l'ordre de l'Intelligence ; la vie et le mouvement de l'Ame ; mais il tient sa beauté du Paradigme seulement [4]. Cette fonction convient essentiellement à la nature du Paradigme ; car le beau est au bien comme le Paradigme est à Dieu. Il n'y a rien après le beau, si ce n'est le bien, de même qu'il n'y a rien après le Paradigme, si ce n'est Dieu [5].

III. LE DÉMIURGE. Les Épicuriens n'admettent pas le Démiurge : selon eux, le monde est éternel et se suffit à lui-même. Les Stoïciens le reconnaissent, mais ils ne le séparent point de la matière. Aussi suppriment-ils le Paradigme et font-ils présider le monde par la Raison universelle. Aristote confond dans une

---

[1] *Com. Tim.*, 132.

[2] *Elém. théol.*, prop. 70, 71.

[3] *Plat. théol.*, VI, 3, 4.

[4] Ibid., III, 15. Ἐν γὰρ τῷ νοητῷ τὸ κάλλος. — *Com. Tim.*, 82. Τὸ δὲ παράδειγμα τοῦ τε κάλλους (αἴτιος).

[5] *Com. Tim.*, 81, 82.

seule cause, qui est l'Intelligence, la cause finale, le Paradigme et le Démiurge. Platon et les Pythagoriciens célèbrent le Démiurge distinct et séparé de l'univers, principe et providence immédiate du monde sensible[1]. Platon a pu distinguer plusieurs causes démiurgiques, mais il n'a reconnu qu'un seul Démiurge. Le Démiurge est l'intelligence, non pas cette Intelligence en soi qui forme le troisième terme de la trinité intelligible (être, vie, intelligence), mais l'intelligence agissant sur le monde et l'illuminant d'une essence intelligible qui ne lui est point propre, et qu'elle reçoit de la contemplation des causes supérieures. Le Démiurge n'est que le troisième terme de la trinité intellectuelle[2].

Que l'Intelligence démiurgique, essence pure et immatérielle, bien supérieure au monde qu'elle a pour fonction de créer et d'ordonner, soit incorporelle et inétendue, c'est ce que Proclus ne prend pas la peine de démontrer[3]. Il démontre seulement qu'elle est immuable en essence et en acte. Toute idée individuelle est éternelle; tout éternel a sa nature dans le repos, par cela même que tout changement en essence ou en acte suppose la divisibilité à un degré quelconque. Si donc l'intelligence démiurgique est indivisible, elle est éternelle et par suite immuable[4]. Or toute intelligence est essentiellement indivisible, simple, engendrée; donc l'Intelligence démiurgique est immuable, et elle l'est d'autant plus qu'elle est plus haut placée dans la hiérarchie des

[1] *Plat. théol.*, v, 12, 13, 16.
[2] *Plat. théol.*, v, 12, 13, 16.
[3] *Com Tim.*, 120. — Ibid., 22, 24.
[4] *Com. Parm.*, iv, 208.

principes du monde. Mais, d'un autre côté, si elle est immuable en essence et en acte, il est nécessaire que, dans l'opération démiurgique, elle entre en mouvement. Car si elle crée le monde avec toutes ses parties et qu'elle communique à tout, au centre comme aux extrémités, la vie et la puissance, d'où peut-elle tirer tout ce qu'elle donne, si ce n'est de sa propre essence? C'est donc avec son être et par son être même qu'elle crée ; si elle produit la stabilité dans les êtres, c'est qu'elle est essentiellement immuable ; mais si elle produit le changement, c'est qu'elle est aussi mobile [1]. Et en effet, puisqu'elle est intelligence, elle se pense ; or la pensée est un acte, un acte parfait, il est vrai. Le Démiurge ne ferait pas son œuvre entière, s'il ne réunissait dans sa nature les deux contraires, le repos et le mouvement. Car la fonction démiurgique ne se borne point à ramener à l'unité et à l'ordre l'expansion infinie de la vie universelle ; elle produit en outre la vie et le mouvement [2]. En vertu du mouvement qui est inhérent à sa nature, le Démiurge se répand et pénètre partout ; en vertu du repos qui ne lui est pas moins essentiel, il impose sa loi immuable, inflexible, à tout ce qui est mouvement et vie. Maintenant, comment les deux contraires, le mouvement et le repos, peuvent-ils

---

[1] *Com. Parm.*, IV, 209. Ἀλλ' ὅτι μὲν ἔςιν ἐκεῖ καὶ ςάςις καὶ κίνησις, δῆλον διὰ τούτων, καὶ ὡς· ἡ μὲν ἐςὶ τὸ αἰώνιον τῆς δημιουργικῆς νοήσεως καὶ τὸ τῆς προνοίας ἐνεργόν, ἡ δὲ τὸ ἀεὶ ὡσαύτως τῆς ἐνεργείας τοῦ δημιουργοῦ, φρουροῦσα τὴν δραςήριον αὐτοῦ δύναμιν · διὰ τί γὰρ ἄγρυπνος ἐςὶ καὶ ἀκμαία καὶ δραςήριος ἡ πρόνοια τοῦ δημιουργοῦ τῶν ὅλων, ἢ διὰ τὴν κίνησιν; διὰ τί δὲ μόνιμος καὶ ἀνεξάλλακτος καὶ ἀκλινής, ἢ διὰ τὴν ςάσιν;

[2] *Com. Parm.*, IV, 208, 209, 210.

coexister dans le Démiurge, c'est ce qu'il importe de bien expliquer. Le repos et le mouvement considérés dans des êtres essentiellement distincts et séparés, sont vraiment contraires et n'ont absolument rien de commun. Dans ce cas, il est impossible qu'ils coexistent dans une seule et même essence. Mais dans le Démiurge, le repos et le mouvement ne sont plus des contraires [1]; ils participent l'un de l'autre en quelque sorte, le repos empruntant au mouvement l'acte producteur, et le mouvement empruntant au repos la persistance de la puissance productrice. En effet, si nous supposons le repos dans le Démiurge, sans l'acte et la vie, il faudra admettre dans le producteur quelque chose d'improductif. D'ailleurs, par cela même que le Démiurge est intelligence, il est acte et vie, et tout ce qui est en lui participe de l'acte et de la vie [2]. Autrement, comment constituer l'intelligence et la vie avec des éléments non intelligents et non vivants ? Donc dans le Démiurge, le repos est vie et acte, et par conséquent mouvement. Réciproquement, nous ne pouvons supposer qu'il n'y ait rien de persistant et d'immuable dans le mouvement du Démiurge; car si toute intelligence est un acte, elle est un acte immuable. Donc le mouvement dans l'intelligence démiurgique participe du repos, comme le repos

---

[1] *Com. Parm.*, IV, 210, 211. Πότερον γὰρ ἀνενέργητον καὶ ἄζωον τὴν ϛάσιν ποιήσομεν, ἢ καὶ ταύτῃ ζωῆς καὶ ἐνεργείας μεταδώσομεν ; ἀλλ' εἰ μὲν ἀνενέργητός ἐϛι καὶ ἄζωος, οὔτε γεννητική τινος ἔϛαι, οὔτε εἶδος νοερόν. Πᾶν γὰρ τὸ ἐν νῷ μετέχει καὶ ζωῆς · οὔτε γὰρ ἐξ ἀνοήτων τὸν νοῦν, οὔτε ἐκ μὴ ζώντων τὴν ζωὴν ὑφεϛάναι θεμιτόν · εἰ δὲ ἕξει καὶ ζωὴν καὶ ἐνέργειαν ἡ ϛάϛις, ἕξει καὶ κίνησιν · ὁμοίως δὴ καὶ τὴν κίνησιν.

[2] *Com. Parm.*, 208, 209, 210, 211.

du mouvement[1]. Voilà ce qui fait que le Démiurge produit tout dans l'Univers, le mouvement et la mesure, la vie et l'essence, le phénomène et l'être, l'individu et l'espèce, la multitude et l'ordre.

Au reste, le mouvement et le repos ne sont pas les seuls contraires que le Démiurge admette dans son sein ; il comprend aussi l'unité et la variété, l'essence et la puissance, et d'autres oppositions encore[2]. Cette dualité tient à la nature même du Démiurge qui n'est pas l'Unité pure et simple, mais une trinité composée d'un mélange du fini et de l'infini[3]. Le fini, c'est l'unité, le repos, l'essence ; l'infini, c'est la variété, le mouvement, la puissance. L'antique théologie avait bien compris cette distinction, et l'exprimait par les noms de père et de créateur (πατήρ, ποιητής). Le Père est le fini, le créateur est l'infini, l'intelligence est le mixte. Proclus cite Platon à l'appui de cette opinion. Telle est la trinité démiurgique qui, à l'image des trinités purement intelligibles, se résout dans l'unité[4]. Le Père en représente l'essence qui persévère en soi ; le fils ou créateur la fécondité inépuisable, l'intelligence, la force d'attraction qui ramène vers le Démiurge les êtres qui en sont sortis; mais tous ces termes se confondent dans l'acte simple et indivisible du Démiurge, et c'est là ce qui fait qu'il est ineffable. Platon trouve audacieux ceux qui tentent

---

[1] *Com. Tim.*, 110.

[2] *Com. Parm.*, v, 31. Ἐπεὶ γοῦν καὶ ὁ δημιουργικὸς νοῦς μικτός ἐστιν, ἔχων ἐν ἑαυτῷ πέρας καὶ ἄπειρον, ταύτῃ ἂν λέγοιτο καὶ ἓν καὶ πλῆθος.

[3] *Com. Tim.*, 82.

[4] *Plat. théol.*, v, 14. Εἶναι μὲν γὰρ καὶ τριάδα δημιουργικήν.

de l'exprimer autrement que par des signes intelligibles et ne le fait comprendre que par des négations [1]. S'il en parle quelquefois affirmativement, c'est qu'il le considère dans son rapport avec les causes supérieures. Sous ce point de vue, le Démiurge étant compris et déterminé par ce qui le précède, peut être défini et positivement exprimé. Aussi Platon le nomme-t-il ποιητής, ἀγαθός, πατήρ, en tant qu'il participe aux causes supérieures ; mais en tant qu'il est l'unité suprême (suprême par rapport aux inférieurs) dans laquelle se confondent l'essence, la puissance et l'intelligence, il est ineffable.

Voilà ce qu'est le Démiurge en soi ; il reste à le considérer par rapport à ce qui le précède et à ce qui le suit. Le Démiurge suppose le Paradigme comme objet intelligible de sa contemplation [2]. Mais le Paradigme n'est point placé comme un spectacle en dehors de l'intelligence démiurgique et devant elle ; il est au fond du Démiurge qui n'a qu'à regarder en soi pour le contempler [3]. Comment le Démiurge peut-il contenir le Paradigme? C'est parce qu'il est intelligence, et que toute intelligence est identique au fond à l'intelligible qui est en elle ; en sorte que connaître l'intelligible et se connaître soi-même est pour le Démiurge une seule et même chose [4]. Le Démiurge est dans l'ordre intellectuel ce que le Paradigme est dans l'ordre intelligible. Le Paradigme étant le plus divin

---

[1] *Plat. théol.*, IV, 2.
[2] *Com. Tim.*, 81, 118. Τὸ δημιουργὸν εἶναι τοῦ παντὸς εἰς παράδειγμα βλέποντα.
[3] *Com. Tim.*, 98.
[4] *Com. Tim.*, 102.

des types, le Démiurge est la meilleure des causes, ce qui fait que l'univers est la plus belle des images. Le Démiurge, en tant que Dieu, possède la bonté, la volonté et la providence ; comme intelligible, il possède l'essence, la puissance et l'acte ; comme intelligence, la vie et la pensée (la pensée des universels) [1]. Par sa bonté, le Démiurge produit comme un père ; par sa volonté, il gouverne sa puissance productrice, et la dirige vers le bien, tandis que par sa providence, il perfectionne et continue tout ce qu'il a produit. La fonction du Démiurge est quadruple ; il ordonne successivement le tout et la partie ; le tout universellement et particulièrement, la partie aussi universellement et particulièrement. Il ordonne cet univers en mettant l'intelligence dans l'âme et l'âme dans le corps ; mais comme il est intelligence, c'est intelligiblement qu'il ordonne le monde [2]. Voilà ce qui fait qu'on lui rapporte plutôt l'ordre que la vie et la forme des choses sensibles. Mais du reste tout est produit par lui dans l'univers, soit directement, soit indirectement. Il est πατήρ καί ποιητής, il est pour le Tout principe de beauté, de symétrie et d'ordre ; il est aussi la cause de l'âme, de la vie et du mouvement. Intelligent, il ordonne le monde ; vivant, il le fait vivre ; parfait, il le forme et le parachève. Il fait passer dans le monde tout ce qu'il renferme en lui-même. C'est ainsi qu'il se montre successivement cause de

---

[1] *Com. Tim.*, 443. Ἐπειδὴ τοίνυν καὶ ὁ δημιουργὸς θεός ἐςι, καὶ ἀμέθεκτος νοῦς, ὡς μὲν θεός, ἀγαθότητα ἔχει καὶ βούλησιν καὶ πρόνοιαν, ὡς δὲ νοητὸν, οὐσίαν καὶ δύναμιν καὶ ἐνέργειαν. Ὡς δὲ νοῦς ἔςι, καὶ ζωὴν ἔχει, καὶ γνῶσιν τῶν ὅλων.

[2] *Plat. théol.*, v, 15, 20.

tout bien, principe de toute beauté, père de l'âme, du temps, du soleil, des Dieux et des démons cosmiques, des âmes particulières et des corps qui leur servent de véhicules : et tout cela fait, il rentre dans son repos. Ses fils alors le prennent pour modèle, et le monde va sous leur direction [1].

Mais quelle est la part dans l'œuvre démiurgique que le grand Démiurge laisse à ses fils? Le grand Démiurge, soit qu'il produise, soit qu'il ordonne, ne produit et n'ordonne que le général, l'immuable, l'immortel. Ainsi il produit par lui-même toutes les âmes, les âmes particulières comme l'Ame du monde, les âmes intellectuelles comme les âmes divines [2]. Quant aux êtres mortels, aux animaux et aux corps, il en produit les genres et s'arrête là, laissant à ses fils, aux démiurges inférieurs, le soin de créer les individus. En outre, il impose la loi aux âmes, quels que soient leur rang et leur nature, tant qu'il ne s'agit que de leur essence immuable et éternelle. Mais s'il s'agit de la génération elle-même, et des âmes, en tant qu'elles tombent dans la génération, le Démiurge abandonne tout cela à l'inflexible et à l'aveugle fatalité. Le Démiurge, issu du Bien en soi, est bon ; parce qu'il est bon, il produit et produit bien ; parce qu'il est toujours bon, il produit toujours et toujours bien [3] ; il ne cessera jamais de produire, et ne détruira jamais ce qu'il aura produit; car la destruction est l'œuvre du mal [4]. De même que la création du Dé-

---

[1] *Plat. théol.*, v, 20.
[2] *Com. Tim.*, 309.
[3] *Com. Tim.*, 141, 199.
[4] *Com. Tim.*, 305.

miurge ne peut finir, elle n'a pu commencer; car en lui l'acte et l'essence étant identiques, être, c'est produire, et comme il est éternel, c'est produire éternellement. Comment, d'ailleurs, supposer que le Démiurge reste volontairement dans l'inaction pour en sortir ensuite un certain jour? Avant d'agir, il connaîtra son œuvre [1], à moins d'admettre qu'en lui la pensée ne soit comme l'action, un pur accident; s'il connaît son œuvre d'avance, qu'attend-il pour l'exécuter?

Mais si le Démiurge produit parce qu'il est, il n'agit ni par choix ni par raisonnement [2] : c'est là ce qu'atteste le caractère même de l'œuvre; car si la cause qui a créé le monde l'a créée par choix, la création sera contingente, variable, douteuse, et l'univers périssable [3]. L'œuvre du Démiurge ne peut être éternelle (et qui peut douter qu'elle le soit?) qu'autant que la cause produit en vertu de son être. Mais, pourrait-on dire, ce qui agit par choix agit aussi en vertu de son être : ainsi notre âme, qui agit par choix, agit aussi en vertu de son être; c'est ainsi qu'elle produit la vie du corps [4]. Cet exemple ne saurait être contesté; mais il n'en fait que mieux ressortir la distinction et l'opposition des deux modes de production. Ce n'est pas en tant que l'âme délibère et choisit qu'elle produit la vie du corps, et réciproquement. La création naturelle ne demande point d'effort, et ne laisse aucune fatigue. Elle est directe, uniforme, sûre, et ne

---

[1] *Com. Tim.*, 88.

[2] Ibid., 106.

[3] *Com. Parm.*, v, 6, 7. Διότι δὴ καὶ αὐτὸ τοῦτο τὸ ποιεῖν καὶ τό γεννᾶν, ἐνεργεῖν ἐστιν.

[4] Ibid.

tâtonne jamais ; au contraire, la création par choix et raisonnement est incertaine, laborieuse, sujette aux vicissitudes, aux embarras, aux interruptions [1]. L'âme humaine sent profondément cette différence, lorsqu'elle s'est élevée par l'effort et l'exercice de la vertu à cette vie pure et parfaite dans laquelle être et agir sont une seule et même chose. Le Démiurge fait donc tout ce qu'il fait par la nécessité de sa nature et non par choix [2] : c'est en cela qu'il est une vraie puissance. Sans doute, il veut faire ce qu'il fait, en ce sens qu'il n'agit pas mécaniquement comme une force motrice ; il le veut, le conçoit, l'exprime [3], toutes opérations propres à une cause intellectuelle, et étrangères à une puissance purement motrice. Mais en lui, vouloir, concevoir, exprimer, c'est tout un ; le verbe est pensée, la pensée est volonté. Tout acte de création et toute œuvre créée portent ce triple caractère [4].

Voilà ce que produit le Démiurge, et comment il le produit. Il reste à voir pourquoi les produits du Démiurge sont entre eux si différents et si inégaux. La raison en est fort simple, et déjà Proclus l'a indiquée, lorsqu'il lui a fallu expliquer comment d'un Paradigme unique et immuable ont pu sortir des images si diverses [5]. Il est des êtres que le Démiurge produit

---

[1] *Com. Parm*, 6, 7. Εἰ μὲν δὴ κατὰ προαίρεσιν, ἄςατος ποίησις ἔςαι καὶ ἀμφίβολος καὶ ἄλλοτε ἄλλως ἔχουσα, καὶ ὁ κόσμος οὖν ἔςαι φθαρτός.

[2] *Com. Tim.*, 97.

[3] *Com. Tim.*, 238, 239.

[4] *Com. Tim.*, 302, 307. Εἰ δὴ οἱ λόγοι οὗτοι (Δημιουργου) νοήσεις εἰσίν, αἱ δὲ νοήσεις ποιήσεις.

[5] *Com. Tim.*, 170.

directement; il en est d'autres qu'il ne produit que par intermédiaire : cette différence dans les produits est une loi nécessaire de toute production qui, quelque simple qu'elle soit dans son principe, devient toujours plus ou moins un développement [1]. Or tout développement implique une succession, et toute succession une certaine hiérarchie, et, par conséquent, des supérieurs et des inférieurs. Mais, d'une autre part, une même cause ne peut produire immédiatement (cela a été démontré dans les Éléments de théologie) deux effets de nature différente et inégale; il faut qu'elle produise l'un directement, et l'autre par intermédiaire. C'est ce qui explique comment le Démiurge produit inégalement, tout en produisant tout à la fois et éternellement. Il produit les mortels comme les immortels, mais il ne les produit et ne communique avec eux qu'au moyen d'une autre cause. Homère fait haranguer les Dieux par Jupiter, mais il les fait rassembler par l'intermédiaire de Thémis [2]. Tous les êtres se rattachent au Démiurge comme à leur cause première; les uns par l'absorption, d'autres par le contact, d'autres enfin par une simple participation [3]. Les effets sont nécessairement de nature inférieure à leurs causes. L'univers est l'image du Dieu qui l'a fait; il est donc un et multiple comme ce Dieu. Mais, d'un autre côté, il en est une image fort inférieure; voilà pourquoi il est étendu et corporel, bien que sa cause soit inétendue [4] et incorporelle. De même les autres causes produisent

[1] *Com. Tim.*, 300.
[2] Ibid., 300.
[3] Ibid., 170.
[4] Ibid., 120.

dés effets qui, tout en leur étant semblables, sont doués de propriétés différentes et même contraires [1]. Après le Paradigme vient le Démiurge, après le Démiurge l'Ame, après l'Ame la Nature. Le principe démiurgique peut donc tout produire, sans être en lui-même matériel, et sans avoir besoin de la matière.

IV. LES IDÉES: Proclus n'attache point aux idées la même valeur métaphysique que Plotin ; car il n'en parle que dans sa Physiologie. Plotin confondait absolument l'idée avec l'essence intelligible, l'intelligible pur. Il réunissait les idées dans l'Intelligence, et tout en les distinguant de l'unité intelligible, il n'en faisait pas un principe à part [2]. Son second principe comprenait à la fois l'Intelligence et les idées, éléments intégrants de l'Intelligence. Proclus distingue et sépare les idées de l'essence intelligible, à tel point qu'il interpose le Démiurge comme principe intermédiaire entre l'essence intelligible et l'idée. Les idées ont pour principe sans doute le Paradigme, mais elles n'ont leur siége que dans le Démiurge. Plotin ne pouvait placer les idées dans le Démiurge, qu'il considérait simplement comme l'Ame divine. Mais Proclus identifiant le Démiurge avec l'Intelligence, devait naturellement y faire résider les idées. Ce point éclairci, on peut aborder la théorie des idées selon Proclus. La recherche des idées comprend quatre problèmes : 1° y a-t-il des idées, et comment l'esprit parvient-il à les reconnaître? 2° de quelles choses y a-t-il des idées, et de quelles choses n'y en a-t-il pas? 3° quelles sont les propriétés des

---

[1] *Élém. théol.*, prop. 7.
[2] *Com. Parm.*, v, 4.

idées ? 4° comment sont-elles les causes des choses de ce monde, et quel est le mode de participation des choses aux idées?

1° Y a-t-il des idées? Le monde qui nous apparaît n'a point en lui-même le principe de son être, car tout producteur est incorporel, et les corps eux-mêmes n'agissent que par des puissances incorporelles, le feu par la chaleur, la neige par le froid [1]. Mais si toute production et même toute action suppose un sujet incorporel, l'être qui existe par soi-même étant à la fois producteur et produit, engendrant et engendré, sera complétement indivisible. Or l'univers ne l'est pas, puisque tout corps est divisible; donc il n'a point en lui-même le principe de son être [2]. En outre, tout être qui a en soi le principe de l'existence, a aussi en soi le principe de l'action; car avant de se produire, il a dû agir sur lui-même, d'autant plus que produire et engendrer, c'est agir. Un corps ne peut tout à la fois se mouvoir et être mû; tout mouvement corporel n'est qu'une impression reçue, tandis qu'un acte indépendant est immatériel et indivisible. Donc l'univers, étant incorporel, n'a en soi ni son principe d'action, ni son principe d'existence [3]. Mais tout être qui est et agit par lui-même tient le milieu entre la cause suprême qui, supérieure à l'être et à l'action, ne peut être dite exister et agir par elle-même, et l'être qui reçoit d'un autre l'existence et l'action. Telles sont les idées.

[1] *Com. Parm.*, v, 4, 5.
[2] Ibid.
[3] Ibid., 7, 8.

2° Autre argument [1]. Dans ce monde, toute similitude et toute bonté sont mêlées de différence et d'imperfection. Les corps célestes eux-mêmes, plus réguliers que les corps terrestres, ne sont point d'une parfaite régularité. Car comment le centre, les rayons, les pôles, dont la nature est inétendue et indivisible, seraient-ils exactement reproduits dans l'étendue et la division? Notre âme conçoit des figures plus exactes que les figures sensibles ; elle corrige le cercle sensible sur le modèle du cercle plus beau et plus parfait qu'elle a conçu. Or, si une âme particulière peut concevoir le plus pur et le plus parfait, comment l'Ame du monde, comment l'Intelligence démiurgique surtout ne s'élèverait-elle pas jusque là? Donc le Démiurge contemple l'idéal, ou plutôt, comme il n'est que le Paradigme qui se prend pour objet de contemplation, en se contemplant lui-même, il engendre et constitue en soi les idées [2].

3° D'un autre côté, s'il n'existe point de cause de l'univers, et si chaque chose vient de soi, comment toutes choses sont-elles coordonnées ensemble? D'où vient la perpétuité des espèces et la constance des lois de la nature? Tout cela peut-il être l'œuvre d'une cause aveugle et inintelligente [3]? Il faut donc remonter à une

---

[1] *Com. Parm.*, v, 9, 10.

[2] *Com. Parm.*, v, 10. Πολλῷ ἄρα μείζω καὶ ἀκριβέςερα καὶ τελειότερα εἴδη τῶν φαινομένων καὶ γεννᾶν καὶ νοεῖν δύναται πάντως ὁ τοῦ κόσμου ποιητής. Ποῦ οὖν αὐτὰ γεννᾷ καὶ ποῦ θεωρεῖ; δῆλον ὡς ἐν αὐτῷ · θεωρεῖ γὰρ ἑαυτόν, ὥςε αὐτὸς ἑαυτὸν θεωρῶν καὶ γεννῶν ἅμα, καὶ τὰ εἴδη τῶν φαινομένων ἀϋλότερα καὶ ἀκριβέςερα ἐν ἑαυτῷ καὶ γεννᾷ καὶ ὑφίςησι.

[3] *Com. Parm.*, 11.

cause qui se connaît elle-même et connaît tout ce qu'elle fait. Or ce n'est point parce qu'elle devait tout faire qu'elle a tout conçu; c'est parce qu'elle a tout conçu d'avance qu'elle a tout fait. Mais tout ce qu'elle connaît elle le connaît d'une manière conforme à sa nature; toute pensée de l'intelligence démiurgique, même en ce qui concerne le matériel, le sensible, le variable, est immatérielle, intelligible, immuable. Donc toute chose sensible et corporelle existe déjà dans le Démiurge à l'état immatériel et intelligible; c'est-à-dire à l'état d'idée[1].

4° L'homme naît de l'homme et chaque chose de son semblable d'une manière constante. D'où cela vient-il? Car il faut remonter à une raison, la nature divine ne faisant jamais rien en vain. On dira peut-être, pour éviter de remonter à la vraie raison, que cela vient du germe; que, de même que le grain de blé produit l'épi, la semence spermatique produit l'homme. Mais cette semence produit un tel homme et non l'homme; et d'ailleurs, elle-même ne vient-elle pas de l'homme [2]? Et quand on admettrait que l'homme vient du germe, tout germe contient en puissance seulement la raison de son développement; car étant corps, il ne peut la contenir indivisiblement et en acte. Or la puissance en tout suppose l'acte comme l'imparfait suppose le parfait[3]. Donc il faut remonter du germe qui ne contient la raison qu'en puissance à un principe supérieur qui la contienne en acte. Ce principe n'est-il pas la nature de la mère? Je dis la nature, parce qu'il est bien évi-

[1] *Com. Parm.*, v, 13, 14, 15, 16.
[2] *Com. Parm.*, v, 13.
[3] Ibid., v, 13. Ἀτελὲς γὰρ ὂν ἄλλου δεῖται τοῦ τελειώσοντος.

dent que ce n'est pas telle propriété accidentelle de la mère qui engendre l'enfant, mais seulement la nature qui est en elle, puissance immuable, incorporelle et principe du mouvement. C'est donc la nature qui contient tous les éléments des choses sensibles et les puissances qui leur donnent l'être et le mouvement. Quand elle est en travail, les éléments se dégagent, les puissances se développent, et l'être sensible apparaît. Mais comment travaille-t-elle? Est-ce avec ou sans raison? Tandis que l'art, qui ne fait qu'imiter la nature, agit selon des raisons, peut-on supposer que la nature elle-même agisse sans raison, sans mesure et sans but? Il faut donc reconnaître au-dessus de la nature un principe qui contienne essentiellement et en acte les causes des raisons que la nature développe et réalise dans la matière [1]. La nature fait sur les corps ce que fait l'ouvrier sur le bois qu'il creuse, perce, arrondit. Toute la différence entre la nature et l'ouvrier, c'est que celui-ci va, dans son travail, de l'extérieur à l'intérieur, tandis que celle-là va de l'intérieur à l'extérieur [2].

5° Tout vient d'une cause [3]. Ce qui vient d'une cause immobile est éternel et immuable; ce qui vient

---

[1] *Com. Parm.*, v, 15. Πάντων οὖν οὖσα μήτηρ ἡ τοῦ παντὸς φύσις πάντων ἂν περιέχοι τοὺς λόγους · καὶ γὰρ ἄλλως ἄτοπον τὴν μὲν τέχνην μιμουμένην τοὺς λόγους τοὺς φυσικούς, κατὰ λόγους ποιεῖν, αὐτὴν δὲ ἄνευ λόγων καὶ ἄνευ τῶν ἔνδον μέτρων. Ἀλλὰ καὶ εἰ ἡ φύσις ἔχοι τοὺς λόγους, δεῖ τινα καὶ πρὸ ταύτης αἰτίαν εἶναι περιεκτικὴν ἄλλην τῶν εἰδῶν.

[2] *Com. Parm.*, v, 15. Τοιοῦτον γάρ τι πέπονθεν ἡ φύσις, συνδιαβαπτιζομένη τοῖς σώμασι, καὶ ἐνοικοῦσα τοῖς ὄγκοις αὐτῶν, καὶ ἔνδον ἐμπνέουσα τοὺς λόγους αὐτοῖς καὶ τὴν κίνησιν.

[3] *Com. Parm.*, v, 17, 18. Toute cette argumentation est une

d'une cause mobile est changeant et périssable. Or, les espèces sensibles d'homme, de cheval, d'arbre, étant immuables et éternelles, ne peuvent venir que de causes immobiles, lesquelles ne peuvent habiter ni dans les corps, ni dans la nature, et qu'il faut rattacher à l'intelligence démiurgique [1].

6° Toute démonstration se fonde sur un principe qui lui est antérieur et supérieur. Or, ce principe ne peut être que l'universel (τὸ καθόλου). Quand l'astronome dit que les cercles du ciel se coupent mutuellement en deux, puisque tout grand cercle coupe en deux son semblable, il ne peut le démontrer qu'en partant de l'universel [2]. Car ce n'est point dans les corps sensibles qu'il trouve la cause de la section en deux des cercles célestes. Le monde sensible ne peut contenir la raison de ce qui se passe dans le ciel; il faut pour la trouver s'élever à des principes supérieurs au monde céleste et au monde sensible [3] tout à la fois.

Ces diverses démonstrations conduisent à reconnaître l'existence des idées, mais elles ne les font pas

réponse à Aristote et aux Stoïciens, qui n'admettaient pas l'existence des idées.

[1] *Com. Parm.*, v, 17. Ἀλλ' ἡ φύσις ἄλογος· δεῖ δὲ τὰ κυρίως αἴτια, νοερὰ εἶναι καὶ θεῖα. Τὰ ἄρα ἀκίνητα αἴτια τῶν εἰδῶν τούτων ἐν νῷ πρώτως ἐςι· δευτέρως γὰρ ἐν ψυχῇ, καὶ τρίτως ἐν φύσει, καὶ ἐσχάτως ἐν τοῖς σώμασι.

[2] *Com. Parm.*, v, 19.

[3] *Com. Parm.*, v, 19. Ποῦ δὴ εὑρήσομεν τὰ αἴτια ταῦτα τῆς ἐν οὐρανῷ τῶν κύκλων τομῆς καθολικώτερα αὐτῶν; ἐν σώμασι μὲν γὰρ οὐκ ἔςαι· πᾶν γὰρ τὸ ἐν σώματι ὄν, μερικόν ἐςι· δεῖ δὲ ἐν ἀσωμάτῳ πάντως οὐσίᾳ· ἀνάγκη ἄρα τῶν φαινομένων προϋπάρχειν τὰ εἴδη, καὶ τούτοις αἴτια τοῦ εἶναι, καθολικώτερα αὐτῶν ὄντα καὶ δυνατώτερα.

connaître en elles-mêmes. Autre chose est la ressemblance que l'esprit aperçoit entre les individus, autre chose est le principe même de cette ressemblance. La ressemblance est pour l'esprit le signe qui révèle l'existence de l'idée ; mais elle n'est pas l'idée, et même elle n'en est pas toujours un signe certain. Car si on voulait fonder les idées sur la seule considération des caractères communs entre les choses [1], on arriverait à reconnaître des idées de ce qui n'est pas comme de ce qui est, de ce qui est contre la nature, contre l'art, contre la raison, de ce qui n'a ni essence, ni substance, des chimères, des hippocentaures ; car ces êtres imaginaires ont dans chaque espèce des caractères communs. Ce n'est donc pas par la démonstration qu'on peut connaître les idées ; c'est encore moins par la sensation et l'opinion ou l'imagination ; ce n'est pas même par la définition ; car l'idée même engagée dans la matière ne saurait tomber sous la définition. Tout défini est objet de science ; l'idée ne l'est pas : par la sensation nous percevons les corps ; par l'imagination, la forme sensible ; par le raisonnement, nous arrivons à comprendre la raison des choses sensibles ; par l'intuition seule, nous nous élevons jusqu'aux principes intelligibles des raisons séminales, c'est-à-dire aux idées [2].

---

[1] *Com. Parm.*, v, 132. Καὶ γὰρ ἐὰν εἰς τὰς κοινότητας ταύτας ὄντως βλέποντες ἐθέλωμεν, ἀπὸ τούτων ὁρμηθέντες, τὰς ἰδέας ἀναπλάττειν, λήσομεν ἀπὸ πάντων εἰς ἐκείνας ὁμοίως ἀνατρέχοντες, οὐ μόνον ὧν εἰσὶν, ἀλλὰ καὶ ὧν οὐκ εἰσὶν, οἷον τῶν παρὰ φύσιν, τῶν παρὰ τέχνην, τῶν παρὰ λόγον, τῶν ἀνουσίων, αὐτῶν τῶν ἀνυποςάτων, τραγελάφων καὶ ἱπποκενταύρων · εἰςὶ γὰρ τούτων κοινότητες.

[2] *Com. Parm.*, v, 126.

Mais, avant de contempler les idées pures, l'esprit passe par divers intermédiaires. Il va du corps au germe, du germe à la nature, de la nature à l'âme, et de l'âme à l'intelligence, à l'intelligible, aux idées pures [1]. Entre deux termes qui se suivent immédiatement, il y a toujours quelque chose de commun. Entre le corps et le germe, c'est l'imperfection ; entre le germe et la nature, c'est l'acte corporel ; entre la nature et l'âme, c'est l'action dans le temps ; mais entre l'âme et les idées pures, il n'y a plus rien de commun. Il ne faut pas confondre l'idée, ni avec les caractères communs des genres dont elle est la cause et que par conséquent elle précède [2], ni avec les différences essentielles des individus qui sont variées, figurées, multiples et inséparables de la matière, ni avec les notions universelles qui se forment dans notre esprit, ni avec les raisons séminales, ni surtout avec les germes que contient la matière et d'où sortent les individus, ni enfin avec les individus eux-mêmes, quoi qu'en dise Aristote. L'idée est pure de toute forme [3], indépendante de toute matière, éternellement fondée dans le Démiurge, source et type de toute essence pour les individus [4] : elle est une image de Dieu. Aussi n'a-t-elle rien de commun

---

[1] *Com. Parm.*, v, 137.

[2] *Com. Rép.*, 426. — *Com. Parm.*, v, 131 ; iv, 151, 152.

[3] *Com. Parm.*, iv, 151. Πολλοῦ ἄρα δεῖ τοῖς ὁριςικοῖς καὶ τοῖς κατηγορουμένοις εἰς ταυτὸν λέγεσθαι τὰ εἴδη τὰ καθ' αὐτὰ ὄντα καὶ ἐν ἁγνῷ βάθρῳ βεβηκότα καὶ ἄυλα καὶ διαιώνια τοῖς ὑςερογενέσι καὶ ἐνύλοις καὶ ποικιλίας καὶ σχέσεως ἀναπεπλησμένοις · ἐκεῖνα γὰρ ἀμιγῆ καὶ ἄχραντα καὶ ἁπλᾶ ἐςιν ἐν τῷ δημιουργῷ διαιωνίως ἱδρυμένα.

[4] *Com. Parm.*, v, 105, 107, 115, 146, 138, 157.

avec le corps. Elle est sans parties, sans degrés, sans mélange ; elle est indivisible jusque dans son action sur la matière ; supérieure au temps et au lieu ; une et multiple ; essence, vie et intelligence ; infinie en puissance, mais finie en nombre ; remplissant l'univers de ses émanations, mais sans se mêler à lui ; toujours parfaite, et ne se lassant point d'agir et de créer. Si on veut définir la propriété caractéristique des idées par les choses les plus faciles à connaître, il faut concevoir en même temps une puissance qui produit par cela même qu'elle est, et une conception qui, chez l'artiste, précède l'œuvre et en détermine le caractère : la réunion de ces deux propriétés constitue l'idée [1]. L'idée est à la fois type et cause, principe d'essence et de forme, de vie et de beauté pour les êtres. Xénocrate avait raison de la définir : ce qui est en même temps cause et paradigme des êtres immortels [2]. Bien que chaque idée ait sa nature propre et distincte, elles se confondent toutes ensemble dans une seule et même unité. Cette unité est tantôt le Paradigme et tantôt le Démiurge. Le Paradigme est l'unité intelligible des idées considérées en elles-mêmes et dans leur pureté absolue ; le Démiurge est l'unité intellectuelle des idées considérées comme causes du monde. Chacune existe en soi séparément, et pourtant se mêle avec les autres dans une commune existence. Toutes se manifestent ensemble dans tous les ordres, mais chacune plus particulièrement dans l'ordre qui lui appartient.

[1] *Com. Parm.*, v, 153.
[2] Ibid.

Maintenant, de quelles choses y a-t-il des idées, et de quelles choses n'y en a-t-il pas [1] ? Faut-il admettre un Paradigme pour les intelligences et un autre pour les âmes ? Dans les deux cas, ce Paradigme, s'il existe, est-il unique ou multiple ? Toute chose a-t-elle son idée, la nature, les corps, la matière, la partie comme le tout, l'individuel comme l'universel ? Les essences intellectuelles ont leur idée qu'il ne faut point appeler paradigme, mais unité divine [2]. Puisqu'elle est l'unité même, il n'y a pas lieu à chercher si le principe des essences intellectuelles est multiple. L'âme aussi a son idée, car elle n'est que le premier des êtres engendrés et divisibles ; elle suppose donc avant elle un principe inengendré et indivisible. Mais cette idée est-elle une ou plusieurs ? Puisque toutes les âmes sont immortelles, il semble que chacune doive avoir son paradigme [3]. Mais, d'un autre côté, il est impossible que les causes soient en nombre égal à leurs produits ; donc la cause est une [4]. Il n'y a que les âmes divines qui aient chacune leur idée. Quant aux âmes des anges et des démons, et aux âmes particulières, une seule idée comprend un ordre entier [5]. Les âmes irrationnelles ont également leur Paradigme, lequel est unique et engendre des monades irrationnelles dont l'essence

---

[1] *Com. Parm.*, v, 8, 36, 40, 41, 172, 245.

[2] *Com. Parm.*, v, 44.

[3] Ibid., v, 44.

[4] Ibid., v, 44. Μονάς ἐςιν ἐν τῷ θείῳ νῷ παραδειγματικὸν τῶν ψυχῶν πασῶν.

[5] Ibid., v, 45. Ἑκάςη γὰρ ἔχει διακεκριμένην ἰδέαν· αἱ δὲ συνεπόμεναι αὐταῖς ἀγγελικῶν ἢ δαιμονίων ἢ μερικῶν ψυχῶν τάξεις τῆς μιᾶς ἰδέας μετειλήχασι.

est à la fois une et multiple [1]. Si on assigne au feu, à l'eau, un paradigme, on ne peut en refuser un à la nature, qui est la cause de tous ces phénomènes [2]. Le paradigme de la nature sera l'unité compréhensive des lois éternelles qui en règlent et fixent les mouvements. Quant aux corps, il en est d'eux comme des âmes dont ils sont les véhicules [3]. Enfin, la matière elle-même revêt une forme ; donc elle a aussi son idée [4]. Mais il n'y a pas d'idée de l'individu, de Socrate, par exemple ; car autrement, l'idée étant une cause immobile, l'individu devrait être éternel [5]. D'ailleurs, s'il y avait une idée de l'individu, que deviendrait cette idée lorsque l'individu aurait cessé d'être [6] ? Elle ne pourrait disparaître, puisque toute idée est éternelle ; elle ne pourrait subsister, puisque toute idée est un paradigme et qu'il n'y a pas de paradigme sans image. Mais parce que les individus n'ont pas d'idées, il ne s'ensuit pas qu'ils soient sans cause. Ils ont pour cause de leur unité l'ordre de l'univers, et pour cause de leur variété le

---

[1] *Com. Parm.*, IV, 47, 48.

[2] Ibid., IV, 49. Εἰ δὲ δὴ δεῖ τοὐμὸν εἰπεῖν, ἐν μὲν αὐτῷ τῷ δημιουργικῷ νῷ τὸ παράδειγμα τῶν φύσεων ἡνωμένων ἡγοῦμαι περιειληφέναι τὸν ἀριθμὸν αὐτῶν, ὅσαι τὸ ἀΐδιον ἔλαχον.

[3] Ibid., IV, 50.

[4] Ibid., IV, 51. Sur ce point grave, Proclus s'écarte de la doctrine de Plotin et revient à la tradition platonicienne.

[5] Ibid., IV, 51. Καὶ πῶς; οὐκ ἀνάγκη τὸ θνητὸν ἀθάνατον εἶναι κατὰ τὸν λόγον τοῦτον; εἰ γὰρ πᾶν τὸ κατ' ἰδίαν γιγνόμενον κατ' αἰτίαν ἀκίνητον γίγνεται, πᾶν δὲ τὸ κατ' αἰτίαν ἀκίνητον ὑπάρχον ἀμετάβλητόν ἐστι κατὰ τὴν οὐσίαν, ἔσται ὁ Σωκράτης καὶ ἕκαστον τούτων τῇ οὐσίᾳ ἀεὶ ταὐτὸν, καὶ αἰδίως ἱδρυμένον· ἀλλ' ἀδύνατον.

[6] *Com. Parm.*, V, 52, 53. — *Com. Tim.*, 309.

mouvement du ciel, la diversité des natures particulières et des influences qui pèsent sur ces natures [1]. Il y a des idées des parties, si on les considère séparément ou comme totaux ; si on les prend comme parties d'un tout, il n'y en a pas [2]. Le contingent a aussi son idée, mais seulement lorsqu'il est le produit de l'action d'une essence, par exemple, la beauté, la similitude, la santé, la vertu. Quand il n'est qu'un simple accident, il n'a pas d'idée [3]. Si le contingent a quelquefois son idée, l'essentiel, le commun, le permanent, le nécessaire a toujours la sienne. Les œuvres de l'art ont-elles leur idée [4] ? Socrate, dans la République, parle de l'idée d'un lit, d'une table. Mais l'art n'est pas, comme la nature, une vie qui se développe et se perfectionne ; il ne peut donc avoir de paradigme. Quant au mal, quelle qu'en soit la forme, il est sans idée. Il n'y a que l'essence qui puisse avoir une idée. Or, le mal n'est que la négation de toute essence [5].

Il reste à expliquer comment les choses participent des idées. Il n'est rien dans le monde sensible qui

---

[1] *Com. Parm.*, 53, 54.

[2] Ibid., 55.

[3] Ibid., 56.

[4] *Com. Parm.*, v, 57. Καὶ γὰρ ἡ φύσις ζωή τις ἐςὶ καὶ αἰτία τῶν ζώντων· ἀλλ' ἀδύνατον ζῆν, καὶ αὐξάνεσθαι τὴν κλίνην ἤ ἄλλο τι τῶν τεχνητῶν. Οὐκ ἄρα ἰδίαν ἔχει προϋπάρχουσαν, οὐδὲ τι νοερὸν παράδειγμα τὰ τεχνητὰ τῆς ὑποςάσεως αὐτῶν.

[5] *De malo*, 59, 60, 61. Οὐδεμία ἄρα ἰδέα παράδειγμα κακῶν ἐςι, πρὸς οἷς καὶ ὁ δημιουργὸς, ὁ πάντα ἑαυτῷ παραπλήσια γενέσθαι βουλόμενος, καὶ ὁ πάντα ἐν τῷ αἰσθητῷ βουλόμενος γενέσθαι καὶ ὅσα ἐν τῷ νοητῷ, τὸ κακὸν οὐδαμῶς εἶναι βούλεται κατὰ δύναμιν, ὥς φησι ταῦτα πάντα ὁ Τίμαιος.

puisse nous donner une idée parfaitement exacte de la participation ; car là il n'y a jamais communication qu'entre substances de même nature. Mais la participation implique un rapport entre substances de nature différente, entre l'incorporel et le corporel [1], entre l'intelligible et le sensible. De là la difficulté de comprendre comment l'objet participe à l'idée. On devine, dès à présent, que nulle image ne peut fidèlement exprimer ce rapport, et pourtant ce n'est que par une image que nous pouvons le concevoir. Peut-être arriverait-on à le bien comprendre en écartant des diverses images qui nous serviront de comparaisons tout ce qui est étranger ou contraire à la nature, soit du participant, soit du participé. Qu'on se représente un miroir qui reçoit l'image des objets, sans que les objets s'altèrent ou qu'il arrive le moindre changement dans la nature même du miroir [2]. L'idée serait alors une image émanée du foyer intelligible, à laquelle la matière présenterait une face comme fait un miroir. Qu'on se représente encore, avec les Stoïciens, une cire qui reçoit l'empreinte du cachet [3]. La cire ici est la matière ; le cachet est l'idée ; l'anneau qui renferme le cachet, c'est la nature qui contient l'idée et par-

---

[1] *Com. Parm.*, iv, 60.

[2] *Com. Parm.*, v, 72. Λεγέσθω μὲν οὖν καὶ ὅτι ταῖς εἰς τὸ κάτοπτρον ἐμφάσεσιν ἐοίκασιν αἱ τῶν νοερῶν εἰδῶν μεθέξεις (ὥσπερ γὰρ ἐν ταύταις ἡ σχέσις καὶ ἡ θέσις εἴδωλον ποιεῖ τοῦ προσώπου θεωρεῖσθαι πρὸς τὸ κάτοπτρον, οὕτω δὴ καὶ ἡ τῆς ὕλης ἐπιτηδειότης οἷον ἀνατεινομένη πρὸς τὸν δημιουργικὸν καὶ τὸν ἐν αὐτῷ πόρον, ἀναπληροῦται παρ' αὐτοῦ τῶν εἰδῶν.

[3] Ibid., v, 72. Λεγέσθω δὲ καὶ ὅτι προσέοικεν ἡ μέθεξις τοῖς τῶν σφραγίδων τύποις πρὸς τοὺς κηροὺς.

court la matière ; la main qui a mis en mouvement l'anneau, c'est l'âme qui dirige la nature ; enfin, la cause qui dirige le mouvement de la main, c'est l'intelligence, qui, par l'intermédiaire de l'âme et de la nature, fait pénétrer les idées dans la matière [1]. Mais chacune de ces deux images ne peut donner de la participation qu'une idée incomplète. Le miroir contient des propriétés physiques qui ne se rencontrent pas dans la matière proprement dite. L'image de l'empreinte du cachet sur la cire convient parfaitement aux Stoïciens, qui considèrent l'idée comme une image, et la participation comme une impression purement extérieure ; mais elle ne représente pas réellement l'action de l'idée travaillant et formant intérieurement son sujet [2]. Car la nature ne procède point comme l'art ; elle ne va point de l'extérieur à l'intérieur, s'essayant longtemps et recommençant ses essais ; elle s'établit tout d'abord au centre même du sujet, le travaille et le perfectionne dans tous les sens jusqu'à ce qu'elle arrive à la surface [3]. Et quand nous disons que la nature travaille et agit, il ne faut rien entendre par là de semblable aux opérations de l'art. Agir et être sont pour la nature une seule et même chose.

Ainsi ni l'exemple du miroir, ni l'empreinte, ni toute autre image, comme l'émanation, n'expliquent suffi-

---

[1] *Com. Parm.*, v, 72.

[2] *Com. Parm.*, v, 74. Τό τε παράδειγμα καὶ τὸ ποιοῦν.

[3] *Com. Parm.*, v, 73, 74. Ἔπειτα ἔξωθεν καὶ ποιεῖ τὸ ποιοῦν καὶ πάσχει τὸ πάσχον (ἐν τέχναις), τὸ δὲ εἶδος δι' ὅλου χωρεῖ τοῦ ὑποκειμένου, καὶ ἔνδοθεν εἰς αὐτὸ δρᾷ · καὶ γὰρ ἡ φύσις ἔνδοθεν μορφοῖ τὸ σῶμα καὶ οὐκ ἔξωθεν ὥσπερ ἡ τέχνη, καὶ ἐπὶ πᾶσιν αὐτὸ τὸ μετεχόμενον πελάζει τῷ μετέχοντι.

samment la participation [1]. Seulement, il y a dans toutes ces images quelque chose qui ressemble à l'action de l'idée sur la matière; c'est ce qu'il faut en conserver, en écartant ce qui pourrait assimiler la participation à une action corporelle [2]. Du reste, les diverses formes de la participation peuvent se ramener à trois types principaux, l'empreinte, l'émanation, l'image (τύπωσις, ἔμφασις, ὁμοίωσις). Chacune de ces formes correspond à un ordre particulier d'êtres : ainsi les *physiques* participent par empreinte (τυπώσει); les psychiques par émanation (ἐμφάσει); les intellectuels par image (ὁμοιώσει) [3]. L'essence participée, l'idée, est immuable, quelle que soit la nature du participant; mais il n'en est pas tout-à-fait de même de la participation; bien qu'elle soit incorporelle, elle se ressent un peu de la nature du participant. Ce qui fait qu'elle varie, c'est qu'elle ne consiste pas tout entière dans l'expansion créatrice et spontanée des idées; il faut encore, pour qu'elle s'accomplisse, le concours de l'être qui participe [4]. Elle procède de l'essence participée, mais c'est dans le sujet participant qu'elle subsiste en réalité. Toute nature sujette à la participation est primitivement douée de telles ou telles propriétés; elle est plus ou moins imparfaite, suivant le

---

[1] Ibid., v, 84.

[2] Ibid., v, 73, 75, 423.

[3] *Com. Parm.*, v, 84. Εἰωθότων δὲ θρυλλεῖν τρόπους τινὰς μετοχῶν τρεῖς, τύπωσιν, ἔμφασιν, ὁμοίωσιν· μετέχει μὲν γὰρ ὁ κηρὸς τῆς τυπουμένης μορφῆς ὑπὸ τῆς σφραγῖδος, δέχεται δὲ τὸ ὕδωρ τὰς τῶν ὁρωμένων ἐμφάσεις εἴδωλα, τάδε δοκοῦντα μὲν εἶναι, ὄντα δὲ οὐδαμῶς· καὶ τρίτον ὁμοιοῦται τῷ Σωκράτει πλαττόμενος ὁ κηρός.

[4] *Com. Alcib.*, ii, 274, 277. — *Élém. théol.*, prop. 23.

degré d'être qu'elle contient. Il y a la matière en soi propre à recevoir toutes les formes, puis telle ou telle matière, c'est-à-dire la matière ayant déjà subi une préparation, et par conséquent ayant reçu l'empreinte d'une idée. Or l'idée ne se modifie point suivant le degré d'infériorité ou de supériorité des sujets sur lesquels elle tombe ; elle reste immuable et indépendante. La division des idées en *corporelles, physiques, psychiques* et *intellectuelles*, ne contredit point cette vérité [1] ; car ce n'est pas la diversité des sujets *physiques, psychiques, intellectuels*, qui constitue cette distinction dans les idées : elle existe primitivement dans le sein de l'unité démiurgique, et loin d'être l'effet de l'inégalité du sujet participant, elle en est la première cause. Le premier ordre d'idées seul est purement intelligible (νοητὸν) ; le second n'est plus que rationnel (λογικὸν) ; le troisième a pour caractère propre l'activité vivante (δραστήριον) ; le quatrième se compose des idées qui disposent la matière à recevoir une forme (εἰδοποιία αἰσθητή). Les idées intellectuelles sont immobiles quant à l'essence et à l'acte ; les idées psychiques sont mobiles quant à l'acte ; les idées physiques (mobiles sous ce double rapport) sont insensibles, bien qu'étant inséparables des choses sensibles ; enfin les idées corporelles sont à la fois mobiles, inséparables,

---

[1] *Com. Parm.*, v, 17, 18. Τὰ ἄρα ἀκίνητα αἴτια τῶν εἰδῶν τούτων ἐν νῷ πρώτως ἐςί· δευτέρως γὰρ ἐν ψυχῇ, καὶ τρίτως ἐν φύσει, καὶ ἐσχάτως ἐν τοῖς σώμασι ·... ἀκίνητα οὖν ἐκεῖνα κυρίως, ἃ καὶ κατ' οὐσίαν ἐςὶν ἀμετάβλητα καὶ κατ' ἐνέργειαν, οἷα τὰ νοερά · δεύτερα δὲ τὰ ἀκίνητα μὲν κατ' οὐσίαν, κινητὰ δὲ κατ' ἐνέργειαν, οἷα τὰ ψυχικά · τρίτα δὲ τὰ ἀφανῆ μὲν, ἀχώριςα δὲ τῶν ἐμφανῶν, οἷα τὰ φυσικά · τελευταῖα δὲ τὰ ἐμφανῆ, καὶ ἐν τοῖς αἰσθητοῖς ὄντα, καὶ μεριςά.

sensibles et divisibles. Mais la participation varie suivant le sujet participant, et en dépend. L'agent immédiat de la participation, la nature, n'opérerait pas, si elle ne rencontrait certaines propriétés dans la matière.

Enfin, comme la nature et l'idée elle-même ne sont pas les causes suprêmes, et qu'au-dessus des causes immédiates planent toujours les causes premières et universelles, toute participation suppose, entre le sujet qui reçoit et l'idée qui donne, une cause supérieure qui intervient dans le rapport pour unir et relier les deux termes entre eux [1]. Ce lien est la Bonté, principe de toute union et de tout accord dans les êtres : quand nous disons la Bonté, nous n'entendons par là ni le Bien en soi, dont la nature répugne à toute intervention directe, ni même la Bonté, première émanation du Bien, laquelle, en vertu de la loi de gradation qui régit tout, ne peut directement communiquer qu'avec l'Essence qui lui est immédiatement inférieure, avec l'Intelligible pur. C'est donc une bonté du troisième ordre, divine sans doute par son origine, mais intellectuelle par son essence ; c'est la bonté du Démiurge qui unit l'idée et la matière [2]. L'idée est déjà un principe démiurgique comme la bonté ; mais la bonté est un attribut de la nature même du Démiurge, tandis que l'idée n'est qu'un attribut de sa puissance créa-

---

[1] *Com. Parm.*, v, 74. Καὶ ὄντως ὁ Παρμενίδης εἰς ἔλεγχον περιάγει τὸν λόγον, καὶ συνάγει λοιπὸν, ὡς οὐ διὰ τὸ ὅμοιον τὰ τῇδε μετέχει πάντων τῶν εἰδῶν, ἀλλὰ δι' ἄλλην κυριωτέραν αἰτίαν · ἀληθέςερον εἰπών · ἡ γοῦν τῶν ὅλων ἑνοποιὸς αἰτία τὴν τε δραςήριον δύναμιν τῶν εἰδῶν, καὶ τὴν ἐπιτηδειότητα τῶν τῇδε συνάγει πρὸς τὴν μίαν τῆς δημιουργίας ἀποπλήρωσιν.

[2] *Élém. théol.*, prop. 56.

trice. Ainsi force productive et expansive des idées, capacité des êtres à recevoir les émanations de cette force, bonté du Démiurge qui unit les deux termes, tels sont les trois éléments de la participation [1].

V. La Nature. Les idées ne s'appliquent point immédiatement à la matière ; elles illuminent une certaine puissance incorporelle qui en transmet la vertu aux choses matérielles. Cette puissance est la Nature, qui ne pénètre les corps qu'en se mêlant à eux et en participant de leurs qualités essentielles, bien différente en cela des idées qui restent pures de tout contact avec la matière [2]. De là le double caractère de la Nature qui tient à la fois de l'intelligence et de la nécessité, intelligente en tant qu'elle communique avec les idées, aveugle et fatale en tant qu'elle entre en contact avec la matière [3].

La fonction de la Nature dans l'ensemble des principes qui concourent à former l'univers est de mouvoir la matière [4], et d'y réaliser, par le mouvement, l'unité et la forme qu'elle a reçues du monde intelligible. Elle est immuable, individuelle, universelle par rapport aux corps. En soi et par rapport aux intelligibles, elle est mobile, divisible, et tombe dans le *devenir* [5].

VI. La Matière. Il est impossible d'expliquer clairement ce que c'est que la matière. La nature de

---

[1] *Com. Parm.*, v, 79, 80.

[2] Ibid., iv, 204; v, 124. — *De Provid. et Fato*, 7. — *Com. Parm.*, v, 125.

[3] *Plat., théol.*, v, 31. — *Com. Parm.*, v, 15, 16. Καὶ ὅλως εἰ ἄλογος ἡ φύσις, δεῖται τοῦ ἄγοντος αὐτήν.

[4] *Com. Tim.*, 73.

[5] *Com. Parm.*, vi, 2.

Dieu échappe à toute définition, parce qu'elle est au-dessus de l'essence[1] ; la nature de la matière y échappe également, mais par une raison contraire, parce qu'elle est au-dessous de toute essence. On ne peut ni la connaître en elle-même, ni la saisir dans ses produits ; car elle est sans propriétés et sans puissances[2]. Elle n'est ni être ou phénomène[3], ni unité ou variété, ni essence ou puissance, ni nécessité ou contingence, ni bien ou mal[4] ; elle n'est aucun des contraires[5] ; elle est encore moins le principe qui les comprend dans son sein. Et pourtant elle n'est pas un pur mot, simple expression du néant. Sans l'intervention de la matière, l'existence et la nature des êtres sensibles resteraient inexplicables, et la science ne pourrait sortir du cercle des essences intelligibles. Il faut donc l'admettre, et, tout en méconnaissant l'impossibilité de la définir, la distinguer et la déterminer par rapport à la fonction qu'elle exerce dans l'ensemble de la création[6]. Or la matière est la base nécessaire de tout phénomène, le réceptacle de toute forme, le sujet universel de toute génération[7]. Elle n'est pas le mal en soi ; elle n'est même pas essentiellement mauvaise[8]. Car, si elle l'était, comment pourrait-elle recevoir même les plus faibles impressions du Bien ? Dernière émanation du Bien dont tout pro-

---

[1] *Com. Alcib.*, III, 32. Ὡς γὰρ ἡ ὕλη ἀνείδεος, καὶ ὁ Θεός.
[2] *Com. Tim.*, 23.
[3] *Com. Tim.*, 69.
[4] *De mal.*, 3.
[5] *De mal.*, 3. Materia autem oppugnare quidem non est nata.
[6] *Com. Tim.*, 44.
[7] *Com. Tim.*, 142. — *De mal.*, 3.
[8] *De mal.*, 3.

cède, elle en est encore l'image, mais si pâle et si obscure que l'œil de l'intelligence ne peut y reconnaître l'essence divine. Si elle est un principe de contingence, de désordre, de mal, ce n'est pas pour l'être sensible et corporel, dont elle est au contraire la condition d'existence ; c'est pour l'intelligence, pour l'âme, pour toute essence qui, pouvant vivre par elle-même, n'a nul besoin de la matière, et ne peut que s'affaiblir et se souiller dans ce commerce avec un principe inférieur[1].

VII. L'Univers. L'Univers n'a pour cause ni lui-même ni le hasard ; il est l'œuvre du Démiurge[2]. L'Intelligence démiurgique, en effet, se manifeste par les idées qui jouent en même temps le rôle de paradigmes et de causes : les idées illuminent l'Ame et lui communiquent leur puissance ; l'Ame alors s'adjoint un corps qu'elle crée et gouverne, et l'univers existe[3]. L'Ame ainsi considérée n'est plus la dernière essence du monde intelligible ; elle fait partie du monde sensible, et forme avec le corps cet immense animal qu'on nomme l'univers[4]. La cause première du monde, c'est le Démiurge ; mais sans l'intermédiaire de l'Ame, le Démiurge n'aurait pu créer le monde[5]. C'est d'ailleurs l'Ame qui le fait vivre et le conserve, qui lui communique avec l'intelligence et par l'intelligence les dons de la bonté divine ; qui, en devenant partie de son essence, en fait un être parfait, éternel, cause de ses propres mouve-

[1] *De mal.*, 3.
[2] *Plat., théol.*, v, 1, 23.
[3] *Com. Tim.*, 91.
[4] *Com. Parm.*, v, 76.
[5] *Com. Tim.*, 125.

ments. L'Ame n'a pas besoin d'organe pour saisir les êtres sensibles; puisqu'elle en est la cause, elle les porte dans son sein et les voit par la seule réflexion [1]. N'est-elle pas déjà le monde sous forme intellectuelle [2]? Toute âme existe dans un véhicule qui lui est propre, analogue à sa nature, éternel et divin, si elle est éternelle et divine [3]. Le véhicule de l'Ame du monde, c'est le corps du monde ou l'univers matériel; c'est l'Ame elle-même qui se crée ce véhicule [4]; elle le crée en le tirant d'elle-même, en sorte que le κόσμος matériel n'est que le développement et l'achèvement d'un κόσμος supérieur contenu essentiellement dans l'Ame. L'étendue n'est que l'organe extérieur de l'Ame du monde, le lieu qui sert de théâtre à son expansion. Contenue elle-même dans l'Ame, elle reçoit et contient toutes les parties de l'univers. Tout est dans l'étendue; rien en dehors, pas même le vide : la masse du monde occupe le lieu tout entier [5]. Tout se meut dans l'Ame, qui elle-même reste immobile. Quoique immobile et continue, l'Ame comporte la distinction; chaque partie de l'étendue reçoit l'âme qui lui convient; tout lieu n'est pas bon pour toute âme [6].

L'étendue est le lieu de la masse universelle : elle est remplie tout entière par le corps, mais elle n'est pas le corps. Le corps du monde est formé de la réunion de quatre éléments : le feu, l'air, l'eau et la terre. Le feu

[1] Ibid., 136.
[2] Ibid., 92.
[3] *Élém. théol.*, 196. — *Com. Tim.*, 42, 310.
[4] *Plat., théol.*, III, 6.
[5] *Com. Tim.*, 42, 157, 166, 168.
[6] Ibid., 49, 50.

est, parmi les éléments, le principe actif et créateur, il pénètre et dissout tout ; l'air est plus léger, plus prompt à se répandre et à se disséminer que l'eau ; l'eau est plus mobile que la terre [1]. D'après la ténuité des parties, la puissance de pénétrer les objets, et la mobilité de chacun d'eux, on pourrait former le tableau suivant des rapports qui existent entre les éléments :

Le feu serait : λεπτομερές, ὀξύ, εὐκίνητον.
L'air   — : λεπτομέρες, ἀμϐλύ, εὐκίνητον.
L'eau   — : παχυμερές, ἀμϐλύ, εὐκίνητον.
La terre — : παχυμερές, ἀμϐλύ, δυσκίνητον [2].

Chaque élément existe plus particulièrement en soi ; mais tous sont dans tout [3]. Ils existent déjà dans le Démiurge à l'état de cause unique ; ils se développent dans le monde, ils manifestent leur distinction et leur diversité ; ce qui prouve qu'ils sortent tous d'une même cause, c'est leur tendance ici-bas à l'union et à l'organisation, c'est l'amour qui règne entre toutes les parties de l'univers [4]. Aussi Phérécyde a-t-il dit que Jupiter, pour produire, s'est changé en l'Amour [5].

L'Ame et le corps du monde sont inséparables dans la réalité, et forment un seul et même animal, parfait, immuable, immortel, indestructible, dans lequel vivent, meurent et passent sans cesse les animaux et les êtres individuels, imparfaits, changeants et périssables. Il ne s'agit point toutefois de la perfection ni de l'immutabilité du monde intelligible dont l'univers n'est qu'une

---

[1] *Com. Tim.*, 33.
[2] *Com. Tim.*, 33.
[3] *Com. Tim.*, 151.
[4] *Com. Tim.*, 152, 155.
[5] *Com. Tim.*, 156.

image ¹. L'univers est un, sans doute, et identique à lui-même; il n'a qu'une vie, qu'une harmonie, qu'une fin. Mais cette vie, cette harmonie, cette fin unique, supposent un immense concours de puissances, un vaste concert de parties, une multitude infinie de fins particulières. Le monde est partout un et multiple, immuable et changeant, immortel et périssable ² ; et ce qui fait qu'il ressemble au monde intelligible et qu'il en diffère en même temps, c'est cette unité dans la variété, cette immutabilité dans le changement, cette immortalité dans la mort. Ainsi ce mouvement impétueux et en apparence désordonné, qui fait apparaître et disparaître avec tant de rapidité les êtres, en même temps qu'il entraîne les individus dans son irrésistible courant, respecte les genres et les espèces, et les laisse debout, immobiles et éternels, sur la scène mouvante du monde; et, chose admirable, jusque dans ce flux perpétuel, dans cette transformation incessante, l'univers est l'image de l'essence immortelle et éternelle qui l'a créé ³. Le mouvement, la variété, l'imperfection, le désordre, y aboutissent à la mesure, à l'unité, à la perfection, à l'ordre.

On n'aurait pas montré le vrai caractère du monde en se bornant à dire qu'il est un et multiple. La diversité y éclate en opposition entre les parties; il y a guerre au sein même de l'harmonie et de l'unité ⁴. Si tout être intelligible est ternaire, en tant qu'il est complexe, cette loi comprend à plus forte raison les

---

¹ *Com. Parm.*, IV, 146.
² *Com. Tim.*, 130.
³ *Com. Tim.*, 28, 35, 52.
⁴ Ibid., de la page 44 à la page 56.

êtres sensibles ¹. Dans l'intelligible, le fini et l'infini coexistent; dans l'âme, la distinction des deux principes se prononce davantage, sans aboutir à la séparation. Dans la nature, la séparation s'opère et engendre l'opposition et la lutte : le fini devient le principe supérieur et l'infini le principe inférieur ². Le supérieur attire l'inférieur vers la pureté et la perfection de sa propre nature; l'inférieur tend à entraîner le supérieur dans le désordre et la corruption qui lui est propre. Partout la lutte s'établit et se développe; mais elle est domptée par l'Amour, et concourt à l'harmonie universelle. La guerre est, selon Jamblique, le moyen qu'emploie la nature pour détruire tout ce qui résiste à ses lois. Elle est d'ailleurs gouvernée par des causes qui la dirigent dans le sens de l'unité du monde. Dans la guerre des éléments du monde apparaît donc toujours et partout l'unité, soit comme cause, soit comme loi, soit comme effet. Le monde est comme un État bien ordonné, dont les divers pouvoirs conspirent à l'unité du gouvernement ³.

Proclus avait consacré un traité tout entier ⁴ à démontrer contre les chrétiens le dogme de l'éternité du monde. Comme les arguments qu'il met en avant sont toujours fort sérieux et souvent très solides, nous en reproduirons les principaux.

Premier argument ⁵. Si le monde a pris naissance

¹ *Com. Tim.*, 44-56.
² Ibid., 44-56.
³ *Com. Tim.*, 44-56.
⁴ L'ouvrage a péri; mais Philopon en a reproduit pour les réfuter les divers arguments.
⁵ Cet argument n'est point exposé comme les autres en tête de

à un certain moment, on peut demander pourquoi il n'est pas né plus tôt, et pourquoi Dieu ne l'a pas créé de toute éternité, étant lui-même éternel, tout-puissant et souverainement bon.

Deuxième argument. Il est deux points qu'on ne saurait contester : 1° que l'exemplaire du monde est éternel ; 2° qu'il est essentiellement et non accidentellement exemplaire. Or, l'exemplaire n'est vraiment tel que par l'existence de la copie, en sorte que si l'on supprime la copie, l'exemplaire disparaît. Donc, par cela même que l'exemplaire est éternel et qu'il est essentiellement exemplaire, le monde est éternel.

Troisième argument. Ou la cause qui agit est en acte, ou elle est en puissance. Si elle est en acte, elle agit éternellement, et son produit lui est co-éternel. Si elle n'est qu'en puissance, il faut qu'elle ait été déterminée à l'acte par une autre cause. Or, on ne peut remonter de cause en cause jusqu'à l'infini ; il est donc nécessaire de s'arrêter à une cause en acte, qui est la première et la vraie cause de toute la série des produits. Mais toute cause en acte produit éternellement ; donc le monde est éternel.

Quatrième argument. Toute cause essentiellement immobile est en même temps immuable. Si elle est immuable, elle ne passe point d'un état à un état différent. Or, pour elle, commencer à créer serait changer d'état ; donc elle crée éternellement. Mais la cause du monde est immobile, par cela même qu'elle est parfaite et n'a ni besoin ni désir ; donc elle n'a pas commencé de créer, et le monde est éternel.

la réfutation ; mais la discussion même de Philopon le fait suffisamment ressortir.

Cinquième argument. Le mouvement du ciel a pour mesure le temps, comme la vie universelle a pour mesure l'éternité. Donc le ciel coexiste au temps : or, le temps n'a ni commencement ni fin; donc le ciel est éternel.

Sixième argument. Le monde ne pourrait finir que par la dissolution de ses parties. Or, le Dieu qui l'a créé étant bon, comment détruirait-il l'œuvre de sa bonté ? Le monde est donc indissoluble, et par conséquent impérissable. Mais ce qui ne peut périr n'a pu naître ; donc il est éternel.

Septième argument. L'Ame du monde n'est pas susceptible de génération et de corruption, à cause du mouvement éternel dont elle se meut. Mais, par cela même qu'elle se meut éternellement, elle communique au monde un mouvement éternel qui rend impossible toute génération et toute corruption.

L'éternité du monde n'est pas, comme celle des essences intelligibles, immobile et concentrée dans un acte unique et indivisible [1]. Le monde vit dans le temps, et c'est parce qu'il est dans le temps infini qu'il est éternel. L'éternité du monde, c'est l'éternité du temps [2]. Or, l'éternité du temps n'est point l'éternité en soi ; il y a entre ces deux extrémités la différence qui sépare l'être du devenir. L'éternité en soi, c'est l'être ou l'acte permanent ; l'éternité du temps, c'est la succession dans la durée, mais la succession infinie. Le temps est comme l'âme, dont il est un attribut essentiel, un intermédiaire entre l'être et le devenir,

---

[1] *Com. Tim.*, 3. — *Élém. théol.*, prop. 200.
[2] *Com. Tim.*, 78, 88.

image de l'un et principe de l'autre [1]. Sous l'empire du temps, le monde est à la fois immobile et mû, *être* et *devenir*. Par la succession de ses mouvements, il devient; par l'éternité de cette succession, il est antérieur et supérieur au devenir.

L'univers est heureux ; car il est plein de *raisons* excellentes, qui, malgré l'obstacle qu'elles rencontrent dans la matière, produisent le beau et le bon [2]. D'ailleurs, ce n'est que dans les êtres individuels que se trouve l'imperfection et la misère. Le Tout est parfait et souverainement heureux. L'éclat et la splendeur du ciel, l'ordre des révolutions qui s'y succèdent, l'accord des éléments, l'harmonie des principes, l'analogie universelle qui établit partout la symétrie et la sympathie, révèlent déjà la beauté du monde. Mais ce n'en est encore là que le côté extérieur. Que sera-ce si, pénétrant dans l'intérieur, on y découvre les puissances invisibles qui produisent cette beauté visible et extérieure? Alors le monde apparaît tout entier comme une image complète du monde intelligible, recevant sans cesse de chacun des principes qui le composent un don particulier, de l'âme la vie, de l'intelligence l'harmonie et la beauté, de la Providence divine l'unité et la bonté [3]. Le monde, étant le plus beau des êtres engendrés, doit avoir la forme la plus parfaite [4]. Or la forme la plus parfaite est la sphère, en ce qu'elle seule contient toutes les autres, sans exception. Donc le monde est sphérique. Cette

[1] *Com. Tim.*, 84, 85.
[2] *Com. Parm.*, 17.
[3] *Com. Parm.*, 101.
[4] *Com. Tim.*, 160, 161, 274.

forme exclut les organes particuliers, et, en cela encore, convient d'autant plus au monde, qui n'en a nul besoin, puisqu'il est universel. N'ayant point d'organes, le monde (l'Ame du monde s'entend) n'en sent pas moins ; mais cette sensation est pure d'affection, et se réduit à la connaissance [1]. Il en est de même des âmes célestes. Chez les êtres vivants, la connaissance est inséparable de l'affection. Quant aux plantes, elles ne possèdent plus qu'une ombre de vie et de sensibilité. La sphère du monde comprend plusieurs sphères, chaque sphère plusieurs astres, chaque astre plusieurs individus [2]. Les âmes des sphères et des astres sont universelles et contiennent leurs véhicules, quoique inférieures à l'Ame du monde. Les âmes des individus sont particulières et contenues dans leurs véhicules ; c'est là ce qui fait qu'elles sont asservies au corps et obéissent en partie aux lois de la fatalité. Le monde étant âme et corps est soumis à deux puissances différentes [3]. La nature et l'âme en contact avec la nature, subissent l'action constante, immuable, inflexible de la fatalité. L'âme, quand elle agit selon son essence, et l'intelligence, n'obéissent qu'à la Providence. Mais la fatalité elle-même est soumise à la Providence ; en sorte que tout l'univers est dans la main d'un seul maître, le Démiurge [4].

[1] *Com. Tim.*, 164, 165.
[2] Ibid., 321.
[3] *De Provid. et Dest.*, 8.
[4] *Com. Tim.*, 62, 321. — *Plat. théol.*, iv, 17; v, 5, 6, 7, 11.

CHAPITRE V.

Proclus. Psychologie.

Théorie de l'Ame humaine et de ses facultés. Théorie de la Liberté.
Contemplation. Extase.

Dans sa théorie de l'homme, Proclus traite avec détail de la nature de l'âme humaine, de ses rapports avec le corps, de ses diverses facultés, de sa destinée, de sa liberté et du rapport de la liberté avec la Providence. Sur toutes ces questions, il enrichit la doctrine alexandrine de démonstrations, de développements et même de vues nouvelles, et c'est particulièrement dans ces recherches spéciales qu'il montre la sagacité et la profondeur de son esprit. Sa psychologie n'est pas absolument neuve ; mais, tout en reproduisant les traits principaux de la doctrine de Plotin, elle y ajoute des analyses psychologiques du plus grand prix, et présente la théorie de la liberté sous un jour tout nouveau. Les paroles suivantes prouvent combien Proclus attachait d'importance à cette dernière question : « Tu n'as pas oublié (dit-il en répondant aux objections d'un adversaire du libre arbitre) que mon maître (Syrianus) répétait souvent que supprimer le libre arbitre, c'était supprimer la philosophie. Car, qu'enseigner, s'il n'existe rien qui puisse s'instruire ? Et à quoi bon le faire, s'il n'y a rien en nous qui puisse devenir meilleur [1] ? »

Proclus commence par poser la distinction de l'âme

---

[1] *De Provid. et Fato*, 53.

et du corps, en s'appuyant sur l'autorité d'Aristote. Dans son opinion, Aristote enseignerait que toute âme qui agit indépendamment du corps a aussi une essence distincte et séparable du corps. Partant de là, Proclus s'applique à démontrer la thèse d'Aristote [1]. Une essence en acte agit sans l'intermédiaire du corps : or, si on la suppose placée dans un corps comme dans sa substance même, l'attribut étant un acte, et à ce titre n'ayant nul besoin d'une base corporelle, sera supérieur à sa substance, ce qui est impossible. Donc tout ce qui est séparable du corps, quant à son action, l'est aussi quant à sa substance [2]. Maintenant, des âmes qui sont en nous (car il y en a plusieurs), quelle est celle qui n'a nul besoin du corps pour accomplir les opérations qui lui sont propres ? Sera-ce l'âme sensitive ? Mais la faculté de sentir ne peut se passer d'organes corporels ; c'est par eux qu'elle atteint les objets de son domaine. Sera-ce l'âme *irascible* et appétitive ? Mais l'action de cette âme a pour organes le cœur et le foie. D'ailleurs les appétits et les mouvements du principe *irascible* sont intimement liés à la sensation, laquelle a pour condition nécessaire un organe corporel. Plotin a dit avec une profonde raison que toutes les passions sont ou la sensibilité elle-même, ou les compagnes de la sensibilité [3]. Il n'y a

---

[1] La psychologie de Proclus s'écarte sur ce point de celle de Plotin. Le philosophe alexandrin rejetait absolument la théorie d'Aristote, et s'appuyait exclusivement sur celle de Platon. Le quatrième livre des *Ennéades* contient une réfutation vigoureuse de l'entéléchie péripatéticienne.

[2] *De Provid. et Fat.*, 10.

[3] *Ibid.*, 10.

donc que l'âme *raisonnable* qui puisse être considérée comme distincte et séparable du corps, par cela même qu'aucune des opérations qui lui sont propres n'a besoin des organes corporels. La raison dépend si peu de la sensation, qu'elle en contredit et en corrige continuellement le témoignage. Ainsi elle réforme la notion des objets, telle que la donne la sensibilité. Ainsi elle contient l'âme irascible dans ses emportements, lui criant ces paroles d'Homère : Patience, mon cœur ! Ainsi elle détourne l'âme appétitive de savourer les plaisirs du corps [1]. Nous la voyons dans toutes ces opérations contenir tous les instincts irrationnels, ceux qui troublent la connaissance, comme ceux qui portent à la jouissance. Or il faut induire la nature d'une chose, non de l'action qu'elle tient d'autrui, mais bien de celle qui lui est propre et naturelle. Si donc en nous la raison, agissant comme raison, réprime les joies de la concupiscence, blâme les emportements de la colère, relève les erreurs des sens, et tout cela par des motifs qu'elle tire d'elle-même et qu'elle n'emprunte point à une opération corporelle, on peut en conclure qu'elle est une essence indépendante et séparable du corps [2].

Après la raison, vient une faculté supérieure en vertu de laquelle, dans le silence des opérations de la sensibilité, l'âme se replie sur elle-même, contemple sa propre essence et l'ensemble harmonieux de ses diverses puissances. Alors elle s'aperçoit qu'elle est un véritable monde intelligible, image d'un monde supé-

---

[1] *De Provid. et Fato*, 11.
[2] Ibid., 11.

rieur d'où elle est sortie, type d'un monde inférieur sur lequel elle domine [1]. L'étude de l'arithmétique et de la géométrie est une excellente préparation à l'exercice de cette faculté supérieure, en ce qu'elle éloigne l'âme du commerce des sens et délivre l'intelligence des images grossières et impures de la sensibilité. Mais cette double opération de l'âme rationnelle ne suffit point. De même qu'au-dessus de l'imagination est la raison, de même au-dessus de la raison s'élève l'intelligence, la seule faculté de l'âme qui puisse l'initier à la contemplation des essences purement intelligibles. Enfin au-dessus de l'intelligence se montre une dernière faculté, laquelle nous révèle le principe même du monde intelligible, la monade qui contient dans sa nature indivisible la variété des intelligibles. Cette faculté suprême est l'enthousiasme, principe de toute vie bienheureuse et de toute communication divine. C'est par l'enthousiasme que les enfants des Dieux ont pu nous révéler les secrets divins [2].

Proclus considère donc l'âme humaine comme une essence qui tient le milieu entre la nature et le monde intelligible, et participe de l'un et de l'autre, sans toutefois changer de nature. Mais cette distinction générale ne lui suffit point. Il recherche avec soin le nombre et la nature des diverses fonctions de l'âme rationnelle. Quand cette âme commence à se dégager des ténèbres de la matière, sa première connaissance s'appelle une opinion. La simple opinion est déjà fort au-dessus de la sensation, en ce qu'elle suppose un premier effort

---

[1] *De Provid. et Fato,* 12.
[2] Ibid., 13.

d'abstraction de l'âme qui se sépare des choses sensibles [1]. Vient ensuite le procédé par lequel on pose *à priori* comme incontestables certains principes dont on fait sortir des conséquences nécessaires; c'est le syllogisme. Ce mode de connaissance est en usage en arithmétique et en géométrie, sciences où on déduit des conséquences rigoureuses de principes qui n'ont point été vérifiés. De là ce précepte : « qu'un géomètre s'abstienne de discuter avec qui nie les principes [2]. » Le troisième degré de la connaissance est celui par lequel l'âme s'élève jusqu'à la conception de l'unité et du tout, tantôt distinguant, tantôt identifiant, séparant le tout en ses parties, et avec les parties recomposant le tout; c'est l'*analyse* et la *synthèse*. Par ce procédé, la science réduit ses notions en système et ramène tous ses principes à un seul qui les contient et les engendre. Ainsi, en géométrie, ce principe, simple générateur, est le point; en arithmétique, c'est l'unité [3]. Il est un quatrième mode de connaissance qui n'exige l'emploi d'aucune méthode, analyse ou synthèse, définition ou démonstration. L'âme, par une application directe, atteint la vérité, la voit de ses yeux pour ainsi dire, et sait, non plus par la science, mais par un acte instantané d'*intelligence*. C'est cette faculté supérieure par laquelle nous définissons, selon Aristote, et que Platon considère comme nous étant commune avec la divinité. Son objet propre et unique est l'intelligible pur [4], l'essence même des choses.

[1] *De Provid. et Fato*, 20.
[2] Ibid., 21.
Ibid., 22.
[4] Ibid., 23.

Telle est la théorie de la connaissance selon Aristote. Platon va plus loin. Initié par les théologiens aux plus sublimes vérités, il distingue un mode de connaissance supérieur à l'intelligence elle-même, un *enthousiasme* divin. Cette opération ne consiste plus à éveiller l'intelligence, mais à observer l'âme dans l'unité absolue. Tout objet de nos connaissances est perçu par une faculté spéciale, le sensible par le sens, le scientifique par la science, l'intelligible par l'intelligence, l'Un par l'unité [1]. L'âme, dans l'acte de l'intelligence, a conscience d'elle-même ainsi que de l'objet qu'elle connaît. Dans l'opération supra-intellectuelle, elle ignore elle-même et son objet; elle fait taire à la fois le bruit extérieur des sensations et le bruit intérieur de la pensée; elle suspend en elle toute activité; enfin elle s'enferme dans un silence et dans un repos absolu, afin de pouvoir se confondre avec l'Unité suprême. En effet, pour voir l'Unité, ne faut-il pas que l'âme se fasse *une?* Et que parle-t-on de voir? C'est être et non pas voir, qu'on doit dire. Voir l'unité ne serait point un acte supérieur à l'intelligence; ce serait comprendre une certaine unité et non l'Unité absolue, laquelle comprend tout, sans se laisser comprendre par rien. Tels sont, selon Proclus, les divers modes de la connaissance, l'*opinion*, le *raisonnement*, l'*analyse* et la *synthèse*, la *science*, l'*intelligence* et l'*enthousiasme* [2]. Au-dessous comme au-dessus de cette échelle de la pensée, Proclus n'admet plus de connaissance possible.

Ces préliminaires établis, Proclus aborde le pro-

---

[1] La traduction plus exacte serait : l'*Un* par l'acte qui unifie.
[2] *De Provid. et Fato*, 24.

blème du libre arbitre. Plotin avait considéré la liberté dans le sens absolu du mot, et s'était plus appliqué à la définir, telle que Dieu la possède, que par rapport à la nature humaine. Pour le philosophe alexandrin, la liberté en soi, c'est l'indépendance absolue de toute puissance extérieure ou étrangère, c'est le plein et parfait développement de l'être qui n'obéit qu'aux nécessités de sa nature. Fidèle à cette définition, Plotin, cherchant le type de la liberté, ne s'arrête ni à la nature, ni à l'âme, ni même à l'intelligence ; il remonte jusqu'à Dieu. Proclus pense à cet égard absolument comme Plotin. Mais, tout en n'attribuant qu'à Dieu la liberté parfaite, il s'attache à démontrer et à définir le libre arbitre, c'est-à-dire la liberté prise au point de vue humain. La théorie de Plotin sur la liberté était toute métaphysique ; celle de Proclus est essentiellement psychologique, et comble une grave lacune dans la doctrine des Alexandrins. Sous ce rapport, son Traité du libre arbitre mérite une analyse détaillée.

La nature de l'âme humaine est de faire le bien ; mais elle peut faire le mal. La liberté absolue consisterait dans la nécessité du bien ; la possibilité de faire le mal est le caractère même de la liberté imparfaite de l'homme. La liberté, dans le sens humain du mot, c'est le pouvoir de choisir entre le bien et le mal[1]. Nul ne peut sérieusement contester l'existence de ce pouvoir dans l'âme humaine. Si la liberté rencontre des adversaires, c'est qu'on la définit mal et qu'on en exagère la portée. Ainsi, il ne faut pas dire que la

---

[1] *De Provid. et Fato*, 46, 48

liberté est ce qui se limite soi-même (αὐτοπερίγραπτον), ou ce qui agit en vertu d'une énergie propre (αὐτενέργητον). Cette puissance souveraine, cette indépendance absolue ne conviennent qu'à Dieu [1]. Il ne faut pas non plus confondre le libre arbitre avec la volonté. La volonté ne peut vouloir que le bien ; le libre arbitre peut se déterminer pour le bien ou pour le mal. La faculté de choisir convient surtout à la nature essentiellement intermédiaire de l'âme humaine, laquelle incline alternativement vers les deux principes contraires qui la sollicitent. Ce n'est pas que l'âme choisisse naturellement le mal ; si elle se tourne de ce côté, c'est qu'elle a été séduite par l'apparence du bien. Le libre arbitre est donc le pouvoir *personnel* qui détermine l'âme, soit au bien, soit au mal. Ce pouvoir est propre à l'homme. Ni Dieu ni les animaux n'ont la faculté du choix. Dieu ne peut agir en dehors du bien absolu, à cause de l'excellence de sa nature. Les animaux sont esclaves des impressions sensibles. Dieu est incapable du mal ; les animaux sont incapables du bien [2]. Si le pouvoir personnel était la souveraine puissance, il régirait tous les êtres et embrasserait le monde ; il ne rencontrerait jamais cet obstacle qu'on nomme la *Fatalité*. Il voudrait et pourrait toujours le bien ; car l'essence de la volonté est de tendre au bien. C'est elle qui fortifie le libre arbitre contre les passions, qui élève l'âme vers Dieu en lui donnant l'amour et l'habitude du bien. Ainsi le libre arbitre n'est ni au plus haut ni au plus

---

[1] *De Provid. et Fato*, 47.
[2] Ibid., 48.

bas degré de l'échelle des êtres ; il n'a aucun pouvoir sur ce qui est hors de l'âme. La philosophie développe et exalte la puissance de l'âme, au point d'étendre son action jusque sur les choses extérieures qui l'entourent ; mais cette action reste toujours circonscrite dans d'étroites limites. Chez la multitude, c'est le contraire qui arrive ; le pouvoir personnel, loin d'agir sur l'extérieur, en subit les impressions [1].

Selon Proclus, trois causes président à l'accomplissement des choses humaines, la liberté, la Fatalité et la Providence. La Providence fait participer au bien l'acte accompli ; la Fatalité le rattache à l'enchaînement des causes matérielles ; la liberté lui donne son caractère humain. Toute action humaine fait partie de l'ensemble du monde ; toute partie, quelle qu'elle soit, du drame de l'univers, se relie au Bien, fin suprême du Tout [2]. Mais, s'il en est ainsi, comment reconnaître la part de la liberté dans les actions humaines ? Comment la dégager de ce concours de causes étrangères ? Proclus s'explique très nettement sur ce point. Il faut distinguer dans l'action la détermination intérieure et l'acte extérieur qui la suit. Cet acte est un phénomène qui se relie au mouvement général du monde. Nous ne le produisons que sous l'influence de beaucoup d'autres causes, indépendantes de notre volonté. Quant à la détermination intérieure, nous la produisons directement et sans le secours d'aucune cause extérieure. Enfin vient la Providence, qui ramène tout au Bien, le mouvement fatal comme

[1] *De Provid. et Fato*, 49.
[2] Ibid., 26.

l'acte libre. On comprend dès lors comment les choses humaines appartiennent à la fois, sans la moindre contradiction, au triple domaine de la liberté, de la Fatalité et de la Providence [1].

Telle est la doctrine de Proclus sur la liberté. L'âme est libre, et par conséquent responsable de ses œuvres; elle conserve son libre arbitre, en présence de la Fatalité et même de la Providence. Maintenant, faut-il croire que l'âme est indépendante de toute action divine, et que, par ses seules forces, elle peut parvenir et parvient toujours à la vertu? Proclus ne le pense pas; non seulement il suppose que l'âme a besoin du concours de la Providence pour réaliser dans le monde extérieur ses actes volontaires, mais il la fait intervenir dans les déterminations purement intérieures de l'activité [2]. Selon Proclus, lorsque les âmes s'élèvent, la bonne fortune (nous dirions en termes chrétiens la grâce) vient à leur secours, et les adjoint à ce qui convient, quand il convient et comme il convient pour leur salut. « Nous n'avons pas seulement besoin des dons de la bonne fortune pour les choses de l'extérieur, mais encore pour les élévations intérieures, comme dit Socrate dans le *Phèdre* [3]. Ainsi l'âme a besoin d'une cause qui fasse concourir ses forces éparses vers une même fin; car l'énergie volontaire ne suffit pas pour pousser l'âme à sa perfection, sans le secours des puissances supérieures et universelles. La bonne fortune est donc le lien nécessaire pour rattacher les âmes qui s'élèvent aux natures qui doivent

[1] *De Provid. et Fato*, 28.
[2] *Com. Alcib.*, II, 289.
[3] *Com. Tim.*, 61.

les perfectionner. » Il y a plus, la Providence intervient jusque dans nos choix. Tout en délibérant, nous avons besoin de la Providence des Dieux ; car sans leur secours, la passion pourrait nous entraîner vers le mal dans le choix que nous ferions [1]. Il faut donc reconnaître, même dans l'action volontaire, le peu de pouvoir de la liberté, et combien la totalité des choses humaines dépend de la Providence. Ainsi l'homme vertueux est esclave de Dieu, qui seul peut lui donner la vertu ; mais cet esclavage est, comme le dit Platon, la plus parfaite liberté [2]. L'âme doit attendre son salut de Dieu seul, qui la retire de la génération pour la faire remonter vers son principe intelligible. Les Stoïciens disaient à tort que le sage n'a nul besoin de la fortune. Il faut croire avec Platon qu'elle exerce son action sur les individus comme sur le Tout; que l'âme seule n'aurait point assez de force pour surmonter le flot de la génération : elle a besoin que le Divin, que Dieu lui-même la soutienne dans ses efforts, et, en l'attirant, la soulève jusqu'à lui [3]. De là l'importance et la sainteté de la prière [4]. « La prière, dit Porphyre, suppose l'existence des Dieux, leur Providence et la contingence des choses humaines. Elle convient aux âmes, car elle les rattache aux Dieux. Elle fait que la source du bien universel épanche sur celui qui s'y livre le bien qui convient à sa nature. » C'est avec raison que Jamblique rejette bien loin une

[1] *Com. Tim.*, 64.
[2] Saint Augustin a dit quelque part, d'après Platon : Summa Deo servitus, summa libertas.
[3] *Com. Alcib.*, III, 75, 76.
[4] *Com. Tim.*, 64.

pareille définition de la prière. Porphyre a l'air de s'adresser à ceux qui doutent, tandis que la prière est propre à l'ami des Dieux, et n'est vraie qu'autant qu'elle est pure de toute espérance. L'Un est partout, et c'est d'après lui que les Dieux produisent et remplissent tout. Ce qui procède des Dieux, tout en s'en distinguant, n'en est pas entièrement séparé. En vertu de la forte affinité qui l'unit encore à son principe, il tend à y revenir. Or l'âme s'élève par la force de l'intelligence, et l'acte intellectuel qui la porte vers Dieu est la prière [1]. La condition de la véritable et parfaite prière, c'est la connaissance des Dieux créateurs de l'âme qui prie. Par cet acte, l'âme touche à la nature divine sans y entrer encore. Un effort de plus, elle y pénètre et s'y absorbe tout entière : tel est le dernier terme et la suprême perfection de la prière. Ainsi l'essence de la prière, c'est une conversion vers la divinité ; son effet immédiat, une plus grande vertu ; son terme suprême, l'absorption de l'âme en Dieu [2]. La prière n'est donc pas une invocation aux Dieux dans le but d'obtenir des faveurs ; elle est pure de toute crainte comme de toute espérance. Elle est un effort et un élan de l'âme vertueuse qui, parfaitement détachée des choses d'ici-bas, ne désire, n'aime et ne poursuit que le divin. Elle touche à la contemplation et à l'extase [3].

La contemplation et la possession de l'Un, tel est le dernier degré, le terme suprême de la vie de l'âme. Mais elle n'y arrive jamais sans avoir passé par une

---

[1] *Com. Tim.*, 65, 66.
[2] *Com. Tim.*, 65, 66.
[3] *Com. Tim.*, 64, 65. — *Com. Parm.*, IV, 68.

série d'épreuves et d'états différents. Avant tout, il faut fuir la multitude des hommes qui ressemble à un troupeau, comme dit l'oracle, et ne nous associer ni à leurs vies ni à leurs opinions. Il faut fuir les désirs qui divisent les forces de notre âme et les dispersent dans le corps, qui nous attirent vers l'extérieur, nous poussent tantôt aux plaisirs impurs, tantôt aux actions irrationnelles, et nous rendent faibles et vicieux [1]. Il faut fuir les sensations dont les images nous apparaissent sans cesse, et trompent le raisonnement par leur diversité. Il faut fuir les imaginations fantastiques, multiformes, qui nous ferment la voie de l'immatériel et nous ramènent à la vie sensible; les opinions dont la variété, l'indétermination, la contradiction trahissent l'origine sensible. Il faut nous élever jusqu'à la science au sein de laquelle disparaît la diversité et la contradiction. Mais cela ne suffit point [2] : au-dessus des sciences conditionnelles et hypothétiques, il reste à atteindre la Science une et indivisible, principe de toute science et de toute hypothèse. L'âme ne s'arrête point encore là; elle franchit la science et s'élève jusqu'à la pensée pure, l'intelligence, principe de la science première [3]. C'est cette intelligence dont Aristote a dit (Anal. post., l. 1, c. 3) que c'est par elle que nous atteignons les principes des définitions (ὅρους). C'est encore elle dont Timée a dit : « que l'âme seule la contient. » C'est avec son aide que nous contemplons l'essence intelligible. La pure *intelligence* est le dernier degré qui nous reste

---

[1] *De Fato et Provid.*, 24.
[2] Ibid., 24.
Ibid., 24.

à franchir pour parvenir au sommet de l'âme, pour ainsi dire, à cette unité intérieure par laquelle l'âme se relie à Dieu. Car c'est toujours le semblable qui atteint le semblable. Par la science, l'âme saisit le scientifique ; par l'intelligence, l'intelligible ; par l'unité, l'Un [1]. Arrivée à cette hauteur, l'âme se confond en Dieu ; elle devient divine et Dieu même (ἔνθεος).

CHAPITRE VI.

Symbolique de Proclus. Résumé des doctrines propres à Proclus.

Pour achever de faire connaître le système de Proclus, il ne nous reste plus qu'à le suivre dans l'explication philosophique des principaux mythes de la religion hellénique. Si la philosophie alexandrine se prêtait facilement à cette tâche, le système de Proclus y était encore plus propre que toutes les doctrines sorties de la même école. Nul philosophe ne professa au même degré le respect pour toutes les traditions ; nul ne se montra aussi ingénieux à expliquer toutes les croyances humaines, et à les concilier avec les principes du sens commun. Plotin, quel que soit son désir de retrouver la vérité dans les mythes antiques, ne craint pas de répudier les croyances populaires, quand il n'y voit que des préjugés absurdes et ridicules. Mais Proclus proclame d'avance toute tradition vraie. Dans son opinion, plus un mythe paraît absurde, plus il cache de véri-

---

[1] *De Fato et Provid.*, 24.

tés profondes ou sublimes. Tout prend un sens dans sa critique ingénieuse, les pratiques du culte comme les dogmes de la religion, les artifices grossiers de la magie, comme les opérations théurgiques les plus élevées. Il réhabilite jusqu'aux superstitions de l'astrologie, si sévèrement condamnées par Plotin et toute son école.

Dans une telle disposition d'esprit, Proclus devait naturellement tenter une explication philosophique de ces croyances religieuses pour lesquelles son école avait déjà tant combattu et tant souffert. Sa pensée d'ailleurs était si vaste et si profonde qu'elle pouvait tout comprendre et tout expliquer sans effort et sans violence. Dans cet immense système d'essences et de puissances de toute nature et de tout rang, le Polythéisme devait trouver place pour ses innombrables divinités.

Proclus ne se borne point, comme l'avaient fait Plotin, Porphyre, Jamblique, à montrer les grandes vérités philosophiques, cachées sous le voile des symboles. Il embrasse l'ensemble des croyances du Polythéisme dans son explication, et s'attache à retrouver dans chaque divinité un principe, une essence, une puissance du monde intelligible ou du monde sensible. Il relève avec soin tous les détails d'un mythe et établit la correspondance parfaite de la vérité philosophique et de la vérité religieuse. C'est ainsi qu'il aboutit à une véritable équation entre la religion et la philosophie. Nous allons le suivre dans cet ingénieux travail.

Proclus explique nettement le principe de toute sa théorie de l'alliance de la religion et de la philosophie ¹. Ce principe, c'est l'identité, quant au fond, du mythe et de la science. La vérité divine est une; mais il y a bien des manières de l'exposer. Les *poëtes inspirés* la révèlent par des noms mythiques et une représentation frappante; les *tragiques*, par des noms sacrés et des formes qui élèvent l'âme ; les *prêtres*, par des noms empruntés aux manifestations mystiques des Dieux ; d'autres l'expriment par des figures géométriques ² ou par des formules arithmétiques ; d'autres enfin l'exposent dans le langage de la science et de la pure dialectique. Le symbole est l'œuvre d'hommes savants qui, tantôt inspirés directement, tantôt ayant contemplé avec bonheur l'intérieur même de leur âme, ont donné une enveloppe temporelle et corporelle aux vérités éternelles et incorporelles, et nous ont représenté comme composé ce qui est simple, comme multiple ce qui est un dans la divinité; mais le symbole n'en exprime pas moins la nature divine, de même que la science. Voilà pourquoi Socrate dit dans le *Philèbe* qu'il faut ne parler qu'avec respect des noms des Dieux ³.

---

¹ *Plat. théol.*, 1, 4, 5, 29. Οἱ μὲν γὰρ δι' ἐνδείξεως περὶ τῶν θείων λέγοντες, ἢ συμβολικῶς, καὶ μυθικῶς, ἢ δι' εἰκόνων λέγουσιν. Οἱ δὲ ἀπαρακαλύπτως τὰς ἑαυτῶν διανοήσεις ἀπαγγέλλοντες, οἱ μὲν, κατ' ἐπιστήμην, οἱ δὲ, κατὰ τὴν ἐκ θεῶν ἐπίπνοιαν ποιοῦνται τοὺς λόγους.

² *Com. Parm.*, IV, 39. Τὰ γὰρ θεῖα κατ' ἄλλον καὶ ἄλλον τρόπον δυνατόν · τοῖς μὲν φοιβολήπτοις ποιηταῖς, διὰ τῶν μυθικῶν ὀνομάτων ἑρμηνεύειν καὶ ἑρμηνείας ἀδηοτέρας · τοῖς δὲ τῆς τραγικῆς σκηνῆς τῆς ἐν τοῖς μυθικοῖς ἀπεχομένοις, ἄλλως δὲ ἐν θείῳ σώματι φθεγγομένοις, δι' ὁραμάτων ἱεροπρεπῶν, καὶ εἰς τὸ ὕψος ἀνηγμένης ἰδέας · τοῖς δὲ δι' εἰκόνων αὐτὰ προςθεμένοις, ἐξαγγέλλειν δι' ὀνομάτων μαθηματικῶν · ἤπου τῶν ἐν ἀριθμητικοῖς λεγομένων ἢ τῶν γεωμετρικῶν.

³ *Plat. théol.*, 1, 30 Τὸ μὲν ἀσύνθετον αὐτῶν, διὰ συνθέσεως. Τὸ

Mais en même temps que Proclus admet le mythe comme un certain mode d'expression de la vérité, il le déclare inférieur à la science et à la philosophie. « Platon, dit-il, n'admet point l'ancien mode mythique, qui a l'inconvénient de mêler le vrai et le faux, et de les affirmer également, de préférer le sensible à l'intellectuel, la forme la plus grossière à la plus pure, et le simulacre à la réalité. Ces fictions de Dieux errants, ennemis, adultères, déplaisent à Platon ; il n'aime pas qu'une fraude quelconque enveloppe la vérité et les Dieux, causes du bien pour tout l'univers [1]. » Il ajoute un peu plus bas : « Platon a modifié dans le sens d'une morale plus pure le mode ou type mythique. Il défend de confondre la théologie et la physique. Comme Dieu est distinct de la nature, la langue qui sert à l'expliquer ne doit rien avoir de commun avec celle qui sert à expliquer la nature [2]. » Ainsi Proclus s'explique avec une parfaite clarté sur le rapport de la science et du mythe. C'est le même ob-

δὲ ἁπλοῦν, διὰ ποικιλίας. Τὸ δὲ ἡνωμένον, διὰ πλήθους ἀπεικάζουσα... εἰκότως ἄρα καὶ ἐν τῷ Φιλήβῳ Σωκράτης περὶ τὰ τῶν Θεῶν ὀνόματα, παρὰ τοῦ μεγίστου φόβου τῆς περὶ αὐτὰ χάριν εὐλαβείας ἐλαύνειν φησί.

[1] *Plat. théol.*, I, 4, Τῶν δὲ γε παλαιῶν ποιητῶν τραγικώτερον συντιθέναι τὰς περὶ τῶν Θεῶν ἀποῤῥήτους Θεολογίας ἀξιούντων, καὶ διὰ τοῦτο πλάνας Θεῶν, καὶ τομὰς, καὶ πολέμους, καὶ σπαραγμοὺς, καὶ ἁρπαγὰς, καὶ μοιχείας, καὶ πολλὰ ἄλλα τοιαῦτα σύμβολα ποιουμένων τῆς ἀποκεκρυμμένης παρ' αὐτῆς περὶ τῶν Θείων ἀληθείας, τὸν μὲν τοιοῦτον τρόπον τῆς μυθολογίας ὁ Πλάτων ἀποσκευάζεται, καὶ πρὸς παιδείαν εἶναί φησι παντελῶς ἀλλοτριώτατον.

[2] *Plat. théol.*, I, 4. Ὡς γὰρ αὐτὸ τὸ Θεῖον ἐξῄρηται τῆς ὅλης φύσεως, οὕτω δήπου καὶ τοὺς περὶ Θεῶν λόγους καθαρεύειν πάντη προσήκει τῆς περὶ τὴν φύσιν πραγματείας. Proclus adopte l'opinion de Platon en la citant.

jet, la même vérité que l'un et l'autre expriment. Mais le mode philosophique est l'expression pure et parfaite de la nature divine, tandis que le mode mythique n'en est qu'une représentation imparfaite et plus ou moins grossière, un symbole. La science est la forme pure de la vérité, adéquate à la vérité elle-même ; le mythe, en y mêlant des images et des analogies empruntées au monde sensible, l'altère et la corrompt toujours plus ou moins. Voilà pourquoi le mythe, pour être absolument vrai, a besoin d'être interprété, expliqué, transformé par la philosophie. Jusque là, il n'est qu'un mélange équivoque de vrai et de faux, d'intelligible et de sensible, que l'imagination peut toujours disputer à la raison.

En montrant comment le mythe diffère de la science, et jusqu'à quel point il est l'expression du divin, Proclus révèle en même temps la méthode d'explication et de transformation qu'il convient d'y appliquer. Le mythe, étant un symbole, confond toujours plus ou moins l'intelligible et le sensible, mêle le corporel à l'incorporel, substitue des images à des conceptions pures, sépare là où la philosophie ne fait que distinguer, assimile la *procession* (πρόοδον) des principes intelligibles, toute spirituelle et toute indépendante du temps et de l'espace, à la génération corporelle, temporelle et locale des puissances de la nature (γένεσιν). Donc, quand il aborde un mythe pour l'interpréter et l'expliquer[1], le philosophe doit toujours en écarter tout ce qui touche au monde sensible, l'espace, le temps, le mouvement, la génération,

[1] *Plat. théol.*, I, 28.

l'action mécanique ou naturelle, la passion, et n'en considérer que l'élément intelligible. Proclus donne un exemple de cette méthode. Quoique les Dieux ne soient pas engendrés, ils forment des ordres inégaux en puissance et en dignité, et au-dessous d'eux se développe la multitude de leurs effets. Il faut distinguer ce que les mythes appellent les causes πατρικαὶ et les causes μητρικαὶ. Deux causes concourant à un effet, la plus élevée est le père, l'autre est la mère. Le père est toujours supérieur à son effet ; la mère quelquefois inférieure [1]. Ainsi, dans le Banquet, la pauvreté est nommée la mère de l'amour. La philosophie même parle quelquefois la langue du mythe, comme on le voit dans le Timée. Platon y nomme l'être le père, et la matière la mère de la génération. « Je sais, dit Proclus, que Platon parle de la génération d'Aphrodite et de l'Amour ; mais c'est là un symbole. Les mythes ne se font pas scrupule d'appeler génération la procession des Dieux. C'est en ce sens que, dans les Orphiques, le temps est appelé la première

---

[1] *Plat. théol.*, I, 28. Τὸ δὲ τῆς καταδεεςέρας, καὶ μερικωτέρας, ἐν μητρὸς τάξει προϋπάρχειν φήσομεν. Ἀνάλογον γὰρ, μονάδι μὲν, καὶ τῇ τοῦ πέρατος αἰτίᾳ παρὰ τοῖς Θεοῖς ὁ πατήρ. Δυάδι δὲ, καὶ τῇ ἀπείρῳ δυνάμει τῇ γεννητικῇ τῶν ὄντων, ἡ μήτηρ. Ἀλλὰ τὸ μὲν πατρικὸν, μονοειδὲς παρὰ Πλάτωνι, καὶ τῶν ἀπ' αὐτοῦ προϊόντων ὑψηλότερον ἵδρυται, καὶ ἐν ἐφετοῦ μοίρᾳ τῶν τικτομένων προϋφέςηκε. Τὸ δὲ αὖ μητρικὸν, δυοειδὶς · καὶ ποτὲ μὲν ὡς κρεῖττον τῶν γεννημάτων. Ποτὲ δὲ, ὡς ὑφειμένον, κατὰ τὴν οὐσίαν, ἐν τοῖς μύθοις προτείνεται. Καθάπερ ἐν Συμποσίῳ τὴν πενίαν τοῦ ἔρωτος μητέρα, λέγουσι. Καὶ οὐκ ἐν τοῖς μυθικοῖς πλάσμασι μόνον, ἀλλὰ κἂν τῇ φιλοσόφῳ θεωρίᾳ τῶν ὄντων ὥσπερ ἐν Τιμαίῳ γέγραπται. Καὶ γὰρ ἐκεῖ, τὸ μὲν ὂν, πατέρα, τὴν δὲ ὕλην, μητέρα, καὶ τιθηνὴν ἐπονομάζει τῆς γενέσεως.

cause[1]. » Cette confusion perpétuelle de l'intelligible et du sensible, de la raison pure et de l'imagination, qui fait le caractère propre et l'essence même du mythe, est le principe de toutes les différences qui distinguent la religion de la philosophie. Là où la philosophie ne voit que des manifestations diverses, distinctes et disposées dans un ordre hiérarchique, mais en même temps réunies dans l'unité d'un principe suprême et commun, Dieu, la religion suppose des puissances divines, des Dieux divers et séparés, vivant et agissant chacun d'une vie et d'une action qui lui est propre, alors que la génération les a fait sortir du sein de leur Père. C'est ce qui fait que la philosophie ramène sans cesse le mythe, du sensible à l'intelligible, du concret à l'abstrait, de l'individuel à l'universel.

Voici maintenant le système mythologique de Proclus. Après Dieu, qui est ineffable pour la langue du symbole comme pour celle de la philosophie[2], vient l'essence intelligible, laquelle compose une première Trinité. Cette Trinité de l'Être, de la Vie, de l'Intelligence, voisine du Bien ineffable, n'a point de nom individuel dans la langue mythologique. Elle compose la série des Dieux intelligibles, des grands Dieux. Le premier terme, l'essence, le fini, reçoit le nom de Père dans la théologie sacrée[3], et

---

[1] *Plat. théol.*, I, 28. Καὶ διότι τὴν διὰ τῶν αἰτίων ἄρρητον ἔκφασιν ἐπικρυπτόμενοι, γένεσιν οἱ μῦθοι καλοῦσι.

[2] *Plat. théol.*, III, 7.

[3] *Plat. théol.*, III, 21. Πάσης δὲ αὖ νοητῆς τριάδος, τὸ μὲν πέρας, ἐν ἑκάστῃ πατὴρ ἐπονομάζεται.

la trinité tout entière se nomme θεοὶ πατρικοί [1].

Vient ensuite l'essence intelligible et intellectuelle tout ensemble, laquelle forme aussi une trinité. Cette trinité, moins ineffable que la précédente, l'est assez néanmoins pour qu'on lui doive épargner les noms individuels [2]. Seulement, comme elle exprime essentiellement la fécondité de l'être, et que d'elle procèdent tous les êtres du monde intelligible, elle sera bien nommée la mère des Dieux, ou θεοὶ μητρικοί [3], ou bien encore Uranus. « Ce Ciel supérieur est intelligible relativement au Démiurge. Le Père intelligible (la première Trinité) est la cause *paternelle* de tout; le lieu supra-céleste, réceptacle des causes paternelles, est la cause *maternelle* de tout. Seulement, dans la génération matérielle, la mère ne fait que recevoir des formes, tandis que ce lieu, mère et nourrice des Dieux, non seulement reçoit des formes, mais les *fait* (ποίει) de concert avec le Père. En outre, la cause maternelle ne produit pas les formes en dehors d'elle-même; mais elle les établit en elle, les enveloppe et les conserve [4]. » Le mythe des Dieux, se nourrissant de nectar et d'ambroisie, exprime la manière dont la trinité des Dieux intelligibles et intellectuels crée et conserve les êtres. L'ambroisie, aliment solide, représente le fini : le nectar, aliment liquide, plus mobile et plus inconsistant, figure l'infini [5]. Or tout être est produit par le concours du fini et de l'in-

---

[1] *Plat. théol.*, III, 24.
[2] Ibid., IV, 1.
[3] Ibid., IV, 10.
[4] Ibid., IV, 10.
[5] Ibid., IV, 15.

fini. Le mythe d'Adrastée exprime une autre vérité non moins profonde : on distingue la loi de Jupiter, la loi de Saturne et la loi d'Adrastée. Celle-ci embrasse et domine les deux autres, et leur donne l'être et la mesure de leur puissance ; c'est elle qui conserve l'ordre universel. L'âme, même particulière, étant guidée par l'intelligence, ne dépend pas des lois fatales; c'est ce qui fait que les Dieux saturniens sont indépendants des joviens, et que les Dieux qui contiennent et perfectionnent tout, les Dieux supra-célestes, le sont des saturniens. Tous obéissent à la loi d'Adrastée, qu'Orphée nous dépeint conservant le Démiurge universel, frappant avec des baguettes d'airain un tambour de peau de chèvre, et faisant *revenir* à elle tous les Dieux [1].

Vient enfin, dans le monde intelligible proprement dit, l'essence purement intellectuelle, laquelle forme la trinité des *Dieux* intellectuels. Ici la distinction fait place à l'individualité, au nombre. On ne nomme pas cette trinité le Père, mais les *Pères*. Chacun de ces Pères reçoit un nom particulier : le premier est Cronos, le second Rhéa, femme de Cronos, le troisième Jupiter, fils de Cronos et de Rhéa [2]. Cronos représente le principe fini, l'Intelligence pure ; Rhéa le principe infini, la fécondité, la Puissance d'expansion ; Jupiter le principe mixte, l'Ame démiurgique [3]. Cronos, principe de l'intelligence qui ne passe point, a la propriété de tout rajeunir ; Jupiter, principe de l'âme et de la génération, celle de faire tout vieillir [4]. Saturne illu-

---

[1] *Plat. théol.*, IV, 15.
[2] Ibid., V, 3.
[3] Ibid., V, 4.
[4] Ibid., V, 10.

mine les êtres, Jupiter les vivifie. Les âmes vivent d'abord sous la loi fatale de Jupiter, puis sous la loi providentielle (intellectuelle) de Saturne, puis sous la loi purement intelligible d'Adrastée [1].

Après la trinité des essences intellectuelles proprement dites, Proclus ne reconnaît plus rien dans le monde intelligible. Mais entre le monde intelligible et le monde sensible, entre le Démiurge et son œuvre, il distingue des puissances intermédiaires. A cet ordre nouveau de principes correspond, dans la théologie sacrée, une trinité de Dieux. Trois enfants de Jupiter, Minerve, Proserpine, Bacchus [2], venant se placer entre Jupiter et le monde, conservent pure et maintiennent séparée de la nature la dignité de leur père. Aussi ont-ils reçu les noms de Dieux gardiens. Leur mère est Rhéa, la fécondité universelle qui, lorsqu'elle s'unit à Jupiter, prend le nom de Cérès. Le premier de ces Dieux garde Saturne, unité supérieure de cette triade ; le deuxième conserve pure de la matière la puissance de Rhéa; le troisième sépare irrévocablement le Démiurge de ses produits.

Enfin le Démiurge produit, ordonne, conserve, gouverne les êtres et les rappelle à lui. La diversité de fonctions dans le créateur, ainsi que la diversité des choses créées, est représentée par plusieurs ordres de Dieux. Jupiter exprime l'unité de la production démiurgique ; la trinité jovienne, Jupiter, Neptune et Pluton, ou Jupiter marin et Jupiter souterrain, en représente les divers points de vue. Jupiter est le Dé-

---

[1] *Plat. théol.*, v, 9.
[2] Ibid., v, 35.

miurge universel ; Neptune est le Démiurge des âmes ; Vulcain ou Pluton est le Démiurge des corps [1]. Voilà pourquoi Jupiter a pour empire l'air et le feu, éléments subtils et puissants ; Neptune l'eau, élément intermédiaire mobile, et Pluton ou Vulcain la terre et les éléments souterrains.

Après avoir produit (substantiellement), le Démiurge fixe et maintient, puis il engendre, puis enfin il ramène à lui les êtres qu'il a engendrés. De là trois ordres de Dieux [2].

Dieux gardiens : Vesta, Minerve, Mars.

Dieux zoogoniques : Cérès, Junon, Diane.

Dieux anagogiques : Mercure, Vénus, Apollon [3].

Autour de ces Dieux se pressent plusieurs sortes d'Anges, plusieurs nombres de démons, plusieurs troupes de héros et enfin une multitude d'âmes particulières, puis les genres multiformes des animaux mortels, puis les diverses puissances des plantes [4]. Les anges sont comme les verbes des Dieux ; les démons transforment la parole divine en réalité vivante ; les héros sont les ministres des révolutions que les Dieux opèrent soit dans la nature, soit dans les âmes.

Voici, en résumé, le tableau de la religion hellénique, telle que Proclus la conçoit philosophiquement [5].

---

[1] *Plat. théol.*, vi, 22.
[2] Ibid., vi, 10.
[3] Ibid., vi, 22.
[4] Ibid., vi, 4.
[5] Ibid., vii, 4. — *De malo.*

SYMBOLIQUE DE PROCLUS. 379

		PHILOSOPHIE.	RELIGION.	
Monde divin.		L'Un (τὸ Ἕν).	Dieu (ineffable).	
Monde intelligible.	Intelligence.	Unités intelligibles (Τριὰς νοητή).	Dieux intelligibles. (πατρικοί).	
		Unités intelligibles-intellectuelles (Τριὰς νοητή-νοερά).	Dieux intelligibles-intellectuels (μητρικοί).	Uranus.
		Unités intellectuelles (Τριὰς νοερά).	Dieux intellectuels.	Saturne. Rhéa. Jupiter.
	Ame.	Puissances démiurgiques (δυνάμεις Δημιουργικαί).	Dieux démiurgiques.	Jupiter. Neptune. Pluton. Vulcain.
		Puissances conservatrices (διασωτικαί).	Dieux gardiens.	Vesta. Minerve. Mars.
		Puissances zoogoniques (ζωογονικαί).	Dieux zoogoniques.	Cérès. Junon. Diane.
		Puissances anagogiques (ἀναγωγικαί).	Dieux anagogiques.	Mercure. Vénus. Apollon.
Monde sensible.		Puissances inférieures : Anges. Démons. Héros. Ames.	Dieux inférieurs.	

Cette exposition du système de Proclus avait surtout pour but de faire ressortir les points sur lesquels ce philosophe a développé, transformé ou modifié la doctrine qui lui avait été léguée par ses maîtres Alexandrins. Résumons ces points rapidement.

1° Démonstration du premier principe. Proclus, tout en considérant l'intuition pure, la pensée, comme la vraie méthode de connaître le divin, s'applique à démontrer le premier principe. Pour cela, il remonte du multiple à l'Un, des produits à la cause, de la bonté dans les êtres créés, au Bien, du monde à Dieu; il procède donc analytiquement. Plotin, au contraire, dédaigne la démonstration et tout procédé *à posteriori*; sa pensée, impatiente et impétueuse, s'élance de prime abord, par une contemplation directe, jusqu'à la nature de Dieu; il procède synthétiquement.

2° Théorie des Unités. Plotin n'avait admis aucun principe intermédiaire entre l'Un et l'Intelligence. Proclus, afin de mieux expliquer la nécessité de la création, et sans doute aussi dans le but d'accorder sa doctrine avec les croyances religieuses, imagine entre Dieu et le monde intelligible une série infinie de principes intermédiaires, sous le nom de Dieux ou unités divines.

3° Théorie du monde intelligible. Plotin s'était borné à concevoir et à poser les principes intelligibles, l'Intelligence et ses idées, l'Ame et ses puissances. Proclus divise et subdivise à l'infini les êtres du monde intelligible, et démontre chaque ordre de principes par une série de raisonnements; il pousse l'analyse jusqu'à l'abus.

4° Théorie du Ternaire. Cette théorie est la plus grande conception dont Proclus ait enrichi la philosophie alexandrine : elle contient l'explication de tous les êtres créés, de l'*être* proprement dit comme du *devenir*.

Plotin, en traitant des principes du monde intelligible et du monde sensible, n'avait point songé à en déterminer la loi nécessaire et universelle. C'est cette grave lacune que Proclus a comblée : il est vrai qu'il a abusé de sa formule et qu'il en a fait sortir des myriades de trinités; mais il n'en faut pas moins voir sous cet amas de subtilités la grande et éternelle vérité de la triple nature de tout être créé.

5° Théorie de l'Être. Dans la doctrine de Plotin, l'Intelligence apparaît au premier rang, immédiatement au-dessous de l'Un. Dans le système de Proclus, l'Intelligence ne vient qu'en troisième ordre; avant elle est la Vie, et avant la Vie l'Être. Cette grave différence révèle clairement le retour de l'école d'Athènes au Platonisme pur.

6° Théorie des Idées. Nouvelle preuve des tendances platoniciennes de la philosophie de Proclus. On a vu pour quelles raisons profondes Plotin avait modifié essentiellement la théorie platonicienne des idées, en rapportant les individus aussi bien que les espèces à des types intelligibles. Proclus revient à la doctrine de Platon, tout en maintenant aux idées ce double caractère d'essences et de puissances que leur avait attribué Plotin. Il ne reconnaît pas d'idée pour chaque individu.

7° Doctrine de la Providence. Tandis que Plotin n'avait fait que déduire de sa théologie générale la nécessité de la Providence, et s'était borné à la caractériser à grands traits, Proclus démontre longuement l'existence, et définit la nature et les divers modes d'action de la Providence, s'attachant partout à la concilier soit avec la liberté humaine, soit avec l'ordre du monde, et réfutant solidement les graves objections qui, dès la philosophie ancienne, avaient été accumulées contre ce dogme important. La philosophie moderne, même dans Leibnitz, ne contient rien de plus profond et de plus ingénieux que cette réfutation.

8° Théorie de la liberté. Ici Proclus ne développe pas seulement la doctrine de Plotin; il la modifie dans le sens de l'expérience et dans l'intérêt de la personnalité humaine. Plotin appliquant à la question de la liberté sa définition profonde, mais un peu mystique, de la nature de l'âme, avait trop confondu la liberté avec l'intelligence qui en est le principe. Proclus, tout en reconnaissant avec Platon et avec Plotin que la nature de l'âme n'est point indifférente au bien, distingue et pose à part le pouvoir de choix et d'élection, la puissance de vouloir également le bien et le mal, la liberté proprement dite; et c'est dans ce pouvoir qu'il fait consister la nature même de l'âme, nature essentiellement intermédiaire, inférieure à l'intelligence, supérieure à la sensibilité. En cela, du reste, Proclus ne contredit ni ne modifie la doctrine des Alexandrins. Il reconnaît avec Plotin que c'est dans la nature divine seule qu'il faut chercher le type et le principe de la liberté : seulement, il s'attache à la faire connaître sous sa forme humaine et psychologique, c'est-à-dire comme libre arbitre.

9° Doctrine mythologique. Proclus est le premier philosophe parmi les Néoplatoniciens qui ait embrassé, dans sa tentative d'explication philosophique, l'ensemble et le système entier des mythes du Polythéisme, et qui ait érigé en théorie la distinction du mythe et de la science. Jusqu'à lui, l'école d'Alexandrie s'était bornée soit à retrouver les principes de sa philosophie dans les principaux dogmes religieux, soit à prendre au hasard tel ou tel détail de la mythologie grecque, pour en essayer une explication.

Indépendamment de ces importantes modifications, on voit que Proclus a repris toutes les solutions indiquées antérieurement par Plotin, par Porphyre, par Jamblique, et qu'il les a développées avec une clarté et une précision qui ne laissent plus rien à désirer. Proclus a donc accompli avec une rare perfection la triple tâche léguée à l'école d'Athènes par les premiers Alexandrins. Il était impossible de démontrer avec plus de méthode les conceptions échappées à l'enthousiasme de Plotin, de combler avec plus de soin les lacunes, d'organiser d'une manière plus systématique les éléments épars de cette grande synthèse des Alexandrins, enfin d'y faire rentrer, par un éclectisme plus savant et plus ingénieux, toutes les traditions, soit philosophiques, soit religieuses du passé. Dans ce grand travail qui devait aboutir à la philosophie alexandrine, Plotin et Proclus avaient également le génie de leur mission. Si le premier montra, dans son œuvre d'invention, une rare vigueur d'intuition, le second, dans son œuvre d'organisation, déploya une admirable puissance d'analyse. On ne sait ce qu'il faut le plus admirer de la vive et forte intelligence de Plotin, ou de la science immense et de la merveilleuse souplesse d'esprit de Proclus.

CHAPITRE VII.

Successeurs de Proclus.

Damascius. Olympiodore. Simplicius. Conclusion.

Le système de Proclus est le dernier mot de la philosophie alexandrine. Grâce à sa science et à son génie, le Néoplatonisme a atteint son plein et entier développement; c'est une doctrine complète, quant aux idées, et parfaite, quant à la forme. Proclus n'a rien laissé à faire à ses successeurs sous ce double rapport. Aussi le Néoplatonisme en est-il réduit à se traîner après lui dans les voies de la pure érudition. Marinus, Damascius, Olympiodore, Simplicius ne sont guère que des commentateurs qui reproduisent avec plus ou moins d'intelligence l'éclectisme de l'école d'Athènes. Leurs commentaires portent surtout sur les livres de Platon et d'Aristote. L'œuvre de conciliation que Syrien et Proclus avaient tentée sur les points essentiels, ils la poursuivent dans les plus minces détails, en y appliquant, du reste, le même esprit et la même méthode d'interprétation. Ils insistent et épiloguent sur tous les mots, et entre leurs mains la tentative philosophique de Syrien et de Proclus dégénère en subtilités grammaticales. Toutefois les livres des successeurs de Proclus, peu remarquables par l'originalité de la pensée, contiennent une science solide et une critique ingénieuse. Sur les trois points fondamentaux de la philosophie alexandrine, à savoir, la doctrine théologique, l'explication philosophique des mythes, la conciliation des idées de Platon et d'Aristote, on trouve dans Damascius, dans Olympiodore, dans Simplicius, des développements d'une certaine importance.

Il n'est rien resté de Marinus qu'une vie de Proclus. Damascius, au témoignage de Simplicius[1], n'avait pas craint, dans son extrême prédilection pour Jamblique, de contredire sur plusieurs points son maître Proclus; mais le seul traité qui ait été conservé de ce philosophe ne révèle point ces divergences[2]. Dans ce livre, Damascius résume avec précision la doctrine de Proclus, et, sans y rien ajouter pour le fond, soulève et résout avec une certaine force les principales difficultés de la théologie alexandrine. Ni Plotin, ni même Proclus, malgré leurs efforts, n'avaient pu s'expliquer nettement sur la nature du premier principe et sur la manière dont il produit le monde. Leurs affirmations contradictoires, au moins en apparence, sur la nécessité de la connaissance du divin et l'impossibilité d'y parvenir, leurs descriptions plus métaphoriques que philosophiques de la production des êtres par Dieu trahissaient l'incertitude et le vague de leur pensée. Leur doctrine théologique n'avait point complétement satisfait l'école, et Damascius se montre constamment préoccupé des difficultés qu'elle laissait subsister. Il se demande sans cesse quelle est la nature de l'Un, comment il peut produire le multiple, sans perdre son unité absolue, comment les principes se distinguent les uns des autres, et s'il n'y a pas quelque principe intermédiaire entre l'Un et l'Être. Damascius sur tous les points complète ou approfondit la doctrine de ses maîtres. Voici en

---

[1] *Simplic. in physic.*, iv, com. 140.
[2] *Damascii quest.*, édit. Kopp.

substance la doctrine contenue dans le Περὶ ἀρχῶν.

Nous ne pensons rien que sous la loi de la division et la distinction. Donc la nature de l'Un, en tant qu'absolument simple, ne peut être l'objet de la pensée [1]. L'Un est supérieur à toute détermination, soit affirmative, soit négative [2]. Aucune des choses qui ont leurs contraires ne peut lui être attribuée. Il n'est ni âme, ni intelligence, ni vie, ni être [3] ; car tout cela implique une relation de Dieu avec le monde : or l'Un n'a besoin de rien ; il est parfait et complet par lui-même. Damascius démontre ainsi l'insuffisance de l'Être comme principe suprême. « Autre chose est l'Un, autre chose l'Être dans notre pensée. Si l'Être était avant l'Un, il ne pourrait en participer, il serait donc multiple et multiple à l'infini. Si l'Un est avec l'Être, et l'Être avec l'Un, ou bien ils seront confondus dans un même ordre d'essences ; ou bien ils resteront à une certaine distance l'un de l'autre et formeront deux principes, ce dont nous avons déjà montré l'absurdité ; ou enfin ils participeront l'un de l'autre et seront deux éléments d'un composé. Mais alors qui réunira ces éléments ? Si c'est l'Un, il sera principe d'union en tant qu'Un, et agira avant l'Être [4], afin de se transformer lui-même en Être. Donc l'Un existe par soi avant l'Être. » D'ailleurs rien n'est avant l'Un, parce qu'il est impossible de concevoir un principe plus simple [5]. L'Un est en-

---

[1] *Damascii quæst.*, 28.
[2] Ibid., 8.
[3] Ibid., 11, 12.
[4] Ibid., 21.
[5] Ibid., 21. Καὶ ὅλως ἁπλουτέραν ἀρχὴν τοῦ ἑνὸς οὐκ ἔστιν ἐπινοῆσαι, πανταχῶς ἄρατὸ ἓν πρὸ τοῦ ὄντος.

core moins l'Intelligence que l'Être; car on ne peut admettre qu'il se connaisse. Autrement il y aurait le connaissant, le connu et la lumière qui éclaire l'un et l'autre. Mais l'Un ne reçoit point la lumière ; il la donne [1]. D'une autre part, les noms de Cause, de Principe, de Premier ne lui conviennent pas davantage, par cela même qu'ils impliquent un rapport de l'Un avec le monde [2].

S'il en est ainsi, la connaissance de l'Un n'est-elle pas impossible? La vérité est que nous ne pouvons en parler que par comparaison avec les choses qui nous sont le mieux connues. Cette méthode nous découvre ce que Dieu n'est pas et non ce qu'il est. Nous ignorons donc Dieu : seulement, cette ignorance ne tient pas au sujet, mais à l'objet de la connaissance. L'impossibilité de penser l'Un vient de sa nature même et de ce qu'il a de plus excellent [3]. Mais si nous ne pouvons atteindre l'Un par l'intelligence, nous pouvons en approcher, en concentrant toutes nos pensées vers un seul point. Car les pensées aboutissent à l'unité, comme les rayons de la circonférence au centre [4]. Alors, par cet effort de concentration, la suprême

---

[1] *Damascii quæst.*, 26.

[2] Ibid., 2.

[3] Ibid., 6. Ὡς γὰρ τὸ πρὸς γνώσεως ἐπέκεινα κρεῖττόν ἐςι τοῦ ὑπ' αὐτῆς αἱρουμένου, οὕτω καὶ τὸ πάσης ὑπονοίας ἐπέκεινα δεῖ εἶναι σεμνότατον.

[4] Ibid., 29. Αἱ γὰρ μερισαὶ ἔννοιαι συναγειρόμεναι καὶ πρὸς ἀλλήλας γυμναζόμεναι κατὰ τὴν εἰς τὸ μονοειδὲς καὶ ἁπλοῦν συννεύουσαν κορυφήν, τελευτῶσιν (ὥσπερ εἴς τινα σύμπτωσιν, οἷον τὴν κατὰ τὸ κέντρον ἐν κύκλῳ τὰ πέρατα τῶν ἀπὸ τῆς περιφερείας ἐπειγομένων εἰς τὸ κέντρον πολλῶν εὐθειῶν).

science se convertit en une ignorance supérieure qui nous fait communiquer avec l'Un [1].

Maintenant, comment l'Un peut-il produire le multiple? L'Un n'existe pas seul; après lui et par lui est le monde [2]. Et puisque le monde n'est pas l'Un et qu'il en vient, comment en vient-il? On conçoit facilement que le non-un doive être à la fois dépendant et séparé de l'Un, s'il existe. Mais la difficulté est de comprendre comment l'Un a pu le produire. Damascius essaie de l'expliquer de la manière suivante. Il répugne à la nature de l'Un de produire quelque chose de différent de lui-même; il ne produit donc pas le *non-un*, en tant que *non-un*, mais bien en tant qu'*un* [3]. Car l'unité absolue ne peut jamais être un principe de séparation et de division. Ce qui vient de l'Un et après l'Un est *non-un* par sa propre nature et *un* en vertu de l'action de l'Un [4].

Cette explication ne suffit point encore à Damascius. Si l'Un produit, ou il transmet quelque chose de soi aux choses qu'il produit, ou il n'en transmet rien. S'il ne transmet rien de soi, comment a-t-il produit des choses qui n'ont rien de commun avec lui? Comment ces choses peuvent-elles se replier et aspirer vers ce dont elles ne participent point [5]? Donc il semble qu'il y ait dans chacune des parties du Tout quelque chose d'analogue au principe suprême, lequel passe en tout et sert à

---

[1] *Damasc. quæst.*, 29. Ὥστε καὶ ἡ γνῶσις ἀναχεῖται εἰς ἀγνωσίαν.

[2] Ibid., 28. Ἀλλ' οἷον ἐρρίζωται τῷ ἑνὶ (τὸ οὐχ' ἓν) καὶ τὸ οὐχ ἓν ἐςὶ διὰ τὸ ἕν.

[3] Ibid., 28.

[4] Ibid., 28. Τὸ μὲν οὐχ' ἓν διακέκριται τοῦ ἑνὸς τῇ ἑαυτοῦ φύσει.

[5] Ibid., 34.

tout d'hypostase. Mais d'un autre côté, s'il en est ainsi, comment peut-il passer dans ce qui le suit ? Quelle sera la cause de cette division ? Car tout πρόοδος suppose une division, et toute division a pour principe le multiple [1]. Or l'unité qui est principe de l'union (la monade et non l'Un) est avant le multiple ; donc l'Un premier qui précède la monade est antérieur à plus forte raison au multiple ; donc la nature du premier principe est d'être ἀπρόοδος, par cela même qu'il est ἀδιάκριτος [2]. Ainsi, d'une part, le premier principe ne peut produire qu'à la condition du πρόοδος, et de l'autre tout πρόοδος répugne à sa nature [3]. Comment sortir de difficulté ? Damascius s'en tire par une distinction. L'Un premier est absolument ἀπρόοδος ; c'est une autre unité qui produit le mixte [4]. Mais la difficulté n'est que reculée. Car il reste à expliquer comment cette unité secondaire est sortie de l'Unité primitive. S'il y a eu participation, la nature de l'Un ne subit-elle pas une division et ne tombe-t-elle pas dans le multiple ? Damascius en revient à dire que la difficulté n'est que dans les mots. Le premier principe produit, conserve, parachève, ramène tous les êtres, sans cesser d'être absolument Un. Tout cela s'opère sans participation, sans division, sans transition, par un acte simple et

---

[1] *Damascii quæst.*, 34.

[2] Ibid., 34.

[3] Ibid., 34. Ἐκεῖνο ἄρα πάντη ἀπρόϊτον, οὐδὲ ἔλλαμψιν ἀφ' ἑαυτοῦ προϊέμενον εἰς οὐδὲν τῶν πάντων · καὶ γὰρ ἡ ἔλλαμψις διακρίνεται ἀπὸ τοῦ ἐλλάμποντος.

[4] Ibid., 34. Ἓν γὰρ καὶ τοῦτο, καὶ τούτου γε μερισμός, αἱ τρεῖς μονάδες, ἀλλ' οὐ τῆς πρώτης ὄντως ἀρχῆς.

immuable de l'énergie qui est en lui [1]. Ici là contradiction n'est qu'apparente ; elle tient à ce que les mots manquent pour exprimer convenablement de telles vérités. L'Un produit, sans se diviser. Ce qui serait impossible pour les causes secondaires, devient nécessaire pour l'Un, qui produit tout, le système des êtres, le principe, le milieu, l'extrémité, l'intelligence, l'âme, la nature, la matière elle-même [2], sans sortir des profondeurs de sa nature indivisible et immobile.

Cette discussion sur la nature de l'Un et sur le rapport de l'Un avec le Tout est la seule partie originale du Περὶ ἀρχῶν, quant à la partie philosophique. Sur tout le reste de la doctrine, Damascius semble n'avoir fait que reproduire, en la résumant, la pensée de Proclus. C'est là même théorie de l'Être et du ternaire, la même doctrine des nombres, le même système d'émanations.

Il est encore un autre point sur lequel le livre de Damascius nous a paru mériter une attention particulière : c'est sa doctrine mythologique. Proclus n'avait compris que le Polythéisme grec dans son explication des mythes ; il n'avait point parlé des religions de l'Orient ; il est même fort douteux qu'il en ait eu une connaissance un peu étendue et précise.

[1] Ibid., 36. Αὐτὸ ἄρα οὔτε μετεχόμενον ἐςὶν, οὔτε ἀμέθεκτον. Ἀλλὰ τρόπον ἄλλον τὸν πρὸ ἀμφοῖν ἔςι τε καὶ τὰ ἄλλα σώζει καὶ τελειοῖ καὶ παράγει ὁμοῦ πάντα κατὰ τὸ ἓν ἑαυτοῦ παντοποιὸν ἐνέργημα, ὅπερ οὔτε παρακτικὸν κλητέον, οὔτε τελειωτικὸν, οὔτε ἄλλο τῶν τοιούτων οὐδέν· ἐν διορισμῷ γὰρ καὶ ταῦτα· τὸ δὲ ἐςι πάμφορον μὲν, κατὰ μίαν δὲ φύσιν.

[2] Ibid., 36. Ἡ προκειμένη αὕτη ἀρχὴ καὶ τὴν ἐσχάτην ὕλην ἀπόρροισαν περιέσχε τῇ ἑαυτῆς ἀδιαφόρῳ περιοχῇ τῆς παντελοῦς ἁπλότητος.

Damascius a pu, grâce à son séjour en Perse, étendre le cercle de ses études mythologiques. Il est le premier philosophe de cette école qui ait parlé avec quelque précision des doctrines religieuses des grands peuples de l'Orient. Du reste, s'il les fait connaître, c'est pour les invoquer à l'appui de sa propre théologie. Il démontre pour l'Orient, comme l'avait fait Proclus pour la Grèce, que toutes les religions ont admis l'unité d'un principe suprême, au-dessous duquel vient se ranger une série de principes secondaires.

Ainsi, les Babyloniens reconnaissent une cause unique de l'univers, cause mystérieuse à laquelle on ne peut assigner un nom. Cette cause produit deux principes, l'un mâle, l'autre femelle, qu'ils appellent Tauthé et Apason. De leur réunion naît d'abord un fils, du nom de Moümin, qui n'est autre que le monde intelligible [1]. Après ce Dieu, les mêmes principes engendrent un premier couple, Daché et Dachos ; puis un second, Kissaré et Assoros, d'où sort une trinité, Anos, Illinos et Aos. D'Aos et de Daucé naît Bélos, que ces peuples représentent comme un Démiurge.

Les mages, au témoignage d'Eudème, reconnaissaient un premier principe, soit le lieu, soit le Temps,

---

[1] Ibid., 125. Τῶν δὲ βαρβάρων ἐοίκασι Βαβυλώνιοι μὲν τὴν μίαν τῶν ὅλων ἀρχὴν σιγῇ παριέναι, δύο δὲ ποιεῖν Ταυθὲ καὶ Ἀπασών, τὸν μὲν Ἀπασὼν ἄνδρα τῆς Ταυθὲ ποιοῦντες, ταύτην δὲ μητέρα θεῶν ὀνομάζοντες, ἐξ ὧν μονογενῆ παῖδα γεννηθῆναι τὸν Μωϋμῖν, αὐτὸν οἶμαι τὸν νοητὸν κόσμον ἐκ τῶν δυοῖν ἀρχῶν παραγόμενον. Ἐκ δὲ τῶν αὐτῶν ἄλλην γενεὰν προελθεῖν, Δαχὴν καὶ Δαχόν. Εἶτα αὖ τρίτην ἐκ τῶν αὐτῶν, Κισσαρὴ καὶ Ἀσσωρὸν, ἐξ' ὧν γενέσθαι τρεῖς, Ἀνὸν καὶ Ἴλλινον καὶ Ἀόν · τοῦ δὲ Ἀοῦ καὶ Δαύκης υἱὸν γενέσθαι τὸν Βῆλον, ὃν δημιουργὸν εἶναί φασιν.

qui comprend le monde intelligible tout entier. De la division de ce principe sort un premier couple, le Dieu bon et le mauvais démon, ou la lumière et les ténèbres. Ce couple engendre une double série de Dieux supérieurs, en tête de laquelle sont Oromase et Arimane [1].

Selon le même historien, les Sidoniens posent avant toutes choses, d'abord Cronos, puis Pothos et Omichlès. Du mélange de ces deux derniers principes naissent Ἀηρ, type pur et parfait de l'intelligible, et Αυρα, type inférieur, type vivant de l'intelligible. Dans la mythologie un peu différente des Phéniciens, l'Éther et l'Air sont les deux premiers principes [2]; de leur union naît Ulomos, l'Intelligence parfaite, qui occupe le sommet du monde intelligible. Ce principe mâle et femelle produit par lui-même, en vertu de ce double caractère, Chusoros, la puissance intelligible secondaire qui divise l'Intelligence première [3].

---

[1] Ibid., 125. Μάγοι δὲ καὶ πᾶν τὸ ἄρειον γένος, ὡς καὶ τοῦτο γράφει ὁ Εὔδημος, οἱ μὲν τόπον, οἱ δὲ Χρόνον καλοῦσι τὸ νοητὸν ἅπαν καὶ τὸ ἡνωμένον · ἐξ οὗ διακριθῆναι ἢ Θεὸν ἀγαθὸν καὶ δαίμονα κακὸν, ἢ φῶς καὶ σκότος πρὸ τούτων, ὡς ἐνίους λέγειν. Οὗτοι δὲ οὖν καὶ αὐτοὶ μετὰ τὴν ἀδιάκριτον φύσιν διακρινομένην ποιοῦσι τὴν διττὴν συστοιχίαν τῶν κρειττόνων · τῆς μὲν ἡγεῖσθαι τὸν Ὁρομάσδη, τῆς δὲ τὸν Ἀρειμάνιον.

[2] Ibid., 125. Σιδώνιοι δὲ πρὸ πάντων χρόνον ὑποτίθενται καὶ Πόθον καὶ Ὀμίχλην· Πόθου δὲ καὶ Ὀμίχλης μιγέντων ὡς δυοῖν ἀρχῶν Ἀέρα γενέσθαι καὶ Αὖραν, ἀέρα μὲν ἄκρατον τοῦ νοητοῦ παραδηλοῦντες, Αὖραν δὲ τὸ ἐξ αὐτοῦ κινούμενον τοῦ νοητοῦ ζωτικὸν προτύπωμα.

[3] Ibid., 125. Αἰθὴρ ἦν τὸ πρῶτον καὶ Ἀὴρ αἱ δύο αὗται ἀρχαί, ἐξ ὧν γεννᾶται Οὐλωμὸς, ὁ νοητὸς θεὸς, αὐτὸ οἶμαι τὸ ἄκρον τοῦ νοητοῦ· ἐξ οὗ ἑαυτῷ συνελθόντος γεννηθῆναί φησί Χουσωρὴν, ἀνοιγέα πρῶτον, εἶτα ᾠόν.

Dans la mythologie égyptienne, le principe unique de toutes choses est la Nuit, c'est-à-dire l'inconnu et l'impénétrable ; puis viennent deux principes, l'un qui féconde et l'autre qui est fécondé, et que les Égyptiens représentent symboliquement par l'eau et le sable. Ces deux principes engendrent un premier Dieu, puis un second, puis un troisième, et, par cette trinité, le monde intelligible tout entier [1].

Damascius interprète la mythologie grecque dans le même esprit, et y trouve une théologie analogue. Le Chaos peut être considéré comme le premier principe. Du Chaos sortent l'Érèbe et la Nuit, c'est-à-dire la monade et la dyade, le fini et l'infini. L'Érèbe et la Nuit engendrent par leur union l'Éther, l'Amour et Métis, c'est-à-dire la triade intelligible dont les termes sont l'$ὕπαρξις$, la $δύναμις$, l'$ἐπιστροφή$ [2]. Il est à remarquer que, dans ces explications mythologiques, Damascius s'écarte de la doctrine de Proclus pour suivre les traditions de l'Orient. Il s'attache à montrer le parfait accord des diverses religions, et retrouve au fond de toutes les mêmes principes fondamentaux, à savoir, la conception de l'unité et la doctrine des couples. Proclus, sous l'empire d'autres idées, avait reconnu toutes ses triades dans les mythes du Polythéisme grec.

Après Damascius, l'école d'Athènes quitte tout-à-fait les hauteurs de la théologie et s'engage dans les dé-

---

[1] Ibid., 125. Ὡς εἴη κατ' αὐτοὺς ἡ μὲν μία τῶν ὅλων ἀρχὴ σκότος ἄγνωςον ὑμνουμένη · τὰς δὲ δύο ἀρχὰς ὕδωρ καὶ ψάμμον... ἐξ ὧν καὶ μεθ' ἃς γεννηθῆναι τὸν πρῶτον κομηφίν · εἶτα τὸν δεύτερον ἀπὸ τούτου τὸν τρίτον, οὓς συμπληροῦν τὸν ὅλον νοητὸν διάκοσμον.

[2] Ibid., 124.

tails de l'érudition. Les commentaires d'Olympiodore contiennent peu de philosophie pure. Le seul point sur lequel il semble avoir développé la pensée alexandrine, c'est la théorie du mythe. Olympiodore n'a sans aucun doute fait que suivre la voie tracée par ses prédécesseurs, et notamment par Salluste et Proclus ; mais il a pénétré plus avant qu'aucun d'eux dans la nature même du mythe, et en a donné une théorie complète, divisant les mythes en plusieurs classes, et définissant avec précision le caractère et le but de chaque classe. Selon Olympiodore, tout mythe n'est qu'un symbole, c'est-à-dire la représentation visible de choses invisibles. Ainsi la nature est un grand mythe, en ce qu'elle manifeste extérieurement et sensiblement les principes et les puissances du monde intelligible [1]. La philosophie ne reconnaît qu'une cause suprême de toutes choses, qui a donné naissance à toute la nature, et à laquelle elle n'a pu imposer un nom. Mais cette cause unique ne dirige pas immédiatement les choses de ce monde. Il serait contre l'ordre que nous fussions gouvernés directement par la cause première elle-même ; car autant la cause est supérieure à l'effet, autant l'effet est inférieur à la cause [2]. Il faut donc que la cause

---

[1] Olympiod., ms. Biblioth. roy., πραξις μζ', fol. 72, verso. Δεῖ εἰδέναι ὅτι τὰ ἀφανῆ ἐκ τῶν φανερῶν πιϛοῦται, καὶ τὰ σώματα ἐκ τῶν ἀσωμάτων · εἰσὶ γὰρ ἀσώματοι δυνάμεις.

[2] Ibid., πραξις μζ', 74-76, verso. Δεῖ δὲ εἰδέναι ὅτι οἱ φιλοσοφοὶ μίαν τῶν πάντων ἀρχὴν οἴονται εἶναι, καὶ ἓν τὸ πρώτιϛον αἴτιον ὑπερκόσμιον, ἐξ οὗ πάντα πέφυκεν, ὃ οὐδὲ ὀνόματι ἐκάλεσαν... εἰσὶν οὖν μείζους ἄλλαι δυνάμεις, αἳ καὶ χρυσῆν σειρὰν οἱ ποιηταί φασι διὰ τὴν συνέχειαν αὐτῶν.

première agisse d'abord sur des puissances supérieures à l'humanité, et qu'à leur tour celles-ci agissent sur l'humanité, dernier degré de l'univers; et il devait en être ainsi, afin que le monde ne fût pas imparfait. Il y a donc d'autres puissances supérieures, que les poëtes appellent *chaîne d'or*, à cause de leur continuité. La puissance première est l'Intelligence ; après elle vient la puissance qui donne et entretient la vie, et ensuite toutes celles qu'on désigne par des noms symboliques. Il ne faut pas se troubler de ces noms de Cronos et de Jupiter, mais rechercher quel en est le sens. Au lieu de faire de ces puissances des essences propres et distinctes les unes des autres, il faut les replacer dans la cause première, et les considérer comme ses diverses manifestations, comme ses puissances intelligentes et vitales [1]. Cronos est l'essence pure : aussi les poëtes disent qu'il dévore ses enfants et les vomit ensuite. En effet, l'intelligence se replie sur elle-même; elle cherche, et elle est elle-même ce qu'elle cherche. Cronos est représenté dévorant et vomissant ses enfants tout à la fois, parce que non seulement l'Intelligence conçoit et enfante, mais produit et forme [2].

[1] Ibid., πραξις μζ', 74-76, verso. Ὅτι γὰρ ἄλλ' ὁτιοῦν σημαίνομεν ταῦτα λέγοντες, εἰ βούλει, μὴ νόμιζε ταύτας τὰς δυνάμεις ἔχειν ἰδίας οὐσίας, καὶ διακεκρίσθαι ἀπ' ἀλλήλων, ἀλλὰ ἀποτίθεσο αὐτὰς ἐν τῷ πρώτῳ αἰτίῳ, καὶ λέγε ὅτι εἰσὶν ἐν αὐτῷ καὶ νοεραὶ καὶ ζωτικαὶ δυνάμεις. Ὅταν οὖν Κρόνον λέγωμεν, μὴ τάραττου πρὸς τὸ ὄνομα, ἀλλὰ ζήτει τί λέγω.

[2] Ibid. Κρόνος γάρ ἐςιν ὁ κόρος νοῦς, ὅ ἐςιν καθαρός... Διὰ γὰρ τοῦτο καὶ οἱ ποιηταὶ φασὶν αὐτὴν (τὴν νοερὰν δύναμιν) καταπίνειν τὰ ἴδια τέκνα, καὶ πάλιν ἐμεῖν, ἐπειδὴ ὁ νοῦς πρὸς ἑαυτὸν ἐπιςρέφει, καὶ αὐτὸς ζητεῖ καὶ αὐτὸς ζητεῖται.

De la théorie, Olympiodore passe aux applications. L'univers se compose de trois règnes, le ciel, la terre et le règne intermédiaire, comprenant le feu, l'air et l'eau. Jupiter préside aux êtres célestes ; Pluton aux êtres terrestres ; Neptune aux êtres marins [1]. Ces noms désignent les puissances diverses de la nature. Jupiter tient un sceptre, signe de ses fonctions de juge. Neptune est armé d'un trident, comme présidant aux trois éléments intermédiaires. Pluton porte un casque, à cause des ténèbres de son empire ; comme le casque cache la tête, ainsi Pluton est la puissance qui préside aux choses obscures [2]. « Qu'on ne croie pas que les philosophes adorent des idoles, des pierres comme des divinités ; mais comme nous sommes soumis aux conditions de la sensibilité, et que nous ne pouvons atteindre aisément à la puissance incorporelle et immatérielle, les images ont été inventées pour en éveiller ou en rappeler le souvenir [3] : en regardant ces images naturelles, en leur rendant hommage, nous pensons aux puissances qui échappent à nos sens. » Proclus lui-même n'avait jamais déterminé d'une manière aussi nette les rapports et les différences du mythe et de la science.

Les ouvrages de Simplicius, sans avoir beaucoup plus de portée philosophique que ceux d'Olympiodore, contiennent une érudition plus riche et plus variée.

---

[1] Olympiodore.
[2] Ibid.
[3] Ibid. Καὶ μὴ νομίζητε ὅτι οἱ φιλοσόφοι λίθους τιμῶσι καὶ τὰ εἴδωλα ὡς θεῖα· ἀλλ' ἐπειδὴ κατ' αἴσθησιν ζῶντες οὐ δυνάμεθα ἐφικέσθαι τῆς ἀσωμάτου καὶ ἀύλου δυνάμεως, πρὸς ὑπόμνησιν ἐκείνων τὰ εἴδωλα ἐπινενόηται, ἵνα ὁρῶντες ταῦτα καὶ προσκυνοῦντες εἰς ἔννοιαν ἐρχώμεθα τῶν ἀσωμάτων καὶ ἀύλων δυνάμεων.

Ses commentaires sur la logique et la physique d'Aristote, sur le manuel d'Épictète, se distinguent, entre tous ceux de l'école d'Alexandrie, par la netteté, la précision et la fermeté des explications. Simplicius travailla avec une activité sans égale à la grande œuvre de conciliation des diverses doctrines de la philosophie grecque, et on peut dire qu'il y mit la dernière main. On a vu jusqu'à quel point l'école proprement dite d'Alexandrie avait réalisé cette alliance annoncée par Ammonius. Plotin s'était attaché aux grandes vérités du Platonisme, du Péripatétisme et du Stoïcisme, sans se soucier des détails, et les avait fondues dans une puissante synthèse. Syrien et Proclus ne s'étaient point contentés de cet éclectisme général. Ils avaient essayé, par une interprétation ingénieuse, de résoudre les contradictions nombreuses présentées par les textes, et de réaliser l'œuvre de conciliation jusque dans les moindres détails. Simplicius s'engagea plus avant encore dans cette voie, et y montra une sagacité toute particulière. L'esprit de sa critique se révèle tout entier dans cette phrase : « Il faut, sur tous les points où Aristote contredit Platon, ne pas s'en tenir à la lettre, ni croire à un dissentiment réel entre ces deux philosophes, mais en allant au fond de la pensée montrer sur la plupart des points comment ils s'accordent et se concilient [1]. » Nul Alexandrin n'excelle comme lui à expliquer Platon, Aristote, le Stoïcisme, de manière à les mettre d'accord. A l'exemple de Syrien, dont il suit partout la méthode, il s'applique à concilier la logique d'Aristote avec la dialectique de Platon. Rien ne

---

[1] *Simplic. in categ.*, pars v.

semble plus difficile, Platon affirmant la substantialité des idées pures, tandis qu'Aristote ne reconnaît aucune existence substantielle en dehors des individus. Mais Simplicius d'un mot les met d'accord. La logique d'Aristote et la dialectique de Platon n'ont pas la même portée : l'une se borne à considérer les genres et les espèces, et ne pouvait y voir autre chose que des abstractions logiques; l'autre remonte aux principes mêmes des choses [1]. Mais de même que Platon n'a jamais songé à réaliser ces abstractions logiques qu'on nomme les genres et les espèces, de même Aristote n'a jamais ignoré les essences universelles et les causes qui préexistent aux individus, lui qui répète sans cesse qu'il n'y a pas de démonstration possible sans proposition générale [2]. Seulement, on ne saurait trop le louer pour avoir compris que ces caractères communs et *indifférents* qui se retrouvent dans les individus ne subsistent point par eux-mêmes, et que notre esprit seul les distingue et les sépare de la réalité individuelle. C'est ainsi que Simplicius concilie le nominalisme d'Aristote avec le réalisme de Platon. Autre exemple : on a voulu voir une opposition entre Platon et Aristote sur la doctrine du non-être. Mais Platon n'entend pas le non-être à la manière de Parménide. Pour lui, aussi bien que pour Aristote, ce non-être n'est pas le contraire de l'être, le néant, mais la privation. Toute la théorie du Sophiste sur la génération suppose l'être et le non-être, la forme et la privation [3]. Au fond, les

---

[1] *Simplic. in physic.*, II, 13; III, 4.
[2] *Simplic. in categ.*, 30.
[3] Ibid., I, 69 et 74.

deux doctrines sont identiques; la forme est exactement pour Aristote ce que l'idée est pour Platon. Comme l'idée, la forme est un principe distinct du sujet individuel, et qui en fait toute l'essence; comme l'idée, elle est conçue par l'intelligence et non perçue par l'expérience. Tous les principes de la philosophie d'Aristote, la matière, la forme, le moteur, la fin se retrouvent dans la doctrine de Platon. Pour la cause matérielle et la cause motrice, cela est évident. Quant à la forme, on vient de voir qu'elle n'est autre chose que l'idée [1]. Enfin il n'est pas permis, quand on a lu le Timée, de soutenir que Platon a ignoré la cause finale [2]. Simplicius ne se laisse point déconcerter, dans son œuvre de conciliation, par les clameurs des écoles. Il connaît les critiques sévères d'Aristote et les représailles des Platoniciens; mais il fait voir partout combien ces attaques réciproques ont peu de fondement. Ainsi Aristote reproche à tort à Platon d'avoir réalisé des abstractions dans sa théorie des idées. Ce n'est pas là bien entendre la pensée de Platon. Aristote aurait raison, s'il s'agissait simplement de la forme naturelle (εἶδος φυσικὸν, λόγος σπερματικὸς) qui est inhérente au sujet [3]. Mais par idée Platon entend le type, l'exemplaire même, en vertu duquel existe cette forme naturelle. Autre contradiction. Platon fait du mouvement un genre. Aristote, en le réfutant sur ce point, commet encore une méprise; car chacun considère le genre dans un point de vue différent [4]. En psychologie égale-

[1] *Simplic. in categ.*, I, 5.
[2] Ibid., I, 5.
[3] Ibid., II, 13.
[4] Ibid., III, 4.

ment, la contradiction entre les opinions de Platon et d'Aristote n'est qu'apparente. Platon définit l'âme ce qui se meut par soi-même, tandis qu'Aristote en fait un principe immobile qui meut le corps. Il est évident qu'ils n'attachent point aux mots le même sens. Ici Aristote considère le mouvement comme une locomotion; Platon n'y voit qu'un changement d'action ou de passion. Il y a donc accord au fond ; car l'âme est réellement immobile dans le sens d'Aristote, et mobile dans le sens de Platon [1].

Ici s'arrête l'histoire du Néoplatonisme et de toute la philosophie grecque. L'école d'Athènes, jusqu'alors protégée par le prestige des traditions, des monuments et des lieux, est enfin fermée par un édit de Justinien en 529. Ses derniers disciples, Damascius, Isidore de Gaza, Olympiodore, Simplicius, chassés de leur chaire et de leur patrie, vont chercher un refuge en Orient, auprès de Chosroès; mais la cour du monarque philosophe n'était pas pour la philosophie partout suspecte un asile plus sûr que l'empire. La persécution des mages ramena bientôt dans leur patrie les nobles exilés. Ils y rentrèrent furtivement, et continuèrent d'y cultiver en secret la philosophie et l'antiquité. Le Néoplatonisme finit avec eux ; il s'éteignit dans la langueur de l'épuisement autant que dans l'isolement causé par la persécution. Il eût pu, si le Christianisme l'eût toléré, végéter encore quelque temps dans la poussière des écoles; il eût peut-être enrichi l'érudition de quelques commentaires de plus. Mais il n'avait plus rien à donner

---

[1] *Simplic. in categ.*, III, 10.

à la science. Sa destinée était accomplie ; il avait parcouru le cercle entier de la philosophie grecque ; il avait atteint avec Proclus la limite extrême de la pensée antique. Il n'avait plus rien à enseigner au monde, quand le Christianisme le condamna au silence. Ce n'est pas à dire que le mouvement imprimé à la pensée humaine par cette grande école s'arrête brusquement sous le despotisme des croyances nouvelles. Le Néoplatonisme se conserve dans les écoles d'Orient jusqu'à la chute de l'empire ; mais il n'y parle plus en son propre nom ; il y est au service de la puissance qu'il a tant combattue et dont il a fini par accepter le joug. Désormais, tous les commentateurs de la philosophie, Jean de Damas, Jean Philopon, Michel Psellus sont chrétiens.

Le Néoplatonisme devait survivre par son influence à la révolution religieuse qui lui avait arraché le sceptre. Cette influence puissante et continue se poursuit à travers le Bas-Empire et tout le moyen-âge, jusqu'aux xve et xvie siècles, où elle redevient une véritable domination. Telle est la destinée des grandes doctrines. Les hommes et les écoles passent ; mais les doctrines restent. La pensée humaine les retrouve et les reprend dans les traditions et dans les monuments, pour s'en nourrir dans tous les âges. Les révolutions de la pensée ne laissent pas de ruines comme les révolutions politiques. Les institutions meurent après avoir fait leur temps. Il est vrai qu'en mourant elles lèguent à l'avenir une société nouvelle. Mais enfin elles disparaissent elles-mêmes sans retour ; elles ne survivent que dans leurs résultats. Les doctrines sont immortelles dans leurs monuments comme dans leurs résultats. Après avoir transformé la pensée humaine par le génie de leurs grands hommes et la tradition vivante de leurs écoles, elles continuent à l'inspirer et à la diriger dans tous les temps. Platon, Aristote, Plotin, Proclus sont des sources où toute grande philosophie ne se lassera jamais de puiser. Dans le monde politique, la vie ne se conserve, ne se développe que par une perpétuelle destruction des formes qu'elle habite passagèrement. Dans le champ de la pensée, rien ne meurt. Les idées se succèdent sans se détruire; les grandes doctrines du passé y apparaissent, non comme des débris, mais comme des fragments inséparables d'un poëme immense qui ne finira point. Ce sont les parties organiques de la pensée humaine; chaque siècle ne peut la comprendre et la continuer qu'autant qu'il la possède tout entière. Telle est la destinée de la philosophie alexandrine. L'école a été vaincue et dispersée par le Christianisme; l'historien de la philosophie ne peut assister à ses derniers moments sans regret et sans tristesse. Mais le Christianisme n'a point détruit la doctrine. Tout ce qui devait subsister de cette civilisation antique, les merveilles de la pensée et les merveilles de l'art, se conservera dans d'immortels monuments que les générations futures iront visiter et cultiver. La chute du Polythéisme n'emporte que les misères et les infirmités de l'ancienne civilisation. C'est l'ennemi et le vainqueur de cette civilisation, c'est le Christianisme qui en absorbera et en recueillera tout ce qu'elle contient de vrai, de beau, de saint. Si l'antiquité n'eût été protégée que par le Polythéisme expirant ou la philosophie impuissante, elle eût disparu infailliblement avec la société elle-même sous les flots de cette barbarie qui devait couvrir le monde. C'est le Christianisme qui sauvera du naufrage tout à la fois l'esprit et les œuvres de cette noble antiquité. Religion de l'avenir, il résume la sagesse du passé, l'Orient et la Grèce, Moïse et Platon ; il possède tout le prestige d'une tradition universelle et toute la vertu d'une doctrine vivante ; par lui, l'antiquité tout entière survivra à la ruine de ses institutions politiques et religieuses. Ce qu'on a improprement appelé la renaissance sera une simple recrudescence et non une résurrection complète de l'antiquité. Jamais, à aucune époque, elle ne cessera d'inspirer et d'éclairer plus ou moins la société nouvelle. Le Christianisme devait être à la fois le salut du monde et de l'antiquité.

CHAPITRE VIII.

Résumé.

Récapitulation des sources du Néoplatonisme. Stoïcisme, Péripatétisme, Platonisme. Influence de l'Orient.

La philosophie grecque est assurément la plus grande merveille du monde de la pensée. Rien n'est plus propre que le spectacle de ses systèmes à faire naître l'admiration pour les œuvres de l'esprit humain. Quel enchaînement admirable dans ses conceptions ! Quel progrès dans le cours de son développement ! Quelle grandeur dans ses résultats ! Quel rôle et quelle influence ! Résumons cette magnifique carrière de douze siècles. Le berceau de la philosophie grecque est une religion de la nature. L'école ionienne emprunte à la cosmogonie sacrée la doctrine du chaos conçu comme source féconde de la vie universelle. Pour Thalès, Anaximène, Diogène d'Apollonie, le principe des choses est une puissance aveugle, une sorte d'âme de la nature, sourde et latente, soumise dans son développement à toutes les conditions de l'existence physique, comme les germes et les semences de la vie naturelle. Le principe d'Héraclite est encore une puissance de la nature, mais plus libre, plus active, plus spirituelle en quelque façon ; c'est le feu éthéré, essence pure et subtile dont le feu terrestre n'approche point. Pythagore dégage la philosophie des entraves du naturalisme et lui ouvre un horizon nouveau. Le nombre n'est plus un principe emprunté à la physique ; c'est le premier degré de la connaissance rationnelle. Mais le nombre n'est pas encore l'objet pur de la pensée ; il est la raison extérieure plutôt que l'essence, la loi plutôt que le principe des choses. Le Dieu de Pythagore possède déjà les attributs moraux de l'intelligence ; il est Raison et Providence. Mais en même temps ce Dieu conçu un moment comme unité abstraite, dans la théorie des nombres, retombe bientôt dans les conditions de l'existence physique et redevient le sujet immédiat des métamorphoses de la nature. Avec Anaxagore, le principe des choses sort enfin des abstractions mathématiques et des représentations du naturalisme ; il apparaît comme intelligence (νοῦς). Mais s'il est esprit par son essence, il est encore nature par son action et ses œuvres. Socrate est plus conséquent; son Dieu est esprit et agit comme esprit : tout ce qu'il fait, il le fait librement et en vue du bien ; il ne régit pas le monde, comme l'aveugle Destin, il le gouverne comme une vraie Providence. La grande révolution philosophique accomplie par Socrate ne se borne point à la théologie ; elle embrasse la philosophie tout entière. La Sophistique ruinait la science par sa base, niant tour à tour l'*être* au nom de l'expérience, et le *devenir* au nom de la logique. C'était supprimer tout à la fois l'objet et la condition de la science. La méthode de Socrate arrive fort à propos pour rétablir l'un et l'autre. Tout en cherchant la science dans la réalité, Socrate ne s'arrête point à l'individu ; il va droit à l'essence, et croit la découvrir dans le genre (τὸ καθόλου).

Platon s'élance dans la voie ouverte par son maître. La dialectique convertit en une profonde séparation la distinction de l'individuel et du général établie par l'induction socratique et transforme le genre en idée. L'idée devient le principe de l'essence des choses, principe d'autant plus parfait et plus fécond qu'il est plus général. L'idée la plus haute, l'Idée universelle, est par cela même la cause par excellence, Dieu. Ainsi la philosophie, grâce à Socrate et à Platon, a trouvé enfin son objet, le général ; elle n'est plus exposée à se perdre dans l'unité immobile de la logique, ou dans la variété fugitive et infinie de l'expérience. La science est désormais possible, mais il s'agit de la faire. La vraie essence des choses est dans le général ; mais le général comprend le genre et l'espèce. Où est l'essence ? Platon la cherche en vain dans le genre, et s'égare dans la vague région du possible. Au fond, le monde des idées n'est que le monde des possibles de Leibnitz, moins la cause qui les réalise. La dialectique glisse sur la surface de toutes choses, sans pénétrer l'essence intime d'aucune. Qu'apprend-elle sur la nature, sur l'homme, sur Dieu? Un mot répond à tout, l'idée ; ce mot merveilleux dispense de toute recherche précise. Toute réalité est indigne de la science; la dialectique passe outre et s'élève à l'idéal. A cette hauteur, elle perd de vue les différences qui distinguent les choses, elle ne saisit plus rien de ce qui constitue la réalité, ni l'essence propre, ni le mouvement, ni la vie, ni la pensée. La philosophie de Platon séduit tout d'abord par l'ampleur et l'éclat de ses formes, par ses puissantes aspirations vers l'idéal, par le sentiment moral qui anime toutes ses théories. Mais si on la dépouille par l'analyse de ses riches draperies, on trouve un squelette plutôt qu'un corps. Il devient alors évident que ce grand système vaut bien plus par l'incomparable génie de son auteur que par la vertu intrinsèque de ses doctrines.

Au point de vue des Alexandrins, le Platonisme est le sanctuaire même de la vérité, et la philosophie d'Aristote n'en est que le vestibule. Ils ont raison en un sens; mais en ce qui concerne la connaissance de la réalité, c'est le contraire qui est vrai. La théorie des idées n'est encore qu'une introduction à la science ; au génie d'Aristote revient la gloire d'y avoir initié intimement l'esprit humain. La théorie des quatre principes épuise la science de la réalité; c'est grâce à cette admirable méthode que, dans ses traités spéciaux de physique, de psychologie, d'histoire naturelle, Aristote érige en théorie les résultats de sa profonde et sagace observation. Ce n'est pas le genre qui fait l'essence des choses, c'est la différence, c'est-à-dire l'espèce. Un sujet quelconque étant donné, on ne le connaît pas par son idée, mais par sa forme. L'idée n'est qu'une vague puissance, une pure possibilité; l'essence réelle gît dans le déterminé, l'actuel, l'acte proprement dit, ἐνέργεια. L'acte ou l'être, la puissance où le non-être, termes identiquement synonymes. Or, où trouver le type de l'acte, sinon dans la pensée ? La nature n'est encore que le monde des formes, c'est-à-dire, des essences inséparables de la matière; l'âme est une essence plus libre, plus pure, une véritable entéléchie; la pensée seule est l'Être parfait, Dieu.

Le Dieu d'Aristote est la fin suprême de tous les êtres; mais il n'en est ni le principe ni la substance. La Nature lui doit l'harmonieuse unité de ses mouvements, la perfection de ses formes; elle n'en reçoit ni l'existence ni même le mouvement. La philosophie d'Aristote est le plus puissant effort et le triomphe de la méthode expérimentale, mais non le terme de la spéculation. Moins encore que Platon, Aristote atteint l'unité : le premier ne laissait en dehors de Dieu que la matière; le second y laisse la nature tout entière. Pour parvenir à cette suprême unité, il fallait monter d'un degré encore; au contraire, la philosophie descend et cherche au-dessous de la dialectique et de la métaphysique la solution qu'elle ne pouvait rencontrer qu'au-delà. Le Stoïcisme rabaisse à son niveau les principes de Platon et d'Aristote; l'idée pure devient la raison séminale : l'acte s'est réduit au mouvement et à l'effort. Le Dieu des Stoïciens n'est plus la Pensée pure de la *métaphysique*, ni le Démiurge du *Timée;* c'est l'Ame, type secondaire de l'être, véritable intermédiaire, occupant la limite des deux mondes. La philosophie grecque n'étant plus soutenue par le génie de ses grands hommes, retombe dans le

Naturalisme. C'est alors que le souffle de l'Orient la ranime et la ramène dans les hautes régions de l'idéalisme. Modératus de Gadès, Alcinoüs, Plutarque, Numénius, et beaucoup d'autres, préparent cette restauration par de timides essais. Enfin paraît l'école d'Alexandrie, qui recueille et relève dans l'ordre inverse de leur succession historique les trois grandes doctrines issues du mouvement socratique, le Stoïcisme, le Péripatétisme, le Platonisme, et sur cette triple base reconstruit l'édifice entier de la philosophie grecque. Résumons cette vaste synthèse.

L'âme aspire à l'unité suprême, mais elle y aspire du fond de la réalité sensible, où elle est plongée comme dans une obscure prison. Du point de départ au but, la distance à franchir est immense. La philosophie alexandrine y parvient par une ascension graduelle, à travers les intermédiaires qui séparent les deux pôles de la pensée, le monde sensible et Dieu. La méthode socratique, bien entendue, suffit à cet effort; sur les ailes d'une psychologie toute rationnelle, l'âme s'élève sans difficulté au Dieu suprême. D'abord elle se distingue et se dégage des principes extérieurs, des puissances naturelles dont elle avait contracté primitivement l'empreinte; elle dépouille cette rouille qui couvrait son inaltérable essence, et, prenant conscience d'elle-même, se voit, non plus une puissance de la nature, mais une raison. Cette première intuition découvre à l'âme un monde admirable, à savoir, tout le système des puissances qui animent, et des raisons qui gouvernent la nature. Son regard ne s'arrête point là : il descend d'un degré dans les profondeurs de son essence, et y rencontre l'intelligence. Alors une immense lumière jaillit tout-à-coup devant l'âme éblouie ; le système des pures essences, types et principes immuables des puissances et des raisons de la nature, le monde intelligible tout entier s'offre à sa contemplation. Enfin que l'âme s'arrache à ce ravissant spectacle, qu'elle descende encore d'un degré dans le fond de son être : aussitôt tous les objets de sa contemplation s'évanouissent, les puissances de la nature, comme les idées de l'intelligence pure ; l'âme perd toute conscience d'elle-même, et ne se reconnaît plus ni comme âme, ni comme intelligence, ni comme une essence déterminée : elle ne voit plus rien, ni en elle, ni autour d'elle. Absorbée tout entière dans l'Unité, elle ne peut plus que sentir la présence du Dieu qui la remplit, et devient Dieu elle-même.

Mais comment l'âme peut-elle ainsi, sans sortir d'elle-même, atteindre toute vérité, la Raison universelle, l'Intelligence divine, Dieu? C'est qu'au fond, l'âme ne fait qu'un avec l'objet de son sentiment, de sa pensée, de son amour. Elle connaît tout et communique avec tout, parce qu'elle tient à tout. Comme raison, elle fait partie de l'Ame universelle ; comme pensée, elle fait partie de l'Intelligence divine ; comme unité, elle fait partie de l'Unité suprême. Ainsi toute science du vrai est ramenée à la conscience de nous-mêmes ; tout sentiment du divin n'est plus que le sentiment de notre propre nature, en ce qu'elle a de plus intime et de plus profond. Tel est le sens véritable du γνῶθι σεαυτόν. L'école d'Alexandrie recueille le principe de la méthode socratique, et, par une interprétation toute métaphysique, en fait la base du plus hardi idéalisme qui ait jamais été conçu dans l'antiquité.

Rien n'est plus remarquable, dans le développement de la philosophie grecque, que l'unité de sa méthode à travers les transformations qu'elle subit. De même que Socrate et Platon, l'école d'Alexandrie cherche la science en dehors et au-dessus du sensible ; comme eux, elle s'adresse à l'âme, à la conscience, à la contemplation de la vie intérieure, pour découvrir les principes et les causes de toute réalité. « Connais-toi toi-même, disaient Socrate et Platon, si tu veux tout comprendre, Dieu, le monde, la Providence qui le gouverne, les causes invisibles qui en maintiennent l'ordre et l'harmonie sous le gouvernement divin. » « Connais-toi toi-même, répètent Plotin et Proclus, si tu veux comprendre l'ordre entier des essences intelligibles, et jouir de la présence du principe suprême des choses. » Ainsi la philosophie grecque, prise dans toute son étendue, finit comme elle a commencé ; le γνῶθι σεαυτὸν est son premier et son dernier mot. L'unité de méthode se révèle par l'identité de formule ; l'esprit socratique inspire toutes les époques de cette philosophie, depuis le spiritualisme si simple et si pratique de Socrate jusqu'à l'idéalisme transcendant des Alexandrins.

Mais l'identité de formule cache une profonde différence dans la pensée. Socrate veut que la philosophie débute par la connaissance de l'homme pour deux raisons principales : la première, c'est que la science de l'homme est la meilleure et la plus importante de toutes ; la seconde, beaucoup plus métaphysique, c'est que l'âme étant une intelligence, et, comme telle, une image du monde divin, il suffit de voir ce qui s'y passe pour comprendre la Providence et l'ordre de l'univers. Voilà comment Socrate voit en Dieu un esprit, une personne, une Providence, pourquoi il recommande sans cesse à la philosophie naturelle d'expliquer les phénomènes sensibles, comme on explique les mouvements du corps, par des causes purement rationnelles et morales, par la volonté du bien, l'amour du beau, le sentiment de l'ordre et de la perfection. Platon, quoi qu'on en ait dit, reste fidèle à la méthode et à l'esprit de Socrate. Comme son maître, il transporte la notion des causes morales dont la vie intérieure lui offre le type, dans l'explication des phénomènes et des lois de l'univers. « Dieu était bon, et celui qui est bon n'a aucune espèce d'envie. Exempt d'envie, il a voulu que toutes choses fussent autant que possible semblables à lui-même. Quiconque, instruit par des hommes sages, admettra ceci, comme la raison principale de l'origine et de la formation du monde, sera dans le vrai. » Mais Platon va plus loin : en écartant les impressions sensibles, et en s'enfonçant dans l'étude de l'âme, il y découvre ce que Socrate y avait à peine soupçonné, les essences du juste, du beau, du bon, les idées, le monde intelligible. C'était déjà un développement très élevé et tout métaphysique du γνῶθι σεαυτόν. Toutefois, ce monde idéal que Platon a entrevu dans sa contemplation intérieure, il ne songe point à l'identifier avec l'âme elle-même. Il montre bien, dans le Ménon et le Phédon, que la science des idées ne nous vient pas de l'extérieur, que, simple souvenir renouvelé par la sensation, elle est vraiment innée et primitive ; mais il ne dit nulle part que les idées elles-mêmes sont au fond de l'âme. Il fait entendre clairement le contraire, soit qu'il rappelle la contemplation des idées dans une vie antérieure, soit qu'il fasse résider les idées dans l'entendement divin. Le γνῶθι σεαυτὸν, même avec l'interprétation de Platon, ne suffisait point à résoudre le problème de la connaissance : comment l'âme peut-elle connaître ce qui est distinct et différent d'elle-même ? Pour expliquer ce merveilleux commerce de l'âme humaine avec le monde intelligible, ce n'était point assez de lui attribuer une origine divine ; car cette âme rationnelle n'en était pas moins distincte et séparée du principe dont elle était issue. Comment à une telle distance pouvait-elle connaître la vérité intelligible ? Partout Platon fonde la connaissance sur la similitude du sujet et de l'objet : « Quand la raison a pour objet ce qui est rationnel, et que le cercle de ce qui est le même, révolu à propos, le découvre à l'âme, l'intelligence et la connaissance s'accomplissent nécessairement. » Ainsi l'objet intelligible est parfaitement distinct de la raison qui l'aperçoit ; c'est seulement quand il passe devant elle qu'elle peut le contempler.

Pour assurer le fondement de la connaissance, il fallait franchir encore un degré, et ne s'arrêter qu'à l'identité. C'est ce que fait Aristote. Il pose en principe que la connaissance n'est vraie que là où le sujet et l'objet ne font qu'un. Dans la sensation, le sujet et l'objet s'opposent ; dans l'imagination, l'opposition, bien que réelle, est moindre ; dans l'entendement ou sens général, elle s'efface presque entièrement. La pensée pure est le seul acte de l'esprit où le sujet et l'objet, l'intelligence et l'intelligible, se confondent absolument ; elle est donc la seule connaissance vraie. Mais la pensée n'est point un acte de la vie humaine ; c'est un accident, un éclair de la pensée divine. L'intelligence n'est pas, comme les autres facultés de l'âme, une énergie constante et assidue ; elle n'est, chez l'homme, qu'en puissance. Avant d'entrer en exercice, elle se réduit à une simple virtualité ou possibilité d'énergie. C'est de son objet qu'elle reçoit l'actualité, et par suite l'essence et l'existence ; elle n'existe que par son objet, ou plutôt elle est cet objet même. De même que l'intelligible qui la fait être, l'intelligence humaine est étrangère et supérieure à l'âme ; elle vient d'ailleurs[1] et d'en haut ; la vie intellectuelle est une vie toute divine.

Entre cette théorie de la connaissance et celle des Alexandrins, l'analogie est trop évidente pour qu'il soit possible de contester l'emprunt. De part et d'autre, l'identité de l'intelligence et de l'intelligible est posée comme le principe de la connaissance ; de part et d'autre, la raison humaine est conçue comme la pure émanation de la raison divine. Mais, tandis qu'Aristote ne voit dans la raison de l'homme qu'un hôte divin qui visite l'âme à de rares et courts intervalles, les Alexandrins en font l'essence propre et le fond même de l'âme. En outre, ils étendent à toute la nature humaine ce principe de l'identité, sans lequel toute communication, aussi bien que toute connaissance, resterait inexplicable. L'âme de l'homme est conçue par eux comme identique avec tous les principes de l'univers. Par la sensation et l'imagination, elle se confond avec la nature ; par la raison, avec l'âme universelle ; par la pensée pure, avec l'intelligence ; par l'unité de son essence, avec Dieu.

Telle est la méthode des Alexandrins. Suivons-en les applications. Que trouve l'âme en elle-même quand

---

[1] Θύραθεν, de Anima.

elle ne regarde qu'à la surface de son être? La sensation et l'imagination. L'objet de ces facultés est distinct et différent du sujet qui sent et imagine, sans lui être complétement extérieur. Ce que perçoit le sens ou l'imagination n'est pas la matière, principe obscur, profondément étranger et contraire à l'âme, dont on ignore la nature, et dont on suppose seulement la nécessité, dans l'impuissance où l'on est d'expliquer autrement le monde sensible; c'est le corps ou plutôt ce qui en fait l'essence, la forme proprement dite, la qualité. Or la forme ou qualité est déjà un objet intelligible. L'âme, en la percevant par le sens, y retrouve déjà quelque chose d'elle-même. La sensation est essentiellement active, comme l'imagination, comme la mémoire, comme toutes les facultés de la nature humaine. Les objets sensibles ne font que provoquer l'activité des sens. L'âme est en puissance de toutes les formes sensibles; par la sensation, ces formes deviennent les fonctions ou les actes mêmes de l'âme. C'est ce qu'avait dit Aristote. Seulement, le Néoplatonisme écarte toute image empruntée aux modifications passives de la matière, et réduit la perception sensible à la pure activité de l'âme, qui trouve en elle-même l'objet de sa sensation. Ainsi la contemplation des formes matérielles, loin de distraire l'âme de sa propre essence, l'y ramène naturellement. Mais il lui est impossible d'en rester là. Les formes ou qualités sensibles sont éphémères et mobiles; elles naissent pour mourir, et meurent pour renaître; elles croissent ou décroissent en intensité et en perfection. Donc elles ne subsistent point par elles-mêmes. Elles ont pour principes d'existence et pour types, des puissances naturelles, éternelles et immuables, véritables sources de la vie universelle. Ces semences fécondes ou raisons séminales résident dans les âmes avec lesquelles elles se confondent. La nature est pleine à la fois d'âmes et de raisons. Toute âme, avec ou sans conscience, y est rationnelle; toute raison y est vivante. Sans les raisons, la nature serait aveugle; sans les âmes, elle serait inerte : des unes elle reçoit la vie, des autres la loi de son développement.

L'âme, telle que la conçoivent les Alexandrins, n'est pas une essence recueillie en elle-même et n'agissant sur le corps que pour le mouvoir, comme le pensait Platon. Elle est encore moins la forme inséparable du corps, la fin immobile qui met en mouvement les puissances de l'organisme. C'est un principe qui, de même que l'âme des Stoïciens, pénètre, parcourt et administre le corps dans toutes ses parties. Mais en disséminant ainsi l'âme dans le corps, le Stoïcisme en avait détruit l'unité. Il l'avait tellement engagée dans la nature qu'il avait fini par l'y absorber. Or l'école d'Alexandrie conçoit avant tout l'âme comme une essence immatérielle, indivisible, indépendante. Comment donc peut-elle être partout et tout entière dans le corps, sans rien perdre de sa pureté et de son indépendance? Comment concilier sa diffusion avec sa simplicité? Ici les Alexandrins abandonnent le Stoïcisme et toute la philosophie grecque, pour emprunter à un autre ordre d'idées, à la théologie orientale, la solution de la difficulté. C'est une doctrine propre à l'Orient que toute hypostase produit et agit sans sortir d'elle-même. Le Néoplatonisme applique ce principe à toutes ses hypostases et particulièrement à l'âme proprement dite. Dans sa pensée, l'âme est à la fois essence et puissance; l'essence reste à part, toujours pure et immobile; la puissance seule descend dans le corps, sans toutefois se détacher de l'essence : en sorte que, malgré la distinction, on peut encore dire à la rigueur que l'âme est présente au monde en essence comme en puissance.

La vie universelle est une; la Nature est un Tout sympathique dans ses parties. Toutes les raisons conspirent dans leur développement vers une même fin; toutes les âmes concourent dans leurs mouvements à une même action. En vertu de cette sympathie universelle, les êtres de la Nature sont entre eux, comme les membres d'un même corps; ils exercent les uns sur les autres des attractions plus ou moins fortes, de même que les vibrations d'une corde sonore ébranlent toutes les cordes voisines, qui alors vibrent à l'unisson. La magie véritable a pour principe l'unité de la vie universelle. Or à quoi peut tenir cette unité? D'où vient ce concert harmonieux de toutes les parties de la Nature? Comment expliquer ces affinités secrètes, mais puissantes, qui gouvernent les relations des corps? Tout ensemble, toute harmonie a pour principe l'unité. Il faut donc qu'il y ait une raison unique, source des raisons particulières; il faut qu'il y ait une Ame unique, principe et centre de toutes les âmes individuelles. Cette Ame se répand dans le monde, sans s'y absorber, bien différente en cela du Dieu des Stoïciens. Essence pure, immobile, indépendante, retirée dans les régions inférieures du monde intelligible, elle ne communique avec la Nature que par l'effusion de ses puissances.

L'école d'Alexandrie ne pouvait embrasser comme

une doctrine absolue et définitive une philosophie qui s'était arrêtée aux principes d'une métaphysique vulgaire, ne voyant rien au-dessous de la matière sensible ou du corps, rien au-dessus de l'Ame universelle. La pensée d'Aristote était bien autrement haute et profonde. Prenant pour base de ses spéculations la distinction de l'essence et de la matière, d'une part elle s'enfonce à travers les diverses formes matérielles, jusqu'au principe même et au fond de toute matière, le possible; de l'autre, elle remonte par les degrés successifs de l'essence, la forme, la vie, l'âme, jusqu'au principe et au type de l'être, à l'acte parfait, à la Pensée. Avec Aristote, le Néoplatonisme franchit le Stoïcisme et entre dans les voies d'une métaphysique supérieure. Partant de la sensation, il descend sur les traces du Péripatétisme jusqu'à la racine extrême de la réalité sensible, la pure matière, la *puissance*. Puis, remontant toujours, avec Aristote, l'échelle de l'être, il s'enfonce dans la contemplation de l'Ame et y découvre, au-delà de la raison, l'intelligence, l'acte simple dans lequel se confondent enfin l'objet et le sujet de la connaissance, jusque là distincts et séparés dans la sensation, dans l'imagination, dans la raison elle-même. A la lumière de la pensée, la théologie alexandrine aperçoit un monde nouveau, le monde des purs intelligibles. L'Ame du monde, terme suprême de la théologie stoïcienne, n'est plus qu'un point de départ pour Plotin et Proclus. Cette Ame, germe fécond de la Nature, est encore soumise dans son développement à toutes les conditions de l'existence sensible. Les raisons séminales tombent dans le temps, dans l'espace, dans la matière. Au-delà de ces raisons se rencontrent les idées, essences tout-à-fait pures et intelligibles, types des raisons et principes des âmes. La théorie platonicienne des idées reparaît, mais tout autre que ne l'avait conçue la *dialectique;* elle reparaît, transformée par l'esprit de la *métaphysique.* Le monde intelligible de Plotin n'est plus, comme celui de Platon, habité par des êtres immobiles, sans vie et sans substance ; il est peuplé d'essences vivantes, d'âmes et d'intelligences. Quand Plotin décrit ce monde supérieur, son imagination lui prête les vives couleurs de la réalité. C'est un autre monde que la Nature, mais toujours plein de mouvement, de vie et de pensée. Toute la différence est de l'imparfait au parfait, du réel à l'idéal. Le monde intelligible de Plotin n'est pas seulement plus vivant que celui de Platon ; il est plus vaste et plus riche. Celui-ci ne comprenait que les types éternels des genres et des espèces ; celui-là comprend en outre les types des individus. Tout individu, comme tel, a son idée dans le monde intelligible ; tous les êtres du monde réel y ont chacun leur type resplendissant de perfection. Ainsi tout homme y retrouve son exemplaire. L'individualité, ce côté de l'être que Platon explique dédaigneusement par la matière, est d'un tel prix aux yeux de Plotin, qu'il en va chercher le principe dans l'Intelligence divine elle-même. Mais le Platonisme profondément modifié par l'influence d'Aristote, dans l'auteur des Ennéades, reparaît plus pur dans l'école d'Athènes. Proclus en revient à concevoir les idées comme les types des genres et des espèces seulement ; pour lui, comme pour Platon, l'individualité est propre au monde sensible et s'explique simplement par la matière.

ÉCOLE D'ALEXANDRIE. RÉSUMÉ.

Si l'unité est la loi de la vie universelle, elle est le principe même du monde intelligible. A la nature l'unité de concert, l'harmonie suffit ; le monde des intelligences veut une véritable unité. De même que toutes les raisons remontent à la Raison générale, et que toutes les âmes se confondent dans l'Ame universelle, de même, et à plus forte raison, toutes les idées rentrent dans une Idée universelle, l'Être, suprême Intelligible; toutes les intelligences ont pour centre d'existence l'Intelligence absolue. L'Intelligence est autrement une et simple que l'Ame. Tandis que celle-ci se pense dans un principe étranger et supérieur, et pense autre chose qu'elle-même, celle-là se pense en elle-même et ne pense qu'elle. Dans son acte parfait, indivisible, immanent, le sujet et l'objet, l'intelligence et l'intelligible, l'être et la pensée, se confondent absolument. Le caractère propre de la pensée parfaite est de n'avoir pas d'autre objet qu'elle-même, et d'être la pensée de la pensée. L'Intelligence, suprême Intelligible, est pour Plotin comme pour Aristote le type de l'essence et de la vie, la mesure de toute perfection dans les êtres. Elle est au sommet du monde intelligible, et préside à la hiérarchie des idées. Avant la Vie est l'Ame; avant l'Ame, l'Intelligence. Si Plotin identifie l'Être avec l'Intelligence, c'est l'être parfait qu'il a en vue, et non l'être en général. Proclus est plus platonicien : Plotin mesurait la perfection des idées sur leurs caractères propres et intrinsèques; Proclus la mesure sur leur généralité. Dans sa première trinité des essences intelligibles, il place en tête l'Être, puis la Vie, puis l'Intelligence.

Aristote en était resté là ; mais l'unité de l'Intelligence ne pouvait satisfaire l'analyse alexandrine. Cette unité est réelle, mais non absolue : s'il y a unité dans la pensée, il y a aussi distinction ; la différence n'est pas moins essentielle à l'acte intellectuel, même parfait, que l'identité. D'ailleurs l'Intelligence ne suffit point à elle-même : en soi, elle n'est qu'une tendance, un désir ; pour devenir un acte, il lui a fallu la contemplation du suprême intelligible ; c'est à la lumière de ce principe qu'elle se voit et se pense réellement. Enfin toute essence aspire et désire ; toute intelligence regarde plus haut qu'elle-même. Au-dessus de l'Intelligence est le suprême intelligible ; au-dessus de l'essence est l'Unité ; au-dessus du Beau est le Bien. La métaphysique (tous les Alexandrins le proclament) n'est qu'une introduction à la vraie théologie. L'école d'Alexandrie franchit, sur les ailes de la dialectique, le monde intelligible, et atteint enfin ce premier Principe, ineffable et inaccessible, ce Roi suprême dont Platon plaçait le trône solitaire au-delà de la Vérité, de la Beauté et de l'Intelligence. Mais l'Unité de la dialectique est encore une idée ; c'est le type universel, mais abstrait, des essences intelligibles. Platon n'a point connu l'Unité absolue dans laquelle tout rentre, la nature et la matière, avec l'Ame et l'Intelligence ; il n'a pas connu la Puissance féconde qui produit et crée toutes choses sans sortir de son repos. Ici l'impuissance de la philosophie grecque se révèle au sommet de la spéculation. Le Dieu de la métaphysique meut sans se mouvoir ; mais il n'est immobile qu'à la condition de ne rien créer. Le Dieu du Timée crée sans produire véritablement ; mais il ne crée qu'en tombant dans le temps et le mouvement; et s'il remonte dans les régions inaccessibles où l'avait relégué la dialectique, il n'est plus qu'une abstraction. Pour atteindre le Dieu suprême, au-delà duquel la pensée ne puisse plus rien concevoir, le Néoplatonisme avait besoin soit d'un génie plus puissant, soit d'une tradition étrangère et supérieure à la philosophie grecque.

Les caractères propres du premier Principe sont la parfaite indépendance, l'absolue simplicité, la vertu de se suffire à soi-même. Or ni la Nature, ni l'Ame, ni l'Intelligence ne satisfont à ces conditions. La Nature est esclave et multiple; l'Ame, simple en regard de la Nature, est multiple en regard de l'Intelligence. L'Intelligence seule est essentiellement une; mais elle est encore multiple dans son unité. Il faut atteindre à l'Unité absolue pour rencontrer le Dieu suprême. A ce Dieu, aucun nom, aucune qualification ne convient; principe de toute essence et de toute vie, il ne revêt aucun des attributs de l'être, aucune des propriétés de la vie. Il a tout ce qui manque aux autres principes; il n'a rien de ce qu'ils possèdent. En essayant de le définir, on le rabaisse à la condition des êtres qu'il engendre; en lui attribuant même les plus nobles facultés de l'existence, on n'enrichit pas, on appauvrit sa nature. Toutes les dénominations qui le concernent ont pour but de le distinguer des autres principes, non de le faire connaître. Tous les mots dont on se sert, l'Un, le Premier, le Bien, la Cause, n'expriment point sa nature propre, mais seulement telle comparaison ou telle relation avec les êtres qui viennent de lui. L'Un exprime son absolue simplicité; le Premier, un rapport de hiérarchie; le Bien et la Cause, un rapport de création. Les attributs négatifs sont les seuls qu'on puisse logiquement lui prêter : ainsi on peut dire de Dieu qu'il est simple, indépendant, immuable, se suffisant pleinement à lui-même, parce que tous ces attributs le représentent en opposition avec tout ce que connaît la pensée. Quant à certains attributs moraux qu'on prête à Dieu, comme la providence, la volonté, la justice, ils ne lui conviennent réellement qu'autant qu'ils n'expriment rien d'analogue à ce que l'on désigne habituellement sous ces noms.

N'est-ce point là le Dieu de la dialectique? L'école d'Alexandrie n'aurait-elle fait autre chose que de remonter, par le Stoïcisme et le Péripatétisme, au Dieu de la République? Sous l'identité des noms, c'est un principe nouveau que Plotin et Proclus apportent à la théologie grecque. L'Unité du Platonisme est une conception abstraite de la dialectique ; une idée. L'Unité des Alexandrins est une cause, une puissance qui contient et produit tout, la nature et la matière elle-même, aussi bien que l'âme et l'intelligence. Que Dieu soit cause, l'univers est là pour attester son incessante fécondité. Il produit sans sortir de son repos, sans changer d'état ; il produit, parce que sa nature est de produire, comme celle du feu est de brûler. Le Néoplatonisme a recours à des comparaisons physiques pour exprimer la production divine. C'est la source qui surabonde ; et d'où l'être s'écoule par torrent ; c'est le soleil qui verse ses flots de lumière, sans que jamais son foyer diminue. Mais ces métaphores ne pouvaient satisfaire la subtilité des Alexandrins. Comment l'Unité peut-elle être cause sans devenir multiple? Proclus résout la difficulté par une distinction : Dieu est l'Un, mais il est aussi le Bien. Comme Un, il est absolument simple, immobile, incommunicable; comme Bien, il est fécond, il crée, il produit, il s'épanche et se communique. L'Unité première se répand en une multitude d'unités; le Dieu suprême se divise en Dieux de toute espèce et de tout rang. C'est par ce côté extérieur et mobile, en quelque sorte, de sa nature, que le Dieu des Alexandrins est créateur et Providence; c'est par là seulement qu'il peut être conçu comme la cause de l'univers. Les unités divines, les Hénades, pour parler le langage de Proclus, à qui la philosophie alexandrine doit cette théorie, ne sont pas comme les intelligences, comme les âmes, des essences proprement dites, distinctes, bien qu'inséparables de l'Unité suprême : elles font partie intime de la nature divine. Ce n'est point une production, une création, une émanation de Dieu; c'est toujours Dieu lui-même, mais Dieu conçu dans sa bonté et non dans son absolue unité. La théorie des unités n'exprime point encore l'expansion extérieure, l'effusion réelle de Dieu hors de sa mystérieuse nature; mais elle la prépare et l'explique. Entre Dieu et son premier produit, entre l'Un et le multiple, Plotin avait laissé un abîme : c'est cet abîme que Proclus s'efforce de combler, en nous montrant les puissances divines qui s'éveillent et tendent à s'échapper des profondeurs de l'immobile unité.

L'Un est donc cause. Son premier, son seul produit immédiat, c'est l'Intelligence, pure et parfaite image de l'Unité. L'Être, la Vie, termes synonymes pour Plotin, expriment une hiérarchie d'hypostases inégales; dans la doctrine de Proclus, l'Être vient d'abord, puis la Vie, puis l'Intelligence, Triade suprême, principe de toutes celles que contient le monde intelligible. Toutes les idées coexistent distinctement dans le sein de l'Unité intelligible sans en altérer la simplicité. Le monde intelligible, déjà fort riche dans la doctrine de Plotin, se complique encore dans celle de Proclus, par la théorie du ternaire. Selon l'analyse subtile et profonde de ce philosophe, tout produit de la Bonté divine est complexe, quelque pure que soit d'ailleurs son essence ; il est triple dans son unité. En même temps qu'il persiste dans l'identité de sa nature, il se développe et se répand en produits d'un ordre inférieur ; d'une autre part, il tend sans cesse à rentrer dans les limites de sa nature. En un mot, trois moments dans tout être créé : essence, puissance et retour de la puissance à l'essence ; substance, cause et retour de la cause à la substance ; fini, infini et mixte. Tout être demeure en soi (ὕπαρξις), en sort (πρόοδος) et y rentre (ἐπιστροφή). Ce sont là les trois conditions nécessaires, universelles de l'être. Sans l'essence, l'être serait inconsistant et fugitif ; sans la puissance, il serait infécond ; sans le rapport et l'harmonie de ces deux principes, il serait imparfait. Ainsi tout être, intelligible ou sensible, est une triade ; et comme chaque principe d'une triade est encore susceptible de décomposition, Proclus fait sortir une multitude de triades de la Triade suprême, l'Être, la Vie, l'Intelligence.

Puisque toute essence dans le monde intelligible est aussi une puissance, elle produit nécessairement. L'Intelligence divine engendre l'Ame universelle ; les idées qu'elle renferme engendrent les âmes individuelles. Déjà le monde intelligible contenait virtuellement tous les principes de la vie universelle ; il n'a eu qu'à les produire hors de son sein, par le simple rayonnement de ses essences. L'Ame universelle est le principe et le centre des âmes individuelles. Toutes y coexistent sans se confondre avec elle, et aussi sans en altérer l'unité. L'Ame divine, libre et pure par son essence, franchit la limite du monde intelligible par l'expansion de ses puissances, et tombe dans le temps et dans l'espace. Alors elle devient l'Ame du monde, le principe des raisons séminales, la source surabondante de la nature. Dans la série infinie de ses émanations, elle parcourt tous les degrés de la vie, depuis les corps éclatants du ciel jusqu'à la plus infime et la plus épaisse matière. L'Ame universelle, ayant besoin d'un théâtre pour son développement, crée le corps du monde, le forme, le pénètre et le vivifie : elle opère ainsi, non plus comme Ame divine, mais comme Nature. Les âmes particulières créent également les corps qui doivent leur servir de demeure. A mesure que les émanations de l'Ame universelle s'éloignent de leur foyer, elles perdent de leur puissance et de leur clarté, de même que les rayons du soleil, et finissent par s'éteindre dans le néant. La matière est la limite extrême de l'être, le dernier effort d'une puissance expirante. Elle est à l'âme ce que l'ombre est au soleil ; c'est encore la lumière. Si on prend la matière pour le non-être absolu, c'est que le contraste de l'être infime et impur avec l'être parfait fait illusion.

Ainsi trois hypostases [1], dans le système alexan-

---

[1] Le mot *hypostase* ne saurait être appliqué rigoureusement

drin, expliquent la transition de Dieu au monde ; trois conditions concourent nécessairement à l'œuvre de la création, les idées, les puissances, les raisons séminales. L'Intelligence est le Verbe de Dieu, l'Ame est le Verbe de l'Intelligence, la Nature est le Verbe de l'Ame. Les puissances de l'Ame, principe essentiellement médiateur, s'inspirent des idées pures, et les déposent au sein de la Nature, où elles deviennent les germes féconds de toute génération. Chaque hypostase procède de l'hypostase qui lui est immédiatement supérieure, mais ne s'en sépare point pour cela ; elle s'échappe et s'épanche en émanations inférieures sans sortir d'elle-même. Comment peut-il en être ainsi ? Une simple distinction explique tout le mystère. Tout principe est à la fois un et multiple, immobile et fécond ; un et immobile quant à son essence ; multiple et fécond quant à sa puissance. C'est ainsi qu'il peut se répandre au dehors, tout en demeurant tout entier en soi. Telle est la théorie de la procession universelle des êtres, théorie qui est

---

aux trois principes de la Trinité alexandrine. Cette expression figure dans le langage de l'École avec un tout autre sens. Hypostase, dans Plotin et dans Proclus, signifie simplement l'acte, la détermination, l'état, le mode et le degré de manifestation d'un principe quelconque. Le premier principe étant supérieur à tout acte, à toute essence, à toute forme déterminée, n'est point une hypostase, mais le principe des hypostases. C'est ce qui fait que Proclus le désigne habituellement par les mots τὸ ἀνυποςατικὸν, τὸ ὑπερυποςατικόν. Quant aux autres principes, l'Intelligence, l'Ame, rien n'empêche qu'on ne les désigne sous ce nom, bien que ni Plotin, ni Porphyre, ni Proclus, ni aucun Alexandrin ne l'ait fait. Il faut prendre garde de transporter dans la théologie alexandrine les termes de la théologie chrétienne.

l'idée fondamentale du système alexandrin. Quand on dit que toute hypostase sort de celle qui la précède immédiatement, et tend à y rentrer, πρόοδος, ἐπιςροφη, il s'agit de sa puissance expansive et non de son essence elle-même. La Nature, l'Ame, l'Intelligence subsistent essentiellement dans le principe d'où elles procèdent; elles sont à ce principe ce qu'est au soleil la splendeur qui émane de lui immédiatement, et qui l'environne sans le quitter. Le caractère propre de la *procession*, c'est la séparation et la confusion, le repos et le mouvement, l'unité et la pluralité.

Puisque tout principe reste uni à l'hypostase supérieure d'où il procède, que la Nature tient à l'Ame et l'Ame à l'Intelligence, il s'ensuit que tous les êtres, en définitive, ont leur existence propre et distincte au sein de l'Unité suprême. Ce n'est pas seulement l'âme humaine, c'est la Nature entière qui se rattache plus ou moins intimement par son essence à l'Ame universelle, à l'Intelligence, à Dieu. Vraie ou fausse en ce point, la pensée des Alexandrins est toujours nette, ferme et constante. En vertu de la procession universelle, tout sort de Dieu, tout y rentre, et en même temps tout y demeure; tout être et tout devenir ont Dieu pour principe, pour substance et pour fin, soit immédiatement, soit médiatement. Dieu repose dans son absolue et immobile unité. Ce n'est donc pas lui qui passe dans l'Intelligence, dans l'Ame, dans la Nature; c'est l'Intelligence, l'Ame, la Nature qui demeurent en lui, tout en se répandant dans toutes les parties de l'univers. En dernière ana-

---

[1] Enn. V, ɪ, 6.

lyse, tout se retrouve, se résume, se recueille en Dieu, l'Intelligence et ses idées, l'Ame et ses puissances, la Nature elle-même avec ses raisons séminales. C'est en ce sens que les Alexandrins entendent que Dieu est partout, et qu'il est présent à tous les degrés de la vie universelle. La *Providence* et le *Destin* n'expriment point une opposition dans les rapports de Dieu avec son œuvre, par exemple, la présence et l'absence du principe divin, mais seulement la distinction des deux parties de son empire. La Providence, c'est Dieu, dans l'ordre des intelligences et des âmes ; le Destin, c'est encore Dieu, mais dans l'ordre de la Nature seulement. L'action divine se diversifie selon les êtres sur lesquels elle tombe : la Providence gouverne librement des êtres libres ; le Destin règne sur des natures esclaves comme une inflexible nécessité : mais, au fond, la Providence et le Destin suivent les mêmes lois et concourent à l'accomplissement du même dessein.

La psychologie des Alexandrins est l'image fidèle de leur métaphysique. L'homme, par la variété de ses facultés, réfléchit tous les principes des choses ; la vie humaine est le miroir de la vie universelle. La Nature y est représentée par le mouvement, la passion, la sensation, l'imagination, l'appétit ; l'Ame par la raison, la volonté, la vertu ; l'Intelligence par la pensée pure ou contemplation ; la suprême Unité par l'amour et l'extase. L'homme, selon l'analyse alexandrine, n'est pas seulement double, mais triple ; il est corps, animal, âme proprement dite. A ces trois principes se ramène la riche diversité de facultés qui viennent d'être énumérées. L'essence humaine n'est ni dans le corps ni dans l'animal. Le corps ne fait point partie de l'âme ; il n'est ni un principe ni même une condition nécessaire de la vie humaine. Il n'en est, ainsi que l'a dit Platon, qu'une condition accidentelle et misérable ; c'est moins un secours qu'un obstacle au développement des puissances de l'âme. Le principe animal touche de plus près à l'âme, sans en faire partie ; vrai médiateur ayant pour fonction de transmettre les communications d'une substance à l'autre, il ne subsiste que par la présence de l'âme dans le corps ; la séparation des deux substances le fait évanouir ou du moins disparaître. C'est l'âme qui fait tout à la fois l'essence et l'unité de l'être humain. Elle n'est point une simple force, principe de mouvement et d'action seulement pour le corps dont elle serait inséparable, ainsi que le pensaient les Stoïciens. Elle n'est pas non plus la pure forme d'un corps vivant, une entéléchie, comme le prétendait Aristote. Elle ne gouverne pas seulement le corps, comme l'avait dit Platon ; elle le crée et le forme pour en faire sa demeure, dans la nouvelle condition que lui a faite sa chute. Ce corps, produit de l'expansion des puissances de l'âme, n'affecte en rien son essence ; ce n'est qu'un vêtement incommode qu'elle rejette, au sortir de ce monde, pour reparaître radieuse dans le sein de l'Ame universelle. L'âme humaine est donc un être complet et parfait par elle-même. Libre et pure par essence, tant qu'elle reste unie au corps, elle ne connaît ni l'absolue liberté ni l'absolue perfection. Sa perfection, dans les conditions de la vie sensible, c'est la vertu ; sa liberté, c'est le pouvoir volontaire, le libre arbitre. Tant qu'il ne s'agit que de la vie pratique ou politique, Plotin et Proclus parlent de la liberté, de la vertu, du bonheur, comme les Stoïciens. Même sentiment de la personnalité humaine, en face de la nature ; même définition du libre arbitre. On retrouve chez les Alexandrins les principes, les maximes et jusqu'aux images de la morale stoïcienne [1]. Selon Plotin, l'âme est le vrai sanctuaire de la liberté et du bonheur ; quand l'homme s'y est retiré, il est heureux, fût-il enfermé dans le taureau de Phalaris. Mais le libre arbitre n'est pas le type de la liberté ; la vertu n'est qu'une introduction à une vie supérieure. L'âme n'atteint à l'absolue liberté et l'absolue perfection que dans la vie contemplative. La morale néoplatonicienne ne méprise pas les vertus du sage, la tempérance, le courage, la justice ; mais, avec Aristote, elle préfère la pensée à l'action, la sainteté à la vertu proprement dite. Cela même ne lui suffit point encore. La vie des Dieux n'est point le terme suprême de ses aspirations. L'âme humaine, dans la psychologie des Alexandrins, a des profondeurs infinies : la raison en est le premier degré ; l'intelligence le second ; Dieu le suprême et dernier. Plus on s'élève dans l'échelle des facultés de l'âme, plus avant on pénètre dans son essence. Dans son élan vers les régions supérieures de la Raison universelle, de l'Intelligence divine, de l'ineffable Unité, il semble que l'âme sorte d'elle-même et perde de vue son essence. C'est le contraire qui arrive ; par ce mouvement d'exaltation, elle ne fait que rentrer plus profondément en elle-même. L'extase, acte suprême, où l'âme perd la pensée et le sentiment de sa propre personnalité, est en même

---

[1] Voyez Plotin, dans sa théorie du bonheur, Enn. I, 1. Les expressions τὸ ἐφ' ἡμῖν, τὸ ὑφ' ἡμῖν, sont souvent employées par Plotin et surtout par Proclus (*de Fato et Provid.*).

temps la pleine et parfaite possession de son essence. Le ravissement et l'absorption de l'âme en Dieu n'est (telle est du moins la prétention du mysticisme alexandrin) que le dernier effort de la réflexion psychologique.

Ainsi, dans toutes ses parties, la philosophie alexandrine suit la même progression ; elle part du Stoïcisme, passe par Aristote et Platon, et arrive, sur les ailes du mysticisme oriental, au terme suprême de toute pensée et de toute perfection. En morale, la vertu pratique d'abord, puis la contemplation, puis l'amour, et enfin l'extase ; de même qu'en métaphysique, la Nature et l'Ame, puis l'Intelligence, puis l'Un. Le Néoplatonisme comprend dans une synthèse supérieure toute la science du passé, rattachant le Stoïcisme au Péripatétisme, le Péripatétisme au Platonisme, le Platonisme à une doctrine plus haute et plus large, étrangère aux traditions comme à l'esprit de la philosophie grecque.

Récapitulons les emprunts faits par le Néoplatonisme aux diverses écoles. Au Stoïcisme il doit sa doctrine de l'Ame universelle, sa distinction de la Providence et du Destin, sa théorie des raisons séminales, son optimisme profond, sa conception de l'unité sympathique qui fait des diverses parties de l'univers les membres d'un grand être vivant, sa doctrine psychologique des rapports de l'âme et du corps, sa théorie morale des vertus pratiques et du bonheur du sage. Au Péripatétisme il emprunte la théorie de la connaissance fondée sur l'identité du sujet et de l'objet de la pensée, la doctrine de la pensée conçue comme type absolu de l'être et principe du monde intelligible, la transformation des essences immobiles du Platonisme en actes vivants, en âmes et en intelligences, la théorie de l'action divine, considérée comme une attraction qui suspend la nature à son principe, la doctrine de la raison humaine, séparée de l'âme et rattachée à l'intelligence divine comme une sorte d'émanation, la doctrine de la sensation, ayant pour objet, non l'élément matériel et extérieur, mais une forme déjà intelligible, enfin, la théorie de la matière réduite à une simple puissance. C'est donc avec une parfaite vérité que Porphyre a pu dire des Ennéades : « Les doctrines stoïciennes et péripatéticiennes s'y mêlent secrètement ; la métaphysique d'Aristote y est condensée tout entière [1].

Quant au Platonisme, l'école d'Alexandrie fait plus que de lui emprunter ses théories ; elle s'inspire de sa pensée générale. Tout en adoptant les doctrines de certaines écoles, elle annonce un esprit contraire, et s'en sépare avec éclat sur la plupart des points importants. Mais quand elle emprunte à Platon, ce n'est point à une source étrangère qu'elle prétend puiser ; c'est à la source même de la vérité. Elle ne distingue point sa philosophie de celle de Platon ; elle la présente sans cesse comme un simple développement, une pure interprétation de la pensée du maître. Toujours, en abordant un problème, les Alexandrins déclarent vouloir suivre l'opinion de Platon, comme la vérité absolue. Plotin cite rarement Platon ; mais il a constamment sous les yeux cette souveraine autorité. Presque tous les grands ouvrages de Proclus ne sont que des commentaires des dialogues. Sans

---

[1] Porph., *Vit. Plot.*, 14.

doute il leur arrive de dépasser ou même de détruire la pensée platonicienne dans leurs interprétations ; mais il n'en est pas moins vrai qu'ils prennent le Platonisme pour principe et pour mesure de toutes leurs théories. C'est à bien juste titre que la philosophie des Alexandrins a reçu le nom de Néoplatonisme. Elle puise à toutes les sources ; mais tout ce travail éclectique se fait au profit d'une seule doctrine, la philosophie de Platon. Le Stoïcisme et le Péripatétisme n'entrent dans la synthèse alexandrine que comme des éléments ; la pensée de Platon remplit et anime cette grande œuvre ; toutes les autres traditions y prennent la forme et la couleur du Platonisme. Ainsi, en théologie, l'Ame universelle des Stoïciens et l'Intelligence parfaite d'Aristote y sont subordonnées au Dieu ineffable de la dialectique ; en physique, les raisons séminales et les formes essentielles y rentrent dans la théorie des idées. Quant à la psychologie alexandrine, elle est purement platonicienne ; la pensée de Platon fait mieux qu'absorber les autres doctrines ; elle les exclut.

Du reste, aucune doctrine n'était plus réellement sympathique au mysticisme alexandrin que le Platonisme ; aucune ne se prêtait également aux interprétations. La philosophie contenue dans les dialogues est, en beaucoup de points, vague, obscure, incohérente. Deux esprits, deux tendances différentes, sinon contraires, s'y mêlent partout sans s'y confondre. A la surface apparaît la doctrine du Phédon et du Timée, un Dieu intelligent et libre qui crée, ordonne toutes choses pour le mieux, et un système de causes immatérielles, créées par ce Dieu suprême pour animer et gouverner les corps qu'elles occupent. Mais une autre doctrine reste cachée dans les profondeurs du Platonisme ; c'est le Dieu inaccessible de la dialectique, c'est le monde immobile de la théorie des idées. Ce côté obscur de la philosophie de Platon devint, pour l'école d'Alexandrie, un texte inépuisable d'interprétations ; elle crut y retrouver toute sa théologie. Plotin invoque l'autorité de Platon pour établir que l'Intelligence n'est pas le Dieu suprême : « Quel besoin aurait de penser ce qui n'est point engendré et n'a rien au-dessus de lui, mais reste toujours identique à lui-même ? C'est pour cela que Platon a eu raison d'admettre une intelligence distincte du premier principe [1]. » Ailleurs, il attribue à Platon la théorie des trois principes : « Platon nomme l'Intelligence une cause, et rapporte cette cause à un principe. L'Intelligence remplit la fonction de Démiurge et forme l'âme d'éléments divers mélangés dans cette coupe dont il parle. Quant au Père de la cause démiurgique, de l'intelligence, il le nomme le Bien, et le place au-dessus de l'Intelligence, au-dessus de l'essence. Souvent il appelle idée l'Être et l'Intelligence. Ainsi Platon comprit parfaitement que l'Idée ou l'Intelligence procède du Bien, et l'Ame de l'Intelligence. Nos discours sur ce sujet ne sont ni tout-à-fait nouveaux ni récemment inventés. Déjà la vérité avait été découverte par les anciens ; seulement, elle avait été exposée sans développement. Que nous ne soyons que les interprètes des anciens, c'est ce que prouvent des témoignages puisés dans les livres

---

[1] Enn. VI, vii, 37.

mêmes de Platon ¹. » Proclus retrouve dans le Timée la grande théorie du ternaire : « Timée, enseignant que le Démiurge fit l'Ame du monde d'un mélange du divisible et de l'indivisible, ne dit pas autre chose que nous quand nous parlons du fini et de l'infini. » Ailleurs : « Selon Socrate, la première triade est le fini, l'infini, le mixte. » Ailleurs encore : « Platon a connu cette triade : le Père, la Puissance, l'Intelligence. Dans le Timée, le Démiurge s'appelle le Père. Platon parle de sa puissance, et partout cette puissance, cause de la génération et de la procession des êtres, y est définie une puissance intelligente. » On sait que Proclus, dans un de ses plus importants traités ², prend la théologie de Platon pour type de la science théologique.

Le Stoïcisme, le Péripatétisme, le Platonisme, résument toute la philosophie antérieure ; en puisant à cette triple source, l'école d'Alexandrie recueillait tous les éléments de la pensée grecque. On ne voit pas que, malgré sa profonde sympathie pour le Pythagorisme, elle ait emprunté directement à cette tradition. Sa doctrine de l'Unité vient d'une autre origine ; sa théorie des nombres reproduit beaucoup moins la théorie de Pythagore que celle de Platon. Quant à la morale pythagoricienne, on la reconnaît difficilement chez les Alexandrins à travers le spiritualisme de Platon. Des autres doctrines anté-socratiques, aucune n'a laissé de traces visibles dans l'éclectisme alexandrin.

Le Néoplatonisme n'a-t-il puisé qu'aux sources

¹ Enn. V, 1, 8.
² *Plat. théol.*

grecques, et ne doit-il rien aux traditions de l'Orient? L'analogie réelle, bien que fort exagérée, des doctrines alexandrines avec certaines croyances orientales le ferait supposer. Quelle autre origine assigner aux doctrines de l'Unité absolue, de la Trinité, de l'émanation, de l'extase, essentiellement antipathiques à la philosophie grecque? Mais il est impossible de s'arrêter à cette hypothèse, lorsqu'on songe aux profondes répugnances des Alexandrins pour les doctrines étrangères. Le Néoplatonisme fut tout à la fois une restauration de la philosophie grecque, et une réaction contre les idées de l'Orient, qui menaçaient de l'envahir et de l'absorber.

Trois écoles orientales florissaient à Alexandrie au moment où Ammonius enseigna : la Gnose, l'école juive de Philon, et l'école des Pères alexandrins. La critique sévère que fit Plotin des doctrines gnostiques démontre assez que son école ne puisait point à cette source. Rien ne pouvait moins lui convenir qu'un tel mysticisme qui dédaigne la tradition, la science et la pensée, supprime ou réduit les intermédiaires par lesquels Dieu se communique à l'homme, méconnaît la beauté et la perfection du monde et l'abandonne au génie du mal, méprise la vie réelle et la vertu, et cherche le salut de l'âme dans les arts de la magie ou dans les pratiques de la superstition. Pleine de respect pour toutes les traditions, l'école d'Alexandrie recommande au contraire le culte de la science, de la vertu, et surtout le culte supérieur de la pensée. Si elle enferme, au début, l'esprit dans la contemplation de soi-même, c'est parce qu'il doit trouver dans ce monde intérieur l'explication et la connaissance de toutes les choses sensibles et intelligibles. Toute mystique qu'elle est, elle arrête longtemps la pensée sur la Nature, sur l'Ame, sur l'Intelligence, comme sur autant de grands symboles de la nature divine. Elle a (du moins au début) peu de foi dans les apparitions surnaturelles et les miracles, et peu de goût pour la magie et les opérations théurgiques. Son mysticisme est constamment rationnel; s'il aboutit à l'extase, il débute par la science. Il prend au sérieux la vie réelle; il célèbre avec enthousiasme la beauté et la grandeur de l'univers, l'attribuant, non à une chute de l'Ame universelle, comme les Gnostiques, mais à l'expansion nécessaire des principes supérieurs. Plotin proclame que sans la vertu Dieu n'est pour l'âme qu'un mot vide de sens; prêchant d'exemple, il administre les affaires d'autrui avec un parfait dévouement, et songe à fonder une société politique. Jamblique n'est pas seulement un théurge exalté; c'est aussi un moraliste fort versé dans l'art de diriger les âmes. Proclus pratique toutes les vertus. Il n'est pas un de ces mystiques Alexandrins qui oublie les devoirs de société dans l'ardeur de ses extases. Leur sagesse n'a rien de commun avec la gnose : tandis que l'une survient par une grâce surnaturelle, l'autre s'obtient à force de vertu.

La philosophie chrétienne des Pères alexandrins, moins mystique et plus platonicienne, devait inspirer moins de répugnance à une école qui relevait avant tout de Platon. Mais elle était née à peu près en même temps que le Néoplatonisme; saint Clément d'Alexandrie était contemporain d'Ammonius. D'ailleurs ces deux écoles d'origine différente se développent dans une complète indépendance l'une de l'autre, bien qu'elles puisent également à une source commune, le Platonisme. Toutes deux, dans le cours de leur développement, conservent le caractère qu'elles tiennent de leur origine; la théologie chrétienne reste orientale, quoiqu'elle emprunte à la science des écoles grecques; la philosophie néoplatonicienne reste grecque, sous l'influence évidente de l'Orient. La tradition hébraïque est et demeure le fond de la théologie chrétienne. Le Dieu chrétien est une puissance infinie, mais libre, indépendante du monde et vraiment individuelle. Au contraire, le Dieu des Alexandrins est essentiellement universel, distinct, mais non séparé du monde qu'il produit et contient. La Trinité chrétienne et la Trinité alexandrine, mélange évident de conceptions orientales et grecques, reposent sur un même principe, la distinction et la succession logique des divers moments du Divin. Mais c'est là tout ce qu'elles ont de commun. Ces trois moments nécessaires, qui se correspondent du reste assez exactement dans les deux doctrines, sont, dans la théologie chrétienne, trois hypostases inséparables et faisant également partie de la nature divine, de façon qu'il suffit d'en supprimer une seule pour détruire, non une partie essentielle de la nature divine, mais Dieu tout entier. Dans la théologie des Alexandrins, ce sont les trois principes des choses, principes distincts et séparés, dans une certaine mesure. Le dogme de la Trinité proprement dite, ce dogme qui consiste à reconnaître en Dieu une nature triple dans son unité, est propre au Christianisme. Le Dieu de Plotin et de Proclus n'est point un Dieu en trois hypostases; il est purement et simplement l'Un. L'Intelligence et l'Ame n'en sont que des émanations nécessaires ; la nature divine est tout entière dans l'Unité. L'Unité n'est pas un degré, un moment supérieur de la nature divine, c'est Dieu lui-même, Dieu tout entier. L'Intelligence et l'Ame sont de Dieu et en Dieu, mais ne sont point Dieu, même conçu dans un moment inférieur de sa nature. L'Intelligence est une hypostase de Dieu ; l'Ame est une hypostase de l'Intelligence, c'est-à-dire l'hypostase d'une hypostase de Dieu. Quant à l'Unité, elle n'est pas une hypostase, même la première, mais le principe des hypostases ; elle est, selon le langage alexandrin, *hyperhypostatique*. Les Pères alexandrins inclinaient vers cette doctrine, mais leur tendance fut condamnée par le concile de Nicée, comme le principe des plus graves hérésies. Si de Dieu on descend au monde et à la vie pratique, entre le Christianisme et le Néoplatonisme, on trouve de non moins profondes différences. Le monde, dans la première de ces doctrines, est l'œuvre libre de la volonté divine ; Jéhovah, de même que le Dieu du Timée, l'a fait bon, pour manifester sa propre bonté. Du reste, en le créant, Dieu, qui le soutient, n'a pas entendu le faire durer éternellement. Le monde n'est qu'un accident (il ne faudrait pas dire un caprice) ; il a commencé et il finira. Sa durée n'est qu'un point dans l'éternité ; pour qu'il rentre dans le néant d'où il est sorti, il suffit que la main qui l'a créé et le soutient sur l'abîme, s'en retire. La création tout entière n'a d'intérêt et de prix aux yeux de Dieu que parce qu'elle comprend l'homme. L'homme seul est digne du regard de Dieu, si digne que, pour le sauver, Dieu lui a envoyé son fils. Ainsi que Plotin le reprochait aux Gnostiques, le mysticisme chrétien méprise le monde, et supprimant tous les intermédiaires qui, dans d'autres doctrines, servent à élever graduellement l'âme à Dieu, il la transporte brusquement dans la nature divine. Car le Verbe et l'Esprit saint sont des personnes divines et non des puissances intermédiaires disposées hiérarchiquement sur la route du monde à Dieu, comme les hypostases alexandrines; pour arriver jusqu'à eux, il faut avoir atteint la nature divine elle-même. Le mysticisme alexandrin aspire, comme le Christianisme, au Dieu suprême, mais il y parvient graduellement, à travers une série d'hypostases. La Nature, l'Ame, l'Intelligence sont les trois degrés de l'échelle universelle; les trois moments correspondants de l'ascension de l'âme sont l'imagination, la raison, la contemplation. Tandis que le mystique chrétien va droit au sanctuaire de son Dieu, le mystique alexandrin fait comme l'initié des mystères; il s'arrête longtemps au vestibule du temple, et visite successivement une foule de Dieux avant d'arriver au Dieu unique objet de son amour et de ses extases. Dans la doctrine de Plotin et de Proclus, tout sort de Dieu par une expansion nécessaire, tout y rentre par une concentration également nécessaire; l'univers entier est un système d'hypostases plus ou moins immédiatement divines, qui descendent et montent sans cesse, parcourant l'intervalle immense qui sépare Dieu du néant. La matière elle-même est encore une émanation, une dernière hypostase de la nature divine. L'optimisme alexandrin explique, comprend, admire toutes les parties, tous les êtres de l'univers; il ne voit que des degrés dans la perfection, là où d'autres doctrines ne trouvent que mal et misère; il aime à répéter avec la sagesse antique qu'il n'y a rien de vil dans la maison de Jupiter; à ses yeux, le monde est parfait, nécessaire, éternel. Ces graves différences expliquent, indépendamment des causes historiques, l'antipathie profonde des deux doctrines l'une pour l'autre et leur indépendance à peu près complète, dans tout le cours de leur développement. La théologie chrétienne, qui doit beaucoup à Platon, a très peu emprunté au Néoplatonisme ; c'est à peine si on retrouve quelques traces d'imitations alexandrines dans Athanase, Grégoire de Nysse, et quelques docteurs contemporains. Quant à l'influence du Christianisme sur la philosophie des Alexandrins, on ne l'aperçoit à aucune époque, ni dans aucun monument. Les théories de Proclus sur la Providence ont leur origine dans le Stoïcisme et dans la philosophie de Plotin ; ses idées sur la bonté divine n'ont rien de commun avec la doctrine de la grâce, telle que l'entend saint Augustin.

Reste Philon, antérieur au Christianisme et à la Gnose. Le Néoplatonisme naissant enveloppait évidemment l'école juive aussi bien que les écoles chrétiennes dans la réprobation dont il frappait les Gnostiques ; il ne pouvait accueillir ce syncrétisme qui corrompait les sources pures de la sagesse, en y mêlant des traditions étrangères. Mais d'une autre part, Philon avait inspiré Numénius, l'un des précurseurs du Néoplatonisme. Il n'est donc pas impossible que cette école lui ait dû quelques unes de ses conceptions orientales. Cependant, sauf quelques images qu'on retrouve dans Philon, mais qui, du reste, paraissent propres à l'Orient plutôt qu'à une tradition particulière, la trace des doctrines de Philon est peu sensible dans les livres alexandrins.

Quoi qu'il en soit de ces conjectures, ce qui est certain et capital, c'est l'influence générale de l'esprit oriental sur l'origine et les développements du Néoplatonisme. Pour franchir les limites de la science grecque, cette philosophie n'avait pas besoin de telle ou telle doctrine connue ; il lui suffisait de rencontrer le souffle de l'Orient pour s'élever à des régions supérieures. C'est ce souffle puissant et fécond qui remplit et pénètre toutes les parties de ce vaste éclectisme, et en fait à la fois la vie et l'unité ; car la philosophie alexandrine n'est pas moins remarquable par la vigueur et l'enchaînement que par la riche variété de ses conceptions. Tous les éléments de la science grecque y sont fondus et transformés, au point que l'œil le plus exercé a peine à les reconnaître. L'œuvre des Alexandrins est autre chose qu'un syncrétisme aveugle, ou même un éclectisme intelligent ; c'est une forte synthèse, un vrai système où les traditions de toutes les écoles sont combinées ou plutôt organisées sous l'action toute puissante d'une pensée nouvelle. C'est à cette pensée profondément étrangère à l'esprit grec que l'école d'Alexandrie doit tout ce qui dépasse les bornes du Platonisme, par exemple la théorie de l'extase, la conception de l'Unité absolue, principe, fin, centre de toute existence, la théorie de la création divine considérée comme un acte nécessaire de la nature divine, sous forme d'expansion, d'émanation ou d'illumination, la distinction de l'essence et de la puissance servant à expliquer le rapport de l'être générateur à l'être engendré, la doctrine de la procession et du retour des hypostases. Or ces idées sont le fond même du Néoplatonisme, la substance dans laquelle passe et se transfigure toute la philosophie grecque : voilà ce qui explique comment, avec tant d'éléments empruntés à la science des écoles, le Néoplatonisme a su être si original. Vieux par les souvenirs, il est profondément nouveau par l'esprit; grec de tradition, il est tout oriental par les tendances. Mais la pensée générale qui l'inspire, il ne la doit point aux écoles de l'Orient, pour lesquelles il éprouve une violente antipathie ; il la tient de son génie propre, de sa situation, du théâtre sur lequel il est appelé à se développer. Grâce à cette pensée, les traditions de la philosophie grecque, refondues en quelque sorte et renouvelées par un travail énergique, dans les profondeurs du mysticisme alexandrin, reparaissent sur la scène avec l'auréole de l'imagination orientale.

FIN DU DEUXIÈME VOLUME.

ERRATA

DU DEUXIÈME VOLUME.

TEXTE.

Pag. 19, lig. 7, *au lieu de* : qu'en effet, *lisez* : en effet.
    169   28   Marcellus, *lisez* : Marcellin.
    346   26   ; qui, *lisez* :   , qui.

NOTES.

Pag. 6, lig. 9, *au lieu de* : φάνεντα, *lisez* : Φάνεντα.
    15   11   οὐ σίος, *lisez* : ουσίας.
    36   10   Θεῶ, *lisez* : Θεῶ.
    45   7   ἀδιαφυρίας, *lisez* : ἀδιαφορίας.
    230   1   de Cousin, *lisez* : Cousin.
    293   1   Θεῶς, *lisez* : Θεῖος.
    344   5   δε ται, *lisez* : δεῖται.

TABLE DES MATIÈRES

DU DEUXIÈME VOLUME.

DEUXIÈME PARTIE.
Analyse.

LIVRE DEUXIÈME.

Chapitre Iᵉʳ. Successeurs de Plotin. — Amélius, Porphyre, Jamblique 1

Chapitre II. Lutte du Polythéisme et du Christianisme. — Nécessité de l'intervention de la philosophie alexandrine dans cette lutte. Restauration du Polythéisme. Antécédents. Apollonius de Tyane, Plutarque, Apulée. Symbolique de Plotin, de Porphyre, de Jamblique, de Salluste Théurgie alexandrine. Livre des Mystères. Julien. Conclusion. 65

LIVRE TROISIÈME.

Chapitre Iᵉʳ. École d'Athènes. — Son origine. Son caractère. Syrianus 192

Chapitre II. Proclus. Théologie. — Méthode. Théorie de l'Un. Théorie des Dieux ou unités divines. Démonstration de la Providence. . . . 210

Chapitre III. Hiérarchie des hypostases. Rapport du producteur et des produits. Théorie du Ternaire. Succession des Triades Théorie de l'Intelligence. Théorie de l'Ame 263

Chapitre IV.	Physiologie. Cause finale. Paradigme. Démiurge. Idées. Nature.	309
Chapitre V.	Psychologie. Théorie de l'Ame humaine et de ses facultés. Théorie de la liberté. Contemplation. Extase.	355
Chapitre VI	Symbolique de Proclus. Résumé des doctrines propres à Proclus	363
Chapitre VII.	Successeurs de Proclus. Damascius. Olympiodore. Simplicius. Conclusion.	384
Chapitre VIII.	Résumé. Récapitulation des sources du Néoplatonisme. Stoïcisme. Péripatétisme. Platonisme. Influence de l'Orient.	40?

FIN DE LA TABLE DU DEUXIÈME VOLUME.

www.ingramcontent.com/pod-product-compliance
Lightning Source LLC
Chambersburg PA
CBHW070604230426
43670CB00010B/1398